全国法律类专业职业教育规划教材

婚姻家庭法原理与实务

主　编　王　玮
副主编　邢发齐　李静芹

图书在版编目(CIP)数据

婚姻家庭法原理与实务/王玮主编. —武汉:武汉大学出版社,2015.3
(2018.6 重印)
全国法律类专业职业教育规划教材
ISBN 978-7-307-15199-4

Ⅰ.婚…　Ⅱ.王…　Ⅲ.婚姻法—中国—高等职业教育—教材
Ⅳ.D923.9

中国版本图书馆 CIP 数据核字(2015)第 028772 号

责任编辑:陈　帆　　　责任校对:李孟潇　　　版式设计:马　佳

出版发行:**武汉大学出版社**　　(430072　武昌　珞珈山)
　　　　　(电子邮件:cbs22@whu.edu.cn　网址:www.wdp.com.cn)
印刷:北京虎彩文化传播有限公司
开本:787×1092　1/16　印张:17　字数:400 千字　插页:1
版次:2015 年 3 月第 1 版　　2018 年 6 月第 2 次印刷
ISBN 978-7-307-15199-4　　定价:30.00 元

版权所有,不得翻印;凡购买我社的图书,如有质量问题,请与当地图书销售部门联系调换。

前　言

　　高职教材改革是高职教学改革的关键环节。高职法律教材与其他学科的高职教材相比有其自身的特点，高职法律教材改革仍在探索中。婚姻家庭法是高职法律专业课程的重要组成部分，它具有与人们生活密切相关、应用性强的特点。婚姻家庭法高职教材应当体现婚姻家庭法的特点，反映婚姻家庭法的最新立法精神和最新研究成果，满足高等职业教育兼具高等教育和职业双重属性的要求，符合培养高级应用型人才目标的要求，体现婚姻家庭法高职教材编写应秉持的态度。这也正是我们编写本教材所努力追求的目标。

　　本教材的编写体现出以下特点：

　　第一，内容选取做到新颖、繁简适当。本教材吸收了最新立法精神和最新研究成果，突出"新"的特点；内容的安排上注重职业岗位的切实需求，突出强调实践中实用和应用较广的内容；删减了不实用、理论性过强的部分。本教材突出重点，繁简适当，形式简洁。

　　第二，体例安排上注重理论与实务有机结合；原理学习和能力培养交替进行；教材改革与教学改革紧密相连，追求实用、好用、合理。改变了传统的章节设计，采用任务驱动形式。具体设计如下：项目前预设问题，以任务为驱动，任务伴随学习过程，以激发学生学习兴趣；学生通过在教师引导下的原理学习，自主分析预设问题得出结论完成预设任务；对重点问题和难点问题增设案例和任务着重研讨，学习和练习交织进行；项目后设计"思考与练习"让学生课后思考，巩固所学内容；项目后设计"案例分析手把手"，对学生如何入手分析案例和运用法律解决问题进行全面指导，使学生有范例可循，进行模仿学习；各单元后设计单独实训内容，学生分组进行综合训练以提高水平，同时也作为老师对学生小节性评价的依据。设计增设了必要的法律文书及相关程序法的内容，补充学生处理婚姻家庭案件时必要的相关知识。整体突出实务训练，满足教学过程中教、学、练、做、评价各环节的细节要求。本教材尽量做到教师好用，学生好学，内容够用，结构简练。倚重理论学习，突出能力培养与提高，使学生理论扎实够用、素质全面、应用能力突出，真正做到学以致用。

　　本教材编写人员由具有一线教学经验的主讲教师、有行业实践经验的律师和对高职教育有研究的老师组成。具体如下：

　　王玮：项目八"亲子关系"、项目九"祖孙关系与兄弟姐妹关系"、项目四"离婚制度"、实训五"亲子关系认定"。

　　邢发齐：项目一"婚姻家庭法基础知识"、项目七"夫妻关系"、项目五"离婚效力"、实训三"离婚纠纷的处理"、实训四"夫妻财产协议的处理"。

　　李静芹：项目二"婚姻家庭法的基本原则"、项目三"结婚制度"、项目十"收养"、实训一"家庭暴力认定与处理"、实训二"无效婚姻认定与处理"。

刘冰：项目六"亲属制度"、项目十一"特殊婚姻制度"、项目十二"救助措施与法律责任"。

本书由王玮和李静芹统稿，王玮对全书审阅定稿。

本书在写作过程中参考并借鉴了很多专家的研究成果和文献，在此表示衷心的感谢！

由于水平有限，书中错误在所难免，敬请读者指正。

编 者

2014 年 3 月

目 录

单元一 婚姻家庭法基础 ... 1
 项目一 婚姻家庭法基础知识 ... 3
 项目二 婚姻家庭法的基本原则 ... 24
 实训一 家庭暴力认定与处理 ... 44

单元二 婚姻制度 ... 45
 项目三 结婚制度 ... 47
 实训二 无效婚姻认定与处理 ... 74
 项目四 离婚制度 ... 75
 项目五 离婚效力 ... 101
 实训三 离婚纠纷的处理 ... 122

单元三 家庭关系 ... 123
 项目六 亲属制度 ... 125
 项目七 夫妻关系 ... 140
 实训四 夫妻财产协议的处理 ... 156
 项目八 亲子关系 ... 157
 实训五 亲子关系认定 ... 175
 项目九 祖孙关系与兄弟姐妹关系 ... 176
 项目十 收养 ... 183

单元四 附论 ... 199
 项目十一 特殊婚姻制度 ... 201
 项目十二 救助措施与法律责任 ... 211

参考文献 ... 225

附录 法律法规与司法解释 ... 229
 中华人民共和国婚姻法 ... 231
 最高人民法院关于适用《中华人民共和国婚姻法》若干问题的解释(一) ... 237
 最高人民法院关于适用《中华人民共和国婚姻法》若干问题的解释(二) ... 241

最高人民法院关于适用《中华人民共和国婚姻法》若干问题的解释(三) ············ 245
婚姻登记条例 ············ 248
中华人民共和国收养法 ············ 252
最高人民法院关于人民法院审理离婚案件如何认定夫妻感情确已破裂的
　　若干具体意见 ············ 256
最高人民法院关于人民法院审理未办结婚登记而以夫妻名义同居生活案件的
　　若干意见 ············ 257
最高人民法院关于人民法院审理离婚案件处理子女抚养问题的若干具体意见 ······ 259
最高人民法院关于人民法院审理离婚案件处理财产分割问题的若干具体意见 ······ 261
最高人民法院关于审理离婚案件中公房使用、承租若干问题的解答 ············ 264

单元一　婚姻家庭法基础

项目一　婚姻家庭法基础知识

◎ 知识目标

- 理解什么是婚姻、家庭
- 理解婚姻家庭关系的性质与特点
- 理解婚姻家庭关系的历史类型
- 理解什么是婚姻法

◎ 能力目标

- 能够准确认定并解决哪些纠纷应当适用婚姻法
- 能够确定解决婚姻家庭纠纷适用的法律渊源

【引例】

　　刘丁与杨某曾是夫妻，共同居住在石家庄市某县，婚后没有生育子女。两人于1993年达成离婚协议，从此确未共同生活。两人认为婚姻是个人的私事，因此未办理离婚登记，也没有进行离婚诉讼。1993年刘丁与杨某达成离婚协议之前，杨某曾办理过收养外村女孩王某的手续，但女孩王某一直在其原家庭中生活，王某、刘丁、杨某三人并未共同生活，也未形成实际的抚养关系。2003年，刘丁年老多病需要人照顾，他没有去找王某，而是找到侄子刘强。刘丁与刘强签订遗赠扶养协议，约定刘强负责扶养刘丁，刘丁死亡后获得他名下的房产，并且两人到该县公证处办理了公证。根据《遗赠扶养协议公证细则》第8条第4项的规定，申办遗赠扶养协议公证的当事人应向公证处提交遗赠人所在村民委员会出具的遗赠人的家庭成员情况证明。刘丁所在的村委会因确实不知刘丁与王某的收养关系，而且当时杨某已死亡，遂出具的证明称刘丁无配偶、无子女。之后，刘强履行了扶养义务。2011年刘丁去世，刘强依约取得刘丁的遗产。王某得知刘强取得刘丁的遗产后，找到公证处，认为自己系刘丁的家庭成员，村民委员会出具的证明失实，公证处对当事人提交的证明审查不严，致使其遭受严重损失，请求公证处赔偿其损失30万元。

【任务要求】

　　请结合案例回答刘丁与杨某的婚姻关系是否因两人的离婚行为而解除，并简要说明理由。王某是否为刘丁的家庭成员，并简要说明理由。

【案例知识点提示】

婚姻；家庭

子项目一　婚姻家庭概说

婚姻、家庭是人类社会两性关系和血缘关系的一种形式，是社会关系的特定表现。婚姻、家庭是人类社会最广泛、最普遍的一种社会现象，也是婚姻家庭制度中频繁使用的一个概念。普通公民都会通过自身的经验对婚姻与家庭形成一些直观的认识，但是制度或者说法律上所称的婚姻、家庭和日常生活中所称的婚姻、家庭并不完全一样，作为一名法律职业者仅认识日常用语中的婚姻与家庭是远远不够的。制度一般指要求大家共同遵守的办事规程或行动准则，也指在一定历史条件下形成的法令、礼俗等规范，法律是制度的重要组成部分。制度上使用的婚姻、家庭概念，比日常生活中的概念更严谨，有特定的内涵与外延，其本质属性也有比较清晰的界定。

一、婚姻、家庭的概念

(一) 婚姻的概念

婚姻，是为当时社会制度所认可的，男女两性互为配偶的结合。这一概念包含以下几层含义：

(1) 婚姻是男女两性互为配偶的结合。婚姻是男女两性的结合，确立婚姻制度，是出于维护两性关系社会秩序的需要，所谓同性婚不符合婚姻的本意和宗旨。从某种程度上说，婚姻同非婚同居、有配偶者与他人同居一样，是男女两性结合的一种社会形式。婚姻和非婚同居、和有配偶者与他人同居等两性结合的形式不同，婚姻当事人双方应当获得社会认可的互为配偶的身份。配偶既包括丈夫、妻子，也包括古代所称的妾。

(2) 婚姻须为当时的社会制度所认可。婚姻关系作为两性结合的形式具有社会意义，不是男女之间随心所欲的私事，需要社会制度的允许和认可。如果把婚姻理解为男女之间的私事，就不能正确地处理夫妻之间以及夫妻与不特定的社会公众之间一系列的社会关系。引例中提到的当事人的离婚行为，因其不符合我国婚姻法中提到的法定形式，无法被社会不特定主体获知，不具有法律效力，其两人仍然是夫妻。

(3) 在阶级社会，婚姻关系主要受法律规范的调整，男女结合的内容表现为法定的权利义务关系。婚姻关系的社会规范并不限于法律，社会习惯、宗教教义也可以规范婚姻行为。在人类社会出现阶级、法律之前的原始社会便有了婚姻制度，社会上一系列婚姻禁例使两性结合形成特定的规范，当时的规范形式主要表现为原始习惯。在阶级社会，婚姻关系主要受法律规范调整，配偶的结合表现为法定的夫妻权利义务关系。同时，阶级社会中与法律不相冲突的习惯仍然是婚姻行为的规范。

(二) 家庭的概念

家庭，是指在婚姻关系、血缘关系或法律拟制关系的基础上产生的，由享有法定权利、承担法定义务的亲属构成的，以共同经济为纽带的社会生活单位。这一概念包含以下几层含义：

（1）家庭是一个以共同经济为纽带的社会生活单位。家庭成员之间必须有共同的经济活动，家庭应当是一个经济单位。没有共同经济，就不会形成家庭。家庭在历史上曾承担着双重职能，即组织消费和组织生产。在奴隶社会和封建社会，家庭在社会经济结构中是一个组织生产和消费的基本单位。资本主义时期以来，商品经济发展及社会多层次结构形成，家庭的生产和生活的双重职能逐渐向单一的生活职能过渡。虽然近现代以来家庭的经济职能有所削弱，但家庭不能改变其自身是一个基本的经济单位的特征。

（2）家庭是由亲属所构成的亲属团体。家庭这一经济单位有别于其他单位，主要体现在家庭是由亲属组成的，家庭成员之间存在婚姻关系、血缘关系或法律拟制血亲关系。生活在一起的主体只要不是亲属，一定不会组成家庭。

（3）家庭是由享有法定权利，负担法定义务范围内的亲属构成的。家庭成员只能是亲属的一部分，家庭是由在法律上具有权利义务关系的亲属所构成的。在我国通常指：夫妻关系，父母子女关系，祖父母、外祖父母与孙子女、外孙子女关系，兄弟姐妹关系等。除了上述亲属之外，人们还有其他的亲属关系，而这些亲属因没有法律上的权利义务，只能与自己最亲近的亲属组成另外一个家庭。当然，这里的权利义务关系并不要求每一个家庭成员都互负权利义务，而应当宽泛地理解为家庭成员之间是直接存在权利义务关系，还是以其他成员为媒介产生间接权利义务关系均可以。

二、婚姻家庭的性质和特点

婚姻家庭关系是以两性结合为前提，以血缘关系为纽带的特殊社会关系。马克思认为，婚姻家庭关系具有双重属性，即自然属性与社会属性。自然属性反映了婚姻家庭关系的特点，是婚姻家庭赖以形成的自然基础。社会属性体现了婚姻家庭的本质，它决定了婚姻家庭关系的存续和发展。

（一）自然属性

婚姻家庭的自然属性是指婚姻家庭赖以形成的自然因素。男女两性的性别差异、人类固有的性本能是婚姻的自然属性；通过生育繁衍而形成的血缘关系，是家庭的自然属性。

自然属性是婚姻家庭关系产生的基础，也推动着人类婚姻家庭制度的进步。①婚姻家庭的构成以自然生理为基础。家庭具有生物学上的功能，人口再生产主要是在家庭中进行的。两性结合与血缘关系是婚姻家庭构成的自然条件，如缺乏这一前提，婚姻家庭也就失去了存在的基础。②自然属性在婚姻家庭制度的历史发展和立法发展上具有重要作用。在原始社会，基于优生的原理排除一定范围内的血亲结婚的自然选择规律曾对两性关系的发展起了重要的推进作用。进入阶级社会，人类也注意到自然选择规律的客观性与重要性，并自觉运用这一规律造福人类。无论哪个国家的立法者在制定婚姻法时都不能对自然规律的事实视而不见。确定法定婚龄必须考虑人的发育程度，以缺乏性行为能力作为禁止结婚或允许离婚的理由便是考虑到婚姻家庭的自然属性。

（二）社会属性

婚姻家庭的社会属性是指决定和影响婚姻家庭的社会力量以及婚姻家庭所反映出的社会要求。婚姻家庭关系作为社会关系的特定形式，其性质、特点及其变化发展，都是由社会属性决定的。婚姻家庭关系的存在和发展决定于当时社会的生产关系，同时受社会上层建筑各种因素的影响和制约。这一概念包含下列三层含义：

(1) 社会性是婚姻家庭关系的根本属性。马克思指出，人的本质并不是单个人固有的抽象物，实际上，它是一切社会关系的总和，① 这一论断同样适用于婚姻家庭关系。婚姻家庭关系本质上就是人与人之间的社会关系。因此，婚姻家庭的本质、特点远非自然属性所能解释的。自然属性是婚姻家庭关系建立的必要前提，社会属性则反映了婚姻家庭制度的本质，起决定作用，婚姻家庭关系从本质上属于社会范围。

(2) 婚姻家庭关系的性质取决于当时社会生产关系的性质。婚姻家庭不是从来就有的，它是人类社会发展到一定阶段的产物，是人类所特有的社会现象。马克思指出，在生产、交换和消费发展到一定阶段时，就会有一定的社会制度、一定的家庭、等级或阶级组织。一句话，就会有一定的市民社会。② 婚姻家庭总是与一定的社会生产关系相适应，依存于一定的社会结构。在私有制社会，无论是奴隶社会、封建社会，还是资本主义社会，都有与之相适应的婚姻家庭关系。只有在社会主义社会，才能真正实现婚姻自由、男女平等、一夫一妻的新型婚姻家庭关系。只有从社会制度及其发展变化中，才能揭示出婚姻家庭制度的本质及发展规律。

(3) 婚姻家庭关系要受当时社会上层建筑诸种因素的影响与制约。婚姻家庭关系总是与当时的生产关系相适应，但有时也会出现不相一致的情形。婚姻家庭一方面决定于当时社会的生产关系，另一方面受到社会上层建筑各种因素的影响与制约。政治、法律、宗教、风俗习惯、文学艺术、道德等上层建筑的诸因素对婚姻家庭的影响极为重要。

(三) 自然属性与社会属性的关系

自然属性是婚姻家庭关系建立的必要前提，社会属性则反映了婚姻家庭制度的本质，起决定作用。两者是婚姻家庭关系的两个方面，是彼此依存、不可分割的统一体。强调婚姻家庭的社会属性并不意味着可以忽略或否认自然属性对婚姻家庭的作用，但仅用在生物学或生理学领域中起一定作用的自然因素解释婚姻家庭关系，势必会出现理论上的误区。因为在动物界中，普遍存在两性差别、性本能与血缘关系，但并未产生婚姻家庭制度。婚姻家庭是人类特有的社会现象。几千年以来，婚姻家庭中的两性差异及人类固有的性本能并无太大的变化，但婚姻家庭制度却几经演变。研究婚姻家庭制度的基点应是，决定婚姻家庭的本质属性是社会属性，而非自然属性。

三、婚姻家庭制度的历史类型

婚姻家庭制度是社会制度的组成部分，它只能以具体的历史形态存在于社会发展的一定阶段。总的来说，婚姻家庭制度的历史类型和社会制度的历史类型是一致的。经济基础的类型应当作为划分婚姻家庭制度历史类型的基本依据。

制度不仅包括法律，而且包括其他社会规则，婚姻家庭制度在尚未产生法律的原始社会即已产生。群婚制的出现，意味着两性结合出现禁忌，形成了简单的行为规则，标志着

---

① 《马克思恩格斯全集(第三卷)》，人民出版社1960年版，第7页。
② 《马克思恩格斯选集(第四卷)》，人民出版社1995年版，第532页。

婚姻家庭制度的产生。纵观人类历史，人类的婚姻家庭制度大体上历经了三个历史阶段：群婚制、对偶婚制和一夫一妻制。恩格斯在《家庭、私有制和国家的起源》中沿用了摩尔根在《古代社会》中提出的婚姻家庭进化模式，指出："群婚制是与蒙昧时代相适应的，对偶婚制是与野蛮时代相适应的，以通奸和卖淫为补充的专偶制是与文明时代相适应的。"[①] 其中，以通奸和卖淫为补充的一夫一妻制是针对私有制社会而言的，恩格斯进一步断言婚姻自由、男女平等的真正的一夫一妻制的婚姻家庭将与新的时代相适应。

(一) 群婚制

在原始社会，原始公有制的生产关系是社会的经济基础。马克思和恩格斯指出，血缘纽带在原始社会的生产和生活中具有特别重要的意义。原始社会曾经有过一个漫长的前婚姻时代，原始群体是人类最初的生产和生活组织形式，同一群体内部的成员在两性关系方面没有任何的禁忌。随着原始社会缓慢地发展，人类从毫无限制的两性关系中发展出群婚制的两性关系和血缘关系形式。群婚制，又称集团婚姻制，是指原始社会中一定范围的一群男子与一群女子互为夫妻的婚姻形式。它是人类社会最早的婚姻家庭形态，其本质特征在于两性关系受到一定范围的血缘关系的限制或排斥。群婚制具体可以划分为血缘群婚制和亚血缘群婚制度两个阶段。

血缘群婚制，指原始社会中，同一原始群体内部同一行辈或同一年龄阶段的男女，既是兄弟姐妹又互为夫妻的婚姻形式。它是群婚制的低级形式，也是人类两性关系史上产生的第一个禁忌原则。这一原则排除了纵向的父母与子女、祖父母与孙子女等直系血亲间的两性行为，两性行为只能在同一行辈的男女之间进行。婚姻集团是按照辈数来划分的：在家庭范围以内的所有祖父和祖母，都互为夫妻；他们的子女，即所有的父亲和母亲也是如此；同样，后者的子女，又构成第三个共同夫妻圈子；而他们的子女，即第一个集团的曾孙子和曾孙女们，又构成第四个圈子。血缘群婚制的基本特征可以概括为：在同一原始群体内部，根据人们出生先后的辈分或年龄，划分允许通婚的集团，纵向不同辈分的集团之间不允许存在两性关系，横向相同辈分的同一集团内部，既是兄弟姐妹，又是夫妻。恩格斯认为，从夏威夷群岛残存的亲属制度和后来家庭的全部发展来看，这种原始群婚制一定存在过。从我国古籍上的记载及根据我国历史和考古学家的考证，血缘群婚制确实存在过。从混乱的两性关系到血缘群婚制，无疑是一个巨大的进步，这一进步是自然选择规律发生作用的结果。

亚血缘群婚制，又称普那路亚家庭，是指原始社会中，同一原始群体内部同一行辈或同一年龄阶段的男女，除兄弟姐妹之外互为夫妻的婚姻形式。亚血缘群婚制是群婚制发展的第二阶段，亦是群婚的高级形式。亚血缘群婚制仍是原始社会存在的集团婚，但是同一行辈的两性关系中排除了兄弟姐妹之间的通婚。起初排除了同胞兄弟姐妹间的通婚，后来又逐步排除了血缘关系较远的兄弟姐妹间的通婚，旁系血亲之间的婚姻禁例越来越严格。摩尔根从易洛魁的婚姻形式和亲属称谓的矛盾中发现了这一制度，后来又在夏威夷发现了这种婚姻形式的痕迹。普那路亚是夏威夷语，意为"亲密的伙伴"。我国出土发现的"河套人"、"山顶洞人"等文化遗迹证实了这种婚姻的痕迹。亚血缘群婚制促成氏族制度，恩格

[①] 《马克思恩格斯文集(第四卷)》，人民出版社2009年版，第88页。

斯指出："看来，氏族制度，在绝大多数情况下，都是从普那路亚家庭中直接发生的。"[1]氏族产生后，婚姻发展为族外婚，婚姻的双方分属于不同的氏族，子女只能成为母方氏族的成员，但同一部落的氏族之间可以通婚。与血缘群婚制相比，亚血缘群婚制是一个重大的进步，但仍然是自然选择规律发生作用的结果。

（二）对偶婚制

随着两性和血缘关系社会形式的发展变化，群婚制下的各种婚姻禁例越来越多，越来越严格，一男一女对偶同居的现象逐渐被习惯、道德固定下来，对偶婚制取代了群婚制。对偶婚制，是指在或长或短的时期内，由一男一女组成配偶的婚姻，是人类社会的第二个婚姻家庭形式。具体而言，就是成对配偶在一定时间内保持相对稳定的两性同居生活，一个男子在许多妻子中有一个主妻，一个女子在许多丈夫中有一个主夫。这种婚姻与群婚相比，相对比较稳定；但与后来的一夫一妻制相比，又显得很脆弱，易被一方或双方破坏。因此，对偶婚既有群婚制的特点，也具有一夫一妻制的雏形，它是从群婚制向一夫一妻制发展的过渡形式。

对偶婚产生于母系氏族阶段后期，婚姻家庭以女子为中心，实行族外婚，婚嫁形式是女娶男嫁，夫从妻居。我国云南省永宁地区的纳西族，民主改革前长期盛行的阿注婚就是一种对偶婚。在壮族等少数民族地区，新中国成立前通行的女方生育前不落夫家的习俗在一定程度上即为对偶婚的遗迹。对偶婚给家庭带来了新的变化，过去是集团婚，子女只认其母，不认其父，现在子女也能判明生父了，这就在血缘结构上为父系氏族和一夫一妻制的产生创造了条件。

（三）一夫一妻制

一夫一妻制又称个体婚制，是指一男一女结为夫妻的婚姻制度。一夫一妻制是在对偶婚的基础上发展而来的，但它又不同于对偶婚。对偶婚关系比较松散，可随意解除。一夫一妻制的夫妻关系较为稳固，当事人不能任意解除。在一夫一妻制中，婚姻内在地要求配偶双方以永久共同生活为目的。历史意义上的一夫一妻制是相对于群婚制和对偶婚制而言的婚姻家庭制度，是对阶级社会以来婚姻家庭制度的总称。

原始社会中的两性和血缘关系的社会形式，是同原始社会的公有制生产关系的一定发展阶段相适应的，对偶婚制已经成为它的极限。一夫一妻制是随着原始社会的崩溃和私有制的确立而产生的。恩格斯在《家庭、私有制和国家的起源》中指出："一夫一妻制是不以自然条件为基础，而以经济条件为基础，即以私有制对原始的自然长成的公有制的胜利为基础的第一个家庭形式。丈夫在家庭中居于统治地位，以及生育只是他自己的并且应继承他的财产的子女，——这就是希腊人坦率宣布的个体婚制的唯一目的。"[2]生育只是他自己的并且应继承他的财产的子女是私有制社会中一夫一妻制的本质。私有制的形式不同，一夫一妻制也经历了不同的历史发展阶段。由于一夫一妻制是随着私有制的出现和阶级的形成而产生的，正如恩格斯所说："一夫一妻制从一开始就具有了它的特殊的性质，使它成

---

[1]《马克思恩格斯文集（第四卷）》，人民出版社2009年版，第52页。
[2]《马克思恩格斯选集（第四卷）》，人民出版社1972年版，第60页。

了只是对妇女而不是对男子的一夫一妻制。"①奴隶社会、封建社会和资本主义社会的婚姻家庭制度皆是"一夫一妻制"的具体历史形态。它们既具有共性，又各具特色：奴隶制的一夫一妻制是父权统治，其特点是公开地包办买卖婚姻、男尊女卑、野蛮的多妻制、妻子儿女处于无权地位；封建制的一夫一妻制的特点就是一夫一妻多妾制，封建社会的一夫多妻主要是通过纳妾的方式实现的；资本主义社会以形式上的男女平等掩盖事实上的不平等，一夫一妻制是以通奸、卖淫作为补充的。总之，私有制下的一夫一妻制，虽然与其他有某些差别，但无本质上的不同，它们不可能实现真正的男女平等的一夫一妻制。

　　恩格斯曾预言，随着生产资料转归社会所有，一夫一妻制不仅不会终止其存在，而且最后对于男子也将成为事实。② 社会主义社会的婚姻家庭制度是真正意义上男女平等的一夫一妻制。它是建立在生活资料公有制为主的基础上，与私有制社会的一夫一妻制具有本质上的不同，其建立与发展体现了人类婚姻家庭制度上的伟大变革。社会主义社会的婚姻家庭制度具有婚姻自由、一夫一妻、男女平等及保护妇女、儿童和老人合法权益的基本特征。

四、婚姻家庭的社会职能

　　婚姻家庭在人类生产、生活与社会发展中，担负着一定的社会职能，起到一定的社会作用。婚姻家庭的社会职能是其产生和存在的客观依据，是同性"婚姻"、非婚同居、与婚外异性同居等其他两性和血缘关系的社会形式不能将其取代的重要理由。婚姻家庭的社会职能是其本质在社会生产和社会生活中的外部表现，亦是婚姻家庭与社会联结的环节。认识婚姻家庭的社会职能，对于深入理解婚姻家庭的本质，准确把握婚姻家庭制度的形成和发展均有十分重要的现实意义。

　　在不同的社会制度下，婚姻家庭职能呈现不同的特点。一夫一妻制形成以后的个体家庭具有下列职能：

　　（一）实现人口再生产的职能

　　人类的生产活动由两部分构成：一部分是生活资料的生产；另一部分是人类自身的生产，即种的繁衍。以两性结合和血缘联系为其自然条件的婚姻家庭，作为人口生产的单位是其自然属性的具体表现。虽然在现代社会，人工生育技术使无性生育成为可能，也有部分"丁克"家庭（英文为 Double incomes no kid，即不生育子女而只有夫妻的家庭）的存在，但由于传统观念、技术条件、经济条件、社会心理、法律限制等原因，现代社会中的人口再生产仍然主要是通过婚姻家庭来完成的。

　　（二）组织消费的职能

　　在社会经济生活中，家庭总是承担着一定的经济职能，包括组织生产和组织消费。在奴隶社会和封建社会，家庭曾经是组织生产和消费的基本单位。随着社会的发展，商品经济的发达及社会多层次结构的形成，家庭的组织生产和消费的双重职能逐渐向单一的组织

---

① 《马克思恩格斯选集（第四卷）》，人民出版社1972年版，第58页。
② 中国社会科学院外国文学研究所著：《〈马克思恩格斯选集〉文学典故注释》，人民出版社1986年版，第131页。

消费职能过渡。家庭是共同生活的成员享有法定权利，承担法定义务的亲属共同体。家庭成员的主要权利义务就是抚养、扶养和赡养，所有家庭几乎无一例外地是生活消费的经济单位，成为分配与消费的媒介。当然，在我国当今社会，个体经济得到充分的恢复发展，特别是家庭联产承包责任制的出现，部分家庭的生产职能开始回归并在一定程度上得以强化。

(三)子女教育职能

家庭教育是教育系统的重要组成部分。在我国封建社会，家庭教育在教育体系中具有举足轻重的作用。在资本主义社会，学校教育及其他机构教育有了很大的发展，但家庭教育对个人的成长仍有很密切的联系。新中国成立后，我国的社会主义教育事业有了极大的发展。在社会主义制度下，应将家庭教育、学校教育及其他社会教育有机结合起来。家庭教育有其独特之处，因父母子女具有天然的血缘关系，从而为教育子女提供了极为有利的条件，这是其他教育无法替代的优势。家庭是儿童最初认识世界的实践场地，父母是子女的第一任老师。在家庭中，父母的行为对子女思想、品质和性格的形成具有潜移默化的影响。家庭教育应以有理想、有道德、有文化、有纪律为教育内容。在教育子女的过程中，应避免陷入溺爱与粗暴，只重知识教育忽略思想品德教育，只重言教而忽略身教的误区。认识并重视发挥家庭的教育职能对培养与造就新的一代具有十分重要的现实意义与深远的历史意义。

子项目二　婚姻家庭法概说

案例 1-1　共同在北京打工的安徽省潜山县同乡男青年王强与女青年胡某相识恋爱，两人打算 1998 年 12 月 19 日到安徽省潜山县婚姻登记部门办理结婚登记。12 月两人正准备回老家时，王强因生意原因不能离京。为不影响两人的终身大事，王强决定由其兄王木代理其办理结婚登记。胡某得知此事后，无奈之下也同意这样做。1998 年 12 月 19 日，王木代理其弟与胡某共同办理了结婚登记。2006 年，王强与胡某之间出现矛盾，胡某主张离婚，王强不同意。胡某于是想通过否认与王强的夫妻关系来获得主动权。

任务：请结合案例回答胡某应以谁为被告主张结婚不具有法律效力并简要说明理由，该问题是否属于婚姻法问题？

婚姻家庭法包括哪些法律、法规，哪些法律问题是由婚姻家庭法解决的？下面我们介绍婚姻法的基础知识。

一、婚姻法的概念

规范婚姻家庭关系的法律规范历史上由来已久，但古今中外各国对其命名不尽相同。中华人民共和国成立之后，根据革命根据地时期形成的立法经验，并受苏联立法模式的影响，于 1950 年颁布实施《中华人民共和国婚姻法》(以下简称《婚姻法》)，从而确立了"婚姻法"之名。尽管婚姻法在不同时代、不同国家出现不同的立法体例、表现形式和调整范围，但这并不影响对其内容作出全面抽象的概括。所谓婚姻法，是指调整婚姻家庭关系的法律规范的总和。婚姻法包括婚姻家庭关系的全部准则，这一概念包括以下几层含义：

（一）婚姻法调整对象的范围既包括婚姻关系又包括家庭关系

从世界各国的立法体例看，婚姻法按其调整范围的不同，分为广义的婚姻法与狭义的婚姻法。所谓狭义的婚姻法是指仅仅调整婚姻关系的法律。广义的婚姻法是指婚姻法除调整婚姻关系之外，还调整由此产生的家庭关系。婚姻的建立必然导致家庭的产生，家庭关系是伴随着婚姻关系的产生而产生的。婚姻关系和家庭关系之间存在内在的、不可分割的联系。从我国婚姻法的概念中可以看出，我国婚姻法采用的是广义婚姻法，实际上就是婚姻家庭法。为叙述方便，本书有时会将"婚姻法"表述为"婚姻家庭法"。

（二）婚姻法是指我国现行法律体系中调整婚姻家庭关系的法律规范的总和

婚姻法有实质意义上的婚姻法和形式意义上的婚姻法之分。形式意义上的婚姻法只是指以婚姻法命名的法律。在我国，《婚姻法》属于形式意义的婚姻法。它只是调整婚姻家庭关系的基本准则，并非全部规范。实质意义上的婚姻法是所有的调整婚姻家庭关系的全部法律规范。实质意义上的婚姻法不仅包括以婚姻法命名的法律文本，还包括以其他名称出现的有关婚姻家庭的法律规范、相关的法规以及大量的司法解释，它们共同构成一个相互联系、多层次、具有不同表现形式的规范系统，并交织在各个法律部门之中。

（三）婚姻法属于实体法

根据法律规定内容的不同，法律可以划分为实体法和程序法。实体法是以规定和确认权利和义务以及职权和责任为主要内容的法律，程序法是以规定保证权利和职权得以实现或行使，义务和责任得以履行的有关程序为主要内容的法律。婚姻家庭法主要是规定婚姻家庭关系中平等主体的实体性权利义务关系的法律规范，应当归位于实体法。当然，婚姻法属于实体法，并不排斥婚姻法中存在部分带有操作程序性质的规范。

二、婚姻法的调整对象

婚姻法的独立性特点就是由它特定的调整对象决定的。婚姻法的调整对象可以概括为婚姻关系和家庭关系。婚姻关系和家庭关系是既密切联系又有区别的社会关系。

（一）从调整对象的范围来看，婚姻法既调整婚姻关系，又调整家庭关系

婚姻法首先调整婚姻关系。它既包括婚姻关系发生、变更和终止的动态全过程，又包括由该动态过程所形成的夫妻之间静态的权利和义务。具体而言，既包括婚姻关系的缔结即结婚的成立和生效，婚姻关系的终止即一方死亡或双方离婚，又包括夫妻的权利义务、法律地位。

婚姻法其次调整家庭关系。家庭关系既包括家庭关系发生、变更和终止的动态全过程，又包括由该动态过程所形成的家庭成员之间静态的权利和义务。收养关系虽因《中华人民共和国收养法》（以下简称《收养法》）而自成一个较独立的系统，但其性质仍应归属于家庭关系范围。收养关系是因法律拟制而形成的家庭关系。有关收养的原则、条件、程序以及收养解除的条件、程序和效力，既由收养法规定，同时又由婚姻法调整，收养的效力主要适用婚姻法中家庭关系的一般规定。严格来说，家庭关系包括婚姻关系，只是因为婚姻关系具有特殊的重要地位，而被单列出来。

（二）从调整对象的性质来看，婚姻法既调整婚姻家庭关系主体之间的人身关系，又调整婚姻家庭关系主体之间的财产关系

婚姻家庭法的主要内容是婚姻家庭关系主体间的人身及财产两方面的权利义务关系。婚姻家庭关系的主体是地位平等的主体，但婚姻家庭关系主体之间的权利义务关系明显有别于其他的平等主体之间的法律关系。在婚姻家庭法律关系中，人身关系居于主导地位，财产关系以人身关系为先决条件，居于从属地位。婚姻家庭法在性质上属于身份法而非财产法。

所谓婚姻家庭法中的人身关系，是指存在于具有特定亲属身份的平等主体之间，其本身并不直接体现经济内容，而是以人格利益和身份利益为标的的法律关系。这里所指的身份和人格利益包括配偶身份、父母子女身份、祖孙身份等。婚姻家庭法中的人身关系表现为根据一定的法律事实而产生的某种法律所确认的身份，婚姻法不仅对其形成、变更、消灭进行确认，而且对其相应的权利义务加以明确。身份关系在婚姻家庭关系中具有重要的作用，夫妻关系、父母子女关系及其他家庭成员之间的关系与其特定身份是不可分离的，不具备这种身份，他们之间的其他权利义务关系也就无从谈起。

所谓婚姻家庭法中的财产关系，是指存在于具有特定亲属身份的平等主体之间，以人身关系为前提的，直接体现一定经济内容的法律关系。婚姻家庭法中的财产关系主要包括家庭成员之间的扶养关系、共同共有财产关系、清偿共同债务关系等内容。在婚姻家庭关系中，财产关系是由人身关系派生出来的，不能脱离人身关系而独立存在，其产生与终止以人身关系的产生和终止为前提。

三、婚姻法的特征

婚姻法调整对象范围和性质的特定化，不仅决定了婚姻法作为身份法的属性，而且使婚姻法与其他法律相比，具有下列特征：

（一）适用范围上的普遍性

婚姻法的适用范围极为广泛，婚姻法的普遍性仅次于宪法。婚姻家庭关系是一种最广泛、最普遍的社会关系。每一个社会成员不论男女老幼，也不论有无子女，均以亲属中一个特定实体的形式而存在，因此都要受到婚姻法的调整。婚姻法适用范围上的普遍性还体现在它是适用于我国全体公民的普通法，而不是适用部分公民的特别法。

（二）内容上的伦理性

在现实生活中，婚姻家庭关系既受法律规范的调整，也受道德规范的调整，很多婚姻家庭法的立法本身直接体现道德规范的要求。与其他法律相比，伦理性成为婚姻法最显著的特点。马克思在《论离婚法草案》中指出："尊重婚姻，承认它的深刻的合乎伦理的本质。"[①]如果立法者不把婚姻看做一种合乎伦理的行为，就忽视了婚姻的本质。因此婚姻法规定的法律主体之间的权利义务关系都是以该社会存在的伦理道德规范作为基础的。我国婚姻法规定的当事人之间的权利义务关系就充分体现了社会主义的伦理道德观念。婚姻家庭法的某些条款，可以称之为道德化的法律或法律化的道德。比如《收养法》规定，收养

---

① 《马克思恩格斯全集(第一卷)》，人民出版社1995年版，第349页。

关系解除后，收养人抚养长大的被收养人，仍然应当对没有经济来源又没有劳动能力的收养人支付生活费，其目的就是从法律的层面促进社会公平。

（三）权利义务上的强制性

强制性是指法律规定的家庭成员之间的权利义务具有肯定性，当事人双方不得自行更改或通过协议加以改变。按照现代的法治理念，意思自治是调整平等主体之间社会关系的主要手段，任意性规范应当是法律规定的主体。强制性规定多是用于调整具有管理和被管理关系的主体之间关系的手段。然而，在婚姻家庭法律关系中，为使婚姻家庭与社会利益得到切实保障，婚姻家庭法对于平等主体之间的规定却以强制性规范为主。

婚姻家庭法的强制性规范主要表现在两个方面：其一，当事人实施一定的法律行为时，必须依照法律规定的条件和程序进行，否则不发生法律效力。比如结婚、离婚、收养等法律行为必须经过登记。其二，法律规定的当事人之间的强制性义务必须履行，当事人不得自行改变或通过约定加以改变。当一定的婚姻法上的事实出现，便在主体之间产生一定的权利和义务，这种法律后果是由法律预先指明的，主体不得通过约定加以改变。比如：缔结婚姻、成立收养不允许附加条件和期限；亲属之间的权利与义务带有浑然一体、不可分割的属性。婚姻家庭法的条文多用"必须"、"应当"、"禁止"等术语。当然，婚姻法还有小部分任意性规范，如子女姓氏确定问题、夫妻财产约定问题、离婚后子女抚养问题等。当事人处理这类问题以有关原则或规定作为依据可以自由约定和选择，但不能超越法律规定的范围。

四、婚姻家庭法法律地位的历史沿革

从奴隶社会开始，各国均对婚姻家庭制度通过立法的形式加以规范。在不同的历史时代、不同的国家，婚姻法在整个法律体系中的地位是不同的，从婚姻家庭法立法体例的历史沿革的视角进行界分，婚姻法的发展大体经历了三个阶段：

（一）诸法合体时期的古代婚姻法

所谓诸法合体，就是把调整不同社会关系的法律统一在一个法律当中。这种法律内容庞杂，包罗万象，并且刑民不分、实体法与程序法不分，以刑法为主，又包括了民事方面的内容，制裁方法也多以刑代民。我国历代王朝的律例亦多采用这种立法模式。如我国唐律主要规定了犯罪、刑罚及行政制度、司法制度，同时还规定了财产关系、亲属关系、土地、户籍、税收等。在唐律中有户婚一篇，即是调整婚姻家庭关系的法律。世界古代也多采用诸法合体的形式。如古巴比伦的《汉谟拉比法典》是世界上最古老、最完备的奴隶制法典，有关的婚姻家庭法规就混杂在第282条当中。古罗马帝国的《十二铜表法》和后来的《查士丁尼国法大全》虽然形成了比同时代的其他国家更为完备、科学的私法规范，对法律进行了公法、私法的划分，但总体上看，婚姻家庭立法仍然没有突破诸法合体这一古老、原始的立法模式。

这一时期的婚姻家庭法具有三个显著的特征：一是婚姻家庭法混杂于其他法律规范之中，内容不充分、不完备；二是普遍用刑罚方法处理婚姻家庭方面违反法律规定的行为；三是婚姻家庭法对其他社会规范的依赖性较大，婚姻家庭领域中宗教、道德、习惯等社会规范的作用明显。

(二) 附属于民法的近代婚姻法

随着社会和商品经济的迅速发展，特别是随着资本主义法制的形成与成熟，出现了对诸法合体的法律体系划分成若干法律部门的客观需求。在资产阶级法律部门分立的过程中，首先划分出了实体法和程序法，随后在实体法中划分出刑法和民法以及国家法、行政法、国际法等法律部门。罗马法最早将法律划分为公法和私法，民法就是保护个人利益的私法。婚姻家庭历来被认为是个人私事，婚姻家庭法成为私法的一部分。近代大陆法系各资本主义国家的婚姻家庭法多沿袭罗马法，将婚姻家庭法作为民法的一部分而附属于民法，如法国、德国等。在英美法系国家中，虽无统一编制的民法典，有关婚姻家庭的法律同样被认为是民法的组成部分。

(三) 形成独立法律部门的社会主义婚姻法

马克思主义认为，婚姻家庭关系是社会关系的一部分，不能将婚姻家庭关系与整个社会关系割裂开，而单纯地看成自己的私事；婚姻家庭关系主要是一种人身关系，而非财产关系。正因为马克思主义和资产阶级对婚姻家庭性质有着截然不同的看法，十月革命后，婚姻法在社会主义国家中的地位发生了根本变化。以苏联的十月革命为开端，婚姻法成为一个独立的部门法。苏联1918年的《俄罗斯联邦户籍登记、婚姻、家庭和监护法典》和1926年的《俄罗斯联邦婚姻、家庭和监护法典》明确肯定了婚姻自由、男女平等、一夫一妻等原则，婚姻家庭法摆脱了对民法的依附地位而独立存在，从而开创了婚姻法历史发展的新时期。第二次世界大战后，东欧各社会主义国家相继颁布了婚姻法或婚姻家庭法典。我国1950年通过了《婚姻法》，又分别于1980年、2001年对其进行修改。《婚姻法》条文虽少，但也是独立法律部门。婚姻法之所以成为独立的法律部门，是因为它有独立的调整对象，即婚姻关系和家庭关系。在社会主义社会，婚姻家庭关系主要体现为一种人身关系，财产关系则是以人身关系为前提派生出来的，处于次要地位。从某种角度而言，婚姻家庭法是身份法，而非财产法，因此婚姻家庭法明显区别于民法，是一个独立的部门法律。

虽然我国婚姻家庭法是一个独立的法律部门，但民法对婚姻家庭立法仍然起到补充规定作用。《中华人民共和国民法通则》（以下简称《民法通则》）第2条明确规定："中华人民共和国民法调整平等主体的公民之间、法人之间、公民和法人之间的财产关系和人身关系。"因此，平等主体之间的财产关系和人身关系，《婚姻法》及其他法律没有明确规定的，均应适用《民法通则》的相关规定。

子项目三　我国婚姻家庭立法的发展

一、中国封建社会婚姻家庭法的基本特征

从春秋战国时期起，我国便进入了封建社会。封建社会的婚姻家庭制度在我国持续了几千年之久，从总体上看，婚姻家庭的立法形式属于诸法合体的立法体例。婚姻家庭关系主要是由维护宗法制度的礼和为统治阶级所认可的习惯来调整。刑居于辅助地位，在礼的指导下对已然发生的犯罪进行制裁。封建的婚姻家庭制度是建立在封建主义私有制基础上

的，受封建的政权、族权、神权及夫权的联合支配。中国封建社会婚姻家庭制度的基本特征主要体现在下列几个方面：

（一）封建的包办强迫婚姻

在封建社会，"父母之命、媒妁之言"是婚姻缔结的必要条件。婚姻由父母包办，当事人只能接受、顺从，不能反抗。如唐律规定："凡嫁娶皆由祖父母、父母主婚，无祖父母、父母从余亲。"同样，男女双方也不能自由决定解除婚姻关系。从封建统治者主张包办婚姻的目的来看，结婚的目的不是为了爱情而是为了合两家之好，为了传宗接代。因而，在当时婚姻与爱情是分离的，所谓"门第高低，财产多寡"正是封建婚姻的实际内容与要求。

（二）男尊女卑、一夫多妻

在宗法制度下，妇女在社会和家庭中都处于无权地位。在旧中国，统治者主张男女有别，即男尊女卑、男主女从、男天女地等。在夫妻关系上，"夫为妻纲"的夫权统治被视为天经地义，"三从四德"是束缚妇女的精神枷锁。由于男女两性地位的不平等，一夫一妻制仅是片面要求妻子的，在封建社会实行的是一夫一妻多妾制。纳妾制是合法的，且带有等级制的特点。

（三）家长专制，漠视子女利益

封建婚姻家庭制度的核心是封建家长制。从国家到家庭实行的都是家长统治。根据封建礼法，一家之内，家长拥有至高无上的权利，子女必须绝对顺从家长的意志。子女既无人身权利，亦无财产权利。这种专制的父母子女关系不仅为封建礼教所宣扬，同时也得到法律的承认。封建法律规定，父母在，子女不得别籍异财；父母必要时得惩戒其子女。

二、中国半殖民地、半封建社会的婚姻家庭立法

（一）清末、北洋军阀政府及国民党政府的亲属立法

我国近代的亲属立法从清末开始。鸦片战争以后，中国逐步沦为半殖民地、半封建社会。宣统二年（1910）颁行的《大清现行刑律》是一部向近代婚姻家庭立法的过渡型法律。《大清现行刑律》仍然采用诸法合体的形式，但在婚姻、家庭、继承和其他民事方面的规定，已不再有刑罚方面的内容。夫妻关系的具体规定仍沿用了明律、清律，肯定包办婚姻与纳妾，也有"七出"的规定。

宣统三年（1911）起草《大清民律草案》是制定真正的近代化婚姻立法的尝试。《大清民律草案》是旧中国第一部独立的民法草案，由当时修订法律会馆与礼学馆共同起草，未及实行，清朝已亡。《大清民律草案》的编制大体上以德、日等国的民法典为蓝本，其中设有亲属一编。当然，该草案还是保留了历代封建法律中的某些内容。1915年，北洋政府制定《民律亲属编》（草案），也未实行。这个草案与《大清民律草案》一样，在夫妻关系的规定上有一些进步，但仍有浓厚的封建色彩。

国民党政权于1930年12月26日公布了《中华民国民法》，自1931年5月5日起施行。婚姻家庭方面的立法专列一编，作为《民法·亲属编》。全编分为通则、婚姻、父母子女、监护、扶养、家和亲属会议，计7章171条。它大量抄袭德国、日本民法典的规定，形式上看，体现男女平等、夫妻平等，并在大都市里得到一定程度的落实。但是，它

在中小城市及广大农村并没有有效地解决早婚、纳妾、童养媳、封建式家庭等问题，而且从法律本身来看，某些规定也保留着一定的旧的、封建的色彩，仍然维护了旧的家庭制度，维护了夫妻关系的不平等。

(二)新中国成立前革命根据地的婚姻家庭立法

婚姻家庭制度的改革是中国革命的重要组成部分。中国婚姻家庭制度的改革经历了曲折的发展历程。中国共产党自1921年诞生之后，就坚持不懈地改革旧的封建主义的婚姻家庭制度，同时创立新的婚姻家庭制度。中国共产党领导的苏区立法所确立的婚姻制度，与国民党政府相比，毛主席说，"就拿婚姻制度一件事来说，苏维埃区域与国民党区域，也是两个绝对相反的世界"。[①] 1927年以后，许多革命根据地先后颁布了有关取缔娼妓制度，实行男女平等及禁止买卖婚姻等决议和命令。

1931年的《中华苏维埃共和国宪法大纲》、1931年12月1日中央苏维埃政府颁布的《中华苏维埃共和国婚姻条例》及其有关该条例的决议，为我国的婚姻制度翻开了崭新的一页。1934年4月8日，中央苏维埃政府重新颁布了《中华苏维埃共和国婚姻法》，共6章21条。主要内容确立了婚姻自由、男女平等、一夫一妻制，特别是确立了保护妇女和子女的合法权益的原则；规定了结婚、离婚的条件和程序；对军婚实行特别保护。这部法律文件是适用于全国一切革命根据地的统一的婚姻立法，它是我国早期第一部较完整的婚姻立法，同时成为以后各革命根据地及解放区婚姻立法的蓝本。在抗日战争和解放战争时期，随着革命的胜利开展和广大妇女政治、经济地位的提高，婚姻家庭制度的改革取得很大的进展。各革命根据地、解放区先后颁布了一系列地区性的婚姻条例，如1942年1月公布的《晋冀鲁豫边区婚姻暂行条例》、1946年公布的《陕甘宁边区婚姻条例》等。这一时期婚姻立法的基本原则与苏区的婚姻立法完全一致，极大丰富了我国婚姻立法的内容，对促进妇女解放，改善婚姻家庭关系起了重大的推动作用，并为新中国成立后从根本上改变婚姻家庭制度积累了宝贵经验。

新中国成立前革命根据地婚姻法的制定、贯彻和执行，实现了我国对封建主义婚姻家庭制度的初步改革。这是我国社会主义婚姻法发展的第一个阶段。在这一时期，改革的基本思想尽管不是很完善与成熟，改革也尚未在全国普遍推行，但它从根本上动摇了封建婚姻家庭制度，为社会主义婚姻家庭制度的建设作了重要的准备。

三、中华人民共和国婚姻家庭立法

(一)1950年《婚姻法》的颁行与贯彻

1949年10月1日中华人民共和国的建立，标志着我国新民主主义革命进入新的社会主义革命时期，从此社会主义婚姻家庭立法的发展步入一个新的历史阶段。1950年4月13日，中央人民政府公布《婚姻法》，自1950年4月13日起施行，这是新中国成立后我国颁布的第一部法律，亦是国家在全国范围内改革旧的婚姻家庭制度的重大立法措施。1950年《婚姻法》主要以调整婚姻关系为主，同时对家庭关系也作了一些规定，有总则、结婚、夫妻间的权利和义务、父母子女间的关系、离婚、离婚后子女的抚养和教育、离婚

---

① 《毛泽东著作专题摘录》，人民出版社1964年版，第728页。

后的财产和生活、附则,共计 8 章 27 条。"实行男女婚姻自由、一夫一妻、男女权利平等、保护妇女和子女合法权益的新民主主义婚姻制度。"①这既是立法的根本宗旨,又确定了婚姻家庭法的基本原则。重婚、纳妾、童养媳、干涉寡妇婚姻自由和借婚姻索取财物等,都是旧社会婚姻家庭制度的产物,《婚姻法》明确予以禁止。

1950 年《婚姻法》的颁行标志着我国婚姻家庭制度的改革走向深入,走向成熟。1950 年《婚姻法》的基本精神就是废旧立新,废除旧的封建主义的婚姻家庭制度,建立和发展新的社会主义的婚姻家庭制度。1950 年《婚姻法》的颁布有力地打击了旧的婚姻家庭制度,并取得了可喜的成绩,但旧制度、旧思想、旧习俗的影响还十分深远。为进一步排除干扰,进一步巩固婚姻家庭制度的改革成果,党和政府在 1952 年和 1953 年先后 3 次发出贯彻《婚姻法》的指示,并把 1953 年 3 月作为贯彻《婚姻法》的运动月。这次贯彻《婚姻法》运动从法律上彻底废除了封建主义的婚姻家庭制度,取得了新中国成立初期婚姻家庭制度改革的决定性胜利。事实证明,1950 年《婚姻法》为建立一个全新的社会主义婚姻家庭制度奠定了坚实的理论与历史基础。

(二) 1980 年《婚姻法》是 1950 年《婚姻法》的继续和发展

我国婚姻家庭制度的改革不是一帆风顺的,而是一个长期斗争的过程。自新中国成立至 20 世纪 70 年代后期的几十年,我国社会生活各个领域发生了很大的变化。婚姻家庭领域呈现出不少新的问题,比如封建婚姻开始回潮,包办买卖婚姻、换亲、转亲、干涉婚姻自由的现象比较突出,道德水平下降;因受一些不良思潮的影响,社会上出现轻率对待婚姻家庭问题,结婚时铺张浪费,家庭中不赡养老人的现象;法制观念淡漠,分不清合法与非法的界限。为适应国家发展的新形势,更好地调整新时期人们的婚姻家庭关系,国家于 1978 年年底成立了修改《婚姻法》小组,对 1950 年《婚姻法》进行了修订,新的《婚姻法》于 1980 年 9 月 10 日公布,并自 1981 年 1 月 1 日起正式实施。

1980 年《婚姻法》是在 1950 年《婚姻法》的基础上修改而成的,是 1950 年《婚姻法》的继续和发展。它继承了 1950 年《婚姻法》行之有效的部分,并且根据现实情况在 1950 年《婚姻法》的基础上进行了适当的补充和修改。这一发展主要体现在以下几个方面:

(1) 补充和完善了婚姻法的基本原则。1950 年《婚姻法》规定了四项基本原则。1980 年《婚姻法》除保留这四项基本原则外,对第四项基本原则进行了完善,增加了保护老人合法权益的内容,从而将保护妇女、儿童合法权益的原则扩大为保护妇女、儿童、老人合法权益的原则。1980 年《婚姻法》根据现实需要,增加了一条原则,即实行计划生育的原则。在保障这些原则实施的规定中,1980 年《婚姻法》增加了禁止包办买卖婚姻和禁止家庭成员间的虐待和遗弃的内容。

(2) 对结婚条件进行了两点修改。第一,提高了法定婚龄。1980 年《婚姻法》将 1950 年《婚姻法》中规定的法定婚龄男 20 周岁、女 18 周岁提高到男 22 周岁、女 20 周岁。第二,明文禁止三代以内旁系血亲间结婚。1950 年《婚姻法》仅对五代以内旁系血亲是否结婚作了从习惯的规定。1980 年《婚姻法》则明文禁止三代以内旁系血亲间结婚。

(3) 扩大了对家庭关系的调整范围。1950 年《婚姻法》仅规定了夫妻间、父母子女间

---

① 1950 年《婚姻法》第 1 条。

的权利义务关系。1980年《婚姻法》将祖父母、外祖父母与孙子女、外孙子女,兄弟姐妹间的关系列入了法律的调整范畴。

(4)增补了离婚方面的条款,其内容涉及判决离婚的法定条件、离婚的法律程序以及离婚后子女的抚育、财产和生活等诸多方面。1950年《婚姻法》关于离婚问题仅规定:"男女一方坚决要求离婚的,经区人民政府和司法机关调解无效时,亦准予离婚。"对判决离婚的法定条件未作出明确规定。1980年《婚姻法》增加了判决离婚的法定条件,即夫妻感情确已破裂,调解无效。1980年《婚姻法》增加了一方要求离婚可以直接向人民法院起诉的程序规定。1980年《婚姻法》对1950年《婚姻法》中离婚后子女的抚育、财产和生活等内容,进行了增补和完善。

1980年《婚姻法》的出台,标志着我国婚姻立法进入新的历史发展阶段,这是婚姻法走向成熟的时期。

(三)2001年对《婚姻法》的修正

20世纪90年代以来,经济逐步实现转型,家庭生活的变化呈现出多元化趋势。修正《婚姻法》,调整婚姻家庭领域出现的新问题与新情况,成为重要而紧迫的任务。

恋爱、婚姻与家庭关系每个人、每个家庭的切身利益,因此修订《婚姻法》备受全国人民的关注。1995年,第八届全国人大常委会第十六次会议通过修改1980年《婚姻法》的决定。2000年8月,全国人大法工委完成了《婚姻法》(修正案草案)。2001年4月28日,第九届全国人大常委会第二十一次会议通过了《中华人民共和国婚姻法》(修正案)(以下简称《婚姻法》(修正案)),于2001年4月28日公布并施行。与1980年《婚姻法》相比,这一修正案的修改与完善,主要体现在下列问题上:

(1)基本原则得到了强化与完善。第一,在原则中增加了禁止家庭暴力。在《婚姻法》(修正案)讨论过程中,有学者认为家庭暴力与虐待有相互涵盖之嫌,在立法技术上有待推敲。2001年《婚姻法》(修正案)明确规定了禁止家庭暴力。2001年12月25日最高人民法院公布并于2001年12月27日起实施的《关于适用〈中华人民共和国婚姻法〉若干问题的解释(一)》(以下简称《婚姻法司法解释(一)》)第1条明确界定了家庭暴力的概念,并使之与虐待有所区别。目前全国已有十几个省市制定了预防与制止家庭暴力的法案。第二,在原则中增加了禁止有配偶者与他人同居。在1980年《婚姻法》中规定了禁止重婚,有配偶者与他人同居的行为没有列入禁止之列。而有配偶者与他人同居与重婚是既有联系又有区别的两个概念,2001年《婚姻法》(修正案)明确规定了禁止有配偶者与他人同居。婚姻家庭法中增加这一规定,更有利于保障一夫一妻的婚姻制度,也使婚姻立法更加完善。

(2)在总则中增加了夫妻应互相忠实的规定。在近代,男女平等原则的提出,使夫妻间互相忠实已成为夫妻结合的基本条件。法国民法、意大利民法、瑞士民法以及瑞典的婚姻法都明确规定忠实为夫妻互负的义务。1980年《婚姻法》对此并没有明确的规定。我国司法实务中发现婚外恋、第三者插足等破坏夫妻互相忠实观念的现象已经很严重。2001年《婚姻法》(修正案)增设这一规定作为一夫一妻原则的补充是很有必要的。

(3)增加了无效婚姻与可撤销婚姻制度。1980年《婚姻法》对违反《婚姻法》规定的结婚条件的结婚行为如何处理无相应的法律规定。2001年《婚姻法》(修正案)首次提出无效婚姻概念。结婚时存在重婚、有禁止结婚的近亲关系、婚前患医学上认为不应结婚疾病、未达到结婚年龄等严重不符合结婚条件的，婚姻将被认定为无效。《婚姻法》（修正案）还规定可撤销婚姻的概念，对因胁迫而结婚的，受胁迫的一方有权撤销该婚姻。《婚姻法》（修正案）采用了双轨无效婚姻制度，结婚制度更为科学与完善。

（4）在家庭关系方面，增加了夫妻个人特有财产制，完善了祖孙关系、兄姐与弟妹的关系。1980年《婚姻法》关于夫妻财产制的规定过于简化，操作性差，难以有效地维护公民的合法权利。2001年《婚姻法》（修正案）缩小了夫妻共同共有财产的范畴，增加了个人特有财产制，细化了财产约定的规定，使夫妻财产制更为公正。具体体现在：一是分别列举了法定夫妻财产制中双方共同共有财产和一方个人财产的种类和范围，对共同财产的范畴作了更科学的法律界定；二是规范了夫妻财产约定，包括约定的内容、形式和效力等内容。

1980年《婚姻法》没有规定成年孙子女、外孙子女对孤独无依的祖父母、外祖父母赡养的条件以及成年弟妹对年老兄姐扶养的条件，最高人民法院用司法解释的形式对这项内容进行了补充。2001年《婚姻法》（修正案）将该司法解释纳入法律当中，增强了法律的可操作性。

（5）对离婚制度进行了修改与完善。第一，离婚标准改用例示性立法模式。1980年《婚姻法》关于离婚标准仅是概括性的规定，2001年《婚姻法》（修正案）在保留原离婚标准的基础上，同时规定了五种情况来认定夫妻感情是否确已破裂。《婚姻法司法解释（一）》第22条特别指出，人民法院审理离婚案件，符合规定应准予离婚情形的，不应当因当事人有过错而判决不准离婚。这一规定体现了离婚标准的客观性与科学性。离婚标准采用概括与具体相结合的例示性立法模式，是我国《婚姻法》在离婚标准立法上的重要突破，使离婚标准更具本土化、科学化，并且更符合国际婚姻立法发展的趋势。第二，增设了离婚后不直接抚养子女的父或母对子女探望权的内容。1980年《婚姻法》对离婚后不直接抚养子女一方探望子女的权利没有规定。在司法实践中，当事人只能借助支付抚育费的机会进行探望，探望利益很难得到保障。2001年《婚姻法》借鉴国外的立法经验，结合我国的司法实际，增设了离婚后不直接抚养的父或母对子女探望权的有关规定。这一规定有利于更好地维护各方主体的合法权益，也更有利于未成年子女的成长。

（6）增加离婚损害赔偿制度。在我国离婚诉讼中，无过错方向第三者提出索赔或者向过错方提出索赔的情况时有发生，因我国婚姻立法没有相应的法律制度，真正得到满足的很少。家庭暴力、重婚、通奸、恶意遗弃等原因造成的离婚中，无过错方往往身心备受伤害，却极少有受害方离婚时得到补偿的情形。特别是重婚行为已构成犯罪，而法律却没有加害方补偿受害方的规定，造成婚姻家庭法与刑法之间的不衔接。2001年《婚姻法》（修正案）规定，对因一方重婚、有配偶者与他人同居、家庭暴力、虐待、遗弃等原因导致离婚的，无过错方有权请求过错方进行损害赔偿。为使当事人更好地行使这一权利维护自己的合法权益，《婚姻法司法解释（一）》第28条、第29条及第30条对离婚"损害赔偿"的内涵、承担损害赔偿的责任主体及具体的法律适用方面均作出了明确的规定。

（7）救助措施与法律责任单列一章。2001年《婚姻法》（修正案）将"救助措施和法律责任"作为第5章单独设立，是为了解决婚姻家庭法操作性差，对一些违法行为缺乏有力度的强制措施的问题。根据我国司法实践的需要，结合国外立法的精粹，采取切实可行的法律措施维护公民在婚姻家庭领域的合法权益势在必行。《婚姻法》（修正案）充分体现了民众意愿，为更好维护公民权利，为正确调整新时期下婚姻家庭的关系提供了新的科学与法律依据。

子项目四　我国婚姻家庭法的渊源

婚姻家庭法的渊源是指婚姻家庭法借以表现和存在的形式。我国婚姻家庭法的渊源主要来自各种调整婚姻家庭关系的规范性文件。

一、宪法和法律

宪法在我国法律体系中居于统帅地位，其效力高于其他法律。《中华人民共和国宪法》（以下简称《宪法》）中的有关规定是我国婚姻家庭法的立法依据和必须遵守的原则，一切调整婚姻家庭关系的规范性文件，均不得违反宪法的相关规定。

宪法外的有关法律是我国婚姻家庭法的重要渊源。作为法律渊源的法律，是狭义的严格意义上的法律，专指全国人民代表大会及其常务委员会制定的规范性文件。其中又可分为：一是构成独立法律部门的基本法，如《民法通则》、《中华人民共和国合同法》（以下简称《合同法》）、《中华人民共和国继承法》（以下简称《继承法》）、《中华人民共和国刑法》（以下简称《刑法》）、《中华人民共和国民事诉讼法》（以下简称《民事诉讼法》）、《中华人民共和国刑事诉讼法》（以下简称《刑事诉讼法》）等，这些法律中涉及婚姻家庭的相应法律规范是婚姻家庭法的组成部分。其中，《民法通则》中的相关规范是婚姻家庭法律渊源的重要组成部分。二是具有独立地位和效力，但却无具体的法律部门归属的法律。如2005年8月28日修订，2005年12月1日起施行的《中华人民共和国妇女权益保障法》（以下简称《妇女权益保障法》）；于2001年12月29日通过，2002年9月1日起施行的《中华人民共和国人口与计划生育法》（以下简称《人口与计划生育法》）；2012年10月26日修订，2013年1月1日起施行的《中华人民共和国未成年人保护法》（以下简称《未成年人保护法》）；2012年12月28日修订，2013年7月1日起施行的《中华人民共和国老年人权益保障法》（以下简称《老年人权益保障法》）；2008年4月24日修订，2008年7月1日起施行的《中华人民共和国残疾人保障法》（以下简称《残疾人保障法》）等。三是调整婚姻家庭关系的专门性法律，即2001年4月28日修正并施行的《婚姻法》（修正案）以及1998年11月4日修订，1999年4月1日起施行的《收养法》。其中《婚姻法》（修正案）起着婚姻家庭基本法的作用，而《收养法》是《婚姻法》（修正案）的特别法，专门调整收养关系。

二、行政法规和国务院所属部门制定的有关规章

行政法规是作为国家最高行政机关国务院制定的规范性文件。行政规章是国务院各部门在各自的权限内制定的规范性文件。行政法规和行政规章的内容比较具体，比法律具有更大的操作性。婚姻家庭立法的规范文件主要有：国务院2003年8月8日颁布，于2003年10月1日起施行的《婚姻登记条例》；民政部2003年9月25日颁布，于2003年10月1

日起施行的《婚姻登记工作暂行规范》；民政部经国务院批准颁行的《中国公民收养子女登记办法》、《外国人在中华人民共和国收养子女登记办法》；国家计划生育委员颁行的有关文件等。

三、地方性法规和民族自治地方的有关规定

地方立法机关依法制定的有关婚姻家庭事项的法规以及具有一般规范性内容的决定、命令等，是结合本行政区域的实际情况，保证全国性婚姻家庭立法的贯彻与执行的必要措施。这方面的规范性文件很多，内容涉及婚姻登记、收养、计划生育等。民族自治地方制定的有关婚姻家庭事项的文件，如贯彻执行婚姻法的变通或补充规定等具有法律效力的文件。地方性法规和民族自治地方的自治条例和单行条例仅在其辖区内具有法律效力。

四、我国缔结或参加的国际条约

根据我国《民法通则》的有关规定，处理涉外婚姻家庭关系可以适用我国缔结或参加的国际条约。如果我国参加或缔结的国际条约同我国的民事法律有不同的规定，适用国际条约的规定，但我国法律声明保留的条款除外。在法定情形下，还可以适用国际惯例。依据我国《民法通则》的规定适用外国法律和国际惯例时，不得违背我国的公共利益。

五、不与法律相冲突的政策和社会习惯

婚姻家庭法具有伦理性。根据《民法通则》的有关规定，在法律没有明确规定的情况下，某些符合社会主义婚姻家庭道德要求的社会习惯可以作为适用法律的依据。在一定条件下，党和国家在特定的历史时期制定的有关婚姻家庭的政策，也具有婚姻家庭法的地位和作用。

六、最高人民法院的司法解释

从严格意义上说，最高人民法院的司法解释不是法律渊源。法律解释是将现有法律规范适用于个案纠纷的方法，有关文件不是法律，但人民法院在审判过程中具体适用法律、法规，并不是一项消极被动的"对号入座"，而是积极主动的创造性工作。最高人民法院所作的有关适用婚姻家庭法的司法解释对全国各级法院均具有约束力，可以作为裁判的依据，是广义上法的渊源。与婚姻法有关的最高人民法院的司法解释，主要包括：2001年12月27日起实施的《婚姻法司法解释（一）》；2004年4月1日起实施的《最高人民法院关于适用〈中华人民共和国婚姻法〉若干问题的解释（二）》（以下简称《婚姻法司法解释（二）》）；2011年8月13日起实施的《最高人民法院关于适用〈中华人民共和国婚姻法〉若干问题的解释（三）》（以下简称《婚姻法司法解释（三）》）。1989年12月13日起实施的《最高人民法院关于人民法院审理离婚案件如何认定夫妻感情确已破裂的若干具体意见》、《最高人民法院关于人民法院审理未办结婚登记而以夫妻名义同居生活案件的若干意见》，1993年11月3日起实施的《最高人民法院关于人民法院审理离婚案件处理财产分割问题的若干具体意见》（以下简称《离婚案件财产分割意见》）、《最高人民法院关于人民法院审理离婚案件处理子女抚养问题的若干具体意见》（以下简称《离婚案件子女抚养意见》）等文

件是 2001 年《婚姻法》(修正案)实施以前的司法解释,凡是与《婚姻法》(修正案)及其相关司法解释相冲突的,均失去法律效力,不冲突的仍然继续适用。

我国婚姻家庭法的渊源是一个开放的复合结构,它是一个由不同形式的规范所组成的有机关联的整体。作为婚姻家庭法渊源的各种规范文件,各处于不同的层次,具有不同的法律效力,在适用范围上亦相应有所区别。婚姻家庭法的渊源是法院判决的根据,是不同职业的法律职业人处理纠纷的基础。

思考与练习

思考

1. 婚姻的含义是什么?家庭的含义是什么?
2. 婚姻家庭关系的性质与特点是什么?
3. 婚姻家庭的社会职能是什么?
4. 婚姻家庭制度有哪些历史类型?
5. 婚姻法的含义是什么?
6. 2001 年《婚姻法》对 1980 年《婚姻法》进行了哪些发展与完善?
7. 婚姻法的主要渊源是什么?

案例练习

1984 年 8 月,郑州市登封市张某与王某结婚。两人结婚时均已年过半百,张某系初婚,王某系再婚。王某原配偶已经死亡,王某与原配偶生育两个儿子。两个儿子坚决不同意张某与王某结婚,王某向其两个儿子出具关于王某与张某结婚后不仅不用赡养张某而且也不用赡养自己的字据后,两个儿子才勉强同意张某与王某的婚事。诉讼中,王某提交了该字据。张某与王某结婚后没有生育子女,收养了一名 4 岁女孩取名张洁,三人共同生活。张洁成年后到郑州市工作。张洁在郑州市没有固定工作,仅能维持温饱。2002 年 2 月,张洁购买了郑州市金水区北三环路某号某小区一套住房,张某与王某遂搬到郑州市与张洁的家人共同居住生活,共同生活中家人之间不免有些矛盾。2013 年 7 月 13 日,张某与王某以张洁不孝顺为由起诉到法院,请求解除与张洁的收养关系;请求张洁向张某与王某支付生活费 1000 元/月。张洁答辩称,同意解除收养关系,但认为既然收养关系解除了就不应当再向养父母支付生活费,况且自己生活条件也不好。

任务:请回答张洁是否应向张某与王某支付生活费?该案体现了婚姻家庭法的哪些特点?

案例分析手把手

【案情】于海和于洋系亲兄弟,于某为其两人的父亲。老大于海在国有企业工作,结婚后在工作单位申请了住房,与于某夫妇分开居住。老二于洋没有正式的工作,结婚后一直与父母共同生活。于某夫妇考虑到于洋没有工作,对其照顾较多,于海一直有意见。1999 年于某因老家房屋拆迁,获得回迁房一套,于某直接将房屋登记在于洋名下,于海对此非常不满。2001年5月，于某在市里购买的住房也面临拆迁，可以再获得补偿房屋一套。于海希望这套房屋登记在自己的名下，但于某没有同意，于海对父母更有意见了。于海想与于某签订协议，新的拆迁补偿房屋直接登记在于洋名下，同时希望于某同意于洋照顾于某今后的生活，于海不再履行赡养义务。

【任务】于海的想法是否合法？该案主要体现了婚姻家庭法的哪些特点？应当根据哪一年的《婚姻法》处理该案？

【分析思路】首先，本案是处理子女与父亲关系的案件，应当属于《婚姻法》的调整范围。应当考虑子女赡养父母的条件在《婚姻法》中是否有明确的规定，是否允许双方协议确定子女履行赡养父母的条件。其次，《婚姻法》共有三个特点，应当考虑该案反映其中哪一部分的特点。最后，新中国的《婚姻法》一共有三种文本，分别是1950年、1980年和2001年修正案，应当核实三种文本的生效时间，方能确定适用哪一年的《婚姻法》。

本案重要信息解读：1. 2001年5月，于某才获得补偿房屋。2. 于海与于某是父子关系。3. 于海与于某签订协议其主旨在于确定子女赡养父母的条件。

【答案要点提示】1. 根据《婚姻法》(修正案)第21条的规定："父母对子女有抚养教育的义务；子女对父母有赡养扶助的义务。"法律没有明确规定子女可以与父母约定履行赡养义务的条件，因此子女与父母协商确定履行赡养义务的条件是没有法律依据的。

2. 该案主要体现了婚姻家庭法在权利义务上具有强制性的特点。

3. 2001年《婚姻法》(修正案)于2001年4月28日通过，并颁布实施，本案是2001年5月发生的，因此应当适用2001年的《婚姻法》(修正案)。

项目二　婚姻家庭法的基本原则

◎ **知识目标**

- 理解婚姻自由原则的含义
- 理解一夫一妻原则的含义
- 理解男女平等原则的含义
- 理解保护妇女、儿童和老人的合法权益原则的含义
- 理解计划生育原则的含义

◎ **能力目标**

- 领会我国婚姻法诸原则的精神实质
- 体会社会主义婚姻家庭制度的优越性
- 掌握处理各种违反婚姻法行为的政策界限，认真贯彻婚姻法的五项基本原则

【引例】

1987年，宗某与丈夫登记结婚，同年生育一子。1992年，宗某与本家比她大6岁的叔公许某产生好感，便趁丈夫外出打工时，偷偷给许某做情人。1993年，宗某以外出办事为由将儿子送到娘家，然后与许某私奔到吉林、内蒙古等地，以夫妻名义公开同居生活，并生育一子一女。2007年6月，宗某的丈夫到集市购物时，偶然发现了宗某。2007年7月3日，丈夫向法院提起刑事自诉，指控宗某、许某构成重婚罪。

【任务要求】

请认定宗某是否构成重婚罪？许某是否构成重婚罪？

【案例知识点提示】

一夫一妻原则的含义；重婚行为的认定

婚姻法的基本原则，是国家婚姻家庭立法的指导思想，集中反映该国婚姻家庭法律制度的本质特征。我国的婚姻法基本原则集中体现了我国婚姻家庭制度的社会主义本质，是贯穿在婚姻法各章各节基本的指导思想，是制定和适用我国婚姻法的重要依据。

我国的《婚姻法》(修正案)从正、反两方面概括了我国婚姻法的五项基本原则。《婚姻

法》(修正案)第 2 条规定:"实行婚姻自由、一夫一妻、男女平等的婚姻制度。保护妇女、儿童和老人的合法权益。实行计划生育。"《婚姻法》(修正案)第 3 条规定:"禁止包办、买卖婚姻和其他干涉婚姻自由的行为。禁止借婚姻索取财物。禁止重婚。禁止有配偶者与他人同居。禁止家庭暴力。禁止家庭成员间的虐待和遗弃。"同时,为了强化和完善五项基本原则,《婚姻法》(修正案)第 4 条又规定:"夫妻应当互相忠实,互相尊重;家庭成员间应当敬老爱幼,互相帮助,维护平等、和睦、文明的婚姻家庭关系。"

婚姻法的五项基本原则是在我国革命进程中逐步确立和发展完善的。在总结几十年来革命斗争经验的基础上,根据近几十年来婚姻家庭领域中出现的新情况和新问题,2001 年《婚姻法》(修正案)除了继续肯定历次婚姻立法所确定的原则以外,又做了重要的补充,从而发展和完善了婚姻法的基本原则。

子项目一　婚姻自由原则

案例 2-1　张某中年丧夫,儿子刘某已经成年。后经人介绍认识了邻村的王某,双方欲结黄昏之恋。儿子刘某强烈反对,怒气冲冲地说:"如果你结婚,对不起我死去的父亲。我也丢不起这个脸。你若非要嫁人,改嫁的娘就不是娘,以后休想我给你养老。"张某含泪改嫁。多年后,张某年老,再婚丈夫王某去世。张某丧失劳动能力,没有生活来源,再嫁后也未生育子女。于是张某找到儿子刘某,希望他承担自己的赡养费,每月 200 元,遭到刘某拒绝。

任务:请回答张某有无再婚的权利?张某是否有权要求刘某赡养?

婚姻自由是我国婚姻法的一项重要原则,也是宪法赋予公民的一项基本权利。根据这项原则,公民有权按照法律的规定,自主自愿地决定自己的婚姻问题,排除任何人的强制与干涉。在我国,婚姻自由为法律所确认和保护,社会主义建设的进展为公民行使这一权利创造了前所未有的条件,这是我国婚姻家庭制度改革的重要成果之一。

一、婚姻自由的内涵

(一)婚姻自由的概念

婚姻自由是指婚姻当事人有权按照法律规定决定自己的婚姻大事,任何人不得强制和干涉。这一概念包含了两层含义:

1. 婚姻自由是法律赋予公民的一项权利,任何人不得强制和干涉

在社会主义国家,爱情是婚姻的基础,而爱情只能产生于婚姻当事人自身,只能由当事人自己来表示,这种自由表示爱情的权利为法律所规定并受到法律的保护。任何第三者,包括当事人的父母在内,都不能侵犯这种权利。我国《宪法》第 49 条规定"禁止破坏婚姻自由"。《婚姻法》(修正案)第 2 条、第 3 条、第 5 条也都作了明确的规定。《婚姻法》(修正案)第 2 条规定实行婚姻自由;《婚姻法》(修正案)第 3 条规定禁止包办买卖婚姻和其他干涉婚姻自由的行为;《婚姻法》(修正案)第 5 条规定结婚必须男女双方完全自愿等。这说明,婚姻自由是法律所确认和保护的权利。如果他人侵犯了这一权利,就是违法行

为；如果使用暴力，则构成犯罪，要依法受到刑事制裁。

2. 婚姻自由的行使必须符合法律的规定

婚姻自由是公民的一项基本权利，但这种权利不是绝对的、毫无限制的。任何自由都是有一定范围和限度的。毛主席在《关于正确处理人民内部矛盾的问题》中说："在人民内部和国家机关工作人员中，不可以没有自由，也不可以没有纪律，不可以没有民主，也不可以没有集中。"①"人民享有广泛的民主和自由，同时又用社会主义纪律来约束自己。"② 我国婚姻法规定了结婚必须具备的条件和必须履行的程序，规定了离婚的程序和处理原则，具体指明了婚姻自由的范围，划清了婚姻问题上合法与违法、正确与错误的界限。人们在行使婚姻自由权利时，必须受到国家法律和政策的约束，不得滥用权利损害他人的合法权益和社会公共利益。如果违反法律规定，不仅得不到法律的承认和保护，还要受到法律的制裁。因此，我们要正确理解和行使婚姻自由权利，一方面，不允许任何人侵犯这个权利；另一方面，也不允许当事人滥用这个权利。

（二）婚姻自由的内容

婚姻自由包括结婚自由和离婚自由两个方面。

1. 结婚自由

结婚自由是指缔结婚姻关系的自由，即当事人有权依法决定自己结不结婚，和谁结婚，不许任何一方强迫他方或任何第三者加以干涉。提倡结婚自由，就要反对父母包办婚姻。只有实行结婚自由，当事人才能按照本人的意愿选择理想的伴侣。同时，实行结婚自由，必须遵守法律的有关规定，婚姻当事人应该以对自己、对社会、对后代严肃负责的态度来对待婚姻，只有这样，才可能建立美满幸福的家庭。

2. 离婚自由

离婚自由是指解除婚姻关系的自由，即在夫妻感情确已破裂的情况下，夫妻都有权提出离婚，任何人不能加以干涉。提倡离婚自由既要反对只允许男方提出离婚，不允许女方提出离婚的思想；又要反对只允许无过错方提出离婚，有过错方不允许提出离婚的思想。当然，有过错方导致离婚的，过错方应当承担离婚损害赔偿责任。婚姻是以爱情为基础，以双方自愿为条件，那么，在夫妻感情确已破裂，关系无法维持下去的时候，依法解除这种痛苦的婚姻是完全必要的，这对于双方、对于社会都是一件幸事。解除痛苦的婚姻，如同列宁同志在《论民族自决权》中所指出的，"离婚自由并不意味着家庭关系'瓦解'，反而会使这种关系在文明社会中唯一可能的和稳固的民主基础上巩固起来"。③ 但是离婚毕竟是一种重要的法律行为，它关系着家庭、子女、社会的利益，因此婚姻当事人应以慎重的态度对待离婚问题，要遵守婚姻法有关离婚的规定。

3. 结婚自由和离婚自由的关系

结婚自由和离婚自由是互相结合、缺一不可的。保障结婚自由是为了使当事人能够完

---

① 杨连云、时运生主编：《毛泽东的廉政思想》，河北人民出版社1993年版，第227页。
② 福建社会科学院哲学研究所编：《毛泽东哲学思想研究论文集》，福建人民出版社1983年版，第211页。
③ 《列宁选集（第二卷）》，人民出版社2012年版，第396页。

全按照自己的意愿结成共同生活的伴侣。保障离婚自由，则是为了使感情确已破裂，无法共同生活的夫妻能够通过法定途径解除婚姻关系。结婚自由是普遍行为，是婚姻自由的主要方面；离婚自由是特殊行为，毕竟离婚是少数人的事情。但是仅有结婚自由是不够的，必须有离婚自由作为补充，二者互相结合构成了婚姻自由的完整内容。从现实情况看，人们对于结婚自由是能够接受的，但对于离婚自由却不自觉地反对或限制，这是封建残余思想的体现。列宁同志曾经指出："哪里没有离婚自由，哪里就根本没有也不可能有婚姻自由。"[①]结婚自由与离婚自由虽然各有侧重，但其目的都是为了巩固和发展社会主义的婚姻家庭关系。因此只有同时确认和保障结婚自由和离婚自由，婚姻自由才能全面实现。

二、贯彻婚姻自由原则的禁止规定

《婚姻法》(修正案)第3条规定："禁止包办、买卖婚姻和其他干涉婚姻自由的行为。禁止借婚姻索取财物。"要保障贯彻婚姻自由原则，必须做到上述两个禁止。

(一)禁止包办、买卖婚姻和其他干涉婚姻自由的行为

1. 包办、买卖婚姻的概念

包办婚姻和买卖婚姻是干涉婚姻自由的两种主要形式。包办婚姻是指第三者(包括父母在内)违背婚姻自由的原则，包办强迫他人婚姻的行为。某些父母干涉子女的婚事，是封建家长作风的表现，是对儿女人身权利(尤其是婚姻自主权)的严重侵犯。买卖婚姻是指第三者(包括父母在内)以索取大量财物为目的，包办强迫他人婚姻的行为。

包办婚姻和买卖婚姻既有联系，又有区别。共同之处在于两者均是违背当事人的意愿，对婚事包办强迫。区别包办婚姻和买卖婚姻，主要看是否以索取大量财物为目的。如果包括父母在内的第三人，包办自己子女或他人的婚姻，是以索取大量财物为目的的就是买卖婚姻；如果包括父母在内的第三人强迫包办自己子女和他人的婚姻，并不是以索取大量财物为目的，则是包办婚姻。包办婚姻不一定都是买卖婚姻，但是买卖婚姻一定是包办婚姻。

包办婚姻和买卖婚姻都是干涉他人婚姻自由的行为，其特征在于婚姻关系以外的第三人对婚姻当事人缔结婚姻关系的干涉、阻挠和强迫，侵犯当事人的婚姻自由。买卖婚姻是以封建社会的聘娶婚为主要表现形式，并加以演变而来。旧社会将女性当成商品买卖，所谓"嫁出去的姑娘泼出去的水"，正是这种金钱交易婚姻的后果之一。此外，封建的换亲、转亲、童养媳、指腹为婚、娃娃亲等也都是包办买卖婚姻不同形式的表现。

2. 其他干涉婚姻自由的行为

其他干涉婚姻自由的行为是指除包办、买卖婚姻以外的违反婚姻自由的行为。其表现形式很多，比如父母干涉儿女婚事，即父母因子女选择的对象不如己意，以种种借口阻挠、干涉。子女干涉父母再婚，即子女以各种借口对离异或丧偶父母的再婚进行干涉、阻挠。目前，子女干涉离异、丧偶的父母再婚，甚至威胁父母要保持"晚节"的事情时有发生。对此，《婚姻法》(修正案)第30条明确规定："子女应当尊重父母的婚姻权利，不得干涉父母再婚以及婚后的生活。"干涉离婚自由，即对他人的离婚进行强制或阻挠。干涉

---

① 《列宁全集(第三十七卷)》，人民出版社1986年版，第185页。

复婚自由，即对他人的复婚行为进行强制阻挠。

包办、买卖婚姻和其他干涉婚姻自由的行为都是违法行为，侵害公民婚姻自由的合法权利，危害广大青年尤其是妇女的切身利益，同时也容易造成各种纠纷，不利于安定团结和妇女解放。

禁止包办、买卖婚姻和其他干涉婚姻自由的行为，首先要加强法制宣传教育，帮助广大群众树立正确的法制观念，划清合法与违法的界限。同时，要运用法律手段处理违法行为，对违法者进行严肃的批评和教育，视其情节和后果，予以相应的制裁。如果情节恶劣构成犯罪，采用暴力干涉婚姻自由的，要依照刑法的有关规定，依法追究刑事责任。我国《刑法》第257条规定："以暴力干涉他人婚姻自由的，处二年以下有期徒刑或者拘役。犯前款罪，致使被害人死亡的，处二年以上七年以下有期徒刑。第一款罪，告诉的才处理。"

(二) 禁止借婚姻索取财物

借婚姻索取财物是指除买卖婚姻以外的其他借婚姻索取财物的行为。在这种情况下，男女双方结婚基本上是自主自愿的，但是一方(主要是女方或者女方父母)以向另一方索要一定财物作为结婚的先决条件。

借婚姻索取财物和买卖婚姻的共同点都是以索取财物为结婚的条件；不同点是买卖婚姻通常是包办强迫的婚姻，而借婚姻索取财物，基本上是自主婚。借婚姻索取财物不是以感情作为婚姻的基础，而是把满足自己的物质欲望作为缔结婚姻的首要条件；不是正确行使婚姻自由的权利，而是滥用了这一权利。

借婚姻索取财物的行为，妨碍婚姻自由原则的贯彻，腐蚀人们的思想，败坏社会风气，往往给许多家庭造成悲剧。有的为了筹集财物，东借西贷，以致债台高筑，在婚后造成沉重的经济和思想负担，影响家庭的和睦、团结。有的甚至搞歪门邪道，走上了贪污、盗窃等犯罪道路，其危害性是不可低估的。因此，婚姻法明令禁止这一行为具有重要的现实意义。

当然，男女双方出于生活上的关心，在力所能及和本人自愿的条件下，互赠或赠与对方父母某些财物，不能视为"借婚姻索取财物"的行为。

对于借婚姻索取财物的处理，最高人民法院1993年发布的《离婚案件财产分割意见》第19条规定："借婚姻关系索取的财物，离婚时，如结婚时间不长，或者因索要财物造成对方生活困难的，可酌情返还。对取得财物的性质是索取还是赠与难以认定的，可按赠与处理。"

(三) 注意划清几个界限

不论是包办、买卖婚姻和其他干涉婚姻自由的行为，还是借婚姻索取财物的行为，都是建立和发展社会主义婚姻关系，贯彻婚姻自由的障碍。在具体处理由此引起的纠纷时，要正确掌握法律和政策精神，注意划清以下界限：

(1) 包办婚姻和父母主持、经人介绍、本人自愿同意的界限。前者由父母决定，违背婚姻当事人的意愿，违反了婚姻自由原则，是违法行为；后者虽由父母出面主持，但婚姻当事人是同意的，它符合婚姻自由原则，是合法行为。

(2) 借婚姻索取财物和男女自愿赠与的界限。前者是女方或女方父母主动索取，是违法行为；后者是男女双方自愿赠与，是合法行为。

(3) 说媒骗财和正当婚姻介绍的界限。前者是以说媒为手段骗取财物的违法行为；后者是一种人与人之间正当的帮助，甚至是一种社会职业，如婚姻介绍所，这是合法行为。

子项目二　一夫一妻原则

案例2-2　原告彭某（女）与被告刘某于2010年2月登记结婚。婚后初期，夫妻感情尚好，2012年2月彭某生育一女，孩子出生后一直由彭某照顾，被告刘某独自经营个体生意。在刘某独自经营期间，与一女子在外租房同居，导致原、被告夫妻双方产生矛盾。原告于2014年3月向法院起诉，要求与被告离婚及婚生女孩由自己抚养，并以被告有过错为由，要求被告给予精神损害赔偿3万元。被告亦认为夫妻感情已完全破裂，表示同意离婚，但不同意支付精神损害赔偿金，同时坚持要求抚养婚生女孩。经调解，双方未能达成协议。

任务：请回答彭某的主张能否得到法律支持？

一夫一妻是婚姻法规定的第二个基本原则，它是我国社会主义婚姻家庭制度的重要组成部分。维护并实行这一原则，对于巩固社会主义婚姻家庭制度有着重要的意义。

一、一夫一妻制的概念

一夫一妻制，又称个体婚制，是一男一女结为夫妻的婚姻形式，即一个人只能有一个配偶，不能同时有两个或更多的配偶的婚姻制度。作为我国婚姻法的基本原则，这一概念包含以下三层含义：一是任何人不论其地位高低、财产多少，都不能同时有两个或更多的配偶；二是已婚者在配偶死亡或离婚前，不得再行结婚；三是一切公开的、隐蔽的一夫多妻或一妻多夫的两性关系都是非法的。

一夫一妻制产生于原始社会的崩溃时期，它是财产私有制和阶级不平等的产物。以生产资料私有制为基础的一夫一妻制从产生之日起，就具有一种特别的性质：它只是对妇女而言的一夫一妻制，而不是对男子的一夫一妻制。男子可以通过纳妾、多妻等形式公开拥有多个配偶。在旧中国，娼妓制度也是剥削阶级多妻制的补充。新中国成立后，中央人民政府在全国范围内彻底废除了娼妓制度，对受迫害的妇女从医疗、教育、就业等方面作了妥善安排，使她们获得了谋生的技能，成为有正当职业、自食其力的公民。这一重大社会改革，深受广大人民群众的拥护，对促使妇女解放，巩固社会主义婚姻制度，对贯彻一夫一妻制起了积极作用。社会主义经济的发展，为实现一夫一妻制提供了根本的物质保证。在社会主义条件下，消灭了剥削和压迫，妇女在政治、经济、文化、社会等各方面取得了和男子平等的地位，为实现真正的一夫一妻制奠定了可靠的基础。

二、贯彻一夫一妻原则的禁止规定

为了使一夫一妻原则在现实生活中得到全面的贯彻落实，《婚姻法》（修正案）第3条明确规定："禁止重婚。禁止有配偶者与他人同居。"

(一) 禁止重婚

1. 重婚的概念

重婚是指有配偶者再行结婚的行为。也就是说，已经有了一个合法的婚姻关系，后又与他人缔结了第二个婚姻关系，前者称前婚，后者称后婚，也称重婚。重婚是违法行为，是对一夫一妻制原则的严重破坏。

具体而言，重婚有两种形式：一是法律上的重婚，是指前婚未解除，又与他人办理了婚姻登记手续，即有配偶者又与他人登记结婚。只要双方办理了结婚登记手续，不论是否同居，重婚就已形成。二是事实上的重婚，是指前婚未解除，又与他人以夫妻名义同居生活，但未办理结婚登记手续。

在现实生活中，事实重婚占多数，因为法律上的重婚需要进行婚姻登记，如果不是隐瞒和欺骗，很难通过审查，也就很难形成法律重婚。所谓以夫妻名义共同生活，表现形式是多样的，有的公开举行婚礼，有的以夫妻身份外出探亲等。

2. 对待重婚的法律和政策

处理重婚问题，现在和新中国成立初期已有明显不同。新中国成立初期存在大量新中国成立前遗留下来的重婚纳妾问题，只能作为历史问题妥善解决。一般原则是：1950年《婚姻法》公布前形成的重婚，如果当事人相安无事，法律不予追究，因为法律没有追溯力；如果当事人（尤其是女方）为解除痛苦提出离婚要求，应准予离婚。1950年《婚姻法》公布后的重婚，不论出于何种原因，采取何种形式，都是非法的，一律不予承认。鉴于重婚的情况比较复杂，在具体处理时，要根据重婚的原因、情节和后果等情况，分别考虑，正确对待。

1980年《婚姻法》明确规定，实行一夫一妻制，禁止重婚。2001年的《婚姻法》（修正案）第2条、第3条也规定了实行一夫一妻制，禁止重婚。因此，重婚是一种违法行为，情节严重的，构成犯罪，要依法受到刑事制裁。

3. 重婚的法律后果

依现行法律，重婚行为在婚姻法、刑法方面都会产生相应的法律后果。

(1) 婚姻法方面。一是，重婚为无效婚姻，不产生合法婚姻的效力；二是，重婚是认定夫妻感情破裂，法院准予离婚的情形之一；三是因重婚导致离婚的，无过错方有权请求损害赔偿。

(2) 刑法方面。重婚者如果主观上存在故意，则构成重婚罪，应依法给予刑事制裁。我国《刑法》第258条规定："有配偶而重婚的，或者明知他人有配偶而与之结婚的，处二年以下有期徒刑或者拘役。"不知对方是有配偶者而受骗与之结婚的，不能成为重婚罪的主体，不承担刑事责任，但仍需承担婚姻无效的法律后果。

此外，由于我国对军婚的特别保护，《刑法》第259条规定，明知是现役军人的配偶而与之同居或者结婚，构成妨害军婚罪，处三年以下有期徒刑或者拘役。

(二) 禁止有配偶者与他人同居

有配偶者与他人同居，也称姘居，是指有配偶者与婚外异性，不以夫妻名义，持续稳定地共同居住。其构成要件有三：一是在主体上必须是有配偶者与婚外异性之间的同居，这是与未婚同居的区别；二是在名分上不以夫妻名义，这是与事实重婚的主要界限；三是持续、稳定地共同居住，这是与通奸、一夜情等行为的重要区别。

同居是夫妻共同生活的基础要件，是婚姻本质所内定的义务。有配偶者与他人同居，是对夫妻间义务的违反和对配偶权利的侵犯。婚姻是责任，婚姻受法律保护，又受法律制约。近年来，社会上有配偶者与他人同居的现象时有发生，有的情节十分恶劣，有的公然将第三者带进家庭内同居，有的公开怂恿男方离弃或杀害妻子、儿女，有的生育非婚生子女。这不仅违反了一夫一妻制和社会主义道德的要求，败坏了社会风气，而且容易导致家庭破裂和引发恶性事件发生，影响国家的长治久安。但由于法律一直没有明确规定，致使受害者求告无门，无法主张救济。

为了更有效地维护一夫一妻制原则的实施，《婚姻法》（修正案）第3条增加了"禁止有配偶者与他人同居"的规定，为受害者主张权利提供了法律依据，同时在法律责任部分明确规定，有配偶者与他人同居，导致离婚的，无过错方有权请求损害赔偿。这对于维护正常的婚姻家庭关系，保障社会秩序的稳定，保护无过错当事人一方的合法权益，必将起到积极作用。

（三）夫妻应当互相忠实

为了强化一夫一妻原则，《婚姻法》（修正案）第4条规定："夫妻应当互相忠实，互相尊重。"夫妻间的忠实义务，是婚姻的本质所决定的。

夫妻的忠实义务在不同历史阶段的表现是不同的。在父权家族制度下，对妻子的忠实义务规定得极为严格，而对丈夫的忠实义务则规定得极为宽松。这是因为一方面妻子处于夫权的支配和统治下，没有自己独立的人格尊严，另一方面也是为了保障男系家族血统。我国古代法律以及习惯都要求妻子对丈夫要忠实，不能背叛；而丈夫不但可以纳妾，还规定与有夫之妇通奸，只有侵害了该有夫之妇的丈夫的权利才构成犯罪。而妻子与任何人通奸，都构成犯罪。

在近代，男女平等原则的规定和提倡，夫妻间互相忠实已成为夫妻结合的基本条件。法国民法、意大利民法、瑞士民法以及瑞典的婚姻法都明确规定，忠实为夫妻互相的义务，因此夫或妻任何一方的重婚、通奸，都是离婚的原因，并构成刑法上的犯罪。

由于受历史条件的限制，我国《婚姻法》（修正案）对夫妻间的忠实义务这一夫妻关系的最核心内容一直没有作出规定。这次修正《婚姻法》，第一次明文规定了夫妻有互相忠实的义务，既有利于维护平等、和睦、文明的婚姻家庭关系，也使离婚时，无过错方请求损害赔偿有法可依。

子项目三　男女平等原则

案例2-3　沈老汉生有五个女儿，盼儿养老。肖老汉生有三个儿子，家庭生活比较紧张。两人同村，关系较好。后来，沈老汉的二女儿沈芳与肖老汉的大儿子肖良相恋。四人签署协议，肖良入赘到沈家，承担对沈老汉养老送终的责任，不再承担肖家一切负担；生育子女随沈姓。后来，肖良外出务工，不幸被撞身亡，肇事者给付死亡赔偿金64多万元。该笔赔偿金被沈芳及其与肖良的婚生儿子沈中领走。肖老汉要求分割死亡赔偿金遭到拒绝。沈家认为，肖良已经入赘，不再承担赡养父母的义务，肖家父母也就无权要求分割死亡赔偿金。

任务：肖良入赘到沈家之后，肖老汉是否享有要求肖良赡养的权利和作为肖良法定继承人的权利？

男女平等原则是我国社会主义婚姻家庭制度本质的深刻体现，也是区别社会主义婚姻家庭制度与私有制社会婚姻家庭制度的标志。它彻底否定了男尊女卑、父权统治的旧传统、旧习俗，是妇女解放的法律保障，是巩固和发展我国婚姻家庭制度的重要法律武器。

一、男女平等的概念

我国宪法明确规定了男女平等原则，它包括男女在政治、经济、文化、社会、家庭的生活等各个方面享有与男子平等的权利。婚姻法规定的男女平等原则，是指男女在婚姻关系和家庭生活的各方面都平等地享有权利，承担义务，禁止对女性任何形式的歧视、虐待和压迫。

男女两性在婚姻家庭中的地位，首先取决于他们在社会、经济、政治等方面的地位。历史充分证明，生产资料私有制和阶级剥削制度是男女不平等的社会根源。自阶级社会以来，男女就处于不平等地位。在奴隶社会、封建社会和资本主义社会，都是以私有制为核心的人剥削人的社会，在这个社会里，男尊女卑、男主女从、男天女地的状况一直没有改变。在欧洲中世纪的一次宗教会议上甚至讨论过妇女是否为人的问题。虽然资产阶级提出且在法律中规定了男女平等，这在历史上是一大进步，但是这种男女平等带有极大的局限性和虚伪性。在有些资本主义国家，男女之间连形式上和法律上的平等都没有。随着社会的发展进步和妇女运动的兴起，资本主义国家废弃了早期立法中男女不平等的条款，男女两性的法律地位渐趋平等。但只要不根除资本主义私有制和剥削制度，就不可能实现真正的男女平等。

在旧中国，男女之间是主从、尊卑、依附的关系，这种男女不平等为封建社会的礼制和法律所保护。"三从四德"等种种清规戒律成为束缚妇女，奴役和压迫妇女的沉重锁链。中国共产党自建党以来，始终把解放妇女、实现男女平等作为革命事业的重要组成部分。新中国成立后，彻底废除了一切歧视妇女，压迫妇女的反动法律。我国历次宪法都规定，妇女在政治、经济、文化、社会和家庭生活各方面享有同男子平等的权利，男女同工同酬，在有关选举、劳动、教育等法律中，妇女的权利都得到了有效保障。我国《婚姻法》（修正案）、《民法通则》、《妇女权益保障法》等许多法律都明确规定了男女平等。

但由于封建传统观念的影响，男尊女卑的旧思想、旧习俗尚未绝迹，男女之间尚存在实际的差距。所以，规定男女平等原则仍具有重要的现实意义。

二、男女平等的内容

(一) 在婚姻问题上，男女的权利义务平等

按照婚姻法的规定，在结婚、离婚方面，男女的权利义务是平等的。例如，结婚必须男女双方完全自愿，不允许任何一方对他方加以强迫或有任何第三者加以干涉。登记结婚后，根据双方的约定，女方可以成为男方的家庭成员，男方可以成为女方的家庭成员。男

女双方均有提出离婚的权利。离婚时，男女双方都有抚养子女，分割共同财产，清偿债务以及经济帮助等方面的权利和义务。在旧中国，男女在婚姻问题上是权利不平等的。如妇女必须从夫居；男子有休妻的特权，而女子无离婚的自由。

(二)在家庭关系中，不同性别的家庭成员的权利和义务是平等的

1. 夫妻关系平等

夫妻在家庭中地位平等，人格独立。夫妻双方都有各用自己姓名的权利；都有参加生产、工作、学习和社会活动的自由；都有实行计划生育的义务；都有抚养和教育子女的权利和义务；对共同财产有平等的处理权；有相互扶养的义务和相互继承遗产的权利。

2. 父母子女关系平等

父和母都有抚养教育子女的义务，都有受子女赡养扶助的权利；子和女都有接受父母抚养教育的权利，都有赡养扶助父母的义务；父和母、子和女的继承权利都是平等的。

3. 其他不同性别的家庭成员间法律地位平等

在祖孙、兄弟姐妹这些不同性别的家庭成员间，地位完全平等，享有平等的权利，履行平等的义务。兄弟姐妹都享有要求父母抚养的权利，都有赡养父母的义务，都是父母的第一顺序法定继承人。祖父母、外祖父母都是孙子女、外孙子女的第二顺序法定继承人，孙子女、外孙子女享有平等的代位继承权。

三、男女平等原则的贯彻

男女平等的真正实现并不是一蹴而就的。新中国成立以来，我们在男女平等方面已经取得了很大的成就，但是男尊女卑的旧制度、旧思想在历史上长期存在，重男轻女、歧视妇女的传统习惯势力还存在一定影响。如有的丈夫将妻子当成私有财产，任意地打骂、虐待，甚至打死。家庭中的暴力案件不断发生，由于人们将其当成家务纠纷，因此很多妻子得不到法律救济。有的人重男轻女思想极为严重，遗弃、虐待女婴、女孩，任意剥夺女儿合法的继承权。一些农村在土地承包经营、集体经济组织收益分配等方面存在男女不平等现象。部分妇女参加工作、学习和社会活动的自由还没得到保障。所以，男女两性在"法律上的平等还不是实际生活中的平等"，社会主义物质文明和精神文明的高度发展，是男女平等进一步实现的必要条件。

贯彻男女平等的原则，一方面贯彻宪法尊重和保障人权以及男女平等的精神，消除妇女发展的障碍，采取特别措施保障妇女切实有效地实现与男子平等的权利，对弱势群体给予倾斜保护与救济扶助；另一方面要强化保障措施和法律责任，加大依法行政、依法维权的力度，增强相关法律的操作性。

子项目四　保护妇女、儿童和老人的合法权益原则

案例 2-4　原告陈某转、被告张某强于 1988 年 8 月 16 日登记结婚，1989 年 7 月 9 日生育女儿张某某(已成年)。张某强给陈某转规定了很多不成文家规，如洗衣服必须让张某强满意，挨骂不许还嘴，挨打后不许告诉他人等。因经常被张某强打骂，陈某转曾于 1989 年起诉离婚，张某强当庭承认错误，保证不再施暴后，陈某转撤诉。此后，张某强

没有改变,依然要求陈某转事事服从,稍不顺从,轻则辱骂威胁,重则拳脚相加。2012年5月14日,张某强认为陈某转未将其衣服洗净,辱骂陈某转并命令其重洗。陈某转不肯,张某强即殴打陈某转。女儿张某某在阻拦过程中也被打伤。2012年5月17日,陈某转起诉离婚。被告张某强答辩称双方矛盾只是一般夫妻纠纷,保证以后不再殴打陈某转。庭审中,张某强仍然态度粗暴,辱骂陈某转,坚决不同意离婚。

任务:张某强的行为属于一般夫妻纠纷还是家庭暴力?为什么?

保护妇女、儿童和老人的合法权益,在我国宪法中有明确规定,同时也是婚姻法的一项重要原则。1950年《婚姻法》规定了保护妇女、儿童合法权益的原则,1980年《婚姻法》总结多年来的经验,根据现实情况补充了"保护老人合法权益"的内容,从而使这一规定更加全面和完善。

这一原则充分体现了我们党和国家关怀妇女、爱护儿童、尊敬老人的精神。坚持这一原则,对于切实贯彻男女平等原则,树立尊老爱幼的新风尚和巩固社会主义的新型家庭关系具有重要意义。

一、保护妇女的合法权益

(一)为什么要保护妇女的合法权益

保护妇女的合法权益是对男女平等原则的重要补充。我国妇女虽然在法律地位上已经获得了与男子平等的权利,但是在实际生活中还存在着妨碍妇女行使平等权利的消极因素。列宁指出:"有人说,妇女的法律地位最能说明文明程度。这句话很有些道理。从这个观点来看,只有无产阶级专政,只有社会主义国家才能够达到而且已经达到了高度的文明。"[①]妇女的法律地位如何,妇女的合法权益能否得到切实的保护,是衡量一个国家文明程度的重要标准之一。因此,必须在强调男女平等原则的同时,对妇女的合法权益加以特殊的保护。为什么要特殊保护呢?原因主要有两个:

一是妇女在历史上受迫害最深,地位最低。在旧中国,妇女深受政权、神权、族权、夫权四重压迫,她们所遭受的痛苦比男子更深重。早在1931年《中华苏维埃共和国婚姻条例》的决议案中就曾强调:"女子刚从封建压迫中解放出来,她们的身体许多受了很大的损害(如缠足)尚未恢复,她们的经济尚未独立,所以关于离婚问题,应偏于保护女子,而把因离婚而引起的义务和责任,多交给男子担负。"[②]后来,各边区、解放区有关婚姻家庭的条例和新中国成立后的1950年《婚姻法》、1980年《婚姻法》及2001年《婚姻法》(修正案),都把保护妇女的合法权益作为一项重要的基本原则。

二是妇女在生理上具有特殊性。根据妇女的特殊需要,规定只有妇女才能享有某些权利。这一点,在《婚姻法》(修正案)、《妇女权益保障法》中有突出体现,在其他法律中,如《刑法》、《中华人民共和国劳动法》(以下简称《劳动法》)也有明确规定。

---

① 《列宁全集(第三十八卷)》,人民出版社1986年版,第203页。
② 1931年11月26日《中共苏维埃共和国中央执行委员会第一次会议决议》,载中国政法大学民法研究室编《婚姻法资料汇编》(上集),1984年4月,第8页。

(二)婚姻法如何保护妇女的合法权益

1. 禁止家庭暴力

(1)家庭暴力的概念和原因。最高人民法院的《婚姻法司法解释(一)》第1条规定："'家庭暴力',是指行为人以殴打、捆绑、残害、强行限制人身自由或者其他手段,给其家庭成员的身体、精神等方面造成一定伤害后果的行为。"

一般夫妻纠纷与家庭暴力是不同的。一般夫妻纠纷中也可能存在轻微暴力甚至因失手而造成较为严重的身体伤害,但其与家庭暴力有着本质的区别。对此区别,应当考虑以下因素:暴力引发的原因和加害人的主观目的是否为了控制受害方,暴力行为是否呈现周期性,暴力给受害人造成的损害程度等。家庭暴力的核心是权力和控制。加害人存在通过暴力伤害达到目的的主观故意,暴力行为呈现周期性,并且不同程度地造成受害人的身体或心理伤害后果,导致受害方因为恐惧而屈从于加害方的意志。而一般夫妻纠纷不具有这些特征。

无论在社会上或家庭中,公民的人身权利均不得因任何原因而遭受人为侵害。家庭暴力的发生,不是受害人的过错,绝大多数情况下是基于性别而针对妇女的歧视。其发生的原因主要包括:一是加害人通过儿童期的模仿或亲身经历而习得暴力的沟通方式。二是家庭暴力行为通过社会和家庭文化实现代际传递。传统文化默许男人打女人,父母打子女。在这种文化影响下长大的男人允许自己打女人,父母允许自己打子女。有这种文化的社会,接纳家庭暴力行为。在这样的家庭和社会中长大的子女,不知不觉接受了这种观念。家庭暴力行为就这样一代又一代传了下来。三是加害人获利不受罚。虽然《婚姻法》(修正案)和《妇女权益保障法》规定禁止家庭暴力,但是法律缺乏预防和制止家庭暴力的有效手段。社会给家庭暴力受害人提供的有效支持很少,因此家庭暴力发生时一般得不到干预。由于在家里打人能达到目的而不受惩罚,不管加害人事后多么后悔,又多么真诚地道歉,并保证绝不再犯,都必然因缺乏真正改变自己行为的动机而一再使用暴力。四是加害人往往有体力上的优势。无论男方施暴还是女方施暴,加害人的体力往往居于优势。90%以上家庭暴力受害人是体力处于弱势的妇女、儿童和老人。

(2)家庭暴力的现状和危害。世界卫生组织的一项结论认为,已婚男女间的暴力是比战争更加凶恶的杀手。在我国,中华全国妇女联合会的调查表明,我国30%的家庭存在家庭暴力,绝大部分是丈夫对妻子施暴,而且手段越来越残忍,辱骂、殴打、跪地、烟头烫、油烧、砍手、泼硫酸等。但由于家庭暴力具有隐蔽性、长期性和涉及个人隐私的特点,施暴者和受害者的夫妻关系往往使人们把家庭暴力当成家务事,受"家丑不可外扬"、"两口子打架不记仇"等传统观念的影响,导致受害者较少寻求法律保护,执法人员不愿介入家庭私人领域,对家庭暴力重视不够,大事化小,小事化了,以致这类案件在现实生活中受谴责和处罚的很少。

家庭暴力具有很大的危害性,主要表现在以下三个方面:一是严重摧残妇女的身心健康,是破坏家庭稳定的重要原因。二是对未成年子女的心理造成不良影响。长期生活在家庭暴力环境中的孩子,感受不到家庭的和睦与温暖,容易对社会产生逆反心理,误入歧途,引发少年犯罪。三是家庭暴力容易导致恶性刑事案件的发生,影响社会的稳定和发展。

(3) 关于家庭暴力的救助措施与法律责任。

第一，《婚姻法》(修正案)针对家庭暴力作出了救助措施与法律责任的规定。实施家庭暴力，受害人有权提出请求，居民委员会、村民委员会以及所在单位应当予以劝阻、调解。对正在实施的家庭暴力，受害人有权提出请求，居民委员会、村民委员会应当予以劝阻，公安机关应当予以制止。实施家庭暴力或虐待家庭成员，受害人提出请求的，公安机关应当依照《中华人民共和国治安管理处罚法》(以下简称《治安管理处罚法》)的规定予以行政处罚。对于构成犯罪的家庭暴力，任何人都可以向司法机关报案。这意味着，家庭暴力不再是家务事，惩治家庭暴力成为公安机关和有关部门法定的责任和义务。这在我国婚姻法中尚属首次。

第二，实施家庭暴力导致离婚的，无过错方有权提出损害赔偿。通常无过错方多为女性，这一规定突出体现了法律对妇女和弱者的保护和照顾。

第三，申请法院依法及时作出人身安全保护裁定。人身安全保护裁定是一种民事强制措施，是人民法院为了保护家庭暴力受害人及其子女和特定亲属的人身安全，确保民事诉讼程序的正常进行而作出的裁定。我国目前虽然没有关于人身安全保护裁定的完整立法，但早在2008年，最高人民法院中国应用法学研究所已经根据立法精神出台了《涉及家庭暴力婚姻案件审理指南》，72家法院对涉及家庭暴力民事案件审理成立了人身安全保护裁定的试点。人民法院作出的人身安全保护裁定，一般包括下列内容中的一项或多项：①禁止被申请人殴打、威胁申请人或申请人的亲友；②禁止被申请人骚扰、跟踪申请人，或者与申请人以及可能受到伤害的未成年子女进行不受欢迎的接触；③人身安全保护裁定生效期间，一方不得擅自处理价值较大的夫妻共同财产；④有必要并且具备条件的，可以责令被申请人暂时搬出双方共同的住处；⑤禁止被申请人在距离下列场所200米内活动：申请人的住处、学校、工作单位或其他申请人经常出入的场所；⑥必要时，责令被申请人自费接受心理治疗；⑦为保护申请人及其特定亲属人身安全的其他措施。申请人申请并经审查确有必要的，人身安全保护裁定可以附带解决以下事项：①申请人没有稳定的经济来源，或者生活确有困难的，责令被申请人支付申请人在保护裁定生效期间的生活费以及未成年子女抚养费、教育费等；②责令被申请人支付申请人因被申请人的暴力行为而接受治疗的支出费用、适当的心理治疗费及其他必要的费用。被申请人的暴力行为造成的财产损失，留待审理后通过判决解决。

2. 在离婚问题上对妇女的保护

(1)《婚姻法》(修正案)明确规定，女方在怀孕期间、分娩后一年内或中止妊娠后六个月内，男方不得提出离婚。在一定时期内限制男方的离婚请求权，有助于保护妇女和婴幼儿的身心健康。此外，女方提出离婚或人民法院认为确有必要受理男方离婚请求的，不在此限。

(2)在离婚共同财产分割问题上，规定了照顾女方原则。离婚时夫妻共同财产的分割，先由双方协议处理；协议不成时，由人民法院根据财产的具体情况，按照顾子女和女方权益的原则判决。由于历史原因，男女的经济地位还存在实际的差别，女子一般低于男子，所以法律规定了照顾女方的原则。

(3)离婚时，如一方生活困难，另一方应从其住房等个人财产中给予适当帮助。从实际执行的情况看，接受经济帮助的多为女方。

1992年4月3日第七届全国人大第五次会议通过的《妇女权益保障法》是我国第一部保障妇女权益，促进男女平等的基本法。该法第7章专门对妇女在婚姻家庭方面的权益作了具体的保障性规定，其中对离婚后妇女的人身、财产权益的保障比婚姻法的规定更加详尽，操作性更强。

应该看到，随着社会经济的发展和妇女地位的日益提高，男女两性间的实际差别会逐渐缩小，需要特殊保护妇女的情况会越来越少，真正的男女平等将会全面实现。

二、保护儿童的合法权益

（一）为什么要保护儿童的合法权益

保护儿童的合法权益，是振兴国家和民族的需要，是培养和造就社会主义建设事业接班人的需要，也是巩固和发展社会主义婚姻家庭关系的需要。《宪法》明确规定："国家培养青年、少年、儿童在品德、智力、体质等方面全面发展。""婚姻、家庭、母亲和儿童受国家的保护。"为了有效保障儿童的合法权益，1991年9月4日第七届全国人大常委会第二十一次会议通过，并于2012年第十一届全国人大常委会第二十九次会议修订的《未成年人保护法》，从家庭、社会、学校、司法等方面对儿童的合法权益作了全面、具体的保障性规定。

但是在现实生活中，侵犯儿童权益的现象仍然存在，如遗弃女婴、残疾儿童，甚至出卖亲生子女的行为时有发生；由于重婚和非法同居等带来的非婚生子女问题也日益突出，非婚生子女往往遭到遗弃、虐待、残害和歧视，并由此引发未成年人犯罪的问题。因此，保护儿童的合法权益，仍然是一个极为重要的原则。

《未成年人保护法》和《中华人民共和国预防未成年人犯罪法》（以下简称《预防未成年人犯罪法》）是目前我国未成年人保护方面的两部专门法律。此外，《民法通则》、《民事诉讼法》、《婚姻法》（修正案）、《继承法》、《收养法》、《劳动法》、《治安管理处罚法》、《中华人民共和国义务教育法》（以下简称《义务教育法》）等法律都对未成年人保护作出了针对性的规定。

2011年2月，第十一届全国人大常委会第十九次会议通过了《中华人民共和国刑法修正案（八）》（以下简称《刑法修正案（八）》），完善了对未成年人犯罪从轻处罚的法律规定，进一步落实了宽严相济的刑事政策和教育、感化、挽救的方针。2012年3月，第十一届全国人大第五次会议通过的《全国人民代表大会关于修改〈中华人民共和国刑事诉讼法〉的决定》，其中有专门章节规定了"未成年人刑事案件诉讼程序"，根据未成年人的特点和保护未成年人的需要，设置了附条件不起诉、犯罪记录封存等新制度。

（二）《婚姻法》（修正案）如何保护儿童的合法权益

1. 明确规定了父母对子女有抚养、教育的义务

父母有保护和教育未成年子女的权利和义务，而且这种义务不因父母离婚而消除。离婚后，父母对子女仍有抚养和教育的权利和义务。如果父母不履行抚养义务，未成年或不能够独立生活的子女要求父母付给抚养费的权利。为了更好地保护婴儿的合法权益，《婚姻法》（修正案）规定"禁止家庭成员间的虐待和遗弃"，"禁止溺婴、弃婴和其他残害

婴儿的行为"。如果父母有虐待、遗弃子女的行为，情节严重的构成虐待罪、遗弃罪，将会受到刑事制裁。

2. 规定了不同情况的子女的平等地位

在我国，除了婚生子女以外，还有非婚生子女、继子女和养子女。不论是哪种，他们的地位都是平等的。在旧中国，非婚生子女和继子女的地位非常低下，他们往往被虐待和遗弃，甚至被剥夺生命。在新中国成立后，国家规定了保护儿童的原则，非婚生子女和继子女不再受歧视和虐待。我国《婚姻法》（修正案）规定，"非婚生子女享有与婚生子女同等的权利，任何人不得加以危害和歧视"；"养父母和养子女间的权利和义务，适用本法对父母子女关系的有关规定"；"继父母与继子女间，不得虐待或歧视"，切实保障了非婚生子女、继子女和养子女的合法权益。

3. 规定了特定情形下，祖父母、外祖父母对孙子女、外孙子女以及兄姐对弟妹的抚养义务

我国《婚姻法》（修正案）第28条规定："有负担能力的祖父母、外祖父母，对于父母已经死亡或父母无力抚养的未成年的孙子女、外孙子女，有抚养的义务。"《婚姻法》（修正案）第29条规定："有负担能力的兄、姐，对于父母已经死亡或父母无力抚养的未成年的弟、妹，有抚养的义务。"这一规定符合我国家庭的实际情况，更有利于保护儿童的合法权益原则的贯彻执行。

三、保护老人的合法权益

案例2-5　现年83岁的陈老伯体弱多病、无经济收入，陈老伯与妻子共生有3个儿子2个女儿。他们都已经成家立业，2个女儿虽不在身边，但平时经常看望老父亲，在经济上也有一定的照顾。2007年2月，陈老伯因患心血管病住院治疗，花去医疗费、护理费等共计3.5万余元。根据老人的实际困难，其中，医院减免、合作医疗报销1.6万余元，实际花费1.9万余元。近2万元的钱大部分是向他人借来的，为了让子女承担这笔开支，陈老伯与三个儿子协商，但三个儿子都不愿意支付应付的份额。所以，陈老伯向法院起诉要求三个儿子平均负担。

大儿子认为，父亲要求支付的医疗费、护理费等计算有误，要求按合理的费用重新计算，而且父亲一共生有5个子女，赡养他的责任应该由五人共同承担。第二、第三个儿子认为，父亲的诉请是事实，但愿意承担合理治疗费用中的1/5。

任务：陈老伯的诉求是否可以得到满足？为什么？

（一）为什么要保护老人的合法权益

维护平等、和睦、文明的婚姻家庭关系，除了保护妇女、儿童的合法权益外，还要保护老人的合法权益。尊敬、赡养和爱护老人是中华民族的传统美德。老人为国家、民族、社会和家庭贡献了毕生的精力，创造出巨大的物质财富和精神财富。在他们年老体弱、丧失劳动能力的时候，理应得到社会和家庭的尊敬和照顾。子女在生活上给予关心，在经济上给予照顾，在精神上给予安慰，使他们能够安度晚年。这不仅是法律规定的义务，也是社会主义道德的要求。对此，我国《宪法》规定："中华人民共和国公民在年老、疾病或者

丧失劳动能力的情况下，有从国家和社会获得物质帮助的权利。国家发展为公民享受这些权利所需要的社会保险、社会救济和医疗卫生事业。"

在社会主义初级阶段，我国老年人养老仍主要依靠家庭。针对社会上存在的对老人虐待、遗弃的现象，1980年《婚姻法》增加了保护老人合法权益的原则，加强对老年人合法权益的保护。1996年8月29日全国人大常委会通过了《老年人权益保障法》，全面具体地对老年人合法权益的保护作了明确规定。2013年7月1日，新修订的《老年人权益保障法》正式施行，该法首次将"常回家看看"的精神赡养写入条文。在该法第18条中着重指出：家庭成员应当关心老年人的精神需求，不得忽视、冷落老年人。与老年人分开居住的家庭成员，应当经常看望或者问候老年人。

(二)婚姻法如何保护老人的合法权益

1. 明确规定了子女对父母有赡养扶助的义务

子女对父母的赡养义务不因父母婚姻关系的变化而终止。也就是说，子女对父母赡养扶助的义务不因父母的离婚、再婚而消除。如果子女不履行赡养义务，无劳动能力的或生活困难的父母有要求子女付给赡养费的权利。

2. 在一定条件下，成年孙子女或外孙子女有赡养祖父母或外祖父母的义务；成年弟妹有扶养老年兄姐的义务

我国《婚姻法》(修正案)第28条规定："有负担能力的孙子女、外孙子女，对于子女已经死亡或子女无力赡养的祖父母、外祖父母，有赡养的义务。"该法第29条规定："由兄、姐扶养长大的有负担能力的弟、妹，对于缺乏劳动能力又缺乏生活来源的兄、姐，有扶养的义务。"这充分体现了国家对老年人的关怀。

3. 明确规定了禁止虐待和遗弃老人

禁止虐待和遗弃老人在《宪法》中有明确的规定，《婚姻法》(修正案)第3条所规定的"禁止家庭成员间的虐待和遗弃"就是具体体现《宪法》的这一精神。

虐待是指以作为或不作为的形式，对家庭成员歧视、折磨、摧残，使其在精神上、肉体上遭受损害的违法行为，如打骂、恐吓、冻饿、患病不给治疗、限制人身自由等。家庭暴力和虐待都是对其他家庭成员造成身体或心理伤害的行为。区别在于，一般的打骂就可以构成家庭暴力，但构不成虐待；持续性、经常性的家庭暴力，构成虐待。

遗弃是指家庭成员中负有赡养、抚养、扶养义务的一方，对年老、年幼、患病或者其他没有独立生活能力，需要赡养、抚养或扶养的另一方，不履行义务的违法行为，如成年子女不赡养无劳动能力或生活困难的父母等。

在家庭成员间，受虐待和遗弃的多数为妇女、儿童和老人。而近年来，虐待、遗弃老人的问题更加突出。有的把丧失劳动能力的老人当成"包袱"和"累赘"，寻找种种借口，不承担赡养扶助的义务；有的采取种种手段，虐待老人，逼得老人自杀身亡。这不仅是违反社会主义道德的行为，也是违法行为。情节恶劣，构成虐待罪、遗弃罪的，还要受到刑事处罚。

总之，保护妇女、儿童和老人的合法权益，是我国婚姻法的重要原则。随着物质文明和精神文明建设的提高，这一原则将会得到更好的贯彻和落实。

子项目五　计划生育原则

实行计划生育是我国的一项基本国策。我国《宪法》明确规定，国家推行计划生育，使人口的增长同经济和社会发展相适应。20世纪70年代初我国开始全面实行计划生育政策。1980年《婚姻法》根据《宪法》的精神，把计划生育作为一项基本原则，使这一政策法律化，这对有效地调解人口再生产和有计划地控制人口增长具有重要的意义。2001年修正《婚姻法》坚持了这一原则。2001年通过的《人口与计划生育法》是我国第一部以人口与计划生育工作为主要内容的基本法律，它首次以国家基本法律的形式确立了计划生育基本国策的法律地位，将具有中国特色综合治理人口问题的成功经验上升为国家的法律制度，将国家推行计划生育的基本方针、政策、制度、措施以法律的形式固定下来，为进一步做好人口与计划生育工作，综合治理人口问题，为地方人口与计划生育工作立法提供了法律依据。该法的颁布与实施是我国人口与计划生育事业发展史上的一个重要里程碑，对于加快人口与计划生育法制建设，全面提高人口与计划生育工作的管理与服务水平，促进人口与经济社会协调发展、持续发展，必将产生重大而深远的影响。

一、计划生育的概念

计划生育是指有计划地调解人口的发展速度。它包含两个方面的含义：一是节制生育，降低人口的发展速度；二是鼓励生育，提高人口的发展速度。在我国，实行计划生育是指前一方面的含义。

我国计划生育的主要内容包括：控制人口数量；提高人口素质；出生婴儿性别比正常；育龄群众享有生殖保健服务，普遍开展避孕节育措施的"知情选择"；形成新的婚育观念和生育文化；建立调控有力、管理有效、政策法规完备的计划生育保障体系和工作机制等。生育调节是这一基本国策的核心内容。

实行计划生育由我国的现实情况所决定。目前我国是世界第一人口大国，占世界人口总数的1/5。未来十几年，我国人口数量还将持续增长，预计年均净增1000万人以上，人口素质不高的状况短期内难以根本改变，劳动就业压力进一步加大，人口老龄化问题更加突出，人口与经济、社会、资源、环境之间的矛盾依然尖锐。由我国的基本国情决定，必须实行较为严格的限制生育数量的计划生育政策。四十多年来，在全国人民的共同努力下，我国计划生育取得了巨大的成就，控制了人口过快增长，缓解了资源环境压力，为促进经济社会协调发展，保障和改善民生作出了重要贡献。

二、国家对计划生育的要求

我国计划生育的总体方针是：少生、优生和适当的晚婚晚育。少生，是指数量上的要求，即每对夫妇只生一个孩子；优生，是指对孩子质量的要求，保证生育健康的孩子，成为社会主义建设的有用人才；晚婚晚育，是国家的鼓励性政策，而不是强制性义务。公民晚婚晚育，应当获得奖励。按法定结婚年龄推迟三年以上初婚的为晚婚；已婚妇女24周岁以上第一次生育的为晚育。

我国关于生育政策的规定是随着计划生育工作的不断发展而不断完善的。20世纪70年代初，我国开始全面实行计划生育。1973年，提出"晚、稀、少"，一对夫妇生育两个孩子，1979年，提出提倡一对夫妇生育一个孩子。1982年中共中央、国务院下发《关于进一步做好计划生育工作的指示》（中发〔1982〕11号），对生育政策作出具体规定："国家干部和职工、城镇居民，除特殊情况经过批准者外，一对夫妇只生育一个孩子。农村普遍提倡一对夫妇只生育一个孩子，某些群众确有实际困难要求生二胎的，经过审批可以有计划地安排。不论哪一种情况都不能生三胎。对于少数民族，也要提倡计划生育……"

《人口与计划生育法》第18条规定："国家稳定现行生育政策，鼓励公民晚婚晚育，提倡一对夫妻生育一个子女；符合法律、法规规定条件的，可以要求安排生育第二个子女。具体办法由省、自治区、直辖市人民代表大会或者其常务委员会规定。少数民族也要实行计划生育，具体办法由省、自治区、直辖市人民代表大会或者其常务委员会规定。"该规定进一步稳定了我国的计划生育政策。

2013年12月28日《全国人民代表大会常务委员会关于调整完善生育政策的决议》指出，根据我国经济社会的发展和人口形势的变化，逐步调整完善生育政策是必要的。同意启动实施一方是独生子女的夫妇可生育两个孩子的政策，即俗称的"单独二孩政策"。各省、自治区、直辖市人民代表大会或者其常务委员会应当根据《人口与计划生育法》和本决议，结合本地实际情况，及时修改相关地方性法规或者作出规定。

三、计划生育原则的贯彻

（一）破除封建主义生育观，树立社会主义生育观

实行计划生育是人类生育史上的伟大变革，是我国婚姻家庭生活中的一场革命。在贯彻执行这一原则的过程中，必然会受到封建思想、旧的传统势力的干扰，突出表现在人们的生育观上。从生育的目的来看，是传宗接代；从生育的性别来看，是重男轻女；从生育的数量来看，是多子多福。凡此种种，都是封建主义的生育观，是当前贯彻计划生育原则的最大思想障碍。因此，实行计划生育，必须破除封建主义生育观，树立和宣传社会主义生育观，发扬以计划生育为荣，生男生女都一样的新风尚。

（二）夫妻双方都有实行计划生育的义务

家庭是人口再生产的社会形式，必须从家庭制度方面保障计划生育的开展。《人口与计划生育法》第17条规定："公民有生育的权利，也有依法实行计划生育的义务，夫妻双方在实行计划生育中负有共同的责任。"把计划生育仅仅看成是女方的义务是错误的，夫妻双方要共同协商、互相配合，采取有效的措施，自觉履行这一义务。违背计划生育的有关规定，要承担一定的法律责任。

（三）收养不得违反计划生育的法律、法规

为使计划生育政策得到切实的贯彻执行，防止借收养名义破坏计划生育工作现象发生，我国《收养法》第3条规定了"收养不得违背计划生育的法律、法规"，并对收养人和送养人进行了限制，如要求收养人"无子女"、"年满三十周岁"、"收养人只能收养一名子女"和"送养人不得以送养子女为理由违法计划生育的规定再生育子女"。这些规定都是为了保障计划生育政策落到实处。

我国婚姻法的五项基本原则，是互相联系、互相制约、不可分割的统一整体。全面贯彻这些原则，对于实现家庭成员间互相尊重、敬老爱幼、互相帮助，维护平等、和睦、文明的新型婚姻家庭关系，建设高度物质文明和精神文明，促进社会稳定和社会全面进步有着十分重要的意义。

思考与练习

思考

1. 我国婚姻法有哪些基本原则？
2. 如何理解社会主义制度下的婚姻自由原则？
3. 简析包办婚姻和买卖婚姻的异同。
4. 如何理解保护妇女的合法权益原则？
5. 如何理解男女平等的概念？
6. 如何理解一夫一妻原则？
7. 如何理解计划生育原则？

案例练习

张某(男)与刘某自由恋爱结婚，婚后生养一子。因工作需要，张某被单位派往外地某市办事处工作。在外期间，张某认识了未婚女青年赵某，并谈起了恋爱。张某隐瞒自己有妻儿的情况，与赵某在该市办理了结婚登记手续，并举行了隆重的婚礼。

然而，纸包不住火，张某的妻子刘某得知丈夫的事后，异常震惊，遂向法院起诉要求与张某离婚。

任务：张某的行为是否对一夫一妻制的违反？张某的行为是否构成重婚罪？

案例分析手把手

【**案情**】乐燕系非婚生子女，自幼由其祖父母抚养，16岁左右离家独自生活。有多年吸毒史，曾因吸毒被行政处罚。2011年1月，乐燕育有一女李梦雪(殁年2岁5个月，生父不详)。2011年起，乐燕与李文斌同居，2012年3月育有一女李彤(殁年1岁3个月)。乐燕身为被害人李梦雪、李彤的母亲，在李文斌于2013年2月底因犯罪被羁押后，依靠社区发放的救助和亲友、邻居的帮扶，独自抚养两个女儿。乐燕因沉溺于毒品，疏于照料女儿，2013年4月17日，因乐燕离家数日，李梦雪由于饥饿独自跑出家门，社区干部及邻居发现并将两幼女送往医院救治，后乐燕于当日将两女接回。乐燕在其因未尽抚养义务，曾致两幼女因饥病被送医的情况下，仍于2013年4月底的一天下午，将两幼女独自置于其住所的主卧室内，留下少量食物、饮水，用布条反复缠裹窗户锁扣，并用尿不湿夹紧主卧室房门以防止小孩跑出，之后即离家不归。同年5月3日，乐燕将其随身携带的家门钥匙遗落在朋友家，至案发一直未取回。乐燕离家后曾多次向当地有关部门索要救助金，领取后即用于在外吸食毒品、玩乐，其明知两幼女在无人照料的情况下会因饥渴致死，直至案发未曾回家。2013年6月21日，社区民警至乐燕家探望时，通过锁匠打开房门后发现李梦雪、李彤已死于主卧室内。经法医鉴定,两被害人无机械性损伤和常见毒物中毒致死的依据,不排除其因脱水、饥饿、疾病等因素衰竭死亡。

2013年6月21日14时许,公安机关在南京市江宁区麒麟街道宣义路将被告人乐燕抓获归案。经司法鉴定,被告人乐燕系精神活性物质(毒品)所致精神障碍,作案时有完全刑事责任能力。

【任务】对乐燕的行为,人民法院应如何处理?

【分析思路】首先,被告人乐燕身为被害人李梦雪、李彤的生母,对被害人负有法定的抚养义务。其次,被告人乐燕明知两年幼的被害人无人抚养照料,其不尽抚养义务必将导致两被害人因缺少食物和饮水而死亡,但却仍然将两被害人置于封闭房间内,仅留少量食物和饮水,离家长达一个多月,不回家抚养照料两被害人,在外沉溺于吸食毒品、打游戏机和上网,从而导致两被害人因无人照料,饥渴而死。最后,乐燕主观上具有放任被害人死亡的间接故意,客观上造成两被害人死亡的结果。

【答案要点提示】乐燕身为李梦雪、李彤的生母,是完全民事行为能力人,在社区的帮扶下有抚养能力,对两名幼儿负有法定的抚养义务。但乐燕在主观上明知两年幼的被害人完全没有自理能力,在无人抚养照料的情况下,会因缺少食物和饮水而死亡,却将门窗紧闭,仅留少量食物和饮水,离家长达一个多月,在外沉溺于吸食毒品、打游戏机和上网,不回家履行抚养照料两被害人的法定义务,这种应当作为而不作为的过错行为导致两被害人死亡后果的发生。乐燕在主观上对两被害人的死亡后果持的是一种放任的间接故意态度,客观上也造成了两被害人死亡后果的发生,其行为完全符合故意杀人罪的构成要件。被告人乐燕在负有抚养义务,具备抚养能力的情况下,不履行抚养义务,造成两被害人死亡,情节特别恶劣,后果特别严重,乐燕构成故意杀人罪。

实训一　家庭暴力认定与处理

【案情】 原告郑某丽与被告倪某斌于 2009 年 2 月 11 日登记结婚，2010 年 5 月 7 日生育儿子倪某某。在原、被告共同生活期间，被告经常击打一个用白布包裹的篮球，上面写着"我要打死郑某丽"的字句。2011 年 2 月 23 日，原、被告因家庭琐事发生争执，后被告将原告殴打致轻微伤。2011 年 3 月 14 日，原告向法院提起离婚诉讼，请求法院依法判令准予原、被告离婚；婚生男孩倪某某由原告抚养，抚养费由原告自行承担；原、被告夫妻共同财产依法分割；被告赔偿原告精神损失费人民币 3 万元。

【任务】 "威胁"能否作为一种家庭暴力手段得到司法认定？原告是否有权因此要求离婚和精神损害赔偿？

【任务完成方式要求】 分组讨论，记录讨论过程，整理得出结论，要求提供相关法律依据。

【任务完成评价标准要求】 能抓住家庭暴力认定的知识点；有分析推理过程；适用法律准确；结论正确，能够正确处理家庭暴力引发的相关纠纷。

单元二　婚姻制度

项目三 结婚制度

◎ 知识目标

- 掌握结婚的概念和特征
- 掌握结婚必须具备的条件
- 掌握无效婚姻与可撤销婚姻问题
- 掌握我国政策法律对事实婚姻的处理方式
- 了解结婚制度的历史沿革

◎ 能力目标

- 能够依法进行结婚登记
- 预防违法婚姻的产生
- 区分无效婚姻与合法婚姻
- 认定事实婚姻与非婚同居

【引例】

甄某(男)与周某(女)在高中期间就谈起了恋爱,并多次发生性关系。2001年1月,在周某18周岁、甄某20周岁的时候,周某发现自己怀孕了,两人决定结婚并生下孩子。于是,甄某和周某决定隐瞒年龄虚开介绍信,之后到乡政府办理了结婚登记手续,并举行了隆重的结婚仪式。结婚5个月后,周某生下一个女孩。甄某及其父母嫌弃周某生了女孩,对周某不闻不问,甄某拒绝抚养女儿,坚持将她送人收养。为此,甄某和周某关系迅速恶化。终于,2002年3月,周某在忍无可忍的情况下,向法院起诉要求与甄某离婚,并要求甄某负担女儿的生活费。

【任务要求】

法院应如何处理甄某和周某的婚姻关系?为什么?应如何处理女儿的抚养问题?

【案例知识点提示】

结婚条件;法定婚龄;无效婚姻

子项目一 结婚制度概说

一、结婚的概念和特征

结婚,又称婚姻的成立或婚姻的缔结,是指男女双方依照法律规定的条件和程序建立夫妻关系的民事法律行为。结婚的概念有广义和狭义之分。广义的结婚,除包括夫妻关系的确立外,还包括婚约的订立;狭义的结婚,仅指婚姻的成立而不包括订婚。从历史的发展沿革来看,结婚经历了一个由广义向狭义演变的过程。古代多采用广义说,而现代多采用狭义说。我国《婚姻法》不承认婚约的法律效力,因此《婚姻法》中所采用的是狭义的结婚概念。

结婚这一法律行为具有以下三个方面的法律特征:

(一)结婚行为的主体必须是男女两性

结婚这种法律行为只能发生在男女两性之间,同性是不能结婚的,这是婚姻关系自然属性的体现。虽然一些国家通过立法承认同性婚姻,但同性结合的合法化主要是为了保护个人对生活方式选择的权利。目前,我国《婚姻法》不承认同性婚姻。同性恋人工手术变性或自然变性人结婚,在更改户籍、身份证的性别后,可用其证明的身份与他人结婚。

(二)结婚行为要符合法律规定的条件,按照法律规定的方式进行

男女结婚后要组织家庭,生儿育女,产生家庭与社会责任。结婚行为具有一定的社会意义,因此它要受到法律的调整。古今中外的婚姻立法,皆对结婚的条件、程序作了具体的规定。根据我国《婚姻法》(修正案)的规定,结婚必须符合法定的实质要件和形式要件,只有如此才是合法有效的婚姻关系,才会得到法律的承认和保护。男女双方不按结婚条件和程序自行结合的,一般不发生婚姻效力。

(三)结婚行为的法律后果是建立夫妻关系

男女双方依法结婚后,确立夫妻关系,互为配偶,双方即开始享有法律规定的权利和承担法定义务。非经一定的法律程序,双方不得任意解除夫妻关系。

二、结婚制度的历史沿革

结婚制度始于个体婚制,在人类婚姻漫长的进化过程中,经历了不同的发展阶段。人类的结婚制度主要可以归纳为掠夺婚、有偿婚、聘娶婚、宗教婚和共诺婚五类结婚方式。

(一)掠夺婚

掠夺婚也称抢婚,是指男子以暴力方式劫夺女子为妻的婚姻。掠夺婚有两个特点:一是以暴力为手段;二是强迫女子与之结合。掠夺婚是原始社会群婚向个体婚过渡的重要标志。恩格斯在《家庭、私有制和国家的起源》一书中指出:"抢劫妇女的现象,已经表现出向个体婚制过渡的迹象,至少是以对偶婚的形式表现出这种迹象。"[1]这种用暴力方式形成的婚姻具有不稳定、易分离的因素。因为它毕竟是一种野蛮的求婚方式,不仅容易遭到女

---

[1] 《马克思恩格斯选集(第四卷)》,人民出版社2012年版,第53页。

方的反抗，而且有可能遭到女方亲属的报复，女方仍有被夺回去的可能。因此，随着社会文明程度的提高，掠夺婚已成为历史的遗迹。一些少数民族地区仍残存抢婚习俗，但仅作为一种结婚的仪式，已不再具有暴力和违背女方意志的内容，我国法律对此不予干预。

（二）有偿婚

有偿婚是指男子支付给女子或其父母一定的代价而成立的婚姻。有偿婚是在掠夺婚的基础上演变而来的。根据给付代价的不同形式，有偿婚可具体分为买卖婚、交换婚和劳役婚等，其特点就是把女子当做物品进行交换。

1. 买卖婚

买卖婚是指男子以金钱或实物换取女子为妻。它是古代普遍存在的结婚方式，并有公开的买卖婚和变相的买卖婚之别。买卖婚为我国《婚姻法》（修正案）所禁止。但由于封建婚姻制度的影响，买卖婚现象在我国并未绝迹，尤其在偏远的农村，买卖婚的现象仍然较为严重。

2. 交换婚

交换婚亦称互易婚，是指双方父母各以其女交换为子妇，或男子各以其姊妹交换为妻。在我国某些地区还盛行的"换亲"、"转亲"皆是这种包办婚姻习俗的残余。

3. 劳役婚

劳役婚是指男子以给女方家服一定期限的劳役为代价而形成的婚姻。这种求妻方式也是有偿的，因为是以劳力代财，故这种婚姻中男子的地位相对较低。男方入赘就是由此演变而来的。

（三）聘娶婚

聘娶婚是指男子向女方或其父母纳送一定数量的聘财而成立的婚姻。它是长期存在于我国封建社会的一种最主要的求妻方式。从实质来看，聘娶婚是一种变相的买卖婚。《礼记》中记载："非受币不交不亲"；"无币不相见"。西周始创的"六礼"是聘娶婚的主要程序。"六礼备，谓之聘；六礼不备，谓之奔。"根据《礼记·昏义》记载，男女结婚必须经过纳采、问名、纳吉、纳征、请期、亲迎等礼仪程序，才能为社会所承认。

1. 纳采

纳采是男方请媒人到女方家提亲，如果不被女方家拒绝，即备礼正式求婚。

2. 问名

问名是男方遣媒人问请女方的名字及出生年、月、日、时，以便卜其吉凶；还要问请女方母亲的姓名，了解女方母亲的身份，是正妻还是妾。

3. 纳吉

纳吉即求神问卜，如卜得吉兆，男方再派媒人告知女方家，又称文定或通书。

4. 纳征

纳征也称纳币，即男方向女方家交纳聘财，婚约至此成立，对男女双方均有约束力，不得反悔。行纳征礼依身份、地位的不同而有所区别。"六礼"以纳征为中心环节。

5. 请期

请期，即男方择定婚期，并在形式上商请女方家同意。后世演变为男方告知女方家迎娶的日期。

6. 亲迎

亲迎，即新郎到女方家去迎娶新娘。迎亲后先履行"成妻之仪"即举行婚礼，确立夫妻关系，之后还要履行"成妇之仪"，就是要拜夫家祖先，女子才能正式成为男家宗族的正式成员。

六礼的程序虽几经变迁，但聘娶婚的本质始终如一。如宋代曾将六礼简化为四礼，即纳采、纳吉、纳征、亲迎。《朱子家礼》将纳吉并入纳征。元代增议婚一项。明、清基本沿用《朱子家礼》。"六礼"对我国婚姻的成立在民间至今仍有一定的影响。结婚要彩礼，婚礼铺张浪费，仍被某些人视为天经地义。因索要彩礼导致家庭不和、夫妻离异的现象屡禁不止。

（四）宗教婚

宗教婚指欧洲中世纪盛行的结婚方式，当时基督教成为国教，基督教的寺院法凌驾于世俗法之上，规范着人们的结婚行为。当时的基督教认为婚姻是"神作之合"，若想使婚姻成立并有效，结婚必须向当地的教会申请，经公告程序，并在教会的神职人员面前举行宣誓仪式。在欧洲宗教改革和婚姻还俗运动之后，宗教婚被法律婚所取代。

（五）共诺婚

共诺婚，又称为自由婚，是指男女双方合意而成立的婚姻。近代自由婚是随着资本主义制度的确立而出现的。自由婚强调男女双方合意，契约说是其理论基础。一些资产阶级学者认为，婚姻是夫妻双方以互相占有、共同生活为目的而自愿订立的契约，因此必须以双方的合意为婚姻成立的条件。资产阶级的自由婚又称契约婚。共诺婚的产生对否定封建婚姻和宗教婚姻观，无疑是一种历史进步。

我国社会主义制度的建立，为确立以爱情为基础的自由婚创造了良好的经济条件和社会条件。我国自1950年《婚姻法》就规定了婚姻自由原则，1980年《婚姻法》和2001年《婚姻法》（修正案）也同样坚持了这一原则，规定实行自由婚，要求结婚的男女双方必须完全自愿，禁止封建社会的包办婚姻和买卖婚姻，为实现真正的婚姻自由提供了可靠的法律保障。

子项目二　结婚的实质要件

案例3-1　吕某（男）和刘某（女）经人介绍相识，相处中发现两人是同年同月同日生，更觉是天赐良缘。在两人都满21周岁时，决定登记结婚。吕某认为两人的年龄相加已足42周岁，可以登记。

任务：请问吕某的解释符合婚姻法的规定吗？

结婚条件又称结婚的实质要件，包括结婚的必备要件和结婚的禁止要件。

一、结婚的必备要件

结婚的必备要件，也称为结婚的积极要件，是指男女结婚时必须具备、缺一不可的法定条件。按照我国《婚姻法》（修正案）的规定，结婚的必备要件有三个：

（一）必须男女双方完全自愿

我国《婚姻法》（修正案）第5条规定："结婚必须男女双方完全自愿，不许任何一方对他方加以强迫或任何第三者加以干涉。"这一规定的核心就是国家把结婚的决定权完全交给婚姻当事人。在法律规定的条件下，是否结婚，与谁结婚的决定权属于当事人。这是由婚姻的本质决定的。婚姻是男女两性以永久共同生活为目的的结合，这种结合在法律上将产生身份与财产上的效力，并由当事人承担由此产生的法律上的权利和义务关系。"结婚必须男女双方完全自愿"作为结婚的首要条件，是婚姻自由原则在结婚制度上的具体体现。

"男女双方完全自愿"的内容是统一的、不可分割的整体，它具有十分深刻的含义：

1. 强调男女双方自愿，而不是一厢情愿

因为结婚是两个人的事情，应以互爱为基础，如果其中一方不同意，就不能结合，这层含义强调"双方"，旨在排除一方对他方的强制。

2. 强调男女本人自愿，而不是父母或其他第三人同意

结婚是男女本人的事情，应由男女本人决定。父母、其他第三人可以基于关心提出建议，但不能包办强迫。这层含义排斥了父母或他人的包办强迫。目前，成年儿女干涉老年父母再婚的问题比较严重。

婚姻当事人的婚姻自由权利受到侵害时，可向法院提出控告，法院应依法惩处。但法院处理这个问题时应注意划清两个界限：一要划清父母或他人的善意帮助与非法干涉的界限；二要划清一般干涉与暴力干涉的界限。非法干涉有两个特点：其一，父母的意见违背了国家法律；其二，父母采用了辱骂、压制等不法手段，将自己的错误意见强加于子女。暴力干涉的特点是使用殴打或禁闭等限制人身自由的手段迫使当事人就范。一般干涉是违法行为，应批评教育；对暴力干涉他人婚姻自由的行为，应依法追究刑事责任。

3. 强调男女双方完全自愿，而非勉强同意

真正的自愿结婚，是不附加任何条件的。在我国，婚姻的基础是感情，婚姻应是男女双方真爱的结合。当事人因受到威吓、强迫或暴力强制而作的同意结婚的意思表示，不是当事人的真实意愿，是不自由的意思表示，基于该意思表示而缔结的婚姻，违背了婚姻自由原则，应该否认其法律效力。《瑞士民法典》第126条规定，受胁迫而结婚，可诉请法院撤销其婚姻。我国《婚姻法》（修正案）第11条也规定了胁迫婚姻属于可撤销婚姻。

（二）必须达到法定婚龄

1. 法定婚龄的概念

法定婚龄就是法律规定的结婚的最低年龄。所谓最低年龄，是指结婚的最低年龄起点，男女只有到了这个年龄，才能结婚，没有达到这个年龄，就不许结婚。我国《婚姻法》（修正案）第6条规定："结婚年龄，男不得早于二十二周岁，女不得早于二十周岁。晚婚晚育应予鼓励。"除沙皇俄国曾在民法中规定男女逾80岁者不得结婚以外，古今中外各国立法对结婚年龄的上限未作规定。

各国婚姻法都规定了法定婚龄，古今中外法定婚龄的发展呈现古代偏低，近现代不断增高的趋势。如英国最早的法定婚龄为男14岁，女12岁，1969年提高到男女均18岁。实行早婚是封建社会婚龄立法的显著特征。在旧中国，封建统治者为发展农业生产，增加

税收，扩大兵源，用法律的手段强制人们早婚。宋朝以前，基本上把结婚年龄限制在男15岁，女13岁。宋朝之后，均以男16岁，女14岁为嫁娶之期。明、清法典规定男16岁，女14岁可以嫁娶。到国民党统治时期，尽管国民党政府的民法亲属编规定："男未满18岁，女未满16岁者，不得结婚。"但由于社会上盛行早婚的习俗，此项规定无法施行。在革命根据地进行的婚龄立法，体现了破除早婚陋习的精神。1931年的《中华苏维埃共和国婚姻条例》及1934年的《中华苏维埃共和国婚姻法》均规定："结婚的年龄，男子须满20岁，女子须满18岁。"抗日战争及解放战争时期，各革命根据地的婚姻立法，有的以男满18岁，女满16岁为法定婚龄，有的以男满20岁，女满18岁为法定婚龄。新中国成立后，1950年《婚姻法》第4条规定，婚龄为男20岁，女18岁。1980年《婚姻法》把法定婚龄提高到男22周岁，女20周岁，这是与我国的实际情况相适应的。

《婚姻法》（修正案）规定的法定婚龄具有强制性和普遍适用性，但不排除在某些特殊情况下，允许对婚龄作出特殊规定。《婚姻法》（修正案）授权民族自治地方的人民代表大会可结合当地民族婚姻家庭的具体情况，对法定婚龄等问题作变通规定。

2. 确定法定婚龄的依据

古今中外，法定婚龄的规定都是基于自然因素和社会因素而确立的。

（1）自然因素主要是指男女身心发育的情况，以及地理、气候等条件。由于结婚是一项重要的法律行为，这就要求行为人具备一定的心理和生理条件。根据自然规律，男女只有达到一定年龄，生理和心理才能发育成熟，才具备适合结婚的生理条件和心理条件，具备结婚行为能力，正确履行夫妻间的权利和义务，承担对家庭、子女和社会的责任，正确认识和处理婚姻家庭问题。一般而言，女子从12岁到14岁，男子从14岁到16岁，开始进入青春发育期，女子在19岁左右，男子在21岁左右，身体发育基本成熟。所以世界各国规定的法定婚龄虽略有差异，但大体在16岁到20岁之间。这也正是尊重自然因素的结果。

（2）社会因素是指一定的生产方式以及与之相适应的其他社会条件，如政治、经济、文化、人口状况、道德、宗教及民族习惯。其中最主要的是社会生产力发展状况和人口状况，这是确定法定婚龄的主要依据。从世界范围来看，有的国家人口少，法定婚龄就偏低，相反，人口多的国家，法定婚龄就偏高。

我国现行法定婚龄的确定是以婚姻的自然属性为基础，以我国的社会经济发展状态和人口增长速度为依据，在充分考虑了人的身心发育状况、经济与人口状况、城乡差别、国际影响等各方面因素的情况下制定的。其中，社会因素是我国婚姻法确定法定婚龄的主要因素。从自然规律来讲，男女身心发育成熟就可以结婚，但我国人口急剧增长的状况，制约了社会经济的发展。为了使人口与经济、资源、环境协调发展，以控制人口增长，提高人口素质为宗旨的计划生育政策成为我国的一项基本国策。结婚年龄的高低直接影响人口增长速度，如果适当提高法定婚龄，就可以适应控制人口的需要，缓解日益严峻的人口增长压力。1980年《婚姻法》适当提高了法定婚龄，对适应经济发展，控制人口增长，提高人口素质具有重要意义。

3. 正确认识法定婚龄与晚婚年龄的关系

法定婚龄不是必须结婚的年龄，也不是最理想的结婚年龄。达到法定婚龄，只是行为人具备了结婚的生理条件,不一定充分具备了结婚的心理条件和组成家庭的物质条件。我国《婚姻法》在规定法定婚龄的同时,还强调"晚婚晚育应予鼓励"。所谓晚婚是指男25周岁、女23周岁以上初婚。晚育是指女青年在24周岁后生育第一胎。从效力看,法定婚龄是法律规定的人们必须遵守的结婚的最低年龄,是划分合法婚姻与非法婚姻的年龄界限,具有强制性;晚婚年龄是国家为了控制人口的过速增长而提出的号召性的、鼓励性的措施,只能基于当事人的自愿,不具有强制性。因此,达到法定婚龄的男女要求结婚,只要符合其他结婚条件,就应准予登记,任何单位和个人均不得以任何借口予以干涉。在实践中不能以晚婚年龄代替法定婚龄,强制推行晚婚,同时又必须认真贯彻《婚姻法》的精神,大力宣传晚婚的重要性。对实行晚婚的,应按规定予以鼓励和照顾。

(三)必须符合一夫一妻制

我国1950年《婚姻法》第1条、第2条规定实行一夫一妻制,禁止重婚、纳妾。1980年《婚姻法》第2条、第3条规定实行一夫一妻制,禁止重婚。2001年《婚姻法》(修正案)第2条、第3条也规定了实行一夫一妻制,禁止重婚。《婚姻登记条例》第6条规定,已有配偶的,不予登记。

一夫一妻制就是要求结婚的男女必须是单身无配偶身份,即要求结婚的当事人只能是未婚者、丧偶者或者离异者。有配偶者只能在原婚姻关系终止后始得再婚,若已经有了配偶又与他人结婚的,便构成了重婚。重婚无效,触犯刑律构成重婚罪的,应当依照刑法的规定,追究其刑事责任。离婚的双方要求复婚,必须是双方单身情况。详见本书一夫一妻制原则的相关介绍。

二、结婚的禁止条件

结婚的禁止条件,也称结婚的消极要件或婚姻的障碍,是指结婚时应该排除的情况。我国《婚姻法》(修正案)中所规定的结婚的禁止条件有两个:禁止一定范围内的血亲结婚;禁止患一定疾病的人结婚。

(一)禁止一定范围内的血亲结婚

案例3-2 宋某与杨某是大学同学,生活中相互产生好感,确立恋爱关系。大学毕业后,双方家长见面讨论结婚事宜,方知宋某的母亲与杨某的祖母是同胞姐妹,宋某与杨某的父亲是姨表兄弟,宋某与杨某是表叔与表侄女的关系。杨某的父亲认为,双方辈分不同不能结婚,因此坚决反对这门亲事。但宋某与杨某感情甚笃,决心不顾父母反对,登记结婚。

任务:请问两人的身份符合结婚条件吗?

我国《婚姻法》(修正案)第7条第1款规定,直系血亲和三代以内的旁系血亲,禁止结婚。

1. 关于禁婚亲的范围

(1)直系血亲。直系血亲是指具有直接血缘关系的亲属,即生育自己或自己生育的各代血亲。父母与子女间,祖父母、外祖父母与孙子女、外孙子女间,曾祖父母、曾外祖父母与曾孙子女、曾外孙子女间禁止结婚。对于法律拟制的直系血亲之间能否结婚，我国《婚姻法》没有明确规定，但《婚姻法》(修正案)第26条和第27条分别规定，养父母和养子女间的权利和义务以及继父或继母和受其抚养教育的继子女间的权利和义务，适用《婚姻法》关于亲生父母子女关系的规定。因此，《婚姻法》对直系血亲缔结婚姻的限制，也应适用于拟制直系血亲之间。

(2) 三代以内旁系血亲。我国《婚姻法》以"代"为标准计算亲属关系的亲疏远近。代数越小，亲属关系越近。"代"指世代，即一世辈为一代。旁系血亲代数的计算分两步：①从己身和该旁系血亲分别上溯至同源最近的直系血亲；②分别计算两边上数至同源直系血亲的世代数。若两边代数相同，取同数；若不同，取高数。

三代以内旁系血亲范围包括：①同源于父母的兄弟姐妹，包括同父同母的全血缘的兄弟姐妹，以及同父异母和同母异父的半血缘的兄弟姐妹。②同源于祖父母或外祖父母的不同辈分的叔伯与侄女、姑与侄、舅与外甥女、姨与外甥。③同源于祖父母或外祖父母的相同辈分的堂兄弟姐妹、姑表兄弟姐妹、舅表兄弟姐妹、姨表兄弟姐妹。

在我国历史上，表兄弟姐妹间有通婚的习俗，称为中表婚，所以该规定的立法目的就是杜绝中表婚。因为表兄弟姐妹与堂兄弟姐妹一样，都是三代以内旁系血亲，其血缘亲疏远近完全相等，只因我国历史上长期存在的小农经济和与此相关联的聚族而居，及宗法制度推行"亲上加亲"的政治联姻制度，所以中表婚的习俗一直延续下来了。现在，随着社会经济的发展，人们科学文化水平的提高，广大人民群众逐渐认识到近亲结婚的危害，故我国《婚姻法》中明文禁止中表婚，既符合科学的要求，也是可行的。

禁止直系血亲间结婚，是世界各国的通例。禁止旁系血亲间结婚，各国规定的范围不尽相同。有的国家禁止范围较小，如只禁止二亲等以内的旁系血亲结婚(即禁止兄弟姐妹间结婚，其他不限)的国家，有苏联等；有的国家禁止范围较适中，如禁止三亲等以内的旁系血亲结婚的国家，有日本、美国(但《美国统一结婚离婚法》作了例外的规定："地方文化风俗习惯允许者除外。")等；有的国家禁止范围较大，如禁止四亲等以内的旁系血亲间结婚。

另外，许多外国法还有禁止某些姻亲结婚的规定，其中以禁止直系姻亲结婚最为普遍，如日本、法国等。《日本民法典》第735条规定："直系姻亲间，不得结婚……在姻亲关系终止后亦同。"[①]《意大利民法典》第87条和《法国民法典》第162条也有类似的规定。我国《婚姻法》对此无明文规定。姻亲不是血亲，对于直系姻亲，例如公公与儿媳、岳母与女婿间并无血亲关系，婚姻立法并未禁止诸如公公和丧偶的儿媳结婚这种情况，但是出于伦理道德方面的影响，在民间传统上不允许直系姻亲结婚。我国的伦理观念和传统习俗在结婚问题上历来讲究尊卑有别、长幼有序，反对不同辈分的亲属通婚，认为直系姻亲的婚姻败坏人伦，有伤风化。至于旁系姻亲，例如堂兄与其已经解除婚姻关系的兄弟的配偶、异父异母的兄弟姐妹，只要他们之间并没有禁止结婚的血亲关系，是可以结婚的，对此在民间从伦理道德上来讲也是允许的。

---

① 转引自曹诗权、孟令志、麻昌华：《婚姻家庭继承法》，北京大学出版社2006年版，第62页。

2. 关于禁止近亲结婚的目的与意义

(1) 基于伦理道德的要求。人们在长期的社会生活中形成的婚姻禁忌和两性关系的伦理道德观念，认为近亲结婚有碍教化，有悖于婚姻道德，容易造成亲属身份上和继承上的紊乱。《白虎通·嫁娶》有云："不娶同姓者，重人伦，防淫佚，耻于禽兽同也。"孟德斯鸠在《论法的精神》中同样指出："儿子和母亲结婚，就要扰乱事物的秩序。儿子应该对母亲有无限的尊敬……如果母亲和儿子结婚的话，就将把双方的天然地位都推翻了。父亲和女儿结婚同样是违背自然的。……禁止父女和兄弟姐妹间的婚姻行为是保持家庭合乎自然的贞洁。"①

(2) 基于优生学的原理。禁止近亲结婚，充分反映了自然选择规律的要求，是有遗传学和生物学上科学依据的。实践证明，近亲结婚极易把双方生理上、精神上的某些缺陷遗传给下一代，违反优生学原理，不利于民族的健康和人类的发展。摩尔根曾提出，没有血缘亲属关系的民族之间的婚姻，会创造出在体质和智力上都更加强健的人种。我国古籍《左传》中也有"男女同姓，其生不蕃"之说。根据有关部门统计，人类有三千多种遗传性疾病，仅"隐性遗传"一类就有一千多种，如先天性痴呆、白化病等。"隐性遗传"的发生存在于两个相同的"病态基因"相结合。如果父母双方仅有一方带"病态基因"，不至于导致下一代发病；父母双方如果是近亲，子女的发病率要比非近亲结婚的高 150 倍。因此，禁止近亲结婚，有利于优生，有利于保障人口质量和民族健康。

(二) 禁止患有一定疾病的人结婚

我国 1980 年《婚姻法》规定患麻风病未经治愈或患其他医学上认为不应当结婚的疾病的禁止结婚。《婚姻法》(修正案) 第 7 条将此条修改为，患有医学上认为不应当结婚的疾病，禁止结婚。《婚姻登记条例》第 6 条第 5 款规定，患有医学上认为不应当结婚的疾病的，婚姻登记机关不予登记。

我国婚姻法关于禁止患有医学上认为不应当结婚的疾病是概括性的规定，具体哪些疾病属于禁止结婚的疾病，不能任意解释，认定时应当有充分的科学依据。根据 2009 年修订的《中华人民共和国母婴保健法》和卫生部 2002 年《婚前保健工作规范(修订)》的规定，婚前医学检查的主要疾病为：①严重遗传性疾病。严重遗传性疾病是指由于遗传因素先天形成，患者全部或部分丧失自主生活能力，后代再现风险高，医学上认为不宜生育的遗传性疾病。②指定传染病。指定传染病是指《中华人民共和国传染病防治法》中规定的艾滋病、淋病、梅毒、麻风病以及医学上认为影响结婚和生育的其他传染病。③有关精神病。有关精神病是指精神分类症、躁狂抑郁型精神病以及其他重型精神病。④其他与婚育有关的疾病。其他与婚育有关的疾病如重要脏器疾病和生殖系统疾病等。

经检查后出具的医学意见有以下几种：①建议不宜结婚：一方或双方患有重度、极重度智力低下，不具有婚姻意识能力的；重型精神病，在疾病发作期具有攻击危害行为的。无法控制自己、痴呆、智力低下的，注明"建议不宜结婚"。②建议不宜生育：严重的遗传性疾病或其他重要脏器疾病，以及不宜生育的疾病的。③建议暂缓结婚：传染病在传染期内的，精神病在发病期内的等，注明"建议暂缓结婚"。④建议采取医学措施：对于婚

---

① 孟德斯鸠：《论法的精神》(下)，商务印书馆 1961 年版，第 185~188 页。

检发现的、可能会终生传染的、不在发病期的传染病患者或者病原体携带者，应向受检者说明情况，提出预防、治疗等医学措施意见。如果受检者坚持结婚，应充分尊重受检双方的意愿，注明"建议采取医学措施，尊重受检者意愿"。⑤未发现医学上不宜结婚的情形，即法定允许结婚。

有生理缺陷、不能进行性行为的患者能否结婚？理论界对此看法不一。有的主张禁止这类人结婚，理由是婚姻是以两性差别、人固有的性本能为其自然条件的，如果一方不能进行性行为，很难建立夫妻感情；有的主张允许这类人结婚，理由是夫妻生活的内容是多方面的，性生活只是其中的一部分，如果双方自愿结为夫妻，可以在生活中互相扶养照顾，精神上相互慰藉，于双方与社会并无害处；有的则认为，既不应该提倡这类人结婚，也不应加以干预。我国 1950 年《婚姻法》第 5 条第 2 款规定，"有生理缺陷不能发生性行为者"禁止结婚。1980 年《婚姻法》中就已经取消了该项规定。2001 年修正《婚姻法》时也没有禁止有生理缺陷不能发生性行为者结婚的规定。如果一方或双方有性生理缺陷，并已事先明确告诉对方，双方自愿结婚的，对本人和社会并无危害，基于婚姻自由原则，应尊重当事人的意愿，准予其结婚。在审判实践中，男女双方结婚后如果因此导致夫妻感情破裂，可作为准予离婚的依据，因为男女两性结合毕竟是结婚的自然因素，也是维系夫妻感情的重要纽带之一。

子项目三　结婚的程序

案例 3-3　2012 年 9 月，张某决定与女友王某结婚。双方于 9 月 9 日领取了结婚证，并计划于国庆节举行婚礼，宴请双方好友。按照当地的习俗，两人仍各自在父母家中居住。9 月 18 日，张某外出不幸遭遇车祸，抢救无效死亡。王某与张某的父母办理完张某的丧事后，提出分割并继承张某的遗产。张某的父母认为两人还未举行婚礼，尚未以夫妻名义共同生活为由拒绝，王某遂向法院提起诉讼。

任务：王某的请求能否得到支持？

一、结婚程序概说

（一）结婚程序的概念和类型

结婚程序也称结婚的形式要件，是指要求结婚的男女必须履行的法定手续。在通常情况下，要求结婚的男女除必须要具备婚姻法规定的实质要件外，还要具备法律规定的形式要件，才能形成合法的夫妻关系。

目前，各国结婚程序可分为仪式制、登记制、登记与仪式结合制三种类型。

1. 登记制

登记制是指依法进行结婚登记为婚姻成立的唯一形式要件，无须举行仪式。登记制是近代发展起来的。因这种方式简便，故当代许多国家采取此制，如日本、墨西哥、苏联、古巴。我国早在 1931 年的《中华苏维埃共和国婚姻条例》中就规定："男女结婚，须同到乡苏维埃或城市苏维埃举行登记，领取结婚证。"以后，其他各革命根据地的婚姻立法都相继肯定了这种结婚程序。我国1950年《婚姻法》第6条规定:"结婚应男女双方亲到所在地(区、乡)人民政府登记。凡合于本法规定的结婚,所在地人民政府应即发给结婚证。"《婚姻法》(修正案)第8条规定:"要求结婚的男女双方必须亲自到婚姻登记机关进行结婚登记。符合本法规定的,予以登记,发给结婚证。取得结婚证,即确立夫妻关系。未办理结婚登记的,应当补办登记。"根据《婚姻法司法解释(一)》第4条的规定:"男女双方根据婚姻法第八条规定补办结婚登记的,婚姻关系的效力从双方均符合婚姻法所规定的结婚的实质要件时起算。"这一规定说明我国是实行登记制,确立婚姻关系的唯一法定手续就是结婚登记。

2. 仪式制

仪式制是指履行一定的仪式为婚姻成立的形式要件。这是一项古老的结婚制度,在历史上长期盛行。我国古代的聘娶婚以"六礼"为形式要件,即属于仪式制。国民党民法亲属编规定结婚实行仪式制,要求"结婚应有公开之仪式及两人以上之证人"。

目前,国外一些国家的法律仍规定采用仪式制。结婚仪式有三种:①宗教仪式。即按宗教要求,由神职人员主持的结婚仪式。②世俗仪式。即按民间习俗举行的结婚仪式,一般由主婚人和证婚人参加。③法律仪式。即依法在政府官员面前举行的仪式。当代各国对结婚仪式的规定繁简不同。其目的除表示隆重外,主要是为防止有婚姻障碍的人结婚。

3. 登记与仪式结合制

登记与仪式结合制是指,既要进行登记,又要举行仪式,只有这样婚姻才合法、有效。有的规定先登记,再举行仪式;有的则规定先举行仪式,再进行登记。

(二)结婚登记的目的和意义

根据我国2003年《婚姻登记条例》第1条的规定:"为了规范婚姻登记工作,保障婚姻自由、一夫一妻、男女平等的婚姻制度的实施,保护婚姻当事人的合法权益,根据《中华人民共和国婚姻法》,制定本条例。"据此规定,我国实行结婚登记的目的与意义体现在以下几个方面:一是为了保障婚姻自由、一夫一妻的婚姻制度,防止包办、买卖婚姻和重婚。二是为了保障男女双方和下一代健康,防止近亲结婚和患有不应结婚的疾病的人结婚,预防和制止违法婚姻的发生,保护婚姻当事人的合法权益。三是维护和巩固社会主义的婚姻家庭制度。

二、婚约

(一)婚约的概念

婚约是男女双方以结婚为目的而订立的婚姻预约。订立婚约的行为称为订婚或者定婚,订立了婚约的当事人为未婚夫妻。

我国历代封建法律和一些资本主义国家的婚姻立法,都对婚约的法律效力作出了规定。

早期型的婚约渊源于买卖婚姻,买卖女子的要约成为婚约成立的前提条件。古代订婚是婚姻成立的组成部分,并具有法律效力。从我国古代礼、法来看,婚约是从"六礼"中的"纳征"演变而来的。订婚后,男女双方不得任意悔约,否则将受到法律制裁。如唐律规定，已订立婚书而反悔者，杖六十；虽无许婚书，但受聘财亦视婚约成立，如更许他人，杖一百，虽成婚者徒一年半。后来的元、明、清律亦有类似的规定。

从外国古代法和中世纪寺院法来看，婚约也具有法律效力。直至现代寺院法，仍保留对违约者有请求赔偿的权利，但无结婚请求权。

晚期型婚约的主要特征是婚约已不是婚姻成立的组成部分和必经程序。尽管现代各国关于婚约的效力已日趋淡薄，但婚约事实上在现代各国仍普遍存在。如法国法律规定，违约造成他方损害时，按侵权行为处理。英、美等国也规定，如违反婚约，按不履行契约追究经济责任。

(二) 我国法律对婚约的态度

在我国，婚约不具有法律上的约束力。男女双方结婚，完全以他们在登记时所表达的意愿为依据。如果男女双方自愿订立婚约，法律对此并不禁止，只是不予承认和保护。解除婚约无须通过任何法律手续。一方要求解除婚约，只要通知对方即可，不必征得对方的同意；双方要求解除婚约，可自行解除。

我国法律不承认婚约的目的是为了防止早婚，防止他人借婚约干涉婚姻自由，同时还考虑到男女在恋爱期间可能出现的变化。因此，废除婚约制度，对充分实现婚姻自由的原则有着积极的意义。

(三) 关于解除婚约后引起的财物纠纷的处理

法律不予保护婚约关系，不等于对双方当事人之间所发生的纠纷不予处理。男女双方在订立婚约之时及此后，一方给予另一方的财物在婚约解除时就会产生是否返还的纠纷，此纠纷法院应根据最高人民法院公布的《民事案件案由规定》受理。如果这类纠纷得不到及时、妥善的处理，就可能激化矛盾，导致自杀、凶杀等恶性事件的发生。

对于男女在恋爱期间，为增进感情赠送的一些财物，在解除婚约后应否归还，人们看法不同。有的人认为，恋爱期间男女互赠财物具有无偿性和实践性，不能要求返还；有的人认为，这类赠与是以结婚为目的的，是有条件的，如果结婚目的未达到，则应予返还。对此应区别情况，妥善解决。

对属于包办买卖婚姻性质的订婚所收的财物，应依法没收或酌情返还。对以订婚为名诈骗钱财的，原则上应将诈骗所得的财物返还给受害人。对以结婚为目的赠与，价值较高的财物，例如彩礼，应酌情返还；对于婚约期间的一般赠与物，受赠人无返还义务。2003年最高人民法院《婚姻法司法解释(二)》第10条规定："当事人请求返还按照习俗给付的彩礼的，如查明属于以下情形，人民法院应当予以支持：(一) 双方未办理结婚登记手续的；(二) 双方办理结婚登记手续但确未共同生活的；(三) 婚前给付并导致给付人生活困难的。适用前款第(二)、(三)项的规定，应当以双方离婚为条件。"因为这种彩礼的给付一般是基于当地的风俗习惯，很少有心甘情愿主动给付的，与一般意义上的无条件赠与行为不同。而且，给付彩礼本身就包含以对方答应结婚为前提。如果双方最终没有结婚，或者结婚后未同居即离婚，或给给付人造成生活困难，彩礼应当酌情退还。

三、我国的结婚登记制度

(一) 结婚登记的机关

根据《婚姻登记条例》第 2 条规定:"内地居民办理婚姻登记的机关是县级人民政府民政部门或者乡(镇)人民政府,省、自治区、直辖市人民政府可以按照便民原则确定农村居民办理婚姻登记的具体机关。中国公民同外国人,内地居民同香港特别行政区居民(以下简称香港居民)、澳门特别行政区居民(以下简称澳门居民)、台湾地区居民(以下简称台湾居民)、华侨办理婚姻登记的机关是省、自治区、直辖市人民政府民政部门或者省、自治区、直辖市人民政府民政部门确定的机关。"

划分登记机关的管辖范围时,应以当事人的户籍为依据。内地居民结婚,男女双方应当共同到一方当事人常住户口所在地的婚姻登记机关办理结婚登记。当事人双方的户口不在同一地区的,可到任何一方户口所在地的婚姻登记机关办理结婚登记。申请结婚当事人的户口,都不在本婚姻登记机关管辖区内,一般不予登记。中国公民同外国人在中国内地结婚的,内地居民同香港居民、澳门居民、台湾居民、华侨在中国内地结婚的,男女双方应当共同到内地居民常住户口所在地的婚姻登记机关办理结婚登记。

婚姻登记机关的职责是:①办理婚姻登记;②补发婚姻证;③出具婚姻登记记录证明;④撤销受胁迫的婚姻;⑤宣传婚姻法律法规,倡导文明婚俗。

(二) 结婚登记的程序

结婚登记的程序,可以分为申请、审查和登记三个步骤。

1. 申请

申请是当事人双方正式向婚姻登记机关提出结婚的请求。申请要求结婚的男女双方共同到婚姻登记处提出,不能采用委托方式,也不能用书面意见代替本人亲自到场。

申请办理结婚登记的内地居民应当出具下列证件和证明材料:①本人的户口簿、身份证。居民身份证与常住户口簿上的姓名、性别、出生日期应当一致;不一致的,当事人应当先到有关部门更正。居民身份证或者常住户口簿丢失,当事人应当先到公安户籍管理部门补办证件。②本人无配偶以及与对方当事人没有直系血亲和三代以内旁系血亲关系的签字声明。一般是由自愿结婚的双方各填写一份《申请结婚登记声明书》(样式见节后附件1),《申请结婚登记声明书》中"声明人"一栏的签名必须由声明人在监誓人面前完成;当事人不会写字的,由当事人口述,婚姻登记员代为填写。婚姻登记员代当事人填写完毕,应当宣读,当事人认为填写内容无误,在"声明人"一栏按指纹。"声明人"一栏不得空白,也不得由他人代为填写,代按指纹;当事人宣读本人的声明书,婚姻登记员作监誓人并在监誓人一栏签名。此外,当事人还需提交 3 张大 2 寸双方近期半身免冠合影照片。

根据新的《婚姻登记条例》,结婚无需单位开具婚姻状况证明,不需要介绍信,不再要求当事人出具婚前医学健康检查证明,改强制体检为自愿体检。

办理结婚登记的香港居民、澳门居民、台湾居民应当出具下列证件和证明材料:①本人的有效通行证、身份证;②经居住地公证机构公证的本人无配偶以及与对方当事人没有直系血亲和三代以内旁系血亲关系的声明。

办理结婚登记的华侨应当出具下列证件和证明材料:①本人的有效护照;②居住国公

证机构或者有权机关出具的、经中华人民共和国驻该国使(领)馆认证的本人无配偶以及与对方当事人没有直系血亲和三代以内旁系血亲关系的证明，或者中华人民共和国驻该国使(领)馆出具的本人无配偶以及与对方当事人没有直系血亲和三代以内旁系血亲关系的证明。

办理结婚登记的外国人应当出具下列证件和证明材料：①本人的有效护照或者其他有效的国际旅行证件；②所在国公证机构或者有权机关出具的、经中华人民共和国驻该国使(领)馆认证或者该国驻华使(领)馆认证的本人无配偶的证明，或者所在国驻华使(领)馆出具的本人无配偶的证明。

2. 审查

根据《婚姻登记条例》第7条规定，婚姻登记机关应当对结婚登记当事人出具的证件、证明材料进行审查并询问相关情况。婚姻登记机关对双方当事人的结婚申请应进行全面认真的审核与查证。一要审查当事人所持证件、证明材料是否真实、完备，是否与当事人本人的情况完全符合，如有可疑现象，应进行认真调查。二要审查当事人双方是否符合结婚的法定条件，包括是否完全自愿，是否达到法定婚龄，是否已有配偶，是否属于法律禁止的近亲，是否患尚未治愈的麻风病或性病等。婚姻登记机关可就需了解的情况，向当事人提出询问或进行调查。必要时可要求有关单位提供证明材料。审查是结婚登记程序中最关键的环节。要把好审查这一关，必须严格依法办事。既不能草率从事，也不能无故拖延，阻挠刁难。

3. 登记

婚姻登记机关审查后，对当事人符合结婚条件的，应当当场予以登记，发给结婚证。颁发结婚证，应当在当事人双方均在场时进行。对离过婚的，应当注销其离婚证。当事人从取得结婚证时起，确立夫妻关系。

根据《婚姻登记条例》第6条："办理结婚登记的当事人有下列情形之一的，婚姻登记机关不予登记：(一)未到法定结婚年龄的；(二)非双方自愿的；(三)一方或者双方已有配偶的；(四)属于直系血亲或者三代以内旁系血亲的；(五)患有医学上认为不应当结婚的疾病的。"对当事人不符合结婚条件不予登记的，应当向当事人说明理由，给当事人出具《不予办理结婚登记通知单》(样式见节后附件2)。

离婚的男女双方自愿恢复夫妻关系的，应当到婚姻登记机关办理复婚登记。复婚登记适用结婚登记的规定。申请补办结婚登记的，婚姻登记机关也按照结婚登记程序办理，婚姻关系的效力从双方均符合婚姻法所规定的结婚的实质要件时起算。

根据《婚姻登记条例》的规定，当事人办理婚姻登记或者补领结婚证、离婚证，应当交纳工本费。工本费的收费标准由国务院价格主管部门会同国务院财政部门规定并公布。婚姻登记机关办理婚姻登记，除按收费标准向当事人收取工本费外，不得收取其他费用或者附加其他义务。

(三)结婚登记的效力

结婚登记是有效婚姻确立的必经程序。当事人依法办理结婚登记，取得结婚证，即确立夫妻关系，不论当事人是否已经同居或举行结婚仪式。反之，若男女双方已同居或举行了结婚仪式，但未办理结婚登记，则不能产生合法有效的婚姻关系。

结婚证是婚姻登记机关签发的证明婚姻关系有效成立的法律文书。结婚证遗失或者损毁的,根据《婚姻登记条例》第17条规定,当事人可以持户口簿、身份证向原办理婚姻登记的机关或者一方当事人常住户口所在地的婚姻登记机关申请补领。婚姻登记机关对当事人的婚姻登记档案进行查证,确认属实的,应当为当事人补发结婚证。

(四)结婚登记瑕疵的问题

案例3-4 2002年10月15日,拥有近亿资产的某地富商胡××因肝功能衰竭在上海瑞金医院去世,年仅38岁。胡××没留下有关遗产的遗嘱,使妻子张××与婆婆郑××因财产分割发生纠纷。2003年1月,张××以自己和女儿的名义,向上海市第二中级人民法院(以下简称上海二中院)递交了诉状,要求继承遗产的50%。上海二中院受理本案后不久,婆婆郑××向乐清市区人民法院也递交了诉状,请求法院判决胡××和张××的结婚证无效。郑××称,胡××和张××的结婚证是"张××瞒着胡××一手包办的"。经乐清法院调查,两人的结婚证虽不是张××一手包办,但却是委托他人代领的。胡××和张××来到乐清市办理结婚登记手续,由于缺少胡××的离婚证明和男女双方的婚检证明,当时未进行结婚登记。此后,胡×定受堂弟胡××委托来拿结婚证时,帮他们填写了结婚登记申请书,在申请人栏和背面均签上胡××与张××的名字,并按了手印。2003年5月20日,乐清法院以结婚登记应当双方当事人亲自到场为由,一审判决撤销了胡、张两人的结婚证。张××不服,向温州市中级人民法院提出上诉。

任务:请问胡××和张××之间的婚姻登记是否有效?

近年来,现实生活中发生了大量的结婚登记瑕疵的案件,主要包括:婚姻登记当事人委托他人代理登记,弄虚作假冒名顶替骗取登记以及婚姻登记机关违反规定进行登记的情形。

2003年10月1日起实施的《婚姻登记条例》与1994年2月1日公布施行的《婚姻登记管理条例》相比较,《婚姻登记条例》删除了原来《婚姻登记管理条例》有关申请婚姻登记的当事人弄虚作假、骗取婚姻登记的,婚姻登记管理机关有权撤销婚姻登记,宣布婚姻无效并收回结婚证,还可以对当事人处以200元以下罚款的规定。民政部制定的《婚姻登记工作暂行规范》第46条规定:"除受胁迫结婚之外,以任何理由请求宣告婚姻无效或者撤销婚姻的,婚姻登记机关不予受理。"因此,当事人只能通过法院来解决结婚登记瑕疵问题。由于婚姻法对存在登记瑕疵的婚姻未作任何规定,结婚登记瑕疵问题又不属于欠缺实质要件的无效婚姻和可撤销婚姻,如果不符合提起民事诉讼的条件,很难通过民事诉讼解决。因此,婚姻当事人往往将婚姻登记部门告上法庭,要求撤销婚姻登记行为或者确认登记部门颁发结婚证的行为无效。

《婚姻法司法解释(三)》第1条规定:"当事人以婚姻法第十条规定以外的情形申请宣告婚姻无效的,人民法院应当判决驳回当事人的申请。当事人以结婚登记程序存在瑕疵为由提起民事诉讼,主张撤销结婚登记的,告知其可以依法申请行政复议或者提起行政诉讼。"

至此,婚姻登记瑕疵案件作为行政案件进行处理,但是对于各种不同程度的瑕疵问题是否导致颁发结婚证的行为无效并未提及。最高人民法院行政审判庭《关于婚姻登记行政案件原告资格及判决方式有关问题的答复》中对程序违法的婚姻登记行为能否判决撤销的问题,答复如下:"根据《中华人民共和国婚姻法》第八条规定,婚姻关系双方或一方当事人未亲自到婚姻登记机关进行婚姻登记,且不能证明婚姻登记系男女双方的真实意思表示,当事人对该婚姻登记不服提起诉讼的,人民法院应当依法予以撤销。"也就是说,单纯的婚姻登记瑕疵并不必然导致婚姻被撤销,还要考虑违法的严重程度以及婚姻当事人结婚意愿的真实性。

四、男方成为女方家庭成员的问题

根据我国《婚姻法》(修正案)第9条的规定:"登记结婚后,根据男女双方约定,女方可以成为男方家庭的成员,男方可以成为女方家庭的成员。"这一规定是对旧婚姻习俗的重要改革,有利于破除男婚女嫁、妻从夫居的传统观念,从立法上对男女双方互为对方的家庭成员,尤其是男方到女方家庭落户提供了法律上的保障。

1950年《婚姻法》没有规定该内容,1980年《婚姻法》第一次规定男方"也"可以到女方家落户,这有利于进一步破除以男子为中心的旧观念,有利于解决有女无儿户的实际困难,改变"养儿防老"的传统观念,有利于计划生育的贯彻落实。2001年《婚姻法》(修正案)基本维持了1980年《婚姻法》的规定,只是删去了"男方也可以到女方家落户"的"也"字,进一步具体体现了男女平等原则。

在执行《婚姻法》(修正案)第9条的规定时,必须根据男女双方的自愿约定。不论男方到女方家落户,还是女方到男方家落户,或组建新家庭,男方或女方仍保持自己的独立人格,与其配偶地位平等,与配偶的亲属形成姻亲关系,与自己的父母仍保持权利、义务关系,承担对生父母的赡养义务,这一权利受法律的保护,不许任何人加以强迫或干涉。

子项目四 无效婚姻和可撤销婚姻

案例 3-5 2003年4月27日,河南某村男青年杨某经人介绍与被告孙某相识。杨某出生于1985年8月10日,被告孙某出生于1983年8月15日,双方在河南省某县民政局办理结婚登记时均未达到法定结婚年龄。2004年10月25日,原告杨某诉至法院,请求宣告杨某与被告孙某的婚姻无效。

任务:杨某的诉讼请求能否得到法院支持?

结婚应当符合法定的实质要件和形式要件,欠缺结婚法定要件的婚姻为违法婚姻,不应具有婚姻的效力。我国1950年《婚姻法》和1980年《婚姻法》中均规定有违反本法者,得分别情况,依法予以行政处分或法律制裁。但对于当事人不符合结婚的实质要件或形式要件而已经成立的婚姻的效力,却并未作出明确的规定。在司法实践中,一般将属于无效婚姻的诉讼按照离婚程序处理。而离婚的前提是该婚姻是合法有效的,所以造成了法律适用上的矛盾,同时也削弱了有关结婚的实质要件和形式要件的法律规定的效力。在1986年3月15日《婚姻登记办法》(已失效)中规定:"婚姻登记机关发现婚姻当事人有违反婚姻法的行为，或在登记时弄虚作假、骗取《结婚证》的，应宣布该项婚姻无效，收回已骗取的《结婚证》，并对责任者给予批评教育。触犯刑律的，由司法机关依法追究刑事责任。"1994 年实行的《婚姻登记管理条例》（已失效）又进一步规定了婚姻无效的原因和处理方法，但仍未建立系统的无效婚姻制度。2001 年《婚姻法》（修正案）正式确立了无效婚姻和可撤销婚姻制度，填补了婚姻立法的空白。2001 年最高人民法院《婚姻法司法解释（一）》又作出了更为明确具体的规定。2003 年最高人民法院《婚姻法司法解释（二）》更进一步作出了具体规定。

一、无效婚姻

无效婚姻，是指不符合结婚的某些实质要件，从而自始不产生法律效力的婚姻关系。

（一）无效婚姻的情形

我国《婚姻法》（修正案）第 10 条，明确列举了无效婚姻的四种情况：

1. 重婚的

重婚是指有配偶者再行结婚的行为。我国《婚姻法》（修正案）第 3 条明确规定禁止重婚。由于重婚违反了一夫一妻制原则，所以它不具有婚姻的法律效力，应当宣告重婚的婚姻为无效婚姻，触犯刑法的，还要追究重婚者的刑事责任。

2. 有禁止结婚的亲属关系的

有禁止结婚的亲属关系即不符合禁止一定范围的血亲结婚这一实质要件。若结婚的当事人为直系血亲或三代以内的旁系血亲，则该婚姻关系不具有法律效力。

3. 婚前患有医学上认为不应该结婚的疾病，婚后尚未治愈的

《婚姻法》（修正案）明确规定患有医学上认为不应当结婚的疾病的人禁止结婚。如果当事人违反了这一规定，即男女双方或一方患有禁止结婚的疾病而结婚，婚后又没有治愈的，该婚姻关系不具有法律效力，应当宣告婚姻无效。

4. 未到法定婚龄的

《婚姻法》明确规定，对于结婚年龄，男不得早于 22 周岁，女不得早于 20 周岁。也就是说，只有男女双方分别达到了法律规定的这个结婚年龄，才允许结婚，其成立的婚姻才是合法有效的。违反了这一规定，男女双方或一方未达到法定婚龄而结婚的，在其法定婚龄届至前应认定该婚姻无效。

这四种情况违反了结婚的实质要件，均导致婚姻的无效。

（二）无效婚姻的请求权主体

无效婚姻的请求权主体，指有权向人民法院就已办理结婚登记的婚姻申请宣告婚姻无效的主体。我国《婚姻法》（修正案）对婚姻无效的请求权主体未作出规定。2001 年最高人民法院《婚姻法司法解释（一）》第 7 条规定，有权依据《婚姻法》第 10 条规定向人民法院就已办理结婚登记的婚姻申请宣告婚姻无效的主体包括婚姻当事人及利害关系人。利害关系人包括：一是以重婚为由申请宣告婚姻无效的，为当事人的近亲属及基层组织。二是以未到法定婚龄为由申请宣告婚姻无效的，为未达法定婚龄者的近亲属。三是以有禁止结婚的亲属关系为由申请宣告婚姻无效的，为当事人的近亲属。四是以婚前患有医学上认为不应当结婚的疾病，婚后尚未治愈为由申请宣告婚姻无效的，为与患病者共同生活的近亲属。

最高人民法院《婚姻法司法解释(二)》第 5 条指出："夫妻一方或者双方死亡后一年内，生存一方或者利害关系人依据婚姻法第十条的规定申请宣告婚姻无效的，人民法院应当受理。"这是因为婚姻效力对当事人的财产分割、遗产继承等问题将产生实质性的影响，所以在一方或者双方当事人死亡的情况下，仍有确定婚姻效力的必要。

利害关系人依据《婚姻法》(修正案)第 10 条规定申请人民法院宣告婚姻无效的，利害关系人为申请人，婚姻关系当事人双方为被申请人。夫妻一方死亡的，生存一方为被申请人。夫妻双方均已死亡的，不列被申请人。

(三)无效婚姻的宣告程序

1. 无效婚姻只能宣告无效

《婚姻法》(修正案)对无效婚姻的宣告程序没有作出规定。直到 2001 年最高人民法院《婚姻法司法解释(一)》第 13 条才明确规定，无效或者可撤销婚姻在依法被宣告无效或被撤销时，才确定该婚姻自始不受法律保护。据此肯定了对无效婚姻效力的认定必须经过法院的宣告，即无效婚姻只能宣告无效，而非当然无效。

2. 宣告无效婚姻的机关

《婚姻法》(修正案)对有权宣告婚姻无效的机关没有作出规定。1994 年《婚姻登记管理条例》肯定了婚姻登记机关有权宣告当事人婚姻无效，但是 2003 年施行的《婚姻登记条例》取消了这一规定，婚姻登记机关不再具有宣告婚姻无效的职责。结合最高人民法院《婚姻法司法解释(一)》第 7 条的规定，可以推知目前在我国宣告婚姻无效的机关只能是人民法院。

3. 人民法院对婚姻无效案件的审理

根据最高人民法院《婚姻法司法解释(一)》、《婚姻法司法解释(二)》的有关规定，人民法院依法受理申请宣告婚姻无效的案件后，经审查确属无效婚姻的，对婚姻效力的审理不适用调解，应当依法作出宣告婚姻无效的判决，原告申请撤诉的，不予准许。有关婚姻效力的判决一经作出，即发生法律效力。人民法院应当收缴双方的结婚证书并将生效的判决书寄送当地婚姻登记管理机关。婚姻登记机关收到人民法院宣告婚姻无效的判决书副本后，应当将该判决书副本收入当事人的婚姻登记档案。

涉及财产分割和子女抚养问题的，可以调解。调解达成协议的，另行制作调解书。人民法院审理无效婚姻案件，涉及财产分割和子女抚养的，应当对婚姻效力的认定和其他纠纷的处理分别制作裁判文书。对财产分割和子女抚养问题的判决不服的，当事人可以上诉。

人民法院受理离婚案件后，经审查确属无效婚姻的，应当将婚姻无效的情形告知当事人，并依法作出宣告婚姻无效的判决。人民法院就同一婚姻关系分别受理了离婚和申请宣告婚姻无效案件的，对离婚案件的审理，应当待无效婚姻案件作出判决后进行。婚姻关系被宣告无效后，涉及财产分割和子女抚养的，应当继续审理。

(四)无效婚姻的转化

缔结婚姻作为男女双方间的民事法律行为，不仅涉及当事人双方的利益，而且涉及子女和其他亲属的利益和社会公共利益。因此各国均立法对当事人的婚姻行为予以监督干预，设立无效婚姻和相应的法律责任等制度予以保障实现。但考虑到婚姻的私权性和对当事人利益的保护，国家在积极干预的同时，为使无效婚姻尽可能有效化，也规定了无效婚姻在法定的阻却事由消失后应该转化为有效婚姻。

最高人民法院《婚姻法司法解释（一）》第 8 条规定，当事人依据《婚姻法》第 10 条规定向人民法院申请宣告婚姻无效的，申请时，法定无效婚姻情形已经消失的，人民法院不予支持。即无效婚姻在经过一定时间后，到申请婚姻无效时，法定无效婚姻的情形已经消失。如男女双方结合时，一方或者双方未达法定婚龄，但随着时间的推移双方均已达到法定婚龄；患有医学上认为不应结婚的疾病，后来已经治愈；双方结合时具有禁止结婚的拟制血亲关系，后来拟制关系依法解除等。在这些情形下，该婚姻转化为有效婚姻，这时对提出的宣告婚姻无效的请求，人民法院不予支持。

二、可撤销婚姻

案例 3-6　甲以毁损乙的父母名誉的方式为要挟，迫使乙与其结婚。结婚一年半后，甲反悔，遂以结婚系胁迫乙为由要求撤销婚姻。

任务：甲的请求能否得到支持？

可撤销婚姻，是指当事人因意思表示不真实而成立的婚姻，通过依法享有撤销权的当事人在法定期限内行使撤销权，使已经发生效力的婚姻关系失去法律效力。《婚姻法》（修正案）第 11 条规定："因胁迫结婚的，受胁迫的一方可以向婚姻登记机关或人民法院请求撤销该婚姻。"

（一）婚姻撤销的情形

我国婚姻法中所规定的可撤销婚姻只有一种情况，即因受胁迫而结婚。而对当事人因受欺诈或重大误解陷入错误认识，从而缔结的欺诈婚、误解婚并未包括在内。

根据最高人民法院《婚姻法司法解释（一）》第 10 条的规定，所称的"胁迫"，是指行为人以给另一方当事人或者其近亲属的生命、身体健康、名誉、财产等方面造成损害为要挟，迫使另一方当事人违背真实意愿与其结婚的情况。

当事人在受胁迫的情况下而作的同意结婚的意思表示，不是当事人的真实意愿，基于该意思表示而缔结的婚姻，严重违反婚姻自由原则，为保护当事人的合法权益，应当依法予以撤销。

（二）婚姻撤销请求权的行使

因受胁迫而请求撤销婚姻的，只能是受胁迫一方的婚姻关系当事人本人，这样才能保证受胁迫的当事人一方充分地表达自己的婚姻意志。

同时，《婚姻法》又为受胁迫的这一方行使其撤销权规定了一定的时效限制。受胁迫的一方撤销婚姻的请求，应当自结婚之日起一年内提出。被非法限制人身自由的当事人请求撤销婚姻的，应当自恢复人身自由之日起一年内提出。此处规定的"一年"时间为除斥期间，不适用诉讼时效中止、中断或者延长的规定。一年期届满，受胁迫的婚姻当事人的撤销请求权消灭，即受胁迫方失去提出申请撤销婚姻效力的权利，其所缔结的婚姻为合法有效的婚姻，受胁迫方不得申请撤销该婚姻。

(三)婚姻撤销的程序

根据我国《婚姻法》(修正案)第11条的规定,有权撤销婚姻的机关是婚姻登记机关或人民法院。婚姻撤销请求权人,既可以依行政程序向原办理该结婚登记的机关申请宣告撤销婚姻,也可以依诉讼程序向人民法院申请撤销婚姻。

根据《婚姻登记条例》第9条规定:"因胁迫结婚的,受胁迫的当事人依据婚姻法第十一条的规定向婚姻登记机关请求撤销其婚姻的,应当出具下列证明材料:(一)本人的身份证、结婚证;(二)能够证明受胁迫结婚的证明材料。婚姻登记机关经审查认为受胁迫结婚的情况属实且不涉及子女抚养、财产及债务问题的,应当撤销该婚姻,宣告结婚证作废。"受胁迫结婚的证明材料一般是指公安机关出具的当事人被拐卖、解救证明,或者人民法院作出的能够证明当事人被胁迫结婚的判决书。婚姻登记机关应当将《关于撤销×××与×××婚姻的决定》(样式见节后附件3)送达当事人双方,并在婚姻登记公告栏上公告30日。婚姻登记机关对不符合撤销婚姻条件的,应当告知当事人不予撤销的原因,并告知当事人可以向人民法院请求撤销婚姻。

人民法院审理婚姻当事人因受胁迫而请求撤销婚姻的案件,应当适用简易程序或者普通程序。人民法院根据当事人的申请,依法撤销婚姻的,应当收缴双方的结婚证书并将生效的判决书寄送当地婚姻登记管理机关。婚姻登记机关收到人民法院撤销婚姻的判决书副本后,应将该判决书副本收入当事人的婚姻登记档案。

三、婚姻无效与被撤销的法律后果

我国《婚姻法》(修正案)第12条规定:"无效或被撤销的婚姻,自始无效。当事人不具有夫妻的权利和义务。同居期间所得的财产,由当事人协议处理;协议不成时,由人民法院根据照顾无过错方的原则判决。对重婚导致的婚姻无效的财产处理,不得侵害合法婚姻当事人的财产权益。当事人所生的子女,适用本法有关父母子女的规定。"其中的"自始无效",是指无效或者可撤销婚姻在依法被宣告无效或被撤销时,才确定该婚姻自始不受法律保护。

可见我国无效婚姻和被撤销婚姻具有相同的法律后果,均具有溯及既往的效力。自婚姻被宣告无效或撤销时,即确定该婚姻自成立时起不具有法律效力。无效婚姻和被撤销婚姻还会引起以下法律后果:

(一)无效或被撤销婚姻的当事人不具有基于婚姻的效力而发生的夫妻的权利和义务,不适用法律有关合法婚姻的夫妻人身和财产关系的规定

(1)在姓名权,从事生产、工作、学习和社会活动的自由权等问题上,不适用婚姻法关于夫妻姓名权和人身自由权的规定。

(2)由于无效婚姻中的男女不是合法的配偶,一方与另一方的血亲及其配偶之间,也不发生姻亲关系。

(3)当事人之间不适用夫妻财产制的有关规定。

(4)男女双方不能以配偶的身份互为第一顺序的法定继承人,一方死亡,另一方无权作为配偶来继承遗产,如果符合《继承法》第14条的规定,可以根据相互扶养的具体情况,以法定继承人以外的人的身份适当分得部分遗产。

(5) 婚姻无效的男女双方相互之间没有法定的扶养义务。

(二) 无效或被撤销婚姻的当事人同居期间财产的处理

被宣告无效或被撤销的婚姻，当事人同居期间所得的财产，按共同共有处理，但有证据证明为当事人一方所有的除外。对同居期间所得的财产，由当事人协议处理；协议不成时，由人民法院根据照顾无过错方的原则判决。人民法院审理重婚导致的无效婚姻案件时，涉及财产处理的，不得侵害合法婚姻当事人的财产权益，应当准许合法婚姻当事人作为有独立请求权的第三人参加诉讼。

(三) 无效或被撤销婚姻的当事人所生子女的抚养问题

婚姻无效具有溯及既往的效力，因此，在婚姻被宣告无效或被撤销后，当事人所生的子女应为非婚生子女。《婚姻法》明确规定，非婚生子女享有和婚生子女同等的法律地位，任何人不得危害和歧视非婚生子女。因此，当事人与所生子女之间的权利义务仍适用《婚姻法》有关父母子女的规定。具体地说，父母对该子女负有抚养教育、保护的权利和义务；该子女成年后对父母也有赡养的义务；父母与该子女之间有相互继承遗产的权利。

子项目五　事实婚姻的认定与处理

案例 3-7　王某(男)和赖某(女)于 1983 年相识，同年 12 月举行婚礼结婚，但至今仍未办理结婚登记手续。婚后，双方生育两子，大儿子(已成年)已大学毕业，小儿子王某某(1990 年 3 月 7 日出生)还在某高校就读，明年毕业。2010 年王某与另一女子肖某有不正当来往，并同居生活，导致夫妻感情破裂，王某和赖某分居生活至今，且没有添置任何共同财产。2013 年 6 月，王某(男)将赖某(女)告上了法庭，要求离婚。

任务：法院应如何审理此案？

一、事实婚姻的概念

事实婚姻是指没有配偶的男女，未经结婚登记，便以夫妻名义同居生活，群众也认为他们是夫妻的两性结合。事实婚姻有以下特征：

(1) 男女双方具有婚姻的合意和共同生活的事实。婚姻的合意和共同生活的事实是婚姻的本质特征。事实婚姻作为婚姻的一种，也应该具备这一特征。这是事实婚姻与一切非婚两性关系在内容上的区别。

(2) 男女双方具有公开的夫妻身份。以夫妻名义同居生活，并为周围的群众所公认，这是事实婚姻与非婚两性关系在形式上的区别。

(3) 男女双方符合结婚的实质要件。同居生活的男女，如果具有共同生活的目的和夫妻名义，但欠缺结婚实质要件的，则属非法婚姻。如男女一方有配偶的，则构成事实重婚。这是事实婚姻区别于非法婚姻的重要特征。

(4) 男女双方未办理结婚登记。不具备结婚的形式要件是事实婚姻与法律婚姻的主要区别。

事实婚姻是我国现实生活中长期存在的一种婚姻形式，且量大面广，一度有增长的趋势。事实婚姻在城乡时有发生，尤其在农村占有一定比例。事实婚姻屡禁不止的原因是多方面的，其中旧婚姻习俗的影响是形成事实婚姻的主要思想根源。几千年来，我国长期盛行仪式制的结婚制度，群众普遍重结婚仪式轻结婚登记，认为举行婚礼就是合法婚姻的标志。另外，法制宣传不够，人们法制观念淡薄，对结婚登记的重要性缺乏足够的认识，因而无视法律规定，自行举行仪式结婚。特别是那些不符合结婚条件的人，为达到结婚目的，故意规避国家法律的审查与监督。当然执法过程中的某些不当也是造成事实婚姻的重要原因。在实施法律的过程中，有的登记机关由于不能把握法律规定的精神，往往用晚婚年龄取代法定年龄，由于当事人的合法权益得不到及时实现，便自行结合。事实婚姻给社会及当事人带来了不容忽视的危害。主要体现在以下三点：一是使婚姻在缔结时就脱离了国家的指导和监督，使一些违法婚姻，如包办婚姻、买卖婚姻、近亲结婚、早婚、重婚等得以发生。二是损害了当事人的身心健康，影响了优生优育，降低了我国的人口素质。三是事实婚姻的当事人，尤其是妇女和子女的合法权益难以得到及时有效的保护，在一定程度上使婚姻家庭不稳定，同时增加了处理某些婚姻纠纷的难度。

二、中外立法对事实婚姻的态度

(一)国外立法对事实婚姻的态度

事实婚姻在许多国家都存在。对于事实婚姻，外国法大体采取三种不同的原则。

1. 承认主义

承认主义，即承认事实婚姻具有法律效力。其理由是婚姻应重事实轻形式，这样有助于夫妻关系的稳固。英美的普通法婚姻即属此类。普通法婚姻源于日耳曼习惯法，它只要求婚姻的成立符合法定的实质要件，而不要求具备形式要件。普通法婚姻一经形成，便与法律婚姻具有同等的效力，当事人不得任意解除。

2. 不承认主义

不承认主义，即不承认事实婚姻具有法律效力。这种主张强调，婚姻是一种要式行为，未经法律程序的婚姻为无效婚姻，也即男女双方不产生夫妻间的权利和义务。现行《日本民法典》就是采取不承认主义。根据《日本民法典》第742条第2款之规定，凡未申报登记自行结婚的，法律概不承认事实婚姻的效力。

3. 相对承认主义

相对承认主义，即有条件地承认事实婚姻的法律效力。这些条件一般有：①须达到法定同居年限。关于同居期限，有的国家规定为2年，有的国家规定为3年。②须经法院承认。如古巴家庭法规定，非正式婚姻当事人"具备单身和稳定的条件"，在得到法院的承认后，即产生正式婚姻的效力。③补办法定手续。如根据寺院法的规定，欠缺形式要件的婚姻无效，但可以通过重新履行法定程序而使之有效。

(二)我国婚姻立法对事实婚姻的态度

根据婚姻立法及相关司法解释的规定，我国对事实婚姻的态度以事实婚姻形成的时间不同为依据，划分为三个阶段，分别为承认主义、相对承认主义和不承认主义。

1. 承认主义

从新中国成立初期到1989年11月21日前，承认符合结婚实质条件的，未经登记以夫妻名义同居生活的两性关系为事实婚姻，并具有有效婚姻的效力。对事实婚姻引起的离婚纠纷，凡符合婚姻实质要件的，应按一般离婚纠纷处理。

2. 相对承认主义

从1989年11月21日到1994年2月1日，基于这类"婚姻"关系形成的原因和案件的具体情况比较复杂，为保护妇女和儿童的合法权益，有利于婚姻家庭关系的稳定和维护安定团结，在一定时期内，有条件地承认其事实婚姻关系。根据最高人民法院1989年12月13日《关于人民法院审理未办结婚登记而以夫妻名义同居生活案件的若干意见》的规定，人民法院审理未办结婚登记而以夫妻名义同居生活的案件，应首先向双方当事人严肃地指出其行为的违法性和危害性，并视其违法情节给予批评教育或民事制裁。同时确定了"有条件承认事实婚姻"的原则：①1986年3月15日《婚姻登记办法》施行之前，未办结婚登记手续即以夫妻名义同居生活，群众也认为是夫妻关系的，一方向人民法院起诉"离婚"，如起诉时，双方均符合结婚的法定条件，可认定为事实婚姻关系；如起诉时，一方或双方不符合结婚的法定条件，应认定非法同居关系。②1986年3月15日《婚姻登记办法》施行之后，未办结婚登记手续即以夫妻名义同居生活，群众也认为是夫妻关系的，一方向人民法院起诉"离婚"，如同居时双方均符合结婚的法定条件，可认定为事实婚姻关系；如同居时一方或双方不符合结婚的法定条件，应认定为非法同居关系。

3. 不承认主义

自1994年2月1日民政部《婚姻登记管理条例》公布实施以后，所有未办理结婚登记而以夫妻名义共同生活的，一律不具有合法婚姻的效力。

三、我国对事实婚姻的处理

2001年最高人民法院公布的《婚姻法司法解释（一）》第5条对事实婚姻的处理作了明确的规定。未按《婚姻法》第8条规定办理结婚登记而以夫妻名义共同生活的男女，起诉到人民法院要求离婚的，应当区别对待：

（1）1994年2月1日民政部《婚姻登记管理条例》公布实施以前，男女双方已经符合结婚实质要件的，按事实婚姻处理。凡被认定为事实婚姻的，双方当事人互为配偶，适用《婚姻法》关于夫妻权利义务的规定，所生子女为婚生子女，解除关系应按照离婚程序处理。

（2）1994年2月1日民政部《婚姻登记管理条例》公布实施以后，男女双方符合结婚实质要件的，人民法院应当告知其在案件受理前补办结婚登记。补办结婚登记的，婚姻关系的效力从双方均符合《婚姻法》所规定的结婚实质要件时起算；未补办结婚登记的，按解除同居关系处理。

此外，该解释第6条指出："未按婚姻法第八条规定办理结婚登记而以夫妻名义共同生活的男女，一方死亡，另一方以配偶身份主张享有继承权的，按照本解释第五条的原则处理。"即形成合法事实婚姻关系的，一方死亡，另一方才可以配偶的身份主张享有继承权；未形成合法事实婚姻关系的，一方死亡，另一方不可以配偶的身份主张享有继承权。

四、事实婚姻与非婚同居

非婚同居是指没有合法婚姻关系的男女共同居住生活。

广义的非婚同居包括非法同居和未婚同居。非法同居是指违反法律规定的各种同居,主要是指一方有配偶而又与其他异性同居生活,如重婚、姘居等;未婚同居是指没有配偶的男女同居生活而又未形成合法婚姻关系的两性结合,未婚同居虽未形成合法的婚姻关系,但也不违反法律规定,认定为合法同居。狭义的非婚同居仅指未婚同居。

1989年最高人民法院《关于人民法院审理未办结婚登记而以夫妻名义同居生活案件的若干意见》,将未办理结婚登记而以夫妻名义同居的两性结合区分为"事实婚姻"与"非法同居关系",将非婚同居一律称为非法同居。该《意见》第3条明确指出,自民政部新的《婚姻登记管理条例》施行之日起,未办结婚登记即以夫妻名义同居生活,按非法同居关系处理。

2001年最高人民法院《婚姻法司法解释(一)》删去了"非法"二字,将没有形成事实婚姻关系而又未补办结婚登记的两性结合称为同居关系,这里的同居关系是指狭义的非婚同居。

非婚同居不具有婚姻效力,同居的男女双方之间不产生夫妻的人身权利和义务。但是非婚同居却会在当事人之间产生复杂的财产关系。我国目前对此尚没有明确的法律规定予以规制,最高人民法院《婚姻法司法解释(二)》第1条指出,当事人起诉请求解除同居关系的,人民法院不予受理。但当事人请求解除的同居关系,属于《婚姻法》第3条、第32条、第46条规定的"有配偶者与他人同居"的,人民法院应当受理并依法予以解除。当事人因同居期间财产分割或者子女抚养纠纷提起诉讼的,人民法院应当受理。

面对越来越多的未婚同居,中老年离婚后只同居不结婚的现象,如果法律不加以规制,就会损害当事人的利益,尤其是弱者的合法利益。目前可以参照最高人民法院1989年《关于人民法院审理未办结婚登记而以夫妻名义同居生活案件的若干意见》的有关规定,对不构成事实婚姻的男女双方在同居期间的财产和抚养行为进行处理。

[附件]

附件1:申请结婚登记声明书

本人申请结婚登记,谨此声明:

本人姓名:_____性别:_____国籍:_____
出生日期:_____年___月___日 民族:_____职业:_____
文化程度:_____ 身份证件号:_____
常住户口所在地:_____
婚姻状况:_____(未婚/离婚/丧偶)
对方姓名:_____性别:_____国籍:_____
出生日期:_____年___月___日 民族:_____职业:_____
文化程度:_____ 身份证件号:_____

常住户口所在地：＿＿＿＿＿＿＿＿＿＿＿＿＿＿＿＿＿＿＿＿＿
婚姻状况：＿＿＿＿＿＿（未婚/离婚/丧偶）

本人与对方均无配偶，没有直系血亲和三代以内旁系血亲关系，了解对方的身体健康状况。现依照《中华人民共和国婚姻法》的规定，自愿结为夫妻。

本人上述声明完全真实，如有虚假，愿承担法律责任。

声明人：＿＿＿＿＿＿＿＿＿＿　　　监誓人：＿＿＿＿＿＿＿＿＿＿
＿＿＿＿年＿＿＿＿月＿＿＿＿日　　　＿＿＿＿年＿＿＿＿月＿＿＿＿日

（注：声明人签名须在监誓人面前完成）

附件2：不予办理结婚登记通知单

＿＿＿＿＿＿＿＿＿＿、＿＿＿＿＿＿＿＿＿＿：

你们于＿＿＿＿＿＿年＿＿＿月＿＿＿日在本处申请结婚登记，因欠缺下列□中画✓的要件，根据《婚姻登记条例》的规定，不予办理结婚登记。

1. 非双方自愿；
2. 男不满22周岁/女不满20周岁；
3. 双方有直系血亲或三代以内旁系血亲关系；
4. 男/女方已有配偶；
5. 双方未共同到婚姻登记机关申请办理结婚登记；
6. 本婚姻登记机关不具有管辖权；
7. 缺男/女方户口簿；
8. 缺男/女方身份证；
   □缺大2寸双方近期半身免冠合影照片＿＿＿＿张；
   □男/女方身份证不在有效期内；
9. 男/女常住户口迁出后未重新落户；
10. 男/女方身份证与户口簿上的姓名、性别、出生日期不一致；
11. 其他（注明原因）。

婚姻登记机关（印章）
＿＿＿＿＿年＿＿＿＿月＿＿＿＿日

附件3：关于撤销×××与×××婚姻的决定

××××年××月××日，×××以受胁迫结婚为由，向×××民政局（乡（镇）人民政府）提出撤销婚姻。×××提供了××××作出的××××号《××××××》作为受胁迫的证据，根据《婚姻登记条例》第九条规定，申请人符合撤销婚姻的条件，予以撤销。

本机关××××年××月××日颁发给×××与×××的×××号结婚证作废。

×××民政局（乡（镇）人民政府）
××××年××月××日

思考与练习

思考

1. 什么是结婚？我国法律规定的结婚条件有哪些？
2. 简答结婚登记的目的和意义。
3. 如何认识法定婚龄与鼓励晚婚的关系？
4. 简答我国《婚姻法》(修正案)禁止近亲结婚的规定及意义。
5. 什么是无效婚姻？无效婚姻有几种情形？
6. 简述可撤销婚姻及其情形。
7. 如何理解婚约的概念？
8. 什么是事实婚姻？我国法律对事实婚姻的态度是怎样的？
9. 简述结婚制度的历史类型。

案例练习

冯某(女)与赵某(男)经人介绍认识，并书面订婚。后来因为赵某染上赌博恶习，屡教不改，冯某心灰意冷，便口头通知赵某解除婚约。赵某便向人民法院起诉，主张冯某自愿与其订立书面婚约，并按照当地习俗接受了赵某赠送的金项链1条，金戒指1枚，金耳环1副，现金11000元，已形成未婚夫妻关系。法院应予以保护，认定冯某单方中止婚约的行为无效。

任务：请问赵某的诉讼请求能否得到支持？

案例分析手把手

【案情】 某村男青年尹某经人介绍，与邻村女青年宋某相识，确立了恋爱关系。2000年3月，双方举行了隆重的婚礼，开始以夫妻名义共同生活，但一直没有补办结婚登记手续。尹某婚后一直体弱多病，均由宋某照顾。2003年1月尹某外出办事，不幸遭遇车祸身亡。料理完丧事后，尹某的父母通知宋某，要她立即收拾东西离开尹家。宋某说，她是尹某的妻子，有权继承尹某的遗产。尹某的父母认为，尹某和宋某未办理结婚登记手续，不属于合法夫妻，因而宋某无继承权。双方争执不下，最后宋某起诉到法院。

【任务】 本案应如何处理？

【分析思路】《婚姻法》(修正案)第24条规定："夫妻有相互继承遗产的权利。"因此本案中宋某有无继承尹某遗产的权利，取决于宋某和尹某是否形成合法的夫妻关系。一般情况下，合法的夫妻关系是符合结婚条件的男女履行结婚登记手续，取得结婚证而形成的，而本案中尹某和宋某并未办理结婚登记手续，只是举行了结婚仪式，然后以夫妻名义同居生活。未办理结婚登记以夫妻名义同居生活，如果形成事实婚姻，则构成夫妻关系，否则双方只是同居关系，不具有夫妻的权利和义务。因此，本案的关键就在于认定尹某和宋某之间系事实婚姻还是同居关系，如果认定为事实婚姻关系，尹某和宋某之间系夫妻，宋某有权继承尹某的遗产；如果不能认定为事实婚姻关系，则为同居关系，宋某就没有继承权。认定的主要法律依据是 2001 年最高人民法院公布的《婚姻法司法解释(一)》第 5 条的规定。

【**答案要点提示**】2001 年最高人民法院公布的《婚姻法司法解释(一)》第 5 条规定："未按婚姻法第八条规定办理结婚登记而以夫妻名义共同生活的男女,起诉到人民法院要求离婚的,应当区别对待:(一)1994 年 2 月 1 日民政部《婚姻登记管理条例》公布实施以前,男女双方已经符合结婚实质要件的,按事实婚姻处理。(二)1994 年 2 月 1 日民政部《婚姻登记管理条例》公布实施以后,男女双方符合结婚实质要件的,人民法院应当告知其在案件受理前补办结婚登记;未补办结婚登记的,按解除同居关系处理。"

本案中,尹某和宋某是在 2000 年 3 月,即 1994 年 2 月 1 日民政部《婚姻登记管理条例》公布实施以后,未办理结婚登记手续,以夫妻名义同居生活的,属于第二种情况。如果尹某和宋某符合结婚条件,案件受理之前补办了结婚登记手续,从双方以夫妻名义同居生活后均符合《婚姻法》所规定的结婚的实质要件时起,双方形成合法的婚姻关系,具有合法婚姻关系的效力;如果始终没有补办结婚登记手续,则双方之间仅为同居关系。本案中,尹某和宋某一直没有补办结婚登记手续,所以双方之间仅为同居关系,未产生婚姻的效力。

对于尹某和宋某之间是否产生继承权的问题,该解释第 6 条指出:"未按婚姻法第八条规定办理结婚登记而以夫妻名义共同生活的男女,一方死亡,另一方以配偶身份主张享有继承权的,按照本解释第五条的原则处理。"即形成合法婚姻关系的,一方死亡,另一方才可以配偶的身份主张享有继承权;未形成合法婚姻关系的,一方死亡,另一方不可以配偶的身份主张享有继承权。

另外,根据 1989 年最高人民法院《关于人民法院审理未办结婚登记而以夫妻名义同居生活案件的若干意见》第 13 条的规定:"同居生活期间一方死亡,另一方要求继承死者遗产,如认定事实婚姻关系的,可以配偶身份按继承法的有关规定处理;如认定非法同居关系,而又符合继承法第十四条规定的,可根据相互扶助的具体情况处理。"

《继承法》第 14 条:"对继承人以外的依靠被继承人扶养的缺乏劳动能力又没有生活来源的人,或者继承人以外的对被继承人扶养较多的人,可以分配给他们适当的遗产。"

所以,本案中宋某不享有对尹某遗产的继承权,不能作为法定继承人继承尹某的遗产,而只能依据《继承法》第 14 条的规定分得尹某的部分遗产。由于尹某生前体弱多病,均由宋某照顾,因此,尹某的父母应当依照《继承法》的规定分给宋某适当的遗产。

实训二 无效婚姻认定与处理

【案情】齐某(1979年2月出生),男,与郑某(1980年3月出生)两人恋爱多年,准备结婚。1999年5月,双方父母为两人举行了订婚仪式。同年6月,齐某与郑某两人到民政部门领取了结婚证。婚后,两人经常发生争吵。2000年,郑某生下一子,但两人仍然争吵不断,甚至互相厮打,感情日益破裂。

【任务】1. 齐、郑两人订婚的效力如何?

2. 齐某与郑某领取结婚证后,该婚姻是否有效?

3. 若2000年5月郑某申请法院宣告该婚姻无效,法院该如何处理?能否对两人婚姻效力问题进行调解?

4. 若2001年5月齐某申请法院宣告该婚姻无效,法院该如何处理?

【任务完成方式要求】分组讨论,记录讨论过程,整理得出结论,要求提供相关法律依据。

【任务完成评价标准要求】能抓住无效婚姻知识点;有分析推理的过程;适用法律准确;基本掌握无效婚姻纠纷的处理。

项目四　离　婚　制　度

◎ 知识目标

- 理解离婚的概念
- 熟悉行政程序离婚和诉讼程序离婚的条件和程序
- 掌握在离婚问题上对现役军人和妇女的特殊保护规定

◎ 能力目标

- 能够运用行政程序、诉讼程序处理一般离婚案件
- 准确运用关于离婚问题的两项特别规定

【引例】

2001年10月，甲（男）、乙（女）为取得单位分配住房资格，达到多占住房的目的，商议先假离婚，房子分到手后再办理复婚手续，且到婚姻登记机关办理了离婚登记。分到房子后，双方怕单位发现真相影响不好，暂时没办复婚。2003年3月，甲因为工作变动和丙（女）认识，很快产生感情两人登记结婚。乙知道后到婚姻登记机关和盘托出假离婚的真相，要求婚姻登记机关宣告自己和甲离婚登记无效，恢复婚姻关系，并要求撤销甲和丙的婚姻登记。

【任务要求】

请思考婚姻登记机关是否会因为乙的请求宣告其与甲登记离婚无效？甲与丙的婚姻登记是否有效？乙要求撤销甲和丙的婚姻登记能否得到登记机关的支持？依据是什么？

【案例知识点提示】

离婚登记；离婚登记条件；假离婚

子项目一　离婚制度概说

一、婚姻的终止

婚姻的终止是指合法的夫妻关系因发生一定的法律事实而归于消灭。婚姻终止因两种

法律事实的发生而发生。一是婚姻当事人一方的死亡（包括自然死亡和宣告死亡）；二是离婚。婚姻终止的原因不同，其法律后果也不同。

（一）婚姻因配偶死亡而终止

配偶死亡是婚姻终止的原因之一。配偶死亡可分为自然死亡和宣告死亡。配偶自然死亡使构成婚姻关系的主体不再完整，必然引起夫妻关系的消灭，并引起相应的法律后果。

1. 婚姻因配偶一方自然死亡而终止

配偶一方自然死亡，夫妻间的权利义务消灭，婚姻关系自然终止。因配偶一方死亡而终止婚姻的效力，只限于对夫妻双方的内部效力，即夫妻之间人身关系和财产关系上的权利义务不复存在。但夫妻以外的婚姻效力并不当然消灭。在实际生活中，有的还继续与死亡配偶的亲属保持关系，甚至共同生活。

2. 婚姻因配偶一方被宣告死亡而终止

宣告死亡是指经利害关系人申请，法院依照法定程序作出宣告下落不明的自然人死亡的判决。按照我国《民法通则》的规定，宣告死亡与自然死亡产生同样的法律效力，即夫妻间的权利义务消灭，婚姻关系自然终止。

宣告死亡是一种法律上的推定，所以被宣告死亡的人存在已经死亡和没有死亡两种可能。当被宣告死亡的人重新出现或得知其确未死亡的情况时，须经本人或利害关系人申请，由法院撤销原宣告死亡的判决。法院在撤销原宣告死亡的判决后，根据《最高人民法院关于贯彻执行〈中华人民共和国民法通则〉若干问题的意见（试行）》（以下简称《民法通则意见》）第37条的规定，"被宣告死亡的人与配偶的婚姻关系，自死亡宣告之日起消灭。死亡宣告被人民法院撤销，如果其配偶尚未再婚的，夫妻关系从撤销死亡宣告之日起自行恢复；如果其配偶再婚后又离婚或者再婚后配偶又死亡的，则不得认定夫妻关系自行恢复"进行处理。

3. 配偶一方被宣告失踪，只能通过判决离婚而终止婚姻关系

被宣告失踪人与配偶并不因失踪宣告而终止婚姻关系，宣告失踪期间双方均不得再婚。如果宣告失踪之后，又被宣告死亡的，则婚姻关系自宣告死亡之日起终止。失踪人配偶要求与失踪人解除婚姻关系的，可向人民法院提出离婚诉讼。人民法院受理后，应当进行公告，限失踪人3个月内应诉；公告3个月期满，人民法院进行缺席审判，判决作出后可以公告送达，从公告之日起3个月为送达期间；3个月送达期满后，经15天的上诉期，失踪人未提起上诉的，离婚判决生效，婚姻关系终止。

（二）婚姻因离婚而终止

离婚是配偶生存期间解除婚姻关系的法律手段。离婚是合法夫妻依照法定的条件和程序解除婚姻关系的民事法律行为。它具有以下法律特征：

（1）从主体上看，离婚是夫妻双方的行为。没有合法的婚姻关系，即没有合法的夫妻身份，就谈不上离婚，因为离婚就是解除合法的婚姻关系。如男女双方解除非法同居关系就不能用离婚这个概念。违反《婚姻法》（被认定为事实婚姻的除外），即使骗取了结婚证的，也只能宣告婚姻无效或撤销，不得按离婚办理。

（2）从内容上看，离婚终止了夫妻间的人身关系和财产关系。离婚会产生涉及夫妻人身关系的消灭，子女抚养关系的变化，夫妻财产的分割等法律后果。离婚不同于配偶一方

死亡的法律后果，不但具有对内的效力，而且还具有对外的效力。

（3）从程序上看，离婚既然是法律行为，就必然依照法律程序来办理。《婚姻法》规定，离婚有两个程序，即行政程序和诉讼程序，并对这两种程序的适用条件、具体的步骤都作了规定。夫妻双方要离婚的话，必须按照法定的程序来办理。双方私下协议离婚或一方宣布解除婚姻等自行离婚的行为是无效的。

（三）离婚与婚姻无效、撤销的区别

离婚与婚姻的无效和可撤销，从形式上都是婚姻关系的解除，但实质上它们是不同的法律制度。离婚是解除合法有效婚姻关系的法律手段，婚姻无效和撤销是违法婚姻的法律后果，它们有本质区别。

（1）形成原因不同。离婚的原因一般发生在结婚之后，而导致婚姻无效和可撤销的原因是发生在结婚之时。

（2）请求行使时间不同。离婚请求权只能在双方当事人生存期间行使；而无效婚姻的请求权既可在双方当事人生存期间也可在当事人双方或一方死亡后一定期间内行使；撤销权必须在登记后一年以内行使。

（3）时间效力不同。离婚自离婚之日解除夫妻关系，没有溯及力；婚姻无效和撤销则自始无效，具有溯及力。

（4）请求权主体不同。离婚诉讼请求主体限于婚姻当事人；而婚姻无效的诉讼请求主体不局限于婚姻当事人，利害关系人也可以行使；撤销婚姻的请求主体仅限于被胁迫方婚姻当事人本人。

（5）适用程序不同。离婚既可依诉讼程序由人民法院处理，也可依行政程序由婚姻登记机关办理；而婚姻的无效只能依诉讼程序由人民法院处理。婚姻的撤销一般情况下依诉讼程序由人民法院处理，只有在受胁迫且不涉及子女抚养、财产、债务的情况下，才可依行政程序由婚姻登记机关撤销婚姻，宣告结婚证作废。

（6）法律后果不同。离婚依法发生一系列的法律后果，如夫妻财产分割；而婚姻无效与撤销则财产不按夫妻财产分割，子女为非婚生子女。

（四）离婚与别居

别居是中世纪禁止离婚主义缓解夫妻关系的一种辅助手段，是国外立法中的一项制度。别居是指由当事人申请，经法院裁决，从而永久解除或暂时解除夫妻同居义务，但保留其夫妻关系的法律行为。可见，别居只解除夫妻间同居义务，而不解除婚姻关系的其他义务；离婚则是全面解除夫妻间的权利义务关系。别居者双方均不得结婚，否则视为重婚；而离婚者双方都有再婚的权利。可见，别居和离婚是完全不同的。在现代社会，别居制度虽仍然被一些国家所采用，但已不再是禁止离婚的补救手段，而是作为缓解夫妻矛盾的一种方式或作为离婚前的过渡期，可衡量婚姻关系是否彻底破裂。

（五）离婚的种类

对于离婚，我们可以从不同的角度进行认识和分类，更全面地了解离婚的含义。一般从三个角度对离婚进行分类：①从当事人的态度，可分双方自愿离婚和一方要求离婚；②从离婚的程序，可分行政程序的离婚和诉讼程序的离婚；③从解除婚姻关系的方式，可分协议离婚和判决离婚。

上述分类有时会有交叉，并不绝对，如在诉讼过程中经调解达成离婚协议的，其性质属于协议离婚等。

二、离婚制度的沿革

自一夫一妻制的婚姻家庭制度产生以后，就开始了离婚制度发生、发展的历史。它和结婚制度同时产生，并随着社会的发展而变化。它经历了奴隶社会、封建社会、资本主义社会和社会主义社会几个历史阶段。从立法原则的发展变化来看，它经历了禁止离婚主义到许可离婚主义的发展变化。下面我们从禁止离婚主义和许可离婚主义立法来看一下离婚制度的沿革。

（一）禁止离婚主义

禁止离婚主义是指禁止一切离婚的主张，即任何情况下夫妻都不得解除婚姻关系。禁止离婚主义产生于基督教教义，盛行于中世纪。到313年，教会被统治阶级所用，罗马皇帝康士坦丁信教，教会地位提高，得到迅速发展并成为国教，实现政教合一，甚至教皇居于国王之上。教会法对人们的婚姻家庭问题进行直接干预，禁止离婚主义就是对离婚的一种主张。按这个主张，夫妻关系恶劣无法共同生活的也不能离婚，而只是采取别居的办法，别居制度是作为禁止离婚的辅助手段而存在的。这一时期别居制度的意义同现代资本主义国家别居制度的意义是不同的，现代资本主义国家的别居制度是许可离婚的补充形式，是离婚的过渡形式，是为缓和矛盾而采取的，如果矛盾仍不能解决，则可由别居转为离婚。

（二）许可离婚主义

许可离婚主义是指允许夫妻一方或双方离婚的主张。许可离婚主义和禁止离婚主义是相对立的。它分为单方要求离婚和双方协议离婚。在各个不同的历史阶段，由于经济、政治和男女社会地位等方面的不同，它也是有所区别的。它经历了专权离婚主义、限制离婚主义和自由离婚主义三个阶段。

1. 专权离婚主义

专权离婚主义是指允许男子单方面离婚的主张。在奴隶社会和封建社会里，解除婚姻关系是丈夫的特权，妻子无离婚权。对此，在《汉谟拉比法典》中就有丈夫可随意抛弃妻子的规定；在罗马法的"夫权婚姻"中，丈夫有随意离弃、卖掉妻子的权利。还有我国古代的"七出"也是典型的专权离婚主义。丈夫享有离婚特权，也称休妻。这种离婚以丈夫及其父母的意志为转移。男子在家庭中居于统治地位，男女结合后，女子的人身和财产权利均属于丈夫所有。它反映了男尊女卑不平等的社会现象。古代的离婚立法最初多采取专权离婚主义。

2. 限制离婚主义

限制离婚主义是指允许人们离婚，但要有一定的限制。即要求一方构成错误或存在规定离婚的理由。所以，称"过错离婚原则"、"有责离婚原则"或"有因离婚原则"，又因这种离婚须经法院裁判，所以又称"裁判离婚"或"诉讼离婚"。限制离婚有两个方面的法定理由：一是有责（即有过错），指婚姻当事人一方或双方有违反法律规定的夫妻关系的准则和道德的行为。就是指当事人有责任，即有过错，如重婚、遗弃、虐待、谋害配偶等。

二是无责任，指这些原因虽然不是当事人主观上有过错，但存在影响维持夫妻关系的理由，如生理缺陷、患精神病、生死不明等，就是说当事人主观上是无责任的，即无过错的。限制离婚主义一方面允许离婚，另一方面又认为离婚不是随随便便的，所以又加以限制。从形式上看，限制离婚主义的离婚理由适用于夫妻双方，实际上仍是严于女而宽于男。但限制离婚主义比专权离婚主义又进了一步。

3. 自由离婚主义

自由离婚主义即依照当事人一方或双方的意愿而离婚的主张。自由离婚主义是指依据当事人的意愿来决定是否解除婚姻关系，无论过错方还是无过错方都可依据法定的程序提出离婚请求。自由离婚主义的主体在法律地位上是平等的，也就更符合婚姻的本质。20世纪60年代以来，许多西方主要国家对离婚立法进行改革，强调自由离婚主义。自由离婚主义成为现代立法发展的趋势，被更多国家所实行。

自由离婚主义与限制离婚主义的区别主要体现在以下几个方面：

（1）自由离婚主义赋予当事人离婚诉权，不管有无过错；而限制离婚主义则有条件地赋予当事人离婚诉权，也就是限制有过错一方的离婚请求权。

（2）自由离婚主义对法定离婚理由只作概括性规定，而限制离婚主义则列举法定理由。

（3）自由离婚主义能更广泛地保护当事人的合法权利，而限制离婚主义在保护当事人合法权利的范围上则受到一定的限制。因为自由离婚主义是概括性地规定了法定离婚理由，而限制离婚主义则是列举法定离婚理由。

（4）自由离婚主义有利于真正实现男女平等，而限制离婚主义则有利于男方。

三、我国封建社会离婚的主要方式

（一）出妻

出妻也称休妻，是专权离婚、夫权统治的象征。产生于我国奴隶社会的"七出"，就是男子"出妻"的七个理由。在封建社会中，妇女主动提出离婚为礼法所不容，但男子却可以在一定条件下"出妻"即休妻。它最早是礼制上的要求，后来则被统治阶级以法律形式固定下来。"七出"的七个理由分别是：一是不顺，为其逆德也，指妻子得不到父母（即公婆）的欢心，不合封建的道德要求；二是无子，为其绝世也，指妻子不生儿子，绝了夫家的后代；三是淫，为其乱族也，指妻子有不贞节的行为，乱了夫家的血统；四是妒，为其乱家也，指妻子有妒忌心理，影响了丈夫娶妾等；五是有恶疾，为其不可与其粢盛也，指妻子得了重病，不能一起来祭祖先；六是多言，为其离亲也，指妻子对家事多言多语，离间家庭关系，影响和睦；七是盗窃，为其反义也，指妻子擅自动用家庭财产，是盗窃行为，违反了封建的"义"。妻子如果犯了其中的一条，丈夫就可以把妻子休弃。这是我国封建社会中最常见的离婚方式。在特殊情况下，我国古代的礼和法还用"三不去"对"七出"进行一定的限制。"三不去"指在法定的三种情况下，丈夫不能适用"七出"休妻。"三不去"是指：①尝更三年丧不去，即妻为公婆服过三年丧的，不能休；②贱取贵不去，即先贫后富，原来娶妻时，夫家贫苦，后来富了，不能休；③有所受而无所归不去，即妻子无处可回的不能休。

但是，对于"七出"中的淫，有恶疾的，不适用"三不去"的规定。"三不去"是对男子专权离婚主义的一种限制性规定。但它无补于妇女被"出"被"休"的悲惨处境。

(二) 义绝

义绝是我国古代特有的一种强制离婚的方式，是指夫妻间、夫妻一方和他方亲属间、双方亲属间，凡发生了法律所指明的事由，经官司处断，这种婚姻就被认为违背了夫妇之义。不论夫妻双方的意愿如何，必须强制离异，违者受刑事处罚。

根据《唐律疏义》记载，义绝有以下五种情况：①夫殴妻之祖父母、父母，杀妻之外祖父母、伯叔父母、兄弟、姑、姊妹；②祖父母、父母、外祖父母、伯叔父母、兄弟、姑、姊妹之间相杀；③妻殴詈夫之祖母、父母，杀伤夫之外祖父母、伯叔父母、兄弟、姑、姊妹；④妻与夫之缌麻以上亲属通奸或夫与妻母奸；⑤妻欲害夫者。"义绝"在很大程度上是出于维护封建的伦理纲常，巩固宗法家庭制度。它对男女双方的规定是不平等的。在"义绝"的五项理由中，除第二项对夫妻要求是一样以外，其余各项理由中妻的责任都比夫重。如夫对妻的祖母等亲属，必须有殴、杀的事实，才可构成义绝，而妻对夫的祖父母等亲属，仅有詈、伤的事实，就可构成义绝。至于第二项规定中的事由，实际与妻本人无关，但也作义绝的理由，当事人充当了封建礼教的牺牲品。

(三) 和离

和离相当于现在的协议离婚。《唐律·户婚》规定："若夫妻不相安谐而和离者，不坐。"《唐律疏义》中解释："谓彼此情不相得，两愿离者，不坐。"但实际上这种规定一般为具文。由于妇女受封建制度和封建思想的束缚，社会和家庭地位又都低于男子，所以"和离"也只是形式上的，实际上愿不愿离，还是主要取决于男子。

(四) 呈诉离婚

呈诉离婚，指夫妻一方基于特定原因向官府提起离婚诉讼。除上述三种离婚方式外，我国封建法律还曾规定，由于某些特定的原因，夫妻一方可向官府呈诉离婚。男方诉请离婚的原因，如"妻背夫在逃"、"妻殴夫"等；女方诉请离婚的原因，如"夫逃亡三年以上不归"、"夫典雇其妻"、"妻因受夫之祖父母、父母非理相殴至笃疾"等。

四、我国近代、现代离婚制度的演变

(一) 国民政府民法中的离婚制度

国民政府民法亲属编中有关离婚的规定，是我国半殖民地半封建社会的离婚制度在法律上的集中体现。该法的离婚方式有两种，即两愿离婚和判决离婚。

1. 两愿离婚

两愿离婚即夫妻双方合意解除婚姻关系。"夫妻两愿离婚者，得自行离婚。但未成年人应得法定代理人之同意"(第1049条)。"两愿离婚后，关于子女之监护由夫任之。但另有约定者从其约定"(第1051条)。该法对两愿离婚后的生活问题未作任何规定，对于没有独立经济地位的旧社会妇女来说，她们的离婚权利实际上是很难实现的。

2. 判决离婚

判决离婚是夫妻双方达不成协议或夫妻一方违反法定理由时，另一方向法院提请离婚。法院裁判离婚，其法定理由如下："夫妻之一方以他方有下列情形之一者为限，得向法院请求离婚:(1)重婚者;(2)与人通奸者;(3)夫妻一方受他方不堪同居之虐待者;(4)妻对于夫之直系尊亲属为虐待,或受夫之直系尊亲属之虐待,致不堪为共同生活者;(5)夫妻之一方以恶意遗弃他方在继续状态中者;(6)夫妻之一方意图杀害他方者;(7)有不治之恶疾者;(8)有重大不治之精神病者;(9)生死不明已逾三年者;(10)被处三年以上之有期徒刑,或因犯不名誉之罪被处徒刑者"(第1052条)。1985年台湾当局对此条进行了修改,增加了概括条款,弥补列举的不足。

(二)新中国的离婚制度

1. 新中国离婚制度的发展

新中国的离婚制度,首先起源于新中国成立前的革命根据地立法。中华人民共和国成立后,在1950年和1980年颁布的两部《婚姻法》中得到了进一步发展。1950年颁布的《婚姻法》继承了革命根据地离婚立法的优良传统,对双方自愿离婚和男女一方要求离婚都作了规定。1980年《婚姻法》则进一步规定了准予离婚的法定条件,使离婚纠纷的处理有了明确的根据。2001年《婚姻法》(修正案)在坚持准予离婚的法定条件的基础上,为了解决我国离婚标准过于原则、操作性差的情况,增加了认定夫妻感情确已破裂的列举性理由,并增设了离婚损害赔偿制度,使婚姻制度进一步完善。

我国《婚姻法》为离婚规定了两种不同的法律程序:依行政程序办理离婚登记和依诉讼程序提出离婚请求,以便在婚姻登记机关、人民法院的帮助和监督下,使当事人的离婚问题、离婚纠纷,通过协议或判决得到正确处理。

2. 离婚立法的指导思想

离婚立法的指导思想是离婚立法的出发点和立法依据。保障离婚自由,反对轻率离婚是新中国成立后两部《婚姻法》中离婚制度的指导思想,体现了我国离婚制度的重要特征。2001年《婚姻法》(修正案)在保证婚姻自由,反对轻率离婚的基础上进一步强化了离婚救济,体现了保护弱者利益的社会正义和法律公平。

保障离婚自由就是保障婚姻当事人依法行使解除婚姻关系的权利,是保障婚姻自由的重要组成部分,否则婚姻当事人的婚姻自由权利就得不到保障。使那些名存实亡的婚姻关系解除也是社会和谐稳定的需要。失去存在条件的婚姻关系已无法发挥家庭的职能,也会给对方和家人带来痛苦。因此一旦婚姻已无存在的价值就应该解除婚姻关系。反对轻率离婚和保障离婚自由的目的是一致的。反对轻率离婚是指反对那些对婚姻不严肃、不负责任的行为。婚姻关系是重要的人身关系,不仅关系到婚姻当事人双方,还关系到家庭成员的幸福和社会的稳定。对那些只是为了追求个人的享乐刺激,喜新厌旧,见异思迁,把婚姻视同儿戏的不道德行为进行约束限制,真正实现婚姻自由。

2001年《婚姻法》(修正案)强化了离婚救济制度,是对离婚制度的重大发展,它致力于离婚损害和救济间的平衡,体现了法律的公平与正义。通过离婚损害赔偿制度强制过错方对无过错方进行物质和精神上的补偿,实现法律正义和对无过错方的救济。

子项目二 行政程序的离婚

案例4-1 1992年2月,甲(男)和乙(女)一起在外地打工产生感情,双方均已符合结婚实质要件。但嫌返乡麻烦，没办理结婚登记即以夫妻名义同居生活。生活两年后，经医院检查，乙没生育能力，乙提出离婚，甲同意。双方就离婚和财产达成协议。为防止以后再婚存在隐患，甲、乙双方到户口所在地婚姻登记机关要求办理离婚手续。

任务：婚姻登记机关能否给他们办理离婚手续，理由是什么？

一、行政程序离婚概念

行政程序的离婚又称协议离婚、两愿离婚，是指当事人双方出于离婚合意且对子女和财产问题达成一致，通过有关机关认可解除婚姻关系。在我国依行政程序，由婚姻登记机关对当事人的离婚申请进行审查、登记，符合登记条件的给予登记，发给离婚证，双方的婚姻关系终止。

协议离婚和结婚行为一样，在行为性质上属于法律行为而不是事实行为。当事人达成离婚合意后，还必须经主管机关审查批准，两者结合才构成协议离婚制度。当事人从取得离婚证起，解除夫妻关系。协议离婚制度是古老的，我国古代的和离制度及国民党时期的两愿离婚都属于此；协议离婚制度也是先进的，因为它注重了婚姻双方当事人的主观意愿，是有利于扩大婚姻自由程度的离婚制度。这种离婚方式不追究离婚的具体理由，有利于保护个人隐私权，并消除离婚中的对立情绪，因而是较先进的。但也容易产生弊端，如有的当事人不考虑婚姻所应承担的社会责任而草率离婚，也容易使当事人有机会为逃避共同义务或为获得共同利益而假离婚。

二、办理离婚登记的法定条件

1. 双方当事人必须具有完全民事行为能力

我国《婚姻登记条例》第12条第2项规定，办理离婚登记的当事人属于无民事行为能力人或者限制民事行为能力人的，婚姻登记机关不予受理。为维护夫妻双方的合法权益，夫妻一方为无民事行为能力或限制行为能力的，离婚只能依诉讼程序进行。

2. 男女双方要求离婚且确有离婚合意

《婚姻登记条例》第12条第2项规定，未达成离婚协议的，婚姻登记机关不予受理。夫妻就解除婚姻关系必须达成协议而且有离婚合意。

3. 男女双方办理过结婚登记，持有结婚登记证明

离婚的主体是夫妻，未办理结婚登记的同居者不予办理离婚登记。其结婚登记不是在中国内地办理的也不予办理离婚登记(《婚姻登记条例》第12条)。

4. 对子女抚养、财产、债务等问题已作了适当的安排和处理

双方协议离婚除上述条件外，还必须对子女、财产、债务有适当的安排和处理。《婚姻登记条例》第13条规定："婚姻登记机关应当对离婚登记当事人出具的证件、证明材料进行审查并询问相关情况。对当事人确属自愿离婚，并已对子女抚养、财产、债务等问题达成一致处理意见的，应当当场予以登记，发给离婚证。"

对子女的安排，主要指子女由谁抚养(子女十周岁以上的应征求子女意见)、抚养费

的数额、支付方法、非抚养方的探视安排等。

财产、债务的处理,是指对夫妻财产的分割及债务的清偿。对财产的处理不得损害国家、集体和第三人利益。

5. 双方协议离婚应符合有关法律规定

双方协议离婚,实际上是一种双方民事法律行为,应符合《民法通则》关于双方法律行为的一般规定,应符合《民法通则》关于双方法律行为的一般法定条件:①行为人具有相应的民事行为能力;②意思表示真实;③不违反法律或者社会公共利益。《民法通则》第58条规定,下列民事行为无效:①无民事行为能力人实施的;②限制民事行为能力人依法不能独立实施的;③一方以欺诈、胁迫的手段或者乘人之危,使对方在违背真实意思的情况下所为的;④恶意串通,损害国家、集体或者第三人利益的;⑤违反法律或者社会公共利益的。

三、办理离婚登记的机关及程序

(一) 办理离婚登记的机关

《婚姻登记条例》第2条规定:"内地居民办理婚姻登记的机关是县级人民政府民政部门或者乡(镇)人民政府,省、自治区、直辖市人民政府可以按照便民原则确定农村居民办理婚姻登记的具体机关。"

(二) 办理离婚登记的程序

《婚姻法》(修正案)第31条规定:"男女双方自愿离婚的,准予离婚。双方必须到婚姻登记机关申请离婚。婚姻登记机关查明双方确实是自愿并对子女和财产问题已有适当处理时,发给离婚证。"《婚姻登记条例》第11条:"离婚协议书应当载明双方当事人自愿离婚的意思表示以及对子女抚养、财产及债务处理等事项协商一致的意见。"根据以上有关规定,男女双方自愿离婚的程序是依法办理离婚登记。离婚登记的程序可分为申请、审查、登记三个环节。

1. 申请

自愿离婚的男女双方,在对子女、财产及债务适当处理后,应持本人户口证明、身份证、本人结婚证、双方当事人共同签署的离婚协议书,双方共同到一方户口所在地的婚姻登记机关申请离婚登记。

2. 审查

婚姻登记机关对当事人出具的证件、证明材料进行审查并询问相关情况。在审查中须查明以下几个问题:

(1) 离婚申请人双方是否都有行为能力。如发现双方或一方为无行为能力人或限制行为能力人,不予登记。告知当事人通过诉讼程序解决。

(2) 对子女问题是否已有适当安排。

(3) 对财产问题及债务清偿问题是否已适当处理。

(4) 证件是否齐全。

(5) 是否办理过结婚登记。

(6) 其结婚登记是不是在中国内地办理的。

3. 批准

婚姻登记机关经过审查和询问，对于符合《婚姻法》（修正案）和《婚姻登记条例》所规定条件的，应当场予以登记，发给离婚证，注销结婚证。当事人从取得离婚证起解除夫妻关系。离婚证和人民法院的离婚判决书、离婚调解书具有同等效力。对不符合离婚登记条件的，婚姻登记机关不予登记，并向当事人说明理由。

颁发离婚证，应当在当事人双方均在场时按照下列步骤进行：

(1)向当事人双方核实姓名、出生日期、离婚意愿。

(2)告知当事人双方领取离婚证后的法律关系以及离婚后与子女的关系、应尽的义务。

(3)见证当事人本人亲自在《离婚登记审查处理表》"当事人领证签名或按指纹"一栏中签名；当事人不会书写姓名的，应当按指纹。

"当事人领证签名或按指纹"一栏不得空白，不得由他人代为填写，代按指纹。

(4)在当事人的结婚证上加盖条型印章，其中注明"双方离婚，证件失效。××婚姻登记处"。注销后的结婚证退还当事人。

(5)将离婚证分别颁发给离婚当事人双方，向双方宣布：取得离婚证，解除夫妻关系。

四、离婚登记的相关问题

(一)登记离婚后就子女、财产问题反悔

登记离婚后，双方对财产、子女抚养发生纠纷，要求人民法院给予重新处理的问题是指，一方当事人不按照离婚协议履行应尽义务的（如对财产、子女抚养问题发生纠纷），另一方当事人可以向人民法院提起民事诉讼。《婚姻法司法解释（二）》第25条规定："离婚协议中关于财产分割的条款或者当事人因离婚就财产分割达成的协议，对男女双方具有法律约束力。当事人因履行上述财产分割协议发生纠纷提起诉讼的，人民法院应当受理。"该解释第9条规定："男女双方协议离婚后一年内就财产分割问题反悔，请求变更或者撤销财产分割协议的，人民法院应当受理。人民法院审理后，未发现订立财产分割协议时存在欺诈、胁迫等情形的，应当依法驳回当事人的诉讼请求。"离婚协议不属于法院应该强制执行的法律文书，没有强制执行力，所以另一方不能向法院申请强制执行。

(二)关于假离婚问题

假离婚是指婚姻当事人为了共同的或各自的目的，约定暂时离婚，待既定目的达到后再复婚的行为。《婚姻登记管理条例》（已失效）第25条规定："申请婚姻登记的当事人弄虚作假、骗取结婚登记的，婚姻登记管理机关应当撤销婚姻登记，对结婚、复婚的当事人宣布其婚姻关系无效并收回结婚证，对离婚的当事人宣布其解除婚姻关系无效并收回离婚证，并对当事人处以200元以下的罚款。"但《婚姻登记条例》实施后，婚姻登记机关不再享有宣布婚姻关系无效的权利。《婚姻登记条例》第13条规定："婚姻登记机关应当对离婚登记当事人出具的证件、证明材料进行审查并询问相关情况。对当事人确属自愿离婚，并已对子女抚养、财产、债务等问题达成一致处理意见的，应当当场予以登记，发给离婚证。"这就表明，登记离婚必须是双方当事人自愿并依法行使自己权利的行为，婚姻登记机关仅是依法从形式上进行必要的审查，形式要件符合就依法办理离婚登记手续，发给离婚证，即夫妻关系正式解除。

假离婚后，一方已持离婚证与第三人结婚，另一方声称当初是假离婚，要求撤销对方的后一个婚姻关系，维持原婚姻关系的，根据最高人民法院关于陈建英诉张海平"假离婚"案的请示报告的复函，婚姻登记机关不予支持。根据我国《婚姻法》（修正案）和《婚姻登记条例》的精神，当事人对假离婚不享有请求撤销的权利。

（三）附协议离婚条件的财产分割协议的生效时间

夫妻双方起诉前要登记离婚，签订了登记离婚的协议，并对双方的财产分割、子女抚养等作了约定，但双方未到婚姻登记机关办理离婚登记，后起诉离婚的；或者为了取得民事调解书，双方约定到法院协议离婚的（登记离婚的财产协议没有强制执行力）；诉讼中一方反悔时，另一方拿出该协议主张认定其合法有效，要求法院按原离婚协议处理；反悔方则认为该协议无效，要求法院依法进行判决。法院应当如何认定？

如果当事人协议离婚未成，根据《婚姻法司法解释（三）》第14条规定："当事人达成的以登记离婚或者到人民法院协议离婚为条件的财产分割协议，如果双方协议离婚未成，一方在离婚诉讼中反悔的，人民法院应当认定该财产分割协议没有生效，并根据实际情况依法对夫妻共同财产进行分割。"

之所以这样规定，是因为当事人达成的以登记离婚或者到人民法院协议离婚为条件的财产分割协议，性质上属于附生效条件合同。该财产分割协议以双方协议离婚为生效条件，即双方到民政部门办理离婚登记领到离婚证或者到法院进行协议离婚时所附条件才成就。如果条件未成就，起诉离婚前签署的离婚协议就不应生效，不能作为法院审理离婚案件的依据。

[诉讼文书样本]

离婚协议书

男方：×××（写明姓名、性别、年龄、民族、籍贯、职业或者工作单位和职务、住址、联系电话）

女方：×××（写明姓名、性别、年龄、民族、籍贯、职业或者工作单位和职务、住址、联系电话）

双方经过充分考虑、协商，现就离婚问题达成协议如下（简述双方离婚原因）：

一、双方感情上已经完全破裂，没有和好可能。因此，双方均同意解除婚姻关系（双方是否自愿离婚的意思表示）。

二、明确子女的抚养归属权及抚养费（含生活费、教育费、医疗费）的负担，并写明给付上述费用的具体时间、方式。在抚养费条款之后，还应当就非直接抚养一方对子女的探望权作出时间、地点等明确具体的约定。

三、夫妻共同财产的分割（含房产、物业费、电器、家具、通讯设备、交通工具、现金存款、有价证券、股权等）。

四、对债权债务的处理(对夫妻关系存续期间共同债权、债务享有和承担的具体处理)。

男方：　　　　　　　　　　　　　　　女方：
＿＿＿＿年＿＿月＿＿日　　　　　　　＿＿＿＿年＿＿月＿＿日

子项目三　诉讼程序的离婚

诉讼程序的离婚，又称判决离婚，是指婚姻一方要求离婚，并向人民法院提起离婚之诉，人民法院根据法律规定，判决解除婚姻关系的法律制度。人民法院处理离婚纠纷的程序，称为诉讼程序。《婚姻法》(修正案)第32条规定："男女一方要求离婚的，可由有关部门进行调解或直接向人民法院提出离婚诉讼。"根据上述规定，一方要求离婚的，可以先由有关部门进行调解，或直接向人民法院提起离婚诉讼。有关部门的调解，称为诉讼外的调解，不是必经程序，但诉讼外的调解和人民法院的诉讼程序有着密切的内在联系。

一、诉讼外的调解

调解是我国处理离婚纠纷的重要方式。诉讼外的调解，也称行政调解程序，是指人民法院以外的有关部门依法对一方要求离婚的纠纷进行调解。所谓有关部门，包括当事人所在单位、群众团体、基层调解组织和婚姻登记机关等。上述部门，由于接触群众较多，也比较了解当事人，易弄清纠纷的原因和了解事实的真相。在进行调解、说服教育方面，都具有十分有利的条件。这种调解，可由一个部门单独进行，也可由几个部门联合调解，调解必须遵循自愿合法的原则，但不得强迫调解。

通过诉讼外的调解，可以使离婚纠纷发生三种结果：

一是双方同意离婚，让当事人到婚姻登记机关进行离婚登记。

二是双方当事人和好，纠纷得到解决。

三是调解无效。一方坚持要求离婚，另一方坚持不同意，则可建议当事人通过诉讼程序解决。

可见，诉讼外调解实际上是诉讼程序的第一道防线，它可以使相当一部分离婚纠纷在诉讼程序外得到解决，或者使矛盾得以缓和，其作用是不可忽略的。

二、诉讼程序

人民法院对当事人起诉请求离婚的案件受理后进行调解或判决的法定过程即离婚的诉讼程序。根据《婚姻法》的规定，离婚的诉讼程序包括调解和判决两个阶段。

(一)起诉受理

婚姻当事人一方向人民法院起诉离婚的，原告应提交基本证据，向有管辖权的法院提交起诉状和副本，写明双方当事人的有效信息，起诉理由和要求、事实和有关法律依据。符合条件的，人民法院应当立案受理。

根据我国《民事诉讼法》和《最高人民法院关于适用〈中华人民共和国民事诉讼法〉若干问题的意见》(已被修订)的规定，有管辖权的法院一般为：被告住所地人民法院；夫妻一方离开住所地超过一年，另一方起诉离婚的案件，由原告住所地人民法院管辖；双方离开住所地超过一年，由被告经常居住地法院管辖，无经常居住地的，由原告起诉时居住地人民法院管辖。

被告下落不明或宣告失踪的、被告不在中华人民共和国领域内的、被劳动教养的、被监禁的，由原告住所地或经常居住地人民法院管辖。但是双方当事人都被监禁或被劳动教养的，由被告原住所地人民法院管辖。被告被监禁或被劳动教养一年以上的，由被告被监禁地或被劳动教养地人民法院管辖。

非军人一方向军人（非文职）一方提出离婚诉讼的，由原告住所地人民法院管辖；双方为军人的，由被告住所地或被告所在团以上驻地的人民法院管辖；如果是非军人对文职军人提起离婚诉讼，或者军人对非军人提起离婚诉讼，适用一般管辖规则，即由被告住所地人民法院管辖；如果被告住所地和经常居住地不一致的，由经常居住地人民法院管辖。

双方在国外但未定居的，一方起诉离婚的，由原告或者被告原住所地人民法院管辖；在国内结婚并定居国外的华侨，如定居国法院以离婚诉讼须由婚姻缔结地法院管辖为由不予受理，当事人向人民法院提出离婚诉讼的，由婚姻缔结地或一方在国内的最后居住地人民法院管辖；在国外结婚并定居国外的华侨，如定居国法院以离婚诉讼须由国籍所属国法院管辖为由不予受理，当事人向人民法院提出离婚诉讼的，由一方原住所地或在国内的最后居住地人民法院管辖。

需要特别注意的是无民事行为能力人起诉离婚的问题。《婚姻法司法解释（三）》第8条规定："无民事行为能力人的配偶有虐待、遗弃等严重损害无民事行为能力一方的人身权利或者财产权益行为，其他有监护资格的人可以依照特别程序要求变更监护关系；变更后的监护人代理无民事行为能力一方提起离婚诉讼的，人民法院应予受理。"因为无民事行为能力人不适用离婚登记程序，只能依诉讼程序办理离婚。无民事行为能力人的离婚案件，由其法定代理人进行诉讼。根据我国法律规定，无民事行为能力人、限制民事行为能力人的监护人是他的法定代理人。如果夫妻一方是无民事行为能力人，则其配偶是第一顺序的监护人。因此，无民事行为能力人如果作为原告起诉离婚，必须通过特别程序变更无民事行为能力人的监护人，由其他有监护资格的人，如父母、成年子女等作为新的监护人，否则会出现无民事行为能力人的代理人与被告为同一人的情况。一般情况下，无民事行为能力人的其他有监护资格的人不能以无民事行为能力人为原告，代理提起离婚诉讼，但有证据证明配偶一方有虐待、遗弃或者其他严重损害无民事行为能力人的财产权益、合法权益的除外。如：无民事行为能力人受到配偶虐待并危及生命健康或其配偶恶意侵吞、转移无民事行为能力人的财产；一方出车祸成了植物人，获得一大笔赔偿，配偶把钱拿走了，又不管病人的。在这种情况下，若配偶既不离婚，又不履行夫妻扶养义务，则侵害了无民事行为能力人的合法利益。

（二）诉讼内调解

诉讼内调解是人民法院主持的调解，它是人民法院审理离婚案件的必经程序，贯穿人民法院审理离婚案件的始终，在一审、二审、再审监督程序中均适用。重在发挥人民法院的主导作用，促使当事人达成协议。

我国《婚姻法》（修正案）第32条第2款规定："人民法院审理离婚案件，应当进行调解。"由此可见，调解是人民法院在查清事实的基础上对当事人进行说服教育的过程，是离婚诉讼的必经程序，它是司法机关行使审判职能的一个方面，不同于有关部门的诉讼外调解。由于案情不同，调解工作应当有所侧重。一般来说，应当通过调解促使夫妻和好，必要时也可侧重做调解离婚工作。

诉讼内的调解有三种结果：

一是当事人双方达成离婚协议。这样人民法院按协议制作调解书，婚姻关系宣告解除。

二是当事人之间纠纷得到解决，达成和好协议。这样人民法院将调解笔录存卷，原告撤诉。

三是协议不成，调解无效，一方坚持离婚，另一方坚决不同意离婚，人民法院则应依法判决。

可见，调解是诉讼的第一个步骤，调解的好坏以及当事人是否接受调解，这对法院是否需要进行判决有着直接影响。

人民法院审理民事案件，根据当事人自愿的原则，在事实清楚的基础上，分清是非，进行调解。调解达成协议，必须双方自愿，不得强迫。调解协议的内容不得违反法律规定。

调解书经双方当事人签收后，即具有法律效力。当事人必须按照调解书的内容执行。对调解书有异议的不能上诉，只能按规定申诉。当事人对已经发生法律效力的调解书，提出证据证明调解违反自愿原则或者调解协议的内容违反法律的，可以申请再审。经人民法院审查属实的，应当再审。但是，当事人对已经发生法律效力的解除婚姻关系的判决、调解书，不得申请再审。

（三）判决

判决是人民法院在调解无效的基础上，对有争议的诉讼所作的强制性决定。我国《婚姻法》（修正案）第32条第2款的规定表明，判决离婚是有条件的，而不是无条件的。只有夫妻感情确已破裂，调解无效，方得准予离婚。人民法院判决准予离婚时，应对子女抚养和夫妻财产等问题一并作出处理；如果感情尚未达到确已破裂的程度，即使调解无效，亦可根据具体情况不准离婚。人民法院的判决有两种结果：一是判决离婚；二是判决不准离婚。一审一经判决，当事人有15天的上诉期，在此期间当事人不得另行结婚。未在上诉期内依法提出上诉的，判决发生法律效力。提起上诉的，案件进入二审程序，二审也可以调解，调解达成协议的调解书生效后，一审判决视为撤销。二审判决属于终审判决，一经送达即发生法律效力。

在离婚案件的审理过程中，如果离婚案件一方当事人死亡的，当事人之间的婚姻关系因一方死亡而归于消灭。离婚诉讼无继续的必要，诉讼终结。人民法院受理离婚案件后，经审查确属无效婚姻的，应当将婚姻无效的情形告知当事人，并依法作出宣告婚姻无效的判决。人民法院就同一婚姻关系分别受理了离婚和申请宣告婚姻无效案件的，对于离婚案件的审理，应当待申请宣告婚姻无效案件作出判决后进行。如婚姻关系被宣告无效后，涉及财产分割和子女抚养的，应当继续审理。

为了当事人可以冷静考虑自己的感情是否真正破裂，无法共同生活，防止有些当事人在没有新情况、新理由时缠讼,我国《民事诉讼法》第 124 条第 7 项规定:"判决不准离婚和调解和好的离婚案件,判决、调解维持收养关系的案件,没有新情况、新理由,原告在六个月内又起诉的,不予受理。"这项规定是对原诉讼离婚的原告的限制,原诉讼离婚的被告向人民法院起诉的,不受此条限制;但如果出现新情况,或有新理由,原告则可以在 6 个月内再次提起诉讼。

[诉讼文书样本]

离婚起诉书

  原告:姓名、性别、出生年月、民族、籍贯(可省略)、职业、工作单位和住址、联系方法

  被告:姓名、性别、出生年月、民族、籍贯(可省略)、职业、工作单位和住址、联系方法

诉讼请求:

1. 判决原、被告离婚;
2. 依法分割夫妻共同财产;
3. 婚生女(子)×××由原(被)告抚养;
4. 诉讼费由被告(或双方)承担。

事实和理由:

(在此叙述离婚的事实和理由,包括何时结婚,婚姻基础,婚后夫妻感情破裂的事实和原因,夫妻共同财产有哪些,孩子多大等。

根据《民事诉讼法》、《婚姻法》等法律规定,诉至贵院请求依法判决。

  此致
××××人民法院

具状人:×××
年　月　日

  附:1. 本状副本一份;
    2. 证据材料×份。

提交相关证明材料:

  一、证明当事人(原、被告)的诉讼主体资格的证据

(1)证明原、被告是夫妻关系的证据,如结婚证、婚姻关系证明书、户口簿以及身份证;

(2)如涉及构成事实婚姻的,应提交居委会或村委会出具的证明;

(3)证明被告下落不明的,应提交被告住所地或经常居住地居委会或村委会、公安机关的证明。

二、证明婚姻关系破裂的证据

（1）如涉及家庭暴力，应提交法医鉴定，提出证人；

（2）如涉及吸毒、赌博行为的，应提交居委会或村委会或公安机关出具的证明；涉及行政处罚、刑事犯罪的，应提交有关处罚决定或判决书；

（3）如涉及有重婚行为或有配偶与他人同居的，应提交与上述行为相关的结婚证、子女出生证、居住证明、照片或居委会、村委会、公安机关出具的证明等证据。

因重婚，有配偶者与他人同居，实施家庭暴力，虐待遗弃家庭成员引起离婚的，无过错方有权请求损害赔偿。

三、证明由一方抚养子女为宜的证据

（1）子女户口簿、出生证明、身份证；

（2）证明一方经济状况良好的，应提交工资单或其他合法收入的证明，或提交有关居住情况的证据；

（3）如涉及10周岁以上未成年子女的，应提交子女本人愿跟随父或跟随母生活的相关证据。

四、证明婚姻关系存续期间有共同财产的证据

（1）离婚诉讼书证明有房产的，应提交房产证或购房合同、交款发票或出资证明；

（2）离婚诉讼书证明有银行存款并申请法院调查的，应提交开户银行名称及银行账号；证明有股票并申请法院调查的，应提交开户券商名称及股东代码、资金账号；证明有车辆的，应提交行驶证、车牌号；

（3）离婚诉讼书证明对方在公司拥有股权的，应提交该公司的工商登记情况、出资证明等；

（4）离婚诉讼书证明一方有债权债务的，除提交借据以外，必须有相关的证据佐证；

（5）离婚诉讼书证明夫妻双方财产有约定的，必须提交协议书等相关的证据。

五、离婚诉讼书有具体的诉讼请求金额的，应提交诉讼请求金额的计算清单。

子项目四　关于离婚问题的两项特别规定

我国《婚姻法》在离婚问题上对现役军人和妇女给予了特殊的保护。

一、在离婚问题上对现役军人的特殊保护

对现役军人的特殊保护，旨在有利于巩固人民军队，提高人民解放军的战斗力。此项规定是《婚姻法》（修正案）的修改部分。修正后的规定，既保护了军人的合法权益，也注重了对非军人配偶一方离婚自由的保护，更好地体现了法律的公平精神，从而协调好对军婚的特殊保护与离婚自由原则之间的关系。

《婚姻法》（修正案）第33条规定："现役军人的配偶要求离婚，须得军人同意，但军人一方有重大过错的除外。"

（一）现役军人的范围

现役军人系指正在中国人民解放军和中国人民武装警察部队服役，具有军籍的人员。

至于已由部队复员、转业的军人，军事单位中不具有军籍的职工等，均非本条所称之现役军人，其配偶提出离婚纠纷，应按一般规定处理。

（二）现役军人配偶的含义界定

现役军人的配偶是指与现役军人履行了结婚登记手续，领取了结婚证的非军人配偶。在非军人配偶向现役军人方提出离婚的情况下适用本条。如双方均为现役军人，或现役军人向非军人的配偶一方提出离婚，应适用一般法律规定。

（三）须得军人同意的含义

此含义是本条规定的核心，是对现役军人的非军人配偶一方提出离婚请求的限制。

本条只能在以下情形下适用：

（1）本条规定的现役军人的非军人配偶向法院提出离婚请求，必须经过军人同意。如果现役军人方向法院提出离婚请求，则不受本条限制，不必经非军人配偶同意。

（2）本条规定不包括双方协议离婚。因协议离婚已包含了军人的同意，无须适用本条的规定。如果军人一方同意离婚，但是在财产和子女问题上不能和非军人配偶达成协议，非军人配偶向法院提出离婚的，人民法院应判决离婚，并根据实际情况判决子女和财产问题。

（四）只适用于非军人一方要求离婚

本规定只适用于非军人一方要求离婚，不适用于双方合意的离婚。

（五）如果军人有重大过错，非军人方要求离婚的，不受此限

这一规定是《婚姻法》的一个重要改进，主要是为了在军人方有重大过错时，保护非军人配偶方的利益，更好地体现法律的公平精神。在适用本条时应注意，只有在军人有重大过错时才不受此限。何为有重大过错，《婚姻法》(修正案)和《婚姻法司法解释(一)》第23条规定，现役军人有以下情形的，可以视为军人有重大过错：

（1）重婚或有配偶者与他人同居的；

（2）实施家庭暴力或虐待、遗弃家庭成员的；

（3）有赌博、吸毒等恶习屡教不改的；

（4）有其他重大过错导致夫妻感情破裂的。

在离婚问题上既要贯彻执行对现役军人特殊保护的规定，同时也要根据具体情况保护军人配偶的合法权益，如现役军人不同意与配偶离婚，法院应与有关部门配合，对军人配偶进行爱国主义教育和法制教育。对婚姻基础和婚后感情都较好的，可依法判决不准离婚。对夫妻关系确已破裂，经做工作和好无望的，确有离婚必要的，人民法院可根据有关政策，通过军人所在单位团以上政治部门协助做好军人方的工作，准予离婚。这种情况是上述规定的例外，处理时必须慎重对待，严格掌握。

现役军人的配偶提出离婚须得军人同意的规定，只是保护军人婚姻的民事方法，如果此类纠纷是由第三者破坏军人婚姻的犯罪行为引起的，还应追究破坏者的刑事责任。我国《刑法》第259条规定："明知是现役军人的配偶而与之同居或者结婚的，处三年以下有期徒刑或者拘役。"

二、关于在一定时期内限制男方离婚请求权的特别规定

案例4-2　2003年6月，甲(男)与乙(女)经人介绍认识三个月后结婚。婚后一直没

有孩子，经检查是男方有些问题，一直在治疗。2006年8月，女方说自己怀孕了，甲非常高兴悉心照顾，但后来发现乙与其同事丙关系不太正常，甲质问乙无果。甲怀疑孩子不是自己的，去医院检查，得知自己的病并没治愈，不可能使女方怀孕，乙所怀孩子不可能是自己的。在事实面前，乙承认和同事丙有男女关系。甲打算向人民法院提起诉讼，要求与乙离婚。乙承认错误，但不同意离婚，说自己在怀孕期间男方不能提起离婚诉讼。

任务： 分析说明甲可否在乙怀孕期间提出离婚请求？法院可否支持甲的离婚请求？

《婚姻法》（修正案）第34条规定："女方在怀孕期间、分娩后一年内或中止妊娠后六个月内，男方不得提出离婚。女方提出离婚的，或人民法院认为确有必要受理男方离婚请求的，不在此限。"

本条是根据保护妇女和儿童合法权益原则，对怀孕期间和分娩后一年内、中止妊娠后六个月内的妇女的特殊保护。女方在怀孕期间和分娩后、中止妊娠（包括自然流产和实施人工终止妊娠术）后不久，身体、精神均在特殊时期，胎儿、婴儿也需特殊照料。男方在此期间提出离婚，很容易给女方造成强烈的刺激，以致影响孕、产妇健康，不利于胎、婴儿的发育和成长。这些规定不仅有利于特殊时期的妇女、胎儿、婴儿的健康，也有利于保障计划生育工作的顺利开展，也是社会主义道德的要求。

在适用这一规定时，应注意以下几个问题：

（一）这一对男方离婚诉权的特殊规定是暂时性的

这一对男方离婚诉权的特殊规定，只适用在女方怀孕和分娩后一年内、中止妊娠六个月内的特殊时期，是暂时的。既不是对男方离婚诉权的剥夺，也不涉及是否准予离婚的实质性问题。期间届满之后，其离婚诉权自然恢复。

（二）这一规定限制的主体是男方

本条规定的宗旨就是为了保护妇女、儿童的利益，如果女方认为在此期间离婚对其本人和胎儿、婴儿更有益时，作为原告诉讼离婚不受此限制；在此期间，若双方一致同意离婚且对其他问题均有适当安排，也允许到民政部门办理离婚登记。

（三）人民法院认为确有必要受理男方离婚请求的，不受此条的限制

所谓"确有必要"，主要有两种情况：①一般是指女方因通奸而怀孕。男方提出离婚为女方所不争或已经查明属实，法院可以受理男方的离婚请求。如果女方是在婚前与他人发生性行为而怀孕，仍受《婚姻法》（修正案）第34条第1款保护。②双方确有不能继续共同生活的重大而急迫的理由。如一方对他方有危及生命、人身安全的可能，视其迫切性，为防止矛盾激化，发生意外事故，人民法院认为应当及时受理的，但就具体案件来说，是否受理，由人民法院审查后决定。

（四）对女方保护的特殊情况

（1）处理特殊案件时应注意《婚姻法》（修正案）第34条的规定，旨在保护女方和胎儿、婴儿的身心健康；

（2）女方分娩后1年内婴儿死亡的，原则上仍应使用上述规定；

（3）一审宣判后女方发现怀孕提起上诉的，查明属实后，二审法院应立即撤销原判决，驳回原告的离婚请求，不必发回原审法院重新审理。

子项目五 判决离婚的法定条件

案例 4-3 2005 年 4 月,乙(女)经人介绍认识甲(男)。由于两人所在地方离得较远,虽说认识半年多其实没见过几次面,但因岁数都偏大很快就登记结婚。结婚后乙发现甲偷鸡摸狗不务正业,让乙在人前抬不起头来。乙规劝甲不听,还动手打人,2006 年 10 月,乙要求甲和自己办理离婚登记好离好散,甲不同意。2006 年 11 月,乙实在没办法搬回娘家住,住到 2009 年 6 月。2009 年 7 月,乙向人民法院提出与甲离婚的诉讼请求,甲不同意。

任务:分析法院该如何处理此案。

人民法院审理离婚案件,如果调解无效就要进行判决,准予离婚或是不准离婚。那么,什么情况下准离,什么情况下不准离呢?这就涉及准予离与不准予离的法定条件。法定离婚理由,是指法律规定的是否准予离婚的一般规范模式。法定离婚理由既是离婚当事人提起离婚诉讼的指引,也是司法机关判决的法律依据。

一、夫妻感情确已破裂是准予离婚的法定条件

根据各国立法实际,法定离婚理由的立法原则一般可概括为有责主义、无责主义与破绽主义。这三种原则有时单独适用,有时相互结合同时使用。我国《婚姻法》(修正案)第 32 条规定:"男女一方要求离婚的,可由有关部门进行调解或直接向人民法院提出离婚诉讼。人民法院审理离婚案件,应当进行调解;如感情确已破裂,调解无效,应准予离婚。有下列情形之一,调解无效的,应准予离婚:(一)重婚或有配偶者与他人同居的;(二)实施家庭暴力或虐待、遗弃家庭成员的;(三)有赌博、吸毒等恶习屡教不改的;(四)因感情不和分居满二年的;(五)其他导致夫妻感情破裂的情形。一方被宣告失踪,另一方提出离婚诉讼的,应准予离婚。"我国在裁判离婚条件上采用了破裂主义的立法原则。

从现行《婚姻法》(修正案)第 32 条规定可见,夫妻感情确已破裂就是我国离婚制度中判决离婚的法定标准。它的构成包括:夫妻感情确已破裂;调解无效。感情是否确已破裂是准离或不准离的实质条件,而调解无效则是离婚程序上的要求。感情确已破裂是起决定作用的条件。调解虽是必经程序,但准离不准离不取决于调解是否有效,而是取决于感情是否破裂。感情确已破裂,调解无效,准予离婚。感情没有破裂,即使调解无效,可以不准离婚。调解无效是一种结果,它可能是由于感情破裂,也可能是由于某些误解或客观上的原因。所以调解无效,不等于感情已经破裂。人民法院在审理离婚案件中,应该全面、正确地理解第 32 条的精神,不要把调解无效作为"感情确已破裂"的标准,更不要把调解无效作为准予离婚的法定条件,而要从婚姻的实际状况出发,以夫妻感情是否确已破裂作为准离或不准离的根据。

感情确已破裂包括以下几层含义:①从时间上说,是指已经破裂,而不是将要破裂或刚刚开始破裂,双方感情冲突"由来已久"。②从程度上说,是彻底破裂,而不是某些方面的破裂,双方感情上矛盾很尖锐,"积怨太深"。③从性质上说,是真正破裂,不是虚

假的破裂或主观上误认为的破裂,双方感情上的分歧是真实的,是客观存在,"无可挽回"的。

2001年《婚姻法》(修正案)增加了认定感情破裂的具体标准,解决了我国离婚标准过于原则,操作性差的问题,使我国《婚姻法》在离婚标准上有了很大突破,从而使裁判离婚的标准更为完善,也更具科学性。

夫妻感情确已破裂作为准予离婚法定条件的依据如下:

1. 婚姻本质的要求

婚姻是男女两性的结合,它是一种社会现象,决定于社会的经济基础,并为政治制度等上层建筑所制约。爱情是婚姻的本质,也是两性结合的基础。那么,维系婚姻的也应是爱情。正如恩格斯所说:"如果说只有以爱情为基础的婚姻才是合乎道德的,那么也只有继续保持爱情的婚姻才合乎道德。"①如果爱情已消失,那么,这种婚姻就是"死亡了的婚姻",它的存在已失去了意义。马克思说:"离婚仅仅是对下面这一事实的确定:某一婚姻已经死亡,它的存在仅仅是一种外表和骗局。……死亡这一事实的确定取决于事物的本质,而不取决于当事人的愿望。"②可见,我国《婚姻法》把夫妻感情是否确已破裂作为确定是否准予离婚的条件是符合马克思主义关于婚姻本质论述的。

2. 当代离婚立法的发展要求

不论从国外的婚姻立法情况看,还是从我国婚姻立法的情况看,以夫妻感情破裂作为准予离婚的条件,标志着婚姻立法进入了一个新的阶段,具有重要意义。世界各国婚姻立法的历史表明,离婚界限的规定基本采取以下三种方法。

(1) 具体规定的方法。这种方法即具体列举离婚的法定理由。例如,中国古代关于"七出"的规定,国民政府民法典关于诉请离婚"十大理由"的规定,古罗马关于法定理由的规定,均采用这种方法。通常把通奸、遗弃、虐待等行为作为法定的离婚理由。

(2) 具体与概括相结合的方法。这种方法既具体列举离婚理由,又概括规定离婚的法定条件,例如,日本原民法典列举离婚的十个理由,1947年改为五个理由:"一、配偶有不贞行为时;二、被配偶恶意遗弃时;三、配偶生死不明在三年以上时;四、配偶患强度精神病没有康复希望时;五、有其他难以继续的重大理由时。"前四个理由是具体规定,第五个理由则是概括规定。上述五项规定反映了具体列举和概括规定相结合的方法。

(3) 概括规定的方法。这种方法不是具体列举离婚的法定理由,而是概括规定离婚的条件。离婚是一个社会现象,从原因上说具有多样性和复杂性,不能列举无遗。因此,有些国家在法律上采取了概括性的规定。例如1912年瑞士法典规定:"对于配偶发生不可期待继续婚姻共同生活程度的婚姻关系之重大破裂时,配偶双方可随时请求离婚。"这一规定,首次提出了感情"破裂"的新观点。《苏俄婚姻和家庭法典》也规定:"如果法院确认夫妻双方已无法继续共同生活和维持家庭,应准予离婚。"我国婚姻立法在相当长的一段时间内也是注重理由,后来把理由是否正当,改为夫妻关系能否维持。1980年修订《婚姻法》时,明确提出了感情破裂原则,以此代替了法定理由论。20世纪70年代开始,国际

---

① 《马克思恩格斯选集(第四卷)》,人民出版社2012年版,第94页。
② 《马克思恩格斯全集(第一卷)》,人民出版社1956年版,第184页。

上大多数国家从法定理由论转向感情破裂论。这在法律上可以说是一个新发展，也是当代离婚立法的一个发展趋势。

3. 我国离婚立法的历史发展

以感情确已破裂作为离婚的原则界限，是我国离婚制度不断发展的结果。1931年《中华苏维埃共和国婚姻条例》确立了离婚自由原则，抗日战争、解放战争时期的婚姻条例继续坚持了这一原则。1950年《婚姻法》规定："男女一方坚决要求离婚的，经区人民政府和司法机关调解无效时，亦准予离婚。"1953年3月，中央人民政府法制委员会在《关于婚姻法问题的若干解答》中对此作了进一步的解答："人民法院对于一方坚决要求离婚，如经调解无效而又确实不能继续维持夫妻关系的，应准予离婚。"1963年最高人民法院《关于执行民事政策几个问题的意见》明确提出"感情是否完全破裂"作为离婚的标准。1979年最高人民法院《关于贯彻执行民事政策法律的意见》中指出："人民法院审理离婚案件准离与不准离的基本界限，要以夫妻关系事实上是否确已破裂，能否恢复和好为原则。"1980年《婚姻法》则首次在法律上明确规定："如感情确已破裂，调解无效，应准予离婚。"所以以感情确已破裂作为离婚的原则界限，是我国离婚制度不断发展的结果。

由上述可见，我国《婚姻法》把感情确已破裂作为离婚的法定条件，是符合社会主义婚姻本质的要求，且符合我国婚姻立法的历史发展，更符合当代婚姻立法的发展趋势。

二、认定夫妻感情确已破裂的列举性理由

《婚姻法》在坚持感情破裂这一法定离婚理由的前提下，根据审判实践经验又列举了认定夫妻感情已破裂的五种情形。《婚姻法》(修正案)第32条规定，有下列情形之一，一方坚决要求离婚，经调解无效，应依法判决准许离婚。

(1) 重婚或有配偶者与他人同居的。这里的重婚包括法律上的重婚和事实上的重婚；"有配偶者与他人同居"，是指有配偶者与婚外异性，不以夫妻名义，持续、稳定地共同生活。重婚或有配偶与他人同居的行为严重违反了夫妻应当相互尊重、相互忠实的婚姻宗旨，对方不原谅的，应准予离婚。

(2) 实施家庭暴力或虐待、遗弃家庭成员的。实施家庭暴力或虐待、遗弃家庭成员的行为，都是对家庭成员人身权利的严重侵害。实施家庭暴力或虐待、遗弃家庭成员，严重伤害了夫妻感情，违反了婚姻义务，对方不谅解的，应准予离婚。

(3) 有赌博、吸毒等恶习屡教不改的。赌博、吸毒等恶习屡教不改的，将严重丧失家庭的物质基础。过错方必将放弃家庭责任，严重伤害夫妻感情，根本无法维持家庭生活。对方提出离婚的，经调解无效，准予离婚。

(4) 因感情不和分居满两年的。男女婚后共同居住生活是基本需要。因感情不和，双方分居达两年之久，足以认定感情破裂，调解无效，应准予离婚。注意分居不能自动解除夫妻关系，它只是判断感情是否破裂的一种情形。①该分居情形专指因夫妻感情不和所致，非因工作、学习、户口等原因而分居；②分居时间应具有持续性，而不是时断时续。

(5) 其他导致夫妻感情破裂的情形。因为上述四种情形并不能包括全部夫妻感情破裂的情形，本项是对前四项的重要补充。因此，其他导致夫妻感情破裂的情形，在调解无效的情况下，法律同样规定应准予离婚。如：一方被宣告失踪，另一方提出离婚诉讼的，应

准予离婚。夫以妻擅自中止妊娠侵犯其生育权为由请求损害赔偿的，人民法院不予支持；夫妻双方因是否生育发生纠纷，致使感情确已破裂，一方请求离婚的，人民法院经调解无效，应依照《婚姻法》第32条第3款第5项(其他情形)的规定处理。

为了统一对离婚条件的认识，改变现实中有过错的配偶不能提出离婚的错误观念，《婚姻法司法解释(一)》第22条明确指出："人民法院审理离婚案件，符合第三十二条第二款规定'应准予离婚'情形的，不应当因当事人有过错而判决不准离婚。"

为了规范离婚行为，1989年最高人民法院在《关于人民法院审理离婚案件如何认定夫妻感情确已破裂的若干具体意见》中列举的感情破裂准予离婚的14种具体情形，其中列举的常见性、多发性的离婚原因与现行法不冲突的仍可作为感情破裂准予离婚的原因。

这14种具体情形包括：①一方患有法定禁止结婚疾病的，或一方有生理缺陷，或其他原因不能发生性行为，且难以治愈的。②婚前缺乏了解，草率结婚，婚后未建立起夫妻感情，难以共同生活的。③婚前隐瞒了精神病，婚后久治不愈，或者婚前知道对方患有精神病而与其结婚，或一方在夫妻共同生活期间患精神病，久治不愈的。④一方欺骗对方，或者在结婚登记时弄虚作假，骗取结婚证的。⑤双方办理结婚登记后，未同居生活，无和好可能的。⑥包办、买卖婚姻，婚后一方随即提出离婚，或者虽共同生活多年，但确未建立起夫妻感情的。⑦因感情不和分居已满3年，确无和好可能的，或者经人民法院判决不准离婚后又分居满1年，互不履行夫妻义务的。⑧一方与他人通奸，非法同居，经教育仍无悔改表现，无过错一方起诉离婚，或者过错方起诉离婚，对方不同意离婚，经批评、教育、处分，或在人民法院判决不准离婚后，过错方又起诉离婚，确无和好可能的。⑨一方重婚，对方提出离婚的。⑩一方好逸恶劳，有赌博等恶习，不履行家庭义务，屡教不改，夫妻难以共同生活的。⑪一方被依法判处长期徒刑，或其违法、犯罪行为严重伤害夫妻感情的。⑫一方下落不明满两年，对方起诉离婚，经公告查找确无下落的。⑬受对方的虐待、遗弃，或者受对方亲属虐待，或虐待对方亲属，经教育不改，另一方不谅解的。⑭因其他原因导致夫妻感情确已破裂的。但婚姻无效的原因不再认定为离婚原因。

三、如何认定夫妻感情确已破裂

既然夫妻感情确已破裂是判决离婚的法定条件，那么，如何认定夫妻感情确已破裂是正确运用《婚姻法》(修正案)第32条处理离婚纠纷的重要环节。

夫妻感情是指夫妻双方基于自然因素和社会因素而形成的相互关切、喜爱之情。夫妻感情属于社会意识范畴，从根本上说，它是由社会、家庭间的物质生活条件和夫妻双方的思想境界、道德品质决定的。它具有伦理性、社会性和可变性三个特征。

(一)认定夫妻感情确已破裂的观点

认定夫妻感情是否确已破裂，首先，必须有一个正确的观点和方法。因为夫妻的感情状况如何，虽然是复杂的，但它是客观存在的，是可以认识的。

1. 要用发展的观点

不能固定地、静止不变地看问题。人的感情是由社会各个因素决定的，同时又受个人心理因素、思想状况的影响。因此，它具有可变性的特点。可能由好变坏，也可能由坏变好。我们在认定时，要以辩证法的观点和方法，发展地看问题，要看到过去，更要看到现在。

2. 要用全面的观点

不能形式地、片面地看问题。在认定人的感情变化时，不能只看一时一事，而要看全面，要看现象，更要看本质，要全面分析。总之，判断夫妻感情是否破裂，不能凭执法者的主观臆断，也不能轻信当事人的陈述。要运用马克思主义的方法进行由表及里，去伪存真的客观分析，要深入实际调查研究，进行全面的综合分析，得出准确可靠的结论。这就要求我们不但要懂得心理学、伦理学和社会学知识，还应有比较丰富的社会经验和敏锐的观察力。

(二) 司法实践中认定夫妻感情确已破裂的方法

判断夫妻感情是否确已破裂，有无恢复和好的可能，是一个复杂的问题，需要抓住主要环节和理由，透过现象看本质，历史地、发展地、全面地分析研究。根据审判实践审理离婚案件时，可以从四个方面来判断夫妻的状况。一般归纳为"四看"：

1. 看婚姻基础

看婚姻基础是指看双方在结婚时的感情状况，即夫妻关系赖以建立的思想条件。当事人的结合是自主自愿还是勉强同意，或是包办强迫；双方结婚是以爱情为基础还是以金钱、地位和容貌等为基础的，婚前是彼此充分了解还是草率结合。当前我国的婚姻结构，大致可分为三种情况：第一种是指男女双方经过自由恋爱、自主结合的婚姻；第二种是指经人介绍，以一定的物质条件为前提的婚姻；第三种是父母或他人违背男女双方或一方意愿，强迫包办而结成的婚姻。

一般来说，婚姻基础好的，婚后感情也较好。如发生离婚纠纷，也较易调解和好；而双方婚姻基础较差，婚后双方又没有建立起真挚的夫妻感情，发生离婚纠纷后，就不易和好。对缺乏感情基础的婚姻，调解无效，就不应勉强维持他们的夫妻关系。

但是婚姻基础只能说明过去，不是绝对因素。婚姻基础好的不一定永恒不变，而婚姻基础差些的也可能在婚后的共同生活中建立起深厚的感情。所以，不能一概而论，要具体案件具体分析。

2. 看婚后感情

看婚后感情是指看结婚后共同生活期间的感情状况。婚姻关系具有多方面的内容，双方的政治思想、道德品质、工作状况、生活作风、志趣爱好以至家庭成员的关系，都会程度不同地反映到夫妻的感情上来。看婚后感情要注意透过现象看本质。因此，在分析婚后感情时，第一要看婚前基础与婚后感情发展变化的情况。如婚前感情基础好，婚后感情好、一般或是恶化；婚前感情基础一般，婚后感情向好的方向发展，还是往坏的方向发展。第二要看婚后感情如何变化，是先好后坏，还是先坏后好，还是时好时坏。第三要看婚后感情变化的原因是由于自身的原因，还是思想作风上的原因；是家庭成员关系的原因，还是经济上的原因；是性格上的原因，还是生理上的原因。第四要从婚后感情的总体上看，恰如其分地确定其感情状况，比如好、一般、差。不能简单抽出个别孤立的事例，特别是早期的个别的或差的事例来说明现实状况，必须把生活中反映其感情好坏的各种事例，纳入感情总体中加以观察，才能得出正确结论。

3. 看离婚的原因

离婚原因是夫妻矛盾的焦点和核心，就是夫妻感情发生裂痕的原因。从这里可以看出，夫妻在感情上矛盾的性质和程度。看离婚的真实原因：一是查明离婚的真实原因。一般的离婚案件，夫妻双方因要求不同，往往反映的情况也不同。要求离婚的一方，尽量夸大矛盾，证明感情已破裂；不愿意离婚的一方尽量缩小矛盾，证明感情未破裂。所以，要查清真正原因，才能有的放矢。二是判断离婚原因的性质。看是内因还是外因，是可以调解的，还是不可调解的。如属于生活实际问题，则要衡量这种实际问题能否解决和改变，如属生理缺陷、精神病，要看它的轻重程度，能否治好，等等。如果经过努力，实际问题能够解决和改变，就要着重调解和好，否则就要考虑准予离婚。在司法实践中，原告往往罗列离婚的许多材料和事实，必须从中提炼概括出起决定性的、主要的原因，分析是内因还是外因。一般来说，外因能够排除，而内因则不易排除，还要看这个原因是根本性的还是枝节性的。只有掌握了离婚的真正原因，才能更好地判断离婚的性质，才能对症下药，针对性地做好调解工作。

4. 看有无和好因素

这是在上述三个方面的基础上，对婚姻现状和今后发展的前途所作的估计和预测。它决定调解工作的方向，也为最后作出判决提供了根据。从夫妻关系看，大致有三种情况：一是夫妻感情未破裂，有和好希望，应加强调解和好工作，调解无效，也不准离婚。二是夫妻感情尚未完全破裂，有和好的一线希望，也应大力加强调解和好工作，调解无效，另一方坚决不离，应不准离婚。三是夫妻感情确已完全破裂，和好无望，也应进行调解，争取转变，或调解离婚。如调解无效，则应做好不离一方的工作。

以上"四看"是一个整体，它们相互联系，相互影响，彼此补充。总之，看离婚基础，看婚后感情，是为了判断夫妻感情的现状；看离婚的真正原因，看有无和好的因素，是为了判断夫妻感情的前途。"看"是为了教育，为了改善夫妻关系。夫妻感情是一种能动的因素，一定条件下可以由好变坏，一定条件下也可以由坏变好。因此，创造转化的条件，争取各方面配合，做好疏导教育工作非常重要。认定夫妻感情破裂程度，进行调解工作，都应考虑子女因素、社会反应和影响，这是离婚的社会性质所决定的。但不能以子女利益和社会舆论作为准离与不准离的标准。在查清事实的基础上，准确认定夫妻感情破裂的性质，工作做到家了，如仍无和好可能，夫妻感情已经完全破裂，应果断准予离婚，不准久拖不决。

(三) 关于复婚问题

《婚姻法》(修正案)第35条规定："离婚后，男女双方自愿恢复夫妻关系的，必须到婚姻登记机关进行复婚登记。"《婚姻登记条例》第14条规定："离婚的男女双方自愿恢复夫妻关系的，应当到婚姻登记机关办理复婚登记。复婚登记适用本条例结婚登记的规定。"

复婚是指合法解除婚姻关系的男女双方自愿恢复夫妻关系，到婚姻登记机关办理登记手续，重新确立夫妻关系的法律行为。复婚实际上是一种结婚行为，但是在结婚主体上有其特殊性，因而具有结婚的一般特点，适用《婚姻法》关于结婚的一般规定，同时又具有特殊性，即本条对复婚的特别规定。根据《婚姻法》的规定，男女双方要求恢复婚姻关系的，必须是男女双方自愿，而且应到婚姻登记机关登记。男女双方自愿是复婚的实质要件，到婚姻登记机关登记则是形式要件，只有同时具备了法定的实质要件和形式要件，复婚才发生法律效力。

思考与练习

思考

1. 简述离婚的概念和种类。
2. 行政程序离婚的含义。
3. 办理离婚登记的条件是什么？
4. 诉讼外调解和诉讼内调解有哪些不同？
5. 我国《婚姻法》在离婚问题上的两个特别规定是什么？
6. 我国《婚姻法》规定判决离婚的法定条件是什么？
7. 论述认定夫妻感情确已破裂的几个方面。

案例练习

1. 田某和张某感情不和，于1998年协议离婚，双方就子女、财产达成如下协议：孩子张小某随母亲田某一起生活，双方共同抚养，张某在离婚后半年内一次性支付给田某子女生活补助1万元。离婚后，张某没有按约定支付1万元，现田某持该协议向人民法院申请强制执行。

任务：法院能否强制执行？为什么？

2. 黄某和靖某长期两地分居，为了保住双方单位的福利分房，商议假离婚，并办理了离婚登记。由于工作关系，黄某与同事佟某接触频繁，双方产生感情并办理了结婚登记。靖某得知后，要求婚姻登记部门撤销自己与黄某的离婚登记，要求恢复婚姻关系，同时向为黄某和佟某办理结婚登记的婚姻登记部门提出撤销黄某和佟某的结婚登记的请求。

任务：靖某的请求能否得到满足？为什么？

案例分析手把手

【案情】王×和刘××于1987年1月结婚，婚后生一女孩刘颖，现年5岁。双方因性格各异，自1988年以来，常为生活琐事发生矛盾，婆媳关系也不和睦，致使夫妻关系紧张。1989年4月，刘××以双方无共同语言，王×对其不信任，无法继续共同生活为理由，诉至户县人民法院，要求与王×离婚。案件经该院调解，刘××撤回离婚诉讼。但此后，夫妻关系仍未好转。1991年12月，王×计划外生育一女孩，经双方同意送他人收养。1992年1月，刘××又以之前的诉讼理由诉至户县人民法院，坚决要求与王×离婚。王×辩称：夫妻间有矛盾是事实，但系刘××与他人关系密切造成。夫妻感情尚未破裂，坚决不同意离婚。

【任务】人民法院应如何处理本案？

【分析思路】首先本案是一方要求离婚，而另一方不同意离婚的离婚诉讼案件。法院处理本案，应首先判断是否受理本案，如果应受理本案，能否以感情破裂为由判决双方当事人离婚。应熟悉法院受理离婚案件的条件并与本案对比,得出是否受理本案的结论。如果符合受理条件,法院是否判决离婚。要熟悉法院判决离婚的法定条件并与本案情况对比得出结论。

本案重要信息解读:王×与刘××1987年结婚(证明两人是夫妻身份),符合离婚主体资格的要求。两人婚后常发生矛盾,1989年4月曾提出过离婚,经调解后撤诉(存在感情破裂的可能)。1991年12月,王×计划外生育一女孩,1992年1月刘××提出离婚,即分娩后2个月,属于分娩后1年内,还有一个情况是孩子被送养了。

【答案要点提示】法院该不该受理本案?根据本案信息解读可以确定原告与被告是夫妻关系,符合离婚诉讼的主体要求,即双方必须是合法夫妻关系,在一般情况下法院应当受理案件,但本案不是一般情况,因被告正处于分娩后2个月即分娩后1年内。根据《婚姻法》(修正案)第34条规定:"女方在怀孕期间、分娩后一年内或中止妊娠后六个月内,男方不得提出离婚。"《民事诉讼法》第124条第6项规定:"依照法律规定,在一定期限内不得起诉的案件,在不得起诉的期限内起诉的,不予受理。"依据上述规定,男方在女方怀孕期间和分娩后1年内,其离婚起诉权是受法律限制的。从这一规定来说,本案应当属于法院不予受理的情形,因被告在分娩后1年内。

但是《婚姻法》(修正案)第34条还规定:"女方提出离婚的,或人民法院认为确有必要受理男方离婚请求的,不在此限。"确有必要是指女方因通奸而怀孕的情况。本案女方不同意离婚,也不是因通奸而生女,不符合确有必要受理的法定情形。

但本案还有一个重要细节即出生2个月的孩子被送养了,这是适用《婚姻法》(修正案)第27条对男方离婚诉权限制的情形,还是属于"确有必要"受理的情形呢?这要从立法精神来分析,立法精神旨在保护胎儿、婴儿和女方的身心健康,故孩子虽被送养,但女方仍应受到保护,此情况不属于"确有必要"受理的情形。所以人民法院应当对刘××的起诉不予受理,当然就更谈不上判决离婚了。

项目五　离　婚　效　力

◎ 知识目标

- 理解离婚引起了哪些法律关系的终止和发生

◎ 能力目标

- 能够准确把握离婚后子女的抚养问题，非直接抚养子女一方的抚育费标准
- 能够认定离婚时共同共有财产，并予以正确分割
- 能够认定共同债务，并正确分配清偿责任
- 能够正确地落实我国《婚姻法》规定的离婚救济制度

【引例】

　　吴文英系湖北某县女青年，王波常年在上海市虹口区某房地产公司工作。2008年两人经人介绍相识，并于当年登记结婚。婚后两人分居两地生活，王波在上海购买住房一套。婚后一年，女方生育一子，孩子一直随母亲生活。此时夫妻两人均发现感情逐渐淡漠，2012年吴文英向上海虹口区基层人民法院起诉离婚。在庭审过程中，王波同意离婚，但认为婚后自己在上海购买的房产系自己的劳动所得，不同意作为共同财产分割。一审法院判决准予两人离婚。判决送达吴文英后，吴文英因不服一审法院财产分割问题的判决，在上诉期内依法提起上诉。判决送达王波后，王波在上诉期内出车祸死亡。

【任务要求】

　　请回答吴文英主张继承王波的遗产，法院能否支持，并简要说明理由。本案中一审法院应当判决孩子由王波抚养，还是由吴文英抚养？假如吴文英、王波均没有其他财产，一审法院认为为了照顾孩子的生活，不宜对住房进行拍卖，判决吴文英、王波共有诉争房产，是否正确？

【案例知识点提示】

　　离婚行为的生效时间；配偶的权利义务关系；离婚后子女抚养；离婚时夫妻共同财产分割

　　离婚不是对结婚的否定，而是对已经"死亡"的婚姻的认定。作为终止婚姻关系的法

律事实，离婚必然产生一系列的法律后果，导致当事人内部和外部多重法律关系的消灭或变更。离婚的效力又称离婚的法律后果。

子项目一　离婚的法律后果

一、离婚行为生效的时间

离婚的法律后果，只能产生于离婚的法定手续完成之后。离婚的程序不同，离婚行为的生效时间也不同。行政程序的离婚，离婚效力的发生时间在离婚登记之日，而不是在双方签订离婚协议之日。诉讼程序离婚，双方达成离婚协议，法院制作离婚调解书的，从最后一方签收离婚调解书之日起，离婚行为生效；一方签收调解书，另一方拒绝签收的，调解书不生效。在法院判决离婚中，一审判决送达双方，上诉期满，双方均不上诉的，一审判决即生效。当事人不服上诉的，一审判决不生效，在此期间双方的夫妻身份关系并未解除；案件进入二审程序，二审法院审理后依法作出判决，二审判决为终审判决。

二、离婚行为终止的法律关系

离婚解除了夫妻身份关系。从离婚之日起，当事人基于夫妻身份关系而产生的一切权利义务关系即归于消灭。

(一)离婚引起配偶身份、称谓以及双方近亲属之间姻亲关系终止

离婚引起婚姻关系终止，双方不再互为配偶，当事人之间因结婚而建立的夫妻身份、称谓终止。我国法律未对姻亲之间的权利义务关系进行明确的规定，自然对离婚后姻亲关系是否维持也没有规定，通说认为依据习惯，离婚后基于婚姻而产生的姻亲关系应当消灭。

(二)当事人获得再婚自由

我国《婚姻法》规定一夫一妻为基本原则；男女双方不得同时有两个以上的配偶；禁止重婚；有配偶者不得再行结婚。离婚引起夫妻关系的终止，双方不再互为配偶，双方再次成为没有配偶的人。我国没有待婚期的规定，双方从离婚之日起获得了再婚的自由。任何人对他们的再婚，一方对他方再婚不得加以干涉。再婚自由是结婚自由的固有部分，是法定权利，任何人不因与他人的协商或承诺而受到任何限制。

(三)当事人日常家事代理权消灭

我国立法中虽然没有日常家事代理权的明确规定，但最高人民法院的《婚姻法司法解释(一)》第17条第1款有条件地承认夫妻之间的日常家事代理权。夫妻之间的家事代理权是以共同生活，彼此为配偶身份而产生的，离婚后这种代理权当然消灭。

(四)当事人之间共同共有财产关系终止

根据我国《婚姻法》(修正案)第17条的规定，夫妻之间没有约定的，婚后所得的财产除特有财产之外，为双方共同共有财产。夫妻需要共同操持家务，料理家庭生活，共同生活关系形成共同共有财产的基础。双方一旦解除婚姻关系，生活共同体解散，不会再有共同共有财产的关系。不仅离婚之后不存在共同共有财产的关系，而且婚姻关系存续期间形

成的共同共有的财产也要进行分割。

(五)当事人之间的扶养权利义务关系终止

根据《婚姻法》(修正案)第20条的规定,夫妻有互相扶养的义务。夫妻之间的扶养关系是基于夫妻间的身份关系而存在的,离婚之后,夫妻间的身份关系不复存在,所以夫妻之间扶养的权利义务失去了存在的前提,应同时解除。任何一方不再享有要求对方扶养的权利,任何一方不再承担扶养的义务。

(六)法定继承人资格丧失

我国《婚姻法》(修正案)第24条规定,夫妻有相互继承遗产的权利;《继承法》第10条规定,配偶为第一顺序继承人。在婚姻关系存续期间,一方死亡后,另一方以第一顺序继承人的身份参加继承。夫妻离婚后,彼此丧失了配偶身份,而他们在婚姻关系存续期间的继承权是基于他们合法的配偶身份而产生的,离婚后即丧失了法定继承人资格,不论他们曾共同生活多久。

子项目二 离婚后对子女的抚养

离婚带来一系列的法律后果,夫妻不再共同生活,父母对子女的抚养教育方式自然发生相应的变化。不论是登记离婚还是诉讼离婚,都必须妥善处理子女抚养教育问题。最高人民法院于1993年11月3日发布的《离婚案件子女抚养意见》对离婚时如何处理子女抚养问题作了比较具体的规定。2001年《婚姻法》(修正案)出台后,该文件并没有被废止,因此在不与新《婚姻法》矛盾的情况下仍然有效。结合《婚姻法》(修正案)及相关司法解释的规定,处理离婚后子女抚养问题应注意以下几个方面的问题。

一、离婚不改变父母子女关系

按照婚姻法的一般理论,夫妻关系和父母子女关系是两种不同性质的关系。前者是男女两性基于自愿原则而结合的婚姻关系,可依法成立,亦可依法解除;后者是基于子女出生而形成的自然血亲关系,不能人为地解除。离婚不改变父母子女之间法律上的权利义务关系,因为父母子女关系是基于子女出生这一法律事实而产生的,在身份存续期间,该法定人身关系不因其他原因而消灭。《婚姻法》(修正案)第36条规定,父母与子女间的关系不因父母离婚而消除。

离婚后只要子女没有死亡,子女和父母的身份关系就依然存在。子女无论由谁抚养,改变的只是子女的抚养方式,而不是身份关系。子女和父母的身份关系不得用协议或判决的方式予以剥夺;父母在离婚时不得约定子女同一方解除父母子女关系;离婚后抚养一方也不得故意隐瞒另一方父或母的真实情况,或者采取胁迫手段要求子女和其父或母断绝关系。

养父母与养子女之间的身份关系及其权利义务关系,也不因养父母离婚而消除。《离婚案件子女抚养意见》第14条规定:"《中华人民共和国收养法》施行前,夫或妻一方收养的子女,对方未表示反对,并与该子女形成事实收养关系的,离婚后,应由双方负担子女的抚育费;夫或妻一方收养的子女,对方始终反对的,离婚后,应由收养方抚养该子女。"这里的《中华人民共和国收养法》指的是1992年4月1日生效的《中华人民共和国收养法》(以下简称《收养法》)。也就是说，1992年4月1日以前夫或妻一方收养的子女，对方未表示反对，并与该子女形成事实收养关系的，离婚后应由双方负担子女的抚养费；夫或妻一方收养的子女，对方始终反对的，离婚后应由收养方直接抚养该子女，但如果养父母离婚时经生父母同意及有识别能力的养子女同意，双方自愿达成协议的，可以变更收养关系。1999年4月1日生效的《收养法》取消了单方收养制度，收养子女必须由夫妻双方同意。因此，新《收养法》生效以后，养父母与养子女的权利义务关系不存在特殊规定。

离婚后已形成事实上抚养教育关系的继父母与继子女的权利义务关系，应视具体情况而定。根据《离婚案件子女抚养意见》第13条规定："生父与继母或生母与继父离婚时，对曾受其抚养教育的继子女，继父或继母不同意继续抚养的，仍应由生父母抚养。"离婚后，已形成事实上的抚养教育关系的继父母与继子女，在生父与继母或生母与继父离婚时，对曾受其抚养教育的未成年继子女，继父或继母不同意继续抚养的，仍应由生父母抚养。受继父母长期抚养教育的继子女，在已成年的情况下，继父母与继子女已经形成的身份关系和权利义务关系不因继父母与生父母离婚而解除。

二、离婚后子女由何方直接抚养的问题

父母离婚虽然不能消除父母子女之间的权利义务关系，但离婚后夫妻双方不再共同生活，双方共同抚养子女改为由父或母一方与子女共同生活，承担直接抚养的责任。在离婚纠纷中会发生双方争养子女的积极冲突和双方都不愿抚养子女的消极冲突。如果父母是协议离婚，双方应对子女抚养问题达成一致意见，否则婚姻登记机关不予离婚登记。通过法院调解或者判决离婚的，人民法院在调解、判决离婚时，应把子女随哪一方生活具体写入离婚调解书或离婚判决书中。

(一)哺乳期内的子女由何方抚养的问题

1. 哺乳期内的子女，以随哺乳期的母亲抚养为原则

《婚姻法》(修正案)第36条第3款规定，哺乳期内的子女，以随哺乳期的母亲抚养为原则，但对哺乳期的长短无明确规定。《离婚案件子女抚养意见》第1条关于"两周岁以下的子女，一般随母方生活"的规定，可以理解为是对《婚姻法》关于哺乳期子女随母亲抚养原则的具体化。

2. 哺乳期内的子女，在特殊情况下由父亲抚养

根据《离婚案件子女抚养意见》第1条、第2条的规定，在哺乳期内，出现下列情况的应由父亲抚养：

(1)哺乳的母亲患有久治不愈的传染性疾病或其他严重疾病，子女不宜与其共同生活的。久治不愈的传染性疾病会影响子女的健康，但必须严格掌握条件，即久治不愈。其他严重疾病，指精神病等不具有抚养子女能力的疾病。

(2)母方有抚养条件不尽抚养义务，而父方要求子女随其生活的。母方有抚养能力和抚养条件但不尽抚养义务，原则上母方必须履行抚养义务，但由于父方要求子女随其生活，可以作为特殊情况改由父方抚养。

(3)因其他原因，子女确无法随母方生活的。如母亲被判刑而导致子女根本无法与母

亲共同生活，母亲有严重残疾对子女成长有可能产生不利影响等情况下，可由父方抚养。

(4) 父母双方协议两周岁以下子女随父方生活，并对子女健康成长无不利影响的，可予准许。《离婚案件子女抚养意见》第2条规定："父母双方协议两周岁以下子女随父方生活，并对子女健康成长无不利影响的，可予准许。"这一条与《婚姻法》（修正案）第36条第3款的规定并不冲突，现在仍然是有效的。

(二) 哺乳期后的未成年子女由何方抚养的问题

1. 对于哺乳期后的子女抚养问题，采用了"协议优先"的原则

法律充分尊重父母的意愿，在不影响子女成长的前提下可由父母协商；如果协商不成，由法院裁决。法院应以保护子女合法权益为前提，处理具体问题时应当考虑父母双方的思想品质、生活作风、文化素质、经济条件、家庭环境等因素，作出有利于子女身心健康的裁决。其中尤其要注意以下几个方面的情况：一是在双方其他条件基本相同的情况下，确定子女归谁抚养，要考虑双方的负担能力或经济状况。二是考虑父母双方的身体、精神情况和智力、知识程度及人格修养、品德情操等内在因素。三是注意父母与子女的感情因素，当感情因素与物质生活条件矛盾时，前者应优于后者。四是坚持有利于实行计划生育的原则。

2. 法律关于子女随一方生活的优先条件的规定

根据《离婚案件子女抚养意见》第3条、第4条的规定，父母双方均要求两周岁以上子女随其生活达不成协议的，如其中一方有下列情形之一，可优先考虑子女随该方生活。①已做绝育手术或因其他原因丧失生育能力。②子女随其生活时间较长，改变生活环境对子女健康成长明显不利。③一方无其他子女，而另一方有其他子女，"其他子女"包括亲生子女、形成抚养关系的继子女和养子女。④随一方生活对子女成长有利，而随另一方生活对子女成长不利。法院认定对子女生活有利的条件应当综合考虑生活条件、居住条件、教育条件、父或母的身体健康状况、个人品行、知识层次等各方面的因素，不能只考虑物质生活条件。⑤在双方均无优先抚养条件，且其他抚养条件相同；或双方均具有优先抚养条件，但优先抚养条件相同的情况下，子女单独随祖父母还是外祖父母生活时间较长，可以作为父母的优先条件给予考虑决定。

3. 关于10周岁以上未成年子女由何方抚养的问题

10周岁以上的子女已经具备了一定的识别能力，愿意与谁生活，他们已经能作出判断，所以子女随父或随母生活发生争执的，应考虑他们的意见。父母对抚养子女已达成协议的，且无损子女利益，不必再征求子女的意见；如父母双方不能达成协议，应征求子女的意见，原则上可以尊重子女的选择。如果子女的选择对其成长不利，法院也可作出与其意见不同的判决。

(三) 协议轮流抚养的问题

抚养子女对于离婚的父母既是权利也是义务，在不损害子女健康成长的前提下，父母协议轮流抚养子女的，法院应当准许。

(四) 抚养关系的变更

离婚后子女抚养问题通过协议或判决确定后，父母应认真履行协议或判决确定的权利和义务。但在今后生活中如发生了需要变更抚养关系的情况，法律也允许变更抚养关系。

1. 父母协商变更

根据《离婚案件子女抚养意见》第 17 条的规定，父母双方协议变更子女抚养关系的，应予准许，但双方协议不应有违法事项和对子女成长不利的问题存在。抚养关系的变更是民事法律行为，允许当事人意思自治，即使没有出现抚养一方不宜或不能抚养子女的情形也可以协议变更。父母双方协议变更子女抚养关系，不需要登记。行政程序离婚的，虽然夫妻离婚时需要登记子女由谁抚养，但离婚后夫妻变更子女的抚养关系，不必进行变更登记。

2. 法院判决变更

如果一方要求变更子女抚养关系，而另一方不同意变更，要求变更的一方应向法院起诉。提起变更之诉的既可以是直接抚养一方，也可以是非直接抚养一方。法院受理后应先进行调解，调解达成协议的，在调解书中应写明抚养关系变更的事由、变更后抚养人等；调解不成的，人民法院应作出是否变更抚养关系的判决。

根据《离婚案件子女抚养意见》第 16 条的规定，有下列情形之一的，一方要求变更子女关系的，人民法院应予以支持：①与子女共同生活的一方因患严重疾病或因伤残无力继续抚养子女的，而另一方有抚养能力的。②与子女共同生活的一方不尽抚养义务或有虐待子女行为，或其与子女共同生活对子女身心健康确有不利影响的。③10 周岁以上未成年子女，愿随另一方生活，该方有抚养能力的。④有其他正当理由需要变更的，如出现与子女共同生活的一方因被收监判刑、劳动教养等客观原因，不能继续抚养子女的。

三、离婚后非直接抚养子女一方的抚养费负担问题

(一) 确定子女抚养费的一般原则

离婚后父母双方对子女仍有抚养和教育的义务，这种义务包括负担子女生活费、教育费和医疗费等费用。根据《婚姻法司法解释(一)》第 21 条的规定，"抚养费"包括子女生活费、教育费、医疗费等费用。在司法实践中也称抚育费。

如何确定子女抚养费的数额，《婚姻法》只作了抽象的原则性规定，即离婚后由一方抚养的子女，另一方应负担"必要的"生活费和教育费的全部。《婚姻法》没有具体说明何为必要，根据支付抚育费的一般原理和司法实践，所谓"必要的"应根据子女的实际需要、父母的负担能力和当地的生活水平作出综合判断，以保障子女享有必要的生活条件和教育条件为原则。

(二) 确定子女生活费的具体办法

在确定负担子女抚育费的问题上，《婚姻法》规定了父母双方协议和人民法院判决两种方式，并确定协议优先原则。

1. 父母协商

父母协商抚育费问题可以减少冲突，缓和矛盾，一般情况下能客观地反映双方的实际能力，有利于协议的执行和子女的身心健康。对于父母达成的子女抚养协议，法院应当进行审查，一般可以准许；如果协议明显不利于子女利益，应当不予准许。子女也可以就损害自己合法权益的协议向人民法院提起诉讼。

2. 法院判决

(1) 子女生活费和教育费的确定标准。根据《离婚案件子女抚养意见》第 7 条的规定，一般而言，非直接抚养一方的负担标准：有固定收入的一般可按其月总收入的 20%~30% 给付；负担两个以上子女的，可适当提高比例，但一般不得超过月总收入的 50%。这里所说的月总收入，是指一个人一个月所获得的劳动报酬总数，如基本工资、工龄工资、奖金以及其他补贴等，保健费、洗理费、卫生费等完全属于职工个人的，不应计算在内。没有固定收入的，抚育费数额应该根据当年总收入或同行业平均收入，参照上述比例确定。有特殊情况的，如双方收入悬殊，一方负担较重或子女长期患病的，可以适当提高或者降低比例。如果一方没有经济收入，或者下落不明，可用其财物折抵子女抚养费。父母双方可以协议子女随一方生活，并由抚养方负担子女全部抚育费。但经查实，抚养方的抚养能力明显不能保障子女所需费用，影响子女健康成长的，不予准许。

(2) 子女生活费和教育费的给付方法。子女生活费和教育费的给付方法，一般采取两种给付方式：一是定期给付；二是一次性给付。定期给付是给付子女抚育费的一般方式，一般以月、年为支付的时间单位。有固定收入的或虽无固定收入，但每月有相当收入的，应当按月给付。没有固定收入的，可按收益季度或年度，每半年一次或一年一次定期给付。

(3) 子女生活费和教育费的支付期限。根据我国《民法通则》的规定，18 周岁以上的自然人是完全民事行为能力人，所以一般情况下，子女生活费和教育费的给付期限，至子女 18 周岁为止。但如果属于以下情况，应区别对待：16 周岁以上 18 周岁以下的子女已经参加劳动，并且以其劳动收入为主要生活来源，可以维持当地一般生活水平，视为具有完全民事行为能力人，父母可以停止给付抚育费；子女虽已成年，但尚不能独立生活，父母有负担能力的，仍应负担必要的抚养费，主要包括三种情况：①子女丧失劳动能力，或者虽然没有完全丧失劳动能力，但是其劳动收入不足以维持生活的；②在学校接受高中及其以下学历教育的；③其他确无独立生活能力和条件的。

(三) 子女生活费和教育费的变更

1. 子女抚养费增加

父母在协议或法院判决给付子女抚育费后，随着生活条件的变化，如果子女的生活和教育费用需要增加，子女可以向父母任何一方要求变更抚养费数额，但这个要求及数额应该是合理的。在确认子女要求及其数额是否合理时，应从两个方面来判断：一是子女提出了超出原定数额的要求确实属于生活学习所必需。二是被要求的父或母有负担能力。子女要求增加抚育费的，应另行起诉。

根据《离婚案件子女抚养意见》第 18 条的规定，法院对子女要求增加抚育费有下列情形之一，父或母有给付能力的，应予支持：①原定抚育费数额不足以维持当地实际生活水平。近年来，我国居民生活水平提高很快，如果离婚时确定的抚养费数额不能满足几年后子女的实际需要，法院应根据实际情况作出增加子女抚养费的裁判。②因子女患病、上学，实际需要已超过原定数额。如子女患有较严重的疾病，花费较大，原定抚育费不能支付医疗费用，或子女因上学，需要支付较大数额的费用，而原定抚育费数额不足以维持的。③有其他正当理由应当增加的。出现负担给付抚育费义务的父方或母方经济收入增加，物价上涨，生活地域发生变化等情况，子女可以要求增加抚育费。

需要注意的是：子女提出的要求虽然合理，但是父或母或者父母双方无力负担，人民法院应根据父母的实际情况，适当减少子女所提出的数额或者维持原来的给付数额。

2. 在特定情况下，抚育费也可以减少或免除给付

所谓特定情况抚育费也可以减少或免除给付是指以下三种情况：①有给付义务的一方，由于长期患病或丧失劳动能力，失去经济来源，确实无力按原协议或判决确定的数额给付，而抚养子女的一方又能够负担，有抚养能力的。但这种减负是有条件的，待给付一方情况好转，有能力按原定数额给付时，应依照原定数额给付。②有给付义务的一方，因犯罪被收监改造，无力给付的。③直接抚养子女方再婚后，继父或继母愿意负担子女所需抚育费的一部或全部。但应注意，这种减少或免除是以继父母自愿为前提的，如情况发生变化，继父或继母不愿负担或无力负担该费用，有给付义务的生父或生母应按原定数额给付。

四、离婚后不直接抚养子女的父或母的探望权

探望权是指夫妻离婚后，不直接抚养子女的父或母一方享有的与未成年子女探望、联系、会面、交往、短期共同生活的权利。这是本次《婚姻法》修正后新增加的一项权利。探望权是基于父母子女关系而享有的一种身份权，这种身份关系是非抚养方对子女的探望权产生的法律基础。只要父母子女间的身份关系存在，探望权就是非抚养子女一方的法定权利，非有法定理由不得予以限制或剥夺。这一法律规定不仅保护了子女的利益，也保护了父母的合法权益。离婚时未涉及探望权问题，不管是行政程序离婚还是诉讼程序离婚，离婚后当事人就探望权问题单独提起诉讼的，人民法院应予以受理。间接抚养方在行使探望权时，直接抚养子女的一方有协助的义务，对拒不执行有关探望子女的判决或者裁定的，人民法院可以对有协助义务的个人和单位采取拘留、罚款等强制措施。

（一）探望权的权利义务主体

父母离婚后，子女由一方直接抚养，直接抚养方成为子女抚养的主要担当人，非直接抚养方的权利则受到一定的限制。父母离婚并不影响父母子女间的人身关系，不直接抚养子女的父（母）自然享有对子女的探望权，即直接抚养权一经确定，探望权也就同时产生。探望权的主体只能是非直接抚养方的父（母）；而抚养方的父（母）则是探望权的义务主体，应当协助探望权人实现探望的权利。如直接抚养方设置障碍，拒绝有探望权的一方探望子女，就侵害了非直接抚养方的探望权利，应承担侵权责任。应该强调的是，依据目前的立法，未成年子女非直接抚养方的父（或母）的近亲属，包括未成年子女的祖父母、外祖父母主张探望权，或代替未成年子女的父（或母）行使探望权，仍然不能得到法律的支持。

（二）行使探望权的方式

行使探望权涉及抚养方和子女的利益，因此确定探望时间、探望方式是必要的。我国《婚姻法》（修正案）规定了确定探望时间、方式的两种途径，即父母协议和法院判决两种方式，并确定了协议优先原则。行使探望权的方式可以分为探望式和逗留式两种。父母在协议确定探望子女的时间或方式上，除考虑双方的实际情况外，应着重考虑是否有利于子女身心健康。一般在不影响子女的学习，严重改变子女生活规律的前提下，确定在一段时间内，间接扶养方可与子女单独交流，可以安排间接抚养方前来探望，子女短期随其生

活，外出旅游，也可以是通信、通话等。如果双方不能就探望的时间和方式达成协议，或直接抚养方拒绝协商，探望权人可向法院提起诉讼，法院应受理探望权人的请求，依法就探望的时间和方式作出判决。

(三) 探望权的中止和恢复

探望权的中止是指探望权人符合探望权中止的法定理由，由法院裁定探望权人在一定期间中止行使探望权的法律制度。探望权是探望权人的法定权利，法律应给予保护，但探望权的行使涉及抚养方和子女的利益，当存在损害相关人，尤其是子女合法权益的情形时，应对探望权予以限制。探望权中止的法定理由，《婚姻法》(修正案)第38条规定为"父或母探望子女，不利于子女身心健康的，由人民法院依法中止探望的权利"。可见不利于子女身心健康，是探望权中止的唯一法定理由。如果父母的探望行为造成的是其他损害，但没有不利于子女身心健康，人民法院就不能裁定中止探望权。特别是，不能将不直接抚养方不支付或延期支付抚育费作为中止探望权的理由。

中止探望权对探望权人影响很大，因此《婚姻法》规定，中止探望权的主体只能是人民法院，其他个人、组织或机关不得中止探望人的探望权。申请中止探望权的主体只能是未成年子女、直接抚养子女的父或母及其他对未成年子女负担抚养、教育义务的法定监护人。人民法院中止探望权必须通过审理，以裁定的形式作出。中止探望权的裁定一经作出，就具有法律的强制力，探望权人必须遵守。中止探望权的情形消失以后，人民法院应当根据当事人的申请，通知其恢复探望权的行使。

(四) 探望权的强制执行

《婚姻法》(修正案)第48条规定："对拒不执行有关扶养费、抚养费、赡养费、财产分割、遗产继承、探望子女等判决或裁定的，由人民法院依法强制执行。"但是应当注意，这里强制执行的对象只能是拒不履行协助义务的义务人，而不是子女本人。因此，《婚姻法司法解释(一)》第32条规定："婚姻法第四十八条关于对拒不执行有关探望子女等判决和裁定的，由人民法院依法强制执行的规定，是指对拒不履行协助另一方行使探望权的有关个人和单位采取拘留、罚款等强制措施，不能对子女的人身、探望行为进行强制执行。"

子项目三　离婚时的财产处理

案例 5-1 杨某与吴某于1993年3月在石家庄登记结婚。结婚时，杨某为某医院医生，吴某为某国企职工。近些年由于工作单位效益不好，吴某辞职承包了石家庄市到辛集市的客运专线，自己从事个体运输。2008年2月，杨某认为吴某懒惰并有赌博恶习，导致生意不景气，主张与其离婚。经协商两人达成离婚协议，并办理了离婚登记。2010年3月，秦某找到杨某称1995年至1997年吴某共向其借款20万元，并向杨某出示了1997年5月签的总欠条，请求杨某偿还债务。杨某称其不知道借款之事，如果真有欠条，一定是吴某欠的赌债，属于非法债务，没有法律效力；同时，杨某已经与吴某离婚，没有义务清偿这笔债务。经查，吴某所写欠条没有写明借款用途，杨某与吴某的离婚协议中没有关于夫妻共同债务的任何约定。

任务：请结合案例回答杨某是否有清偿债务的义务？

离婚终止了夫妻间共同生活的关系，离婚之后不仅不存在共同共有的财产关系，而且婚姻关系存续期间形成的共同共有财产也要进行分割，进而产生了夫妻财产清算、夫妻财产分割、债务清偿等财产方面的一系列法律后果。由于夫妻共同财产分割的问题非常复杂，最高人民法院于1993年11月3日发布的《离婚案件财产分割意见》，对离婚时如何处理夫妻财产问题作了比较具体的规定。2001年《婚姻法》(修正案)出台后，该意见并没有被废止，在不与新《婚姻法》矛盾的情况下，分割夫妻财产时仍应适用该意见。结合《婚姻法》(修正案)第39条、《婚姻法司法解释(二)》、《婚姻法司法解释(三)》的规定，处理离婚时的财产问题应注意以下几个问题。

一、分清财产的性质

家庭共同生活中形成的财产一般分夫妻共同共有财产、个人财产与家庭共同共有财产三个方面，离婚时处理夫妻共同共有财产时应严格加以区分。离婚时可以分割的财产仅限于夫妻共同共有财产及家庭共同共有财产中属于夫妻一方的应有份额，分割财产时还应注意保护未成年人的财产。

(一) 家庭共同共有财产

家庭财产是家庭成员各自所有的财产和家庭成员共同所有的财产的总和。家庭共同共有财产是指家庭成员共同积累、购置、受赠的财产，家庭成员交给家庭的财产和共同生活期间共同劳动的收入等。结婚之后，夫妻与一方其他家庭成员共同生活，双方离婚时尚未分家析产的，家庭财产包括：夫妻共同共有财产、夫妻各自所有的财产，还包括其他家庭成员各自所有的财产和全体或部分家庭成员共同所有的财产。夫妻离婚时只能分割夫妻的共同财产及夫妻财产在家庭共同共有财产中的相应份额，不能分割其他家庭成员的财产。因此，在进行夫妻财产分割时，首先应弄清夫妻共同共有财产的范围。离婚时，可先就已查清的财产问题进行处理，对一时难以查清的财产的分割问题可告知当事人另案处理；或者中止离婚诉讼，待析产案件审结后再恢复离婚诉讼。司法实践中要特别关注，夫或妻名义下的存款或者其他财产一般应为个人财产，但是婚姻关系存续期间产生的夫或妻名义下的存款或者其他财产，有其他证据证明为其他家庭成员的，应当根据财产的来源、夫妻的收入和支出情况进行综合判断，不能简单地认定为夫妻共有财产，以免损害夫或妻一方及其他家庭成员的利益。

(二) 夫妻共同共有财产

根据《婚姻法》(修正案)第17条、第19条和《离婚案件财产分割意见》第8条的规定，在夫妻没有财产约定的情况下，除法律规定为个人特有财产外，夫妻关系存续期间所得的财产一般为夫妻共同共有财产。对于夫妻共同共有财产，夫妻双方享有平等的所有权，婚姻关系终止时原则上应平均分割，必要时可根据结婚时间的长短、财产来源等具体情况进行处理，处理时应注意不能降低和损害财产的使用价值。

对于财产属于个人所有还是属于夫妻共同所有难以确定的处理办法为：根据《离婚案件财产分割意见》第7条的规定，主张权利的一方有责任举证。当事人举不出有力证据，人民法院又无法查实的，按夫妻共同财产处理。

（三）夫妻个人财产

根据我国《婚姻法》（修正案）第 18 条、第 19 条和《离婚案件财产分割意见》的规定，夫妻个人财产包括两个部分：一部分是根据夫妻间的约定归夫妻个人所有财产。夫妻可以书面约定婚前财产以及婚姻关系存续期间所得财产的归属，司法实践中没有争议的口头约定也予以认可。另一部分是在没有约定或约定不明的情况下，由法律直接规定的夫妻个人特有财产，主要包括一方的婚前财产，一方因身体受到伤害获得的医疗费、残疾人生活补助费等费用，遗嘱或赠与合同中确定只归夫或妻一方的财产，一方专用的生活用品。离婚时个人财产原则上归个人所有。

根据《离婚案件财产分割意见》第 16 条的规定，婚前个人财产在婚后共同生活中自然毁损、消耗、灭失，离婚时一方要求以夫妻共同财产抵偿的，不予支持。

关于离婚时，借婚姻索取财物的处理依据最高人民法院 1993 年发布的《离婚案件财产分割意见》第 19 条规定："借婚姻关系索取的财物，离婚时，如结婚时间不长，或者因索要财物造成对方生活困难，可酌情返还。对取得财物的性质是索取还是赠与难以认定的，可按赠与处理。"

关于个人特有财产能否转化为共同财产的问题，根据最高人民法院《婚姻法司法解释（一）》第 19 条的规定，夫妻一方的所有的财产，不因婚姻关系的延续而转化为夫妻共同财产。但当事人另有约定的除外。

（四）未成年子女的财产

未成年子女的财产，是指从出生至不满 18 周岁的子女应得的财产，主要包括受赠的和分家析产时分得的财产。未成年子女的财产，归未成年子女所有。在父母离婚后，未成年子女的财产应由直接抚养的一方代为管理。一方管理未成年子女财产时，应履行法定义务，非为子女利益则不得处分子女财产。

二、分割夫妻共同共有财产时应坚持的原则

根据《婚姻法》（修正案）第 39 条和《离婚案件财产分割意见》的相关规定，我国所确定的分割共同财产的原则是：坚持男女平等原则；照顾子女和女方权益的原则；照顾无过错方原则；有利于生产，方便生活的原则；尊重当事人意愿原则。

（一）男女平等原则

对夫妻共同财产，夫妻双方都有平等的处分权。在夫妻关系存续期间表现为双方均有对共同财产的使用、处分权利，在离婚时双方平等分割共同财产。夫妻共同财产，原则上均等分割，可以根据结婚时间长短、财产来源、生产生活的实际情况等具体情况，处理时有所差别。

（二）照顾子女和女方权益的原则

整体来说，我国目前妇女的经济状况仍比男子差，为保证妇女不因经济问题影响离婚权利的行使，不因离婚而出现生活水平严重下降，保障下一代的健康成长，在分割共同财产时需照顾子女、女方的利益。

(三) 照顾无过错方原则

对因一方过错引起的离婚，在分割共同财产时要照顾无过错一方。所谓过错是指一方有赌博、酗酒、通奸、与他人同居、重婚、家庭暴力、虐待和遗弃等行为。我国实行离婚过错损害赔偿制度，但其适用范围有严格限制，总体来说比较窄，仅限于与他人同居、重婚、家庭暴力、虐待和遗弃。一方的其他过错对无过错方同样造成巨大伤害，所以在分割共同财产时，无过错方无论主动要求离婚，还是被动承受离婚的后果，都应得到照顾，以体现法律的公平。

(四) 有利于生产，方便生活的原则

分割共同财产时应考虑是否有利于生产和生活。不得破坏财产的使用价值和经济价值，要尽量使分割后的财产一如既往地发挥作用。

(五) 尊重当事人意愿原则

财产约定优先于法定，夫妻双方对财产归谁所有以书面形式约定，或以口头形式约定。双方无争议的，离婚时应按约定处理。但是双方约定规避法律或逃避债务的无效。

三、判决分割夫妻共同财产的具体操作

(一) 分割夫妻共同财产的方式

1. 协议分割与判决分割

这是根据分割夫妻共同财产的依据不同所作的分类。协议分割，是指夫妻双方在平等自愿基础上通过协商，对夫妻共同财产的分割达成共识。判决分割，是夫妻双方就共同财产分割达不成一致意见时，由人民法院作出判决的分割方式。

2. 实物分割、价金分割与价值补偿

这是根据分割夫妻共同财产具体方法的不同所作的分类。实物分割，是指在不影响其财产价值和使用价值的前提下，对财产进行实际分配，双方各自依据其分割的份额取得应得的财产。价金分割，是指在共有物不能分割或分割后有损其价值或使用价值的前提下，将共有物进行变卖，双方就变卖后所得的价金进行分割，各自取得相应的价金。价值补偿，是指夫妻一方取得共有物，另一方获得相当于其应得份额的价格补偿金。

(二) 分割夫妻共同财产的一般方法

1. 夫妻共同共有财产，原则上均等分割

根据《离婚案件财产分割意见》第 8 条的规定，夫妻共同财产，原则上均等分割。根据生产、生活的实际需要和财产的来源等情况，具体处理时也可以有所差别。

2. 夫妻分居两地分别管理、使用的婚后财产

根据《离婚案件财产分割意见》第 4 条的规定："夫妻分居两地分别管理、使用的婚后所得财产，应认定为夫妻共同财产。在分割财产时，各自分别管理、使用的财产归各自所有。双方所分财产相差悬殊的，差额部分，由多得财产的一方以与差额相当的财产抵偿另一方。"夫妻因感情不和而分居，分居期间所得的财产仍为共同共有财产，但分割共同共有财产时应考虑财产的来源进行合理分割。

3. 夫妻之间借款协议的处理

夫妻之间订立借款协议，以夫妻共同财产出借给一方从事个人经营活动或用于其他个

人事务的，应视为双方约定处分夫妻共同共有财产的行为。根据《婚姻法司法解释（三）》第 16 条的规定，离婚时可按照借款协议的约定处理。《婚姻法》规定夫妻双方对共同财产有平等的处理权，故夫妻之间的借款行为应当视为夫妻对共同财产的合法处分。夫妻一方向另一方从夫妻共同财产中借款，除作为借款来源的夫妻共同财产属于双方共同共有而与普通自然人之间的借贷不同外，在本质上并无不同，应属于民事借贷行为。因此在双方离婚产生纠纷时应适用该条规定以及自然人之间借款合同的民事法律规定。

4. 离婚时未处理的夫妻共同财产的分割

离婚诉讼中的财产分割仍然奉行谁主张谁举证的原则，因此夫妻一方应当对另一方管理或控制的财产有所了解。如果离婚过程中由于一方对另一方个别共同共有财产不了解，导致出现离婚时没有分割的情况，应当允许离婚后重新分割。离婚后，一方以尚有夫妻共同共有财产未处理为由向人民法院起诉请求分割的，根据《婚姻法司法解释（三）》第 18 条规定，经审查该财产确属离婚时未涉及的夫妻共同财产，人民法院应当依法予以分割。

5. 离婚时尚未实际分割的遗产

婚姻关系存续期间，夫妻一方作为继承人依法可以继承的遗产，在继承人之间尚未实际分割，起诉离婚时另一方请求分割的，根据《婚姻法司法解释（三）》第 15 条的规定，人民法院应当告知当事人在继承人之间实际分割遗产后另行起诉。我国《继承法》第 2 条规定："继承从被继承人死亡时开始。"在婚姻关系存续期间，夫妻一方作为继承人所继承的遗产，应当作为夫妻共同财产，在离婚时按照夫妻共同财产的处理原则进行分割。但在现实生活中经常发生被继承人死亡但并未在其死亡后即时分割遗产的情况。此时，如果夫妻双方离婚，一方请求分割遗产中夫妻共有份额，由于遗产尚未在继承人之间分割，夫妻对于遗产的共同财产只是享有期待权，夫妻一方关于分割该部分财产中夫妻共有份额的条件尚不具备，因此，不能在离婚诉讼中进行处理。但在离婚后，继承人之间实际分割遗产的情况下，人民法院可以对夫妻一方诉请分割原配偶继承所得部分财产的主张依法受理和裁判。

（三）无形财产、生产资料方面的夫妻共同财产的分割问题

1. 关于有价证券和股份的分割

《婚姻法司法解释（二）》第 15 条规定："夫妻双方分割共同财产中的股票、债券、投资基金份额等有价证券以及未上市股份有限公司股份时，协商不成或者按市价分配有困难的，人民法院可以根据数量按比例分配。"此类财产市场价格变动较大，分割共同财产时要充分考虑它作为夫妻共同财产，双方均衡承担风险的问题，人民法院一般的做法是根据数量按比例分配，一方要求价值补偿的不予支持。

2. 关于有限责任公司出资额的分割

有限责任公司是典型的两合公司，股东之间需要彼此了解，相互信任。如果离婚后夫妻协商一致，将婚姻关系存续期间以一方名义出资的有限责任公司股份分割为两人各自分别持有，那么就需要征求其他股东的意见。

《婚姻法司法解释（二）》第 16 条规定："人民法院审理离婚案件，涉及分割夫妻共同财产中以一方名义在有限责任公司的出资额，另一方不是该公司股东的，按以下情形分别处理：（一）夫妻双方协商一致将出资额部分或者全部转让给该股东的配偶，过半数股东

同意，其他股东明确表示放弃优先购买权的，该股东的配偶可以成为该公司股东；（二）夫妻双方就出资额转让份额和转让价格等事项协商一致后，过半数股东不同意转让，但愿意以同等价格购买该出资额的，人民法院可以对转让出资所得财产进行分割。过半数股东不同意转让，也不愿意以同等价格购买该出资额的，视为其同意转让，该股东的配偶可以成为该公司股东。用于证明前款规定的过半数股东同意的证据，可以是股东会决议，也可以是当事人通过其他合法途径取得的股东的书面声明材料。"

3. 关于合伙企业中出资额的分割

合伙企业与合伙人之间承担无限连带责任，一方面合伙人之间需要彼此了解，相互信任；另一方面合伙人可以按照法律规定或约定退伙。《婚姻法司法解释（二）》第17条规定："人民法院审理离婚案件，涉及分割夫妻共同财产中以一方名义在合伙企业中的出资，另一方不是该企业合伙人的，当夫妻双方协商一致，将其合伙企业中的财产份额全部或者部分转让给对方时，按以下情形分别处理：（一）其他合伙人一致同意的，该配偶依法取得合伙人地位；（二）其他合伙人不同意转让，在同等条件下行使优先受让权的，可以对转让所得的财产进行分割；（三）其他合伙人不同意转让，也不行使优先受让权，但同意该合伙人退伙或者退还部分财产份额的，可以对退还的财产进行分割；（四）其他合伙人既不同意转让，也不行使优先受让权，又不同意该合伙人退伙或者退还部分财产份额的，视为全体合伙人同意转让，该配偶依法取得合伙人地位。"

4. 关于独资企业的财产的分割

《婚姻法司法解释（二）》第18条规定："夫妻以一方名义投资设立独资企业的，人民法院分割夫妻在该独资企业中的共同财产时，应当按照以下情形分别处理：（一）一方主张经营该企业的，对企业资产进行评估后，由取得企业一方给予另一方相应的补偿；（二）双方均主张经营该企业的，在双方竞价基础上，由取得企业的一方给予另一方相应的补偿；（三）双方均不愿意经营该企业的，按照《中华人民共和国个人独资企业法》等有关规定办理。"

5. 夫妻关系存续期间一方所取得的尚未取得经济利益的知识产权的分割办法

根据《离婚案件财产分割意见》第15条的规定，该知识产权归一方所有，在分割夫妻共同财产时，可根据具体情况，对另一方予以适当的照顾。

6. 属于夫妻共同共有财产的生产资料的处理办法

根据《离婚案件财产分割意见》第10条的规定，生产资料可分给有经营条件和能力的一方。分得该生产资料的一方对另一方应给予相当于该财产一半价值的补偿。

7. 对夫妻共同经营的当年无收益的养殖、种植业等投资的处理办法

根据《离婚案件财产分割意见》第11条的规定，离婚时应从有利于发展生产，有利于经营管理考虑，对夫妻共同经营的当年无收益的养殖、种植业等投资予以合理分割或折价处理。

8. 关于土地承包经营权的分割

《婚姻法》（修正案）第39条第2款规定："夫或妻在家庭土地承包经营中享有的权益等，应当依法予以保护。"土地承包经营权是农村居民的一项重要民事权利，承包责任田的划分一般以户为单位，在离婚时承包责任田的处理往往关系离婚后离开原居住场所的一

方今后生存问题。因此人民法院在判决此类离婚案时，应当协同村委会的基层领导将责任田划分一并予以考虑。为此，2003年3月1日起实行的《中华人民共和国农村土地承包法》第30条规定："妇女离婚或者丧偶，仍在原居住地生活或者不在原居住地生活但在新居住地未取得承包地的，发包方不得收回其承包地。"

（四）与房屋有关的财产分割问题

1. 确认双方共同共有房屋价值和归属

《婚姻法司法解释（二）》第20条规定："双方对夫妻共同财产中的房屋价值及归属无法达成协议时，人民法院按以下情形分别处理：（一）双方均主张房屋所有权并且同意竞价取得的，应当准许；（二）一方主张房屋所有权的，由评估机构按市场价格对房屋作出评估，取得房屋所有权的一方应当给予另一方相应的补偿；（三）双方均不主张房屋所有权的，根据当事人的申请拍卖房屋，就所得价款进行分割。"

2. 仅取得使用权的房屋的分割

《婚姻法司法解释（二）》第21条规定："离婚时双方对尚未取得所有权或者尚未取得完全所有权的房屋有争议且协商不成的，人民法院不宜判决房屋所有权的归属，应当根据实际情况判决由当事人使用。"

3. 公房使用、承租问题的处理

根据最高人民法院于1996年2月5日发布的《关于审理离婚案件中公房使用、承租若干问题的解答》，人民法院对审理离婚案件对于公房使用、承租问题应当注意以下几点：

夫妻共同居住的公房，有下列情形之一的，离婚后双方均可获得承租权：①婚前由一方承租的公房，婚姻关系存续5年以上的；②婚前一方承租的本单位的房屋，离婚时双方均为本单位职工的；③一方婚前借款投资建房取得的公房承租权，婚后夫妻共同偿还借款的；④婚后一方或双方申请取得公房承租权的；⑤婚前一方承租的公房，婚后因该承租房屋拆迁而取得房屋承租权的；⑥夫妻双方单位投资联建或联合购置的共有房屋的；⑦一方将其承租的本单位的房屋，交回本单位或交给另一方单位后，另一方单位另给调换房屋的；⑧婚前双方均租有公房，婚后合并调换房屋的；⑨其他应当认定为夫妻双方均可承租的情形。

对夫妻共同居住公房的分配，应当依照照顾抚养子女方，同等条件下照顾女方、残疾或生活困难的一方，照顾无过错一方的原则处理。公房由一方承租的，承租方对另一方可给予适当的经济补偿。如房屋面积较大能够隔开分室居住使用的，可由双方分别租住；对可以另调房屋分别租住或承租方给另一方解决住房的，可予准许。

4. 婚前一方所有的房屋，夫妻进行修缮所形成的财产的分割办法

根据《离婚案件财产分割意见》第12条的规定，婚后8年内双方对婚前一方所有的房屋进行过修缮、装修、原拆原建，离婚时未变更产权的，房屋仍归产权人所有，增值部分中属于另一方应得的份额，由房屋所有权人折价补偿另一方；进行过扩建的，扩建部分的房屋应按夫妻共同财产处理。

5. 夫妻一方婚前签订不动产买卖合同，以个人财产支付首付款并在银行贷款，婚后用夫妻共同财产还贷，不动产登记于首付款支付方名下的，离婚时该不动产的处理

离婚时该不动产由双方协议处理。不能达成协议的，人民法院可以判决该不动产归产

权登记一方，尚未归还的贷款为产权登记一方的个人债务。双方婚后共同还贷支付的款项及其相对应财产增值部分，离婚时应根据《婚姻法》第39条第1款规定的原则，由产权登记一方对另一方进行补偿。

6. 由双方父母出资购买，产权登记在一方子女名下的，离婚时该不动产的处理

该不动产可认定为双方按照各自父母的出资份额按份共有，但当事人另有约定的除外。

7. 婚姻关系存续期间，双方用夫妻共同财产出资购买以一方父母名义参加房改的房屋，产权登记在一方父母名下，离婚时该房屋问题的处理

离婚时另一方主张按照夫妻共同财产对该房屋进行分割的，人民法院不予支持。购买该房屋时的出资，可以作为债权处理。

8. 婚前由一方承租，婚后以共同财产购买的房屋的处理

根据最高人民法院《婚姻法司法解释（二）》第19条的规定，由一方婚前承租、婚后用共同财产购买的房屋，房屋权属证书登记在一方名下的，应当认定为夫妻共同财产。

四、离婚时的债务清偿

夫妻共同生活不仅形成了积极财产即共同共有财产，也形成了消极财产即共同债务。共同债务，夫妻均应当承担清偿责任，离婚时应当确定夫妻分担共同债务的办法。

（一）夫妻共同债务

夫妻共同债务是指夫妻一方或双方在婚姻关系存续期间为维持家庭共同生活或者为共同生产、经营活动所负的债务。

夫妻共同债务的范围包括两个部分：一是为共同生活所负的债务，如为履行法定的扶养义务所负债务；夫妻一方或双方为治疗疾病所负的债务；为支付共同生活开支所负的债务。二是为共同生产经营活动所负的债务，如夫妻双方从事家庭承包经营所负的债务；夫妻一方用共同财产投资以个人名义从事生产经营活动所负的债务；一方自筹资金从事生产经营活动但收益用于共同生活所负的债务等。分析夫妻一方生产经营活动所负的债务是否属于夫妻共同债务，关键是看其收益是否用于共同生活，是否用共同财产进行投资。双方约定由一方所承担的债务，但因规避法律，损害国家、集体或者第三人利益，仍视为夫妻共同债务。

债权人就婚姻关系存续期间夫妻一方以个人名义所负债务主张权利的，应当按夫妻共同债务处理。但夫妻一方能够证明债权人与债务人明确约定为个人债务，或者能够证明债权人知道夫妻对婚姻关系存续期间所得的财产归各自所有的除外。

共同债务的清偿首先应双方协商解决；协议不成时由人民法院根据实际情况判决由双方合理地分担清偿责任。当事人的离婚协议或者人民法院的判决书、裁定书、调解书已经对夫妻财产分割问题作出处理的，债权人仍有权就夫妻共同债务向男女双方主张权利。一方就债务承担连带清偿责任后，基于离婚协议或者人民法院的法律文书向另一方主张追偿的，人民法院应当支持。夫或妻一方死亡的，生存一方应当对婚姻关系存续期间的共同债务承担连带清偿责任。

(二) 个人债务

个人债务是指夫妻一方在婚前所负的债务，婚后以个人名义所负与共同生活无关的债务以及夫妻双方约定为个人负担的债务。

个人债务包括：男女双方各自婚前所负债务，但债权人能够证明所负债务用于婚后家庭共同生活的除外；夫妻双方约定由个人所负担的债务，但为逃避债务所作的约定除外；夫妻双方约定实行分别财产制的前提下，一方对外所负的债务；一方未经对方同意擅自资助与其没有抚养义务的亲朋所负的债务；一方未经对方同意，独自筹资从事经营活动，其收入确未用于共同生活所负的债务。个人债务原则上由其本人偿还，夫妻另一方不承担连带责任，对方自愿为其偿还的可以偿还，但不得强迫。

五、离婚时妨碍分割夫妻共同财产的责任

在婚姻关系存续期间，夫妻共同共有的财产一般由夫妻双方分别进行管理。如果离婚时当事人利用管理或控制财产之便，隐藏、转移自己管理的财产或伪造共同债务，则构成对另一方的侵权。因离婚分割夫妻共同财产时，一方隐藏、转移、变卖、毁损夫妻共同财产，或伪造债务企图侵占另一方财产的，根据《婚姻法》(修正案) 第47条和《婚姻法司法解释(二)》第31条的规定，对隐藏、转移、变卖、毁损夫妻共同财产或伪造债务的一方，可以少分或不分。离婚后，另一方发现有上述行为的，可以向人民法院提起诉讼，请求再次分割夫妻共同财产。请求再次分割夫妻共同财产的诉讼时效为两年，从当事人发现之次日起算。

隐藏、转移、变卖、毁损夫妻共同财产的违法行为，如果破坏了民事诉讼的正常程序，根据《民事诉讼法》第115条的规定，人民法院可依据情节轻重，对当事人处以人民币10万元以下罚款或15日以下拘留的民事制裁措施。情节严重的，当事人还要承担刑事责任。

子项目四　离婚救济制度

案例5-2　金某系云南省某县一名乡村女教师，于1999年3月与蒋某登记结婚。2000年金某因阑尾炎住院治疗，由于医疗事故，金某脊柱受损变成植物人，医院赔偿32万元。蒋某见此情景，开始还能对金某悉心照料，一年之后对金某态度逐渐冷淡。2002年，蒋某向法院起诉请求与金某离婚。

任务： 请结合案例回答法院能否判决蒋某与金某离婚？金某应当通过何种法律途径救济其权利？

离婚救济是法律为离婚过程中权利受到损害的一方提供的权利救济方式，或者是为弱势一方提供的法律救助手段。根据我国《婚姻法》的规定，离婚救济方式包括家务补偿请求权、经济帮助请求权和离婚损害赔偿请求权。

一、家务补偿请求权

"家务补偿"是对"实行分别财产制从事家务劳动的一方配偶离婚时的补偿"的简略说法，它是2001年《婚姻法》修正时新增加的内容。《婚姻法》（修正案）第40条规定，夫妻书面约定婚姻关系存续期间所得的财产归各自所有，一方因抚育子女、照料老人、协助另一方工作等付出较多义务的，离婚时有权向另一方请求补偿，另一方应当予以补偿。本条在保护夫妻约定优先的同时，兼顾了对在家庭中对抚育子女，照料老人，协助另一方工作付出较多义务的一方的补偿与保护，这一制度体现了法律的公正、补偿与保护之功能，具有一定的现实意义。

家务补偿请求权的行使，应当符合下列条件：

（1）夫妻约定在婚姻期间采用分别财产制，即婚后财产所得归各自所有。如果是采取夫妻婚后所得共同所有，则只需在离婚时对负担较多家庭义务的一方，在分割共同财产时予以照顾即可。

（2）请求补偿的时间限于离婚时。在离婚之前或离婚之后，均不能提起此项请求权。如果享有请求权的一方在离婚时不提起，则此项权利自行消灭。

（3）补偿请求权不考虑在承担家务劳动方面双方的主观情况。无论一方是由于主观过错，还是基于客观原因，对家务劳动承担较少，另一方均有权要求经济补偿。无论家务劳动承担较多一方基于自愿，还是无可奈何，均有权请求补偿。

二、经济帮助请求权

根据《婚姻法》（修正案）第42条的规定，离婚时，如一方生活困难，另一方应从其住房等个人财产中给予适当帮助。离婚时经济帮助保障婚姻关系解除后困难一方的生活需要，不仅有利于社会稳定，而且有利于消除困难一方在离婚问题上的经济顾虑，为实现离婚自由创造条件。

（一）经济帮助的条件

（1）接受帮助的一方生活困难。离婚后夫或妻一方生活困难包括绝对困难和住房困难。绝对困难，是与相对困难相对称的一个概念，指离婚之后夫妻一方依靠个人财产和离婚时分得的财产无法维持当地的基本生活水平。根据《婚姻法司法解释（一）》第27条第2款的规定，法律所称的生活困难，还包括住房困难，即一方离婚后没有住处的。

（2）经济困难只能发生在离婚之时。离婚时的经济帮助具有严格的时效性。一方生活困难的情形一定发生在离婚之时，离婚后发生的生活困难，当事人没有相应的经济帮助请求权。

（3）提供帮助的一方必须有负担能力。提供帮助的一方应在其能力所及的范围内提供帮助，如果帮助方本人也存在生活困难，则不必提供帮助。

只有同时具备上述三个条件，才能实行一方对另一方的经济帮助。

（二）经济帮助的办法

经济帮助的办法，由双方协议；协议不成时，由人民法院根据双方的实际情况来确定。帮助的内容主要是提供经济帮助和住房帮助。一般来说，具体方法：一是离婚时行使困难帮助请求权的一方有劳动能力，只是生活暂时有困难的，另一方可给予短期的或一次性的经济帮助；二是结婚多年，需要帮助的一方年老病残，失去劳动能力而又无生活来源的，另一方应在居住和生活方面，给予适当的安排，负担较长期或长期的生活费；三是一方离婚后没有住处的，另一方以个人的住房或其他财产对其进行帮助，帮助的方式可以是房屋的居住权，也可以是房屋的所有权。根据《离婚案件财产分割意见》第14条的规定，婚姻存续期间，居住的房屋属于一方所有，另一方以离婚后无房居住为由，要求暂住的，经查实可据情予以支持，但一般不超过两年。无房一方租房居住经济上确有困难的，享有房屋产权的一方可给予一次性经济帮助。

（三）经济帮助的执行

在执行经济帮助期间，接受帮助的一方另行结婚时，对方可终止给付。原定经济帮助执行完毕后，一方要求继续给予帮助的，一般不予支持。如遇有特殊情况，符合经济帮助条件的，可酌情处理。

三、离婚过错赔偿

离婚过错赔偿，又称离婚过错损害赔偿，是指夫妻一方因存在重婚，与婚外异性同居，实施家庭暴力或虐待、遗弃家庭成员的重大过错而导致离婚，无过错方有权要求过错方赔偿自己因离婚而遭受损失的一种法律制度。

《婚姻法》（修正案）第46条规定："有下列情形之一，导致离婚的，无过错方有权请求损害赔偿：（一）重婚的；（二）有配偶者与他人同居的；（三）实施家庭暴力的；（四）虐待、遗弃家庭成员的。"

离婚过错赔偿既可以存在于诉讼程序离婚中，也可以存在于行政程序离婚中。行政程序的离婚，当事人应当就损害赔偿请求单独向人民法院提起诉讼。《婚姻法司法解释（一）》对该制度的适用进行了解释。

思考与练习

思考

1. 离婚使哪些法律关系终止？
2. 离婚时双方均要求抚养子女的，哪些情况可以视为优先条件？
3. 如何理解探望权？
4. 试析离婚时经济帮助的条件。

案例练习

1. 黄某和刘某结婚后生有一子，该子现已12岁。黄某和刘某因感情不和，经人民法院判决离婚。孩子由刘某直接抚养，由于刘某收入较高，黄某下岗，暂时无收入，法院判决黄某每月支付儿子抚养费150元。三年后，黄某做生意发了财，儿子上中学费用高，刘某的收入也不如从前，于是向黄某要求增加抚养费，黄某不同意，认为法院已经判决，不应增加。儿子要求人民法院判决黄某增加抚养费。

任务：黄某儿子的请求能否得到法院的支持？依据是什么？

2. 原告张某与李某经调解离婚，女儿由母亲李某抚养。父亲张某支付抚养费500元，并且每两周可以接女儿到自己家，第二天送回。离婚后，张某一直没有按约定支付抚养费，李某告诉张某不付抚养费就不能探望孩子，于是自行中止张某的探望权。

任务：张某不按时支付子女抚养费是否应中止对女儿的探望？李某是否有权自行中止张某的探望权？

案例分析手把手

【**案情**】许某与杨某1991年8月14日登记结婚，同年12月生育一女杨某甲。婚初感情尚可，后常因家庭琐事发生矛盾。2004年3月21日，许某离家与杨某分居，4月6日起诉与杨某离婚。同年4月8日早晨，许某与另一异性在外地租房同居期间，被杨某发现。许某出具"保证书"两份，承认与他人保持1年同居关系，并放弃房产、存款等家庭财产。同日，杨某向公安机关报案。2004年4月，许某从银行取出5万元存款。此后，许某带杨某甲离家另居。许某向法院的诉请为：1. 准予与杨某离婚。2. 杨某甲由许某抚养，杨某每月支付抚育费500元，至杨某大学毕业；许某每年要为杨某甲缴纳保险费2400元，杨某应支付其中的一半。3. 夫妻共同财产：价值16万元住房一套，康佳彩电、海尔冰箱、小鸭洗衣机各一台，对杨某的哥哥杨某乙的5万元债权由双方平均分割。4. 从银行取出的5万元存款已经用于归还其母及朋友王某的欠款，不能作为共同财产分割。5. 自己欠王某的5000元债务应为共同债务，应由双方分担。杨某辩称：1. 同意双方离婚；许某应赔偿精神损失费5万元。2. 自己已下岗，杨某甲的抚育费过高，时间也过长；为杨某甲办保险是许某自主决定的，保险费应由许某自己支付。3. 按照"保证书"的规定，许某应当无权主张分割房产、存款等家庭共同共有财产。4. 对杨某乙的债权，许某已偿还。5. 存款5万元并未用于偿还欠款，应作为共同财产分割。6. 自己欠美思商贸公司14 000元借款，用于缴纳生产经营中的房租，属于夫妻共同债务，双方平均分担。7. 许某欠王某的债务系因缴纳公安机关罚款所致，不是共同债务。

【**任务**】对于该案件，法院应如何判决？

【**分析思路**】人民法院办理该案时应着力解决以下几个问题：1. 许某行为的性质应如何认定？相应的"保证书"是否有效？民事法律行为生效的一般构成要件是什么？"有配偶者与他人同居"的概念是什么？离婚损害赔偿责任的构成要件是什么？2. 夫妻离婚后，不直接抚养子女一方的抚育费标准应如何确定？3. 婚姻关系存续期间夫妻的共同债权涉及第三人的利益，是把他列为诉讼第三人，还是另案处理？4. 什么情况下夫妻一方欠的债务属于共同债务？5. 夫妻共同财产中的大额现金去向不明的，应如何处理？

【**答案要点提示**】1. 许某的行为没有构成"有配偶者与他人同居"。理由在于《婚姻法司法解释（一）》第2条规定："'有配偶者与他人同居'的情形，是指有配偶者与婚外异性，不以夫妻名义，持续、稳定地共同居住。"许某虽然与第三人发生性关系，但杨某没有举证证明许某与第三人持续稳定地共同居住。通过"保证书"，只能认定许某的行为为通奸。

2. 杨某在分割夫妻共同财产时应受到照顾。《婚姻法》（修正案）第4条规定："夫妻应当互相忠实"，许某违反了夫妻应当互相忠实的法定义务。最高人民法院《离婚案件财产分割意见》规定，人民法院审理离婚案件对夫妻共同财产的处理"应当坚持照顾无过错方的原则"。

3. "保证书"无效，许某不因此丧失分割家庭财产的权利。根据《民法通则》第58条第3项的规定：一方乘人之危，使对方在违背真实意思的情况下所做的民事行为无效。

4. 杨某甲的保险费不宜由双方分担。《婚姻法》(修正案)第37条规定："离婚后，一方抚养的子女，另一方应负担必要的生活费和教育费的一部或全部。"杨某甲的保险费不能定为必要的生活费。

5. 许某所诉请的抚育费过高，也不宜至杨某甲大学毕业。首先，根据最高人民法院《离婚案件子女抚养意见》第7条第1款的规定，子女抚育费的数额，可根据子女的实际需要、父母双方的负担能力和当地的实际生活水平来确定。本案中杨某既无稳定工作也无固定职业，子女的抚育费不宜过高。其次，根据《婚姻法》(修正案)第21条规定，父母对未成年子女或不能独立生活的子女给付抚养费。所以杨某支付杨某甲的抚养费应至杨某甲能独立生活时为止。

6. 对杨某乙的5万元债权另案处理为宜。一般的离婚诉讼中对共同债权存在重大分歧时，因直接涉及案外人的利益。两个诉不宜合并审理，不宜对债权存在与否作出判决。

7. 许某向王某借款5000元，不能认定为夫妻共同债务。《婚姻法》(修正案)第41条规定："离婚时，原为夫妻共同生活所负的债务，应当共同偿还。"向王某的借款是许某因向公安机关缴纳罚款而形成的，不能认定为夫妻共同债务。

8. 杨某欠美思商贸公司14 000元借款，应当认定为共同债务。杨某的借款用于生产经营，而生产经营是为了夫妻的共同生活。根据《婚姻法》(修正案)第41条的规定，应当认定为共同债务。

9. 许某取走的5万元存款应当作为共同财产分割。许某主张从银行取出的5万元存款已经用于归还其母及朋友王某的欠款，不能作为共同财产分割。但许某的证人与当事人有利害关系，不予采信。所以许某在离婚诉讼前取走大额家庭共同存款，不能证明所有权已经转移，应当依法予以分割。

实训三　离婚纠纷的处理

【案情】黄某（女）、于某（男）1999年自行相识并确立恋爱关系，同年6月登记结婚。2000年，两人在石家庄市某区购买了住房一套，现价值约30万元。6月生育一子于泽。黄某称于某婚后不久染上酗酒的恶习，酒醉后没事找事，无端对黄某、于泽进行打骂。有一次将黄某眼睛打伤致使其视物模糊。2010年3月，黄某将于某告上法庭，要求与其离婚，于某开庭时拒不出庭，法院对于某进行了说服教育并判决不准离婚。法院判决生效后，黄某搬到其姐姐黄云家居住，于泽随于某生活。于某并没有改掉酗酒、家庭暴力的老毛病。于泽因为害怕其父，找到母亲黄某，表示愿意跟母亲生活，母子两人遂共同寄宿他处。黄某在某服装厂上班，工资每月1 200元，母子两人仅能勉强生活。为了解决于泽的学费问题，2011年黄某向其兄黄欣借款17 000元。2012年1月，黄某再次向法院起诉离婚，要求分割共同购买的住房一套，共同偿还债务，并要求于泽随其生活，于某支付抚养费。提供的证据有：1. 双方的结婚证；2. 房产证；3. 黄某向黄欣出具的借条；4. 于泽出具的证实于某存在家庭暴力和自己愿意随母亲生活的证人证言；5. 某服装厂出具的证实黄某工资状况的证明；6. 2010年法院判决不准离婚的判决书。于某对黄某的收入证明不予认可，自认工资为每月1 500元，提供证据证明2011年于某向其姐姐于某甲借债8 000元用于支付父子两人的生活费。于某认为自己与黄某还有感情，发生矛盾仅是因为家庭琐事，不同意离婚。如果离婚，于泽应随其生活，如不随其生活，应支持探望权的请求；如果离婚，欠于某甲的借款也应视为共同债务。

当事人的基本情况：黄某，女，汉族，1969年9月出生，现住石家庄市栾城县某路。于某，男，汉族，1969年10月出生，现住石家庄市某区某路。

【任务】拟写判决书。

【任务完成方式要求】分组讨论，记录讨论过程，整理得出结论，要求提供相关法律依据。

【任务完成评价标准要求】

正确地确定管辖法院，准确写明当事人的基本情况；准确地描述当事人的感情状况；能抓住认定离婚后如何抚养教育子女、离婚时财产如何分割的知识点；有分析推理过程；适用法律准确；结论正确。

单元三　家庭关系

项目六　亲 属 制 度

◎ **知识目标**

- 了解亲属、亲系和亲等的概念
- 理解亲属的特征

◎ **能力目标**

- 掌握各种亲等的计算方法，具备准确计算亲等解决现实法律问题的能力
- 把握亲属关系发生、终止的原因及法律效力

【引例】

许某，男，26岁，某化肥企业厂工人。许某与于女（25岁）恋爱多年，准备近期结婚。许某想到同学、朋友结婚时，婚房、高档家具、家电俱全，婚车迎送，酒店宴席，排场风光，觉得自己不能太掉价，于女也有同感。但自己每月仅1500元工资，平时又因吸烟、喝酒花费不少，积蓄不多。于是，许某要求父亲给他购置一套100平方米左右的婚房，并提供10万元作为结婚费用。父亲批评他结婚要节俭，不要大操大办。许某却说，《婚姻法》上讲父母对子女有抚养义务，你不给我钱，就是不抚养我，就是犯法，我就上法院去告你。

【任务要求】

人民法院能否支持许某的诉讼请求？理由是什么？

【案例知识点提示】

抚养权；抚养义务；未成年或不能独立生活的子女

子项目一　亲属概说

一、亲属的概念和特征

（一）亲属的概念

亲属，是指基于婚姻、血缘和法律拟制而形成的一种人与人之间的社会关系。婚姻为

亲属之源，血亲为亲属之流，姻亲则借婚姻而产生。

"亲属"一词，在我国古已有之。最早见《礼记·大传》中的"六世，亲属竭矣"等记载。《说文》中释亲为"至也"，释属为"连也"，可见二者有亲疏远近之分。一般情况下，较近之亲称为亲，较远之亲称为属。

将亲属作为法律上的概念，始于《唐律·户婚》疏义中："亲属，谓本服缌麻以上亲及大功以上婚姻之家"；之后的《大明律》对"同居亲属有罪得相互容隐"，"同姓亲属相殴"，"亲属相盗"等均有较为详细的规定。从清末的《大清民律草案》起，至北洋军阀的《民律草案》和国民政府的《中华民国民法》，则将亲属独立为一编。

我国没有关于亲属的立法。只是在《婚姻法》第三章家庭关系中对夫妻、父母、子女、祖父母、外祖父母、孙子女、外孙子女以及兄姐弟妹的权利义务进行了规定。亲属的范围，划分为广义的生物学上的亲属和狭义的法律学上的亲属，本书主要讲狭义的法律上的亲属。亲属关系一经法律调整，便在具有亲属身份的各个主体之间产生法定的权利和义务。

(二) 亲属的特征

1. 亲属是基于婚姻、血缘和法律拟制而形成的

亲属关系的形成有以下几种情形：

(1) 因血缘关系而自然形成，即因出生而形成的自然血亲。如因子女出生的法律事实而形成的父母子女关系；由此而形成的兄弟姐妹、伯、叔、姑、侄子女等亲属关系；非婚生子女与其生父母形成的亲属关系。

(2) 因婚姻或法律拟制而人为形成。如因婚姻的法律行为而形成的配偶关系和姻亲关系；因收养、再婚等法律行为或抚养事实而形成的养父母子女关系或继父母子女关系。

2. 亲属是有固定的身份和称谓的

亲属间都有固定的身份与称谓，如自然形成的父母子女、兄弟姐妹等血缘身份关系，其身份和称谓是永久性的，除法律另有规定的以外，不能随意变更或解除。此外，还有人为形成夫妻、养父母子女等法律设定的身份关系，其身份和称谓可因离婚、解除收养而终止，当事人不得任意解除。

3. 依法确定的亲属间具有特定的权利和义务

恩格斯指出："父亲、子女、兄弟、姊妹等称呼，并不是单纯的荣誉称号，而是代表着完全确定的、异常郑重的相互义务，这些义务的总和构成这些民族的社会制度的实质部分。"[①]法律确定的亲属间的权利和义务，有的是无条件的，如父母子女间的抚养、赡养义务；有的则需具备法定的条件，如祖孙、兄弟姐妹间的抚养、赡养义务，以有负担能力为前提条件。

(三) 亲属与家属、家庭成员等概念有联系与区别

1. 家属是与家长相对应的称谓，是封建家长制家庭的产物

按古代礼制，家庭由家长和家属组成，家长是家庭的主宰和统治者，在家庭中享有极大的支配权；家属是指家庭中除家长以外的人员，在家庭中处于从属地位。一般情况下，

---

① 《马克思恩格斯选集（第四卷）》，人民出版社2012年版，第37页。

家属多为亲属，但并非所有的家属都是亲属，如《唐律疏义》中"同居家"、"家人不限良贱"的记载，妾、奴婢、家丁等只是家属而不是亲属；同样，也并非所有的亲属都是家属，如不在一起共同生活的外祖父母、岳父母等，就只是亲属而不是家属。因此，家属的概念比亲属要广泛，是指在一起共同生活的所有人。新中国成立以后，虽已废除封建家长制，但家长与家属的称谓仍在民间沿用，只是已不再是法律术语，也不再具有法律上的意义。

2. 家庭成员是指同居一家共同生活，有权利义务关系的亲属

根据《婚姻法》第三章的规定，家庭成员主要是指夫妻、父母子女、兄弟姐妹、祖父母、外祖父母、孙子女、外孙子女等同居一家，共同生活，彼此之间具有权利义务关系的近亲属。而如伯、叔、姑、舅、姨等虽是血缘关系较近的亲属，但一般情况下不同居一家生活，且分属于不同的家庭，他们就不是家庭成员，也不具有法律规定亲属间的权利和义务。可见，家庭成员一般是亲属，而亲属并不都是家庭成员，亲属关系涉及的范围比家庭关系的范围大。

二、亲属的种类

亲属关系在不同的历史时期、不同的社会制度下，从不同的角度，按不同的标准，有不同的分类。

（一）我国古代对亲属的分类

封建宗法制度，是确定我国古代社会亲属关系亲疏远近的基础。依据重男轻女的原则，早期将亲属分为宗亲和外亲；至明清律中，将妻亲另列一类，确立了宗亲、外亲和妻亲三分法的亲属分类体制，一般又称为"三族"或"三党"。

1. 宗亲

宗亲，也称内亲、本亲、本族、宗族等，指同祖同宗的亲属，即源于同一祖先的父系男性血亲与本族未嫁女子及嫁入本族的女子，是封建礼教和法律承认的最主要的一类亲属，具体分为两个部分：

（1）自然形成的宗亲，又称"本宗"或"正宗"，包括出自同一祖先的父系男性血亲。其范围以九族为限，由己上推父、祖父、曾祖父、高祖父为四世，下推子、孙、曾孙、玄孙也是四世，加自身一世共九世，称九族。九族范围内的有血缘关系的人都是宗亲亲属，也包括出自同一祖先，但尚未结婚的父系女性血亲，即本宗未出嫁的女儿，如姑、姐妹、女儿、侄女等。

（2）人为形成的拟制宗亲，出自同一祖先父系男性血亲的配偶。如：祖母、伯母、母、婶、儿媳、孙媳等。这些亲属本为外姓，因与"本宗"的男性结婚而成为宗亲。

2. 外亲

外亲，也称外姻、外族、女族等，指除妻子以外的以女性血统联系的亲属。具体包括两个部分：

（1）母族，即与母亲血缘相联系的亲属，如：外祖父母、舅、姨等。

（2）出嫁族，即出自同一祖先、已结婚的父系女性血亲及其配偶和所生育的后代。如：姑之夫族、姑父及子女；姐妹之夫族、姐夫、妹夫及子女；出嫁女之夫族、女婿及外

孙子女等。

3. 妻亲

妻亲，也称妻族，指与自己妻子有血缘联系的亲属。如：妻之父母（岳父母）；妻之兄弟姐妹及配偶子女等。唐宋之前的法律，"妻族"包括在外亲之中，不算一类亲属。自明清法律，才将"妻族"从外亲中独立出来，称妻亲。严格讲，除妻之父母外，妻的其他亲属一般不算己之亲属。

(二)现代对亲属的分类

现代世界各国大多以亲属产生的原因为标准，按照男女平等的原则，将亲属划分为血亲、配偶和姻亲三种。我国《婚姻法》虽未明文规定，但依据《刑事诉讼法》第58条等相关法律的内容，将亲属也分为这三类。

1. 血亲

血亲，是指因血缘联系而形成的亲属。其原意本为自然血亲，即生物学意义的血亲；但后来扩大为，也可因法律拟制而形成的拟制血亲。因此，血亲有两种：

(1)自然血亲，是指因出生而自然形成的，源于共同祖先、被血缘纽带联结的亲属。如父母子女，兄弟姐妹，祖父母与孙子女，外祖父母与外孙子女，伯、叔、姑与侄子女，舅、姨与外甥、外甥女等。

自然血亲又有全血缘和半血缘自然血亲之分。全血缘的自然血亲是指同胞兄弟姐妹，即同父母的兄弟姐妹；半血缘的自然血亲是指同父异母或同母异父的兄弟姐妹。只要血缘联系客观存在，无论是婚生还是非婚生，无论是全血缘还是半血缘，均为自然血亲。

(2)拟制血亲，是指本无自然血缘联系，但法律确认其与自然血亲有同等权利义务的亲属。因这种血亲是依法形成的，所以又称为法定血亲、准血亲等。

拟制血亲包括：养父母与养子女、有抚养关系的继父母与继子女等两类。根据《婚姻法》（修正案）第26条和《收养法》第22条的规定，养父母与养子女的权利义务，与生父母子女的权利义务关系相同。根据《婚姻法》（修正案）第27条的规定，继父或继母和受其抚养教育的继子女间的权利和义务，与生父母子女的权利和义务相同。

2. 姻亲

姻亲，是指除配偶外，以婚姻关系为中介而产生的亲属。姻亲因婚姻而生，男女结婚后，男、女一方与对方的亲属间形成姻亲关系。姻亲又分为三类：

(1)血亲的配偶，是指自身与自己的血亲的配偶形成的姻亲。包括直系血亲的配偶，如儿媳、女婿、孙媳、孙女婿等；旁系血亲的配偶，如嫂、弟媳、姐夫、妹夫、婶、姑父、舅妈、姨夫等。

(2)配偶的血亲，是指自身与自己配偶的血亲形成的姻亲。如夫的父母（公婆）、夫的兄弟姐妹（叔伯、小姑）、妻的父母（岳父母）、妻的兄弟姐妹（大舅子、小姨子）等。未形成抚育关系的继父母与继子女间亦属于姻亲关系。

(3)配偶的血亲的配偶，是指自身与自己配偶的血亲的配偶形成的姻亲。如夫的兄弟之妻（妯娌）、夫的姐妹之夫、妻的兄弟之妻、妻的姐妹之夫（连襟）等。

以上为我国法学界通认的姻亲种类。但现实生活中血亲的配偶的血亲也常作为姻亲，例如儿子之妻的父母或女儿之夫的父母（亲家公、亲家母）。而姻亲的范围扩张或延长，就使其失去了法律意义。我国《婚姻法》并未规定姻亲之间的权利义务关系。

3. 配偶

配偶,即夫或妻的对称,是指与自身有婚姻关系的人。男女因婚姻而互为配偶,在婚姻关系存续期间,夫为妻的配偶,妻为夫的配偶。没有配偶的结合,便不会产生血亲;没有配偶的婚姻,便不会形成姻亲。配偶是产生血亲和姻亲的基础,是亲属关系的源泉。

世界各国法学界对于配偶是否为亲属一直有争议。有的认为,配偶仅是血亲和姻亲发生的源泉,但其本身既无亲系又无亲等,因而不应列入亲属的范围;有的则认为,配偶既然是血亲和姻亲产生的基础,当然是亲属。如:德国旧民法典和瑞士民法典,不承认配偶是亲属;日本和韩国的民法,明文规定配偶属于亲属的范围。我国法律虽未明确规定亲属的种类,但依据《民法通则意见》第12条的规定,配偶不仅是亲属,而且还是居于首位的近亲属。

按亲疏远近的不同,亲属还可分为近亲属和其他亲属。关于近亲属的范围,我国目前尚无统一的法律规定。有四部法律、法规对使用较多的"近亲属"一词划定了范围(见下表):

法律、法规、司法解释依据	近亲属的范围	
	相同	不同
《刑事诉讼法》第106条第6项	夫、妻、父、母、子、女、同胞兄弟姐妹	—
《民法通则意见》第12条	配偶、父母、子女、兄弟姐妹	祖父母、外祖父母、孙子女、外孙子女
《最高人民法院关于执行〈中华人民共和国行政诉讼法〉若干问题的解释》第11条	配偶、父母、子女、兄弟姐妹	祖父母、外祖父母、孙子女、外孙子女和其他具有扶养、赡养关系的亲属
劳动和社会保障部令第18号《因工死亡职工供养亲属范围规定》第2条	配偶、父母、子女、兄弟姐妹	祖父母、外祖父母、孙子女、外孙子女

子项目二 亲系与亲等

案例6-1 甄某,男,23岁;胡某,女,21岁。甄某年幼丧父,其母带其改嫁异乡,师范院校毕业后,至某小学任教,与该校教师胡某相恋。甄某应邀至胡某家作客,交谈中方知甄的母亲与胡的祖母是同胞姐妹,甄的生父与胡的父亲是亲姨表兄弟,甄与胡乃表叔与表侄女关系。双方父母认为两家是"亲戚",又辈分不同,结婚不妥。但甄、胡两人感情甚笃,胡某明知甄某无生育能力,仍坚持要结婚。

任务:婚姻登记机关能否给无生育能力又有"亲戚"关系的甄某和胡某办理结婚登记?

一、亲系

亲系是指亲属之间的联络系统。这种系统以血缘、婚姻为联络载体。除配偶关系外，各亲属都有一定的亲系可循。按不同的联系标准，亲属可分为不同的系列。

(一)直系亲和旁系亲

这是按亲属之间血缘关系的远近来划分的。

1. 直系亲

直系亲又可分为直系血亲和直系姻亲。

(1)直系血亲，是指与自身有直接血缘生育联系的亲属，即生育自己或自己生育的各代血亲。如：自己与父母、祖父母、外祖父母、子女、孙子女、外孙子女之间。这些亲属与自己的血缘联系均为纵向、不同辈之间的。除这些自然直系血亲外，还包括法律拟制的直系血亲，如：养父母与养子女、养祖父母与养孙子女、形成扶养关系的继父母与继子女等。

(2)直系姻亲，是指自身配偶的直系血亲和自身直系血亲的配偶。如：女婿与岳父母、儿媳与公婆、未形成扶养关系的继父母与继子女等。

2. 旁系亲

旁系亲又可分为旁系血亲和旁系姻亲。

(1)旁系血亲，是指与自身源自同一祖先，有间接血缘联系的其他亲属。如：与己同源于同一父母的同胞兄弟姐妹；源于同一祖父母的伯、叔、姑与侄子女，堂兄弟姐妹，姑表兄弟姐妹；源于同一外祖父母的舅、姨与外甥子女，舅表兄弟姐妹，姨表兄弟姐妹等。

(2)旁系姻亲，是指旁系血亲的配偶、配偶的旁系血亲和配偶的旁系血亲的配偶。例如：与己兄弟姐妹的配偶(嫂、弟媳、姐夫、妹夫)；与己夫或妻的兄弟姐妹(大伯子、小叔子、大姑子、小姑子、大舅子、小舅子、大姨子、小姨子)；与己夫或妻的兄弟姐妹的配偶(妯娌、连襟)等。

(二)父系亲和母系亲

这是按亲属之间是以父亲还是母亲为中介进行联系来划分的。

1. 父系亲

父系亲是指以父亲为中介而联系的亲属。例如：祖父母、伯、叔、姑、侄子女等。

2. 母系亲

母系亲是指以母亲为中介而联系的亲属。例如：外祖父母、舅、姨、舅表兄弟姐妹、姨表兄弟姐妹等。

(三)长辈亲、同辈亲和晚辈亲

这是按亲属之间辈分的不同来划分的。辈分，又称为行辈，同一世代为一辈。

1. 长辈亲

长辈亲，也称为尊亲属，是指辈分高于自己的亲属，如父母辈、祖父母辈、外祖父母辈的亲属等。长辈有父辈和祖辈之分。

2. 同辈亲

同辈亲，也称为平辈亲，是指与自己同等辈分的亲属，如同胞兄弟姐妹、堂兄弟姐

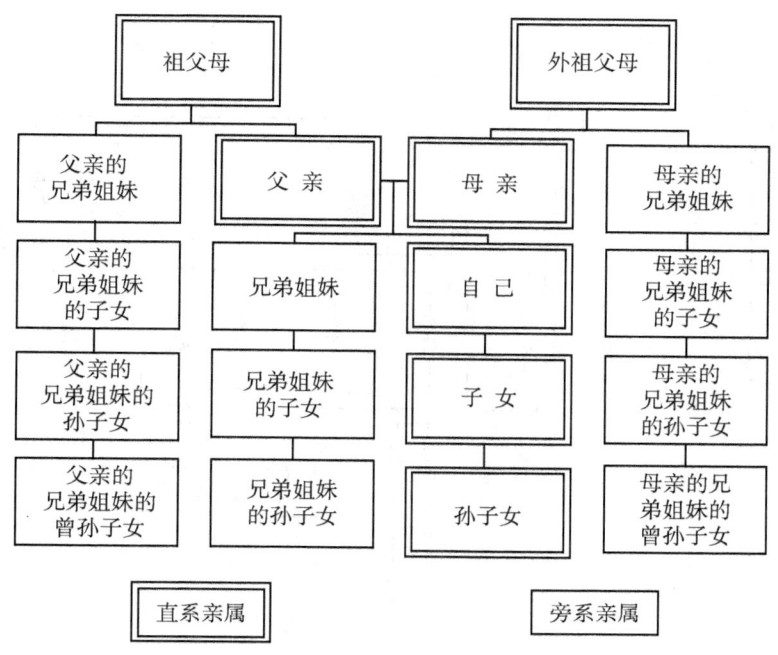

直系亲属和旁系亲属图

妹、表兄弟姐妹等。同辈之内分长幼排行。

3. 晚辈亲

晚辈亲,也称为卑亲属,是指辈分低于自己的亲属,如子女辈、孙子女辈、外孙子女辈的亲属等。晚辈有子辈和孙辈之分。

我国古代法律,辈分的尊卑长幼规定非常严格,不得乱序。如:唐律规定卑幼不依家长私自婚嫁的,要杖一百;清律严禁同宗亲属结婚,不同辈分的人结婚要处以重刑。现行《婚姻法》虽没有辈分的规定,但《继承法》的代位继承,即被继承人子女的晚辈直系血亲可以代位继承,确定了这种亲属分类的现实法律意义。

二、亲等

亲等,即亲属的等级,是测算亲属之间亲疏远近的基本单位。亲等数与亲属关系的亲疏远近程度成反比,亲等数越小,表示亲属关系越近;反之,则表示亲属关系越远。国外有关亲等的计算方法主要有两种,即罗马法和寺院法的计算方法;我国没有严格意义上的亲等,对于亲属亲疏的计算方法则有古代的丧服制和现代的代数制计算方法。

(一) 罗马法的亲等计算法

这是古罗马帝国使用的计算亲属关系亲疏远近的方法。随着罗马法的传播,延续至今已 2000 多年,因其亲等计算方法较为科学,现代世界上绝大多数国家仍然采用。

1. 直系血亲的亲等计算

直系血亲以世代为标准计算亲等。从己身往上数或往下数,以间隔的世代数定其亲等

单元三　家庭关系

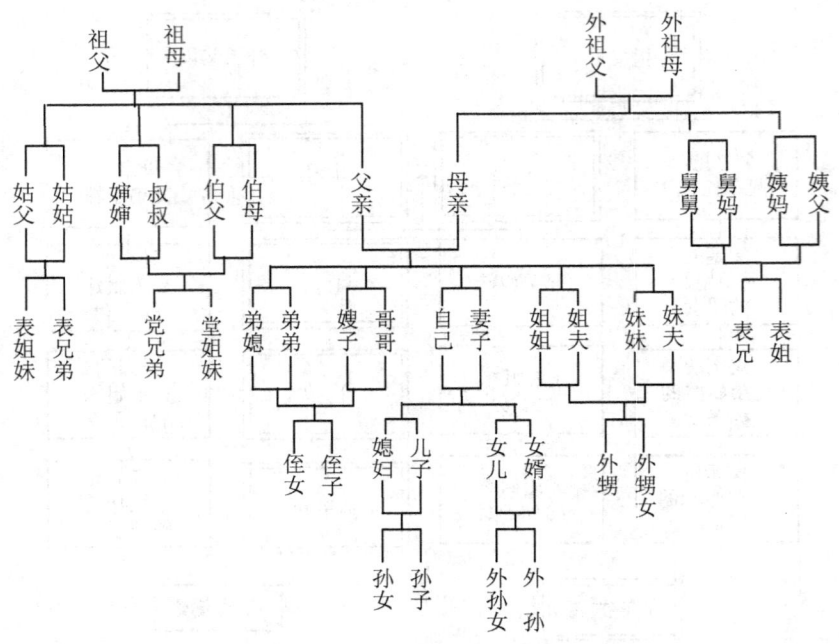

中国主要亲属关系称谓图

数。每隔一代为一亲等，但己身不计算。如：从己身往上数，与父母为一亲等，与祖父母、外祖父母为二亲等，与曾祖父母、外曾祖父母为三亲等；从己身往下数，与子女为一亲等，与孙子女、外孙子女为二亲等，与曾孙子女、外曾孙子女为三亲等。亲等数越小，表示亲属关系越近。

2. 旁系血亲的亲等计算

旁系血亲的亲等分三步进行计算：①找到双方的同源直系血亲；②分别从双方往上数至双方同源的直系血亲，每经一代为一亲等，得出两个亲等数；③将分别计算出的双方至同源直系血亲的两个亲等数相加，即为自身与所指亲属的亲等数。

例1：计算自己与兄弟姐妹的亲等，要先找到自己与兄弟姐妹的同源直系血亲即父母，再分别从自己和兄弟姐妹这两边往上数至父母，两边分别为一亲等，将两边数字相加，得出自己与兄弟姐妹为二亲等旁系血亲。

例2：计算自己与姑的亲等数，先找到自己与姑的同源直系血亲为祖父母，然后分别从自己和姑往上数至祖父母，其亲等数分别为自己与祖父母为二亲等，姑与祖父母为一亲等，然后相加两边的亲等数，得出自己与姑之间的亲等数是三亲等。

(二) 寺院法的亲等计算法

这是欧洲中世纪基督教教规计算亲属关系亲疏远近的方法，所以又称为教会法亲等计算法。因其不能准确反映亲属关系的远近，所以，只有少数国家，如梵蒂冈、英国、爱尔兰、葡萄牙等因受宗教和立法传统的影响而仍在沿用。

1. 直系血亲的亲等计算

计算方法与罗马法相同。

2. 旁系血亲的亲等计算

旁系血亲的亲等也分三步进行计算，其前两步与罗马法相同：①找到双方的同源直系血亲。②分别从双方往上数至双方同源的直系血亲，每经一代为一亲等，得出两个亲等数。③如两边的亲等数相同，则以此相同数为亲等数；如亲等数不同，则取其多者为亲等数。寺院法旁系血亲的亲等计算方法为，再从同源的直系血亲往下数，数至要计算的该旁系血亲，若两边的亲等数相同，则任何一边的亲等数为该旁系血亲的亲等数。

例1：同样要计算自己与兄弟姐妹的亲等，双方同源直系血亲是父母，分别从自己与兄弟姐妹两边往上数至父母，两边都是一亲等，则自己与兄弟姐妹为一亲等旁系血亲。

例2：计算自己与姑的亲等数，自己与姑的同源直系血亲为祖父母，然后分别从自己和姑往上数至祖父母，其亲等数为自己与祖父母为二亲等，姑与祖父母为一亲等，两边的亲等数不同，则取其中的大数为亲等数，得出自己与姑之间的亲等数是二亲等旁系血亲。

例3：照此方法，计算自己与姑表兄弟姐妹的亲等数，也是二亲等旁系血亲。而自己与姑的血缘关系明显比自己与姑表兄弟姐妹的血缘关系要近，所以寺院法的亲等计算法不够精确。

(三)我国古代丧服制的亲等计算法

我国古代并没有严格意义的亲等制，而是以生者祭奠死者时所穿丧孝服的等级差别来反映亲属关系的亲疏远近，这即为丧服制。丧服制起源于周礼，沿用至清末民初。丧服制分五等。丧服重，表示亲属关系近；丧服轻，表示亲属关系远。

1. 第一等为斩衰亲

这是最亲近的亲属，应服丧三年，即守孝期为三年。丧服用最粗的麻布做成，裁剪后不缝合为斩，在丧服当心处连上一块长6寸、宽4寸的麻布来表示悲戚称为衰。如：子及未嫁女为父母；父死嫡长孙为祖父母；妻为夫；儿媳为公婆等。

2. 第二等为齐衰亲

齐衰亲，又称期亲，服丧有杖期、不杖期、五月、三月之别。齐衰杖期(持杖)与齐衰不杖期(不持杖)，守孝期都是一年，也称"期年"。丧服用稍粗的麻布做成，缝边。如：夫为妻(父母在则不持杖)，子为出母(被父休去之生母)、嫁母(父亡改嫁之母)等服齐衰杖期；孙子女为祖父母、出嫁女为父母、夫(父母在)为妻、侄子为伯叔等服齐衰不杖期；曾孙、未嫁曾孙女为曾祖父母等服齐衰五月；玄孙、未嫁玄孙女为高祖父母等。

3. 第三等为大功亲

服丧守孝期为九个月。丧服用粗熟布做成。如：妻为夫之祖父母，父母为子女，公婆为儿媳，出嫁女为伯、叔父母等。

4. 第四等为小功亲

服丧守孝期为五个月。其丧服用稍粗的熟布做成。如：己为伯、叔祖父母，为堂伯、叔父母，为未嫁祖姑，妻为夫之伯、叔父母等。

5. 第五等为缌麻亲

服丧守孝期为三个月。其丧服用细熟布做成。如：夫为妻之父母，妻为夫之高祖、曾祖父母等。

这五等亲，也称为五服亲。超出五服，叫袒免亲，即九族宗亲之内的无服亲。这种亲属无丧服守孝规定，丧葬时穿素服，尺布缠头。

丧服制是维护以男系为中心的宗法制度的产物，丧服的差别受性别、尊卑、名分等影响，不能准确、客观地反映血缘关系的亲疏状况，我国已废除了这一计算方法。但在一些农村地区还有以是否出"五服"来判断亲属关系远近的现象。

（四）我国《婚姻法》的代数计算法

《婚姻法》（修正案）第7条："有下列情形之一的，禁止结婚：（一）直系血亲和三代以内的旁系血亲；（二）患有医学上认为不应当结婚的疾病。"

我国《婚姻法》未规定亲等，而是以"代"为标准计算亲属关系的亲疏远近。代数越小，亲属关系越近。我国《婚姻法》第7条规定，禁止直系血亲和三代以内旁系血亲结婚，即用"代数"来表明亲属关系远近。"代"指世代，即一世辈为一代。

1. 直系血亲代数的计算

从自己算起为一代，往上数至父母为二代，至祖父母、外祖父母为三代，至曾祖父母、曾外祖父母为四代，至高祖父母、高外祖父母为五代。往下数，至子女为二代，至孙子女、外孙子女为三代。依此类推。

我国直系血亲的代数计算法与罗马法、寺院法亲等计算法不同的是，己身算一代，即直系血亲间的代数比亲等数多"一"，如：自己与父母按罗马法、寺院法亲等计算法是一亲等，而按我国的代数计算法则是二代。

2. 旁系血亲代数的计算

分两步计算：①从己身和该旁系血亲分别上溯至同源最近的直系血亲；②分别计算两边上数至同源直系血亲的世代数。若两边代数相同，取同数；若不同，取高数（见下表）。

与旁系血亲的称谓	双方同源直系血亲	分别数代数	最终世代数
自己与兄弟姐妹	父母	自己与兄弟姐妹两边往上数都是二世代	二代以内旁系血亲
自己与堂兄弟姐妹	祖父母	自己与堂兄弟姐妹上数至祖父母均为三代	三代以内旁系血亲
自己与姨	外祖父母	自己至外祖父母是三代，姨至外祖父母是二代，两边世代数不同，则取多数为代数	三代以内旁系血亲
自己与表侄女	外祖父母	自己至外祖父母是三代，表侄女至外祖父母为四代	四代以内旁系血亲

我国的代数计算法与寺院法亲等计算法基本相同，不同的是计算时应将自己或该旁系血亲本身的世代算做一代，因此旁系血亲的代数比寺院法亲等数多"一"。

我国以"代"来计算亲属关系，虽简便易行，但不够科学。如：自己与伯叔姑是三代旁系血亲，与他们的子女(堂兄弟姐妹、表兄弟姐妹)也是三代旁系血亲。代数相同，但自己与伯叔姑的血缘关系要比自己与堂兄弟姐妹、表兄弟姐妹的血缘关系要近。我国《婚姻法》提到的"三代以内旁系血亲"包括伯、叔、姑、舅、姨、兄弟姐妹、堂兄弟姐妹、表兄弟姐妹、侄子女、外甥子女等。

对旁系血亲的计算，代数计算法与寺院法亲等计算法一样，不能准确反映亲属关系的远近，没有罗马法亲等计算法科学。

子项目三 亲属关系的法律效力

案例 6-2 高某，男，26 岁，某高校讲师；师某，女，23 岁，某单位职员。高某与师某在谈恋爱期间，致师某怀孕。当时，高某要求打胎，师某坚决不同意，生下一女孩。师某多次找高某，提出结婚要求，高某不同意，反而另寻新欢，并准备结婚。师某遂向人民法院提起诉讼，要求高某负担孩子的抚养费每月 850 元。法院经查证、鉴定，证明孩子系高某与师某共同所生。

任务：法院能否支持师某要求高某负担该非婚生女的抚养费？

一、亲属关系的发生

亲属关系的发生，是指因一定法律事实的出现，而使当事人之间形成亲属关系。

(一)配偶关系的发生

配偶关系，因婚姻的成立而发生。按照我国婚姻法的规定，男女双方依法进行结婚登记，取得结婚证的时间，即为配偶关系发生的时间。

(二)血亲关系的发生

1. 自然血亲

因出生的事实而产生，它既适用于婚生父母子女关系，也适用于非婚生父母子女关系。出生的时间即为自然血亲关系发生的时间。

2. 拟制血亲

依法定的条件和程序而成立。如：因收养子女的法律行为，而形成拟制血亲的养父母子女关系；依法取得收养证的时间，即为拟制血亲关系发生的时间。因父或母的再婚法律行为，继父母与受其抚育的继子女之间，形成拟制血亲的继父母子女关系。

(三)姻亲关系的发生

姻亲关系，是因婚姻的成立和血缘的事实而发生。男女双方结婚是产生姻亲的基础，而婚姻一方或双方血亲的存在，才会有血亲的配偶、配偶的血亲、配偶的血亲的配偶等姻亲关系。婚姻成立的时间，即为姻亲关系发生的时间。

二、亲属关系的终止

亲属关系的终止，是指因一定法律事实的出现，而使当事人之间既存的亲属关系归于消灭。

(一) 配偶关系的终止

（1）因配偶一方死亡（包括自然死亡和宣告死亡）的事件，配偶关系终止。

自然死亡的时间、人民法院宣告死亡判决书生效的时间，为配偶关系终止的时间。

（2）因双方离婚的行为，配偶关系终止。

取得离婚证的时间、人民法院准予离婚调解书或判决书生效的时间，为配偶关系终止的时间。

(二) 血亲关系的终止

1. 自然血亲，只能因一方死亡（包括自然死亡和宣告死亡）而终止

将子女送养他人，只能消除生父母子女间的权利义务关系，其自然血亲关系仍然存在，法律规定的自然血亲内容仍然适用，如：禁止结婚的规定。

2. 拟制血亲

（1）因一方死亡而终止。养父母去世。自然死亡的时间、人民法院宣告死亡判决书生效的时间，为拟制血亲关系终止的时间。

（2）因依法解除而终止。养父母与养子女解除收养关系，尚未成年的养子女与生父母恢复亲属关系。取得解除收养关系证明的时间、人民法院准予解除收养关系调解书或判决书生效的时间，为拟制血亲关系终止的时间。

（3）继父或母与生母或父离婚，未成年继子女与继父或母的拟制血亲关系终止。

(三) 姻亲关系的终止

（1）因离婚而终止姻亲关系。

（2）配偶一方死亡，姻亲关系是否终止，由当事人自行决定。

如生存方未再婚，或再婚后仍与亡偶父母等亲属生活在一起，则姻亲关系仍视为存在；如再婚，终止姻亲关系。

我国婚姻法对姻亲关系的终止无具体规定，一般由当事人按习惯或意愿自己处理。

三、亲属关系的法律效力

亲属关系的法律效力，又称亲属的效力，是指亲属关系一经法律调整，就在一定范围的亲属之间产生法定的权利、义务关系及法律上的其他后果。亲属关系的法律效力在诸多法律领域中均有表现，主要示例如下：

(一) 在婚姻家庭法上的效力

1. 扶养的效力

一定范围内的亲属有相互扶养的义务。根据《婚姻法》、《收养法》等法律的规定，亲属之间的扶养义务有两种：一为无条件的义务，即夫妻之间有相互扶养的义务，父母对未成年或不能独立生活的子女有抚养教育的义务，成年子女对父母有赡养扶助的义务。《婚姻法》(修正案) 第 21 条："父母对子女有抚养教育的义务……父母不履行抚养义务时，未成年的或不能独立生活的子女，有要求父母付给抚养费的权利"；《婚姻法》(修正案) 第 25 条："非婚生子女享有与婚生子女同等的权利，任何人不得加以危害和歧视。不直接抚养非婚生子女的生父或生母，应当负担子女的生活费和教育费，直至子女能独立生活为止。"二为有特定条件的扶养义务，即兄弟姐妹之间、(外)祖父母与(外)孙子女之间，在

有负担能力的前提下承担扶养义务。

2. 继承的效力

一定范围内的亲属有相互继承遗产的权利。根据《婚姻法》的规定，夫妻、父母子女之间有相互继承遗产的权利。

3. 共同共有财产的效力

根据《婚姻法》的规定，夫妻在婚姻关系存续期间所得的财产，除法律另有规定或当事人双方另有约定之外，归夫妻双方共同所有。

4. 禁婚的效力

一定范围内的亲属禁止结婚。根据《婚姻法》的规定，禁止直系血亲和三代以内旁系血亲之间结婚。

(二) 在民法上的效力

1. 监护的效力

一定的亲属关系具有法定监护责任。①根据我国《民法通则》的规定，未成年人的父母是未成年人的法定监护人。未成年人的父母已经死亡或者没有监护能力的，由有监护能力的祖父母、外祖父母、兄、姐、关系密切的其他亲属担任监护人。②根据《民法通则》的规定，对于精神病人，由其配偶、父母、成年子女、其他近亲属、关系密切的其他亲属担任监护人。

2. 法定代理的效力

一定的亲属具有法定代理权。根据《民法通则》的规定，无民事行为能力人、限制民事行为能力人的监护人是他的法定代理人。

3. 申请宣告的效力

根据《关于贯彻执行〈中华人民共和国民法通则〉若干问题的意见》的规定，公民下落不明达到一定期限的，其配偶、父母、子女、兄弟姐妹、祖父母、外祖父母、孙子女、外孙子女等可向人民法院申请宣告失踪、死亡。根据《民法通则》的规定，精神病人的利害关系人，可以向人民法院申请宣告精神病人为无民事行为能力人或限制民事行为能力人。

4. 对宣告失踪人财产代管的效力

根据《民法通则》的规定，失踪人的配偶、父母、成年子女或者关系密切的其他亲属，代管失踪人的财产。

5. 确定继承范围与顺序的效力

根据《继承法》的规定，配偶、父母、子女为第一顺序的法定继承人；兄弟姐妹、祖父母、外祖父母为第二顺序的法定继承人。孙子女、外孙子女在其父母先于祖父母、外祖父母死亡时，可代位继承祖父母、外祖父母的遗产。

(三) 在刑法上的效力

1. 犯罪构成的效力

根据《刑法》的规定，构成某些犯罪，必须以一定的亲属关系为要件。如：虐待罪、遗弃罪的犯罪主体，必须与被害人之间有一定的亲属关系。

2. 告诉的效力

根据《刑法》的规定，某些犯罪必须是由受害亲属亲自起诉，人民法院才处理。如：暴力干涉婚姻自由罪、虐待罪等，只有被害人告诉才处理。但被害人因受强制、威吓而无法告诉的，人民检察院、被害人的近亲属也可以告诉。

3. 和解的效力

根据《刑事诉讼法》的规定，对于告诉才处理的案件，人民法院可以进行调解，自诉人在宣告判决前，可以同被告人自行和解或者撤回自诉。

（四）在诉讼法上的效力

1. 回避的效力

根据《刑事诉讼法》、《行政诉讼法》、《民事诉讼法》的规定，一定的亲属关系为回避理由。如：《刑事诉讼法》规定，审判人员、检察人员、侦查人员若为本案当事人的近亲属的，或者近亲属和本案有利害关系的，应当自行回避，当事人及其法定代理人也可申请回避。

2. 代理的效力

根据《民事诉讼法意见》的规定，无民事行为能力人、限制民事行为能力人的监护人，作为法定代理人代其进行民事诉讼。

3. 辩护的效力

根据《刑事诉讼法》的规定，犯罪嫌疑人、被告人的监护人或者亲友可以担任其辩护人。

4. 不得担任代理人、辩护人的效力

根据《法官法》的规定，法官的配偶、子女不得担任该法官任职法院办理案件的诉讼代理人或者辩护人。

5. 上诉、申请再审的效力

根据《刑事诉讼法》的规定，近亲属经被告人同意可以提起上诉，也可依法提出申诉。《民事诉讼法》中，无民事行为能力、限制民事行为能力人的法定代理人，可以代理其上诉或者申请再审。

（五）在劳动法上的效力

（1）夫妻、父母子女分居两地的，享有探亲假。未婚者，每年可探望父母一次；已婚者，每年可探望配偶一次；已婚者，每四年可探望父母一次。

（2）劳动者死亡后，其生前供养的配偶和直系亲属依法享受一定的抚恤费、救济费。

（六）在国籍法上的效力

1. 依据一定的亲属关系，自然取得国籍

根据《国籍法》的规定，父母双方或一方为中国公民；父母无国籍或国籍不明但在中国定居，本人在中国出生的，具有中国国籍。

2. 依据一定的亲属关系和驻在国国籍法，取得国籍

父母双方或一方为中国公民并定居在外国，本人出生时即具有外国国籍的，不具有中国国籍；出生在外国，除驻在国法律规定出生时就具有外国国籍的以外，其父母有一方有中国国籍，本人也具有中国国籍。

3. 可申请加入中国国籍

外国人或无国籍人是中国人的近亲属，可申请批准加入中国国籍；曾有过中国国籍的外国人具有正当理由，可以申请恢复中国国籍。

4. 可申请退出中国国籍

中国公民是外国人的近亲属的，经申请批准可以退出中国国籍。

亲属关系的法律效力，除上述列举外，在其他的一些部门法中，如《未成年人保护法》、《老年人权益保障法》等法律中还有相应的规定。

思考与练习

思考

1. 简述亲属的法律概念及其种类。
2. 谈谈你对亲等的理解。罗马法、寺院法、我国代数计算法是如何计算亲属关系远近的？
3. 用图表画出我国的直系血亲、三代以内旁系血亲的范围及称谓。
4. 各类亲属关系发生和终止的原因是什么？
5. 亲属关系在我国《婚姻法》和《民法》上有哪些效力？

案例练习

1. 卜某（男，25岁）与表哥的女儿于某（女，20岁）在同一乡镇企业中工作，互相帮助，互相学习，建立了深厚的感情，准备结婚。卜某与表哥的女儿结婚，法律允许吗？
任务：（1）按罗马法、寺院法及中国代数计算方法，他们分别属几等亲？
（2）按现行《婚姻法》的规定能否结婚？为什么？

2. 分别计算养父与养女、继母与继子、继父的儿子与继母带来的女儿、姨妈与外甥、自己与姑妈的女儿是几等亲？他们之间能否结婚？

案例分析手把手

【案情】张壮（男，26岁）与其舅的孙女（丁某，24岁）两人从小情投意合，在他们达到结婚年龄以后，想领结婚证结婚，却遭到双方父母的反对，理由是他们是亲戚，而且辈分不同。

【任务】法律是否允许两人结婚？

【分析思路】本题考查：1. 我国《婚姻法》（修正案）第7条第1款禁婚亲的规定；2. 我国法律规定的亲等计算方法及准确计算亲等的能力。

【答案要点提示】1.《婚姻法》第7条第1款规定："有下列情形之一的，禁止结婚：（一）直系血亲和三代以内的旁系血亲……"因为，我国现行《婚姻法》只禁止直系血亲和三代以内旁系血亲结婚，而未禁止不同辈分的人或三代以外旁系血亲结婚；因此，不在《婚姻法》的血统限制范围内，应当允许两人结婚。

2. 本例中，张壮与其舅的孙女数至他（她）们的同源血亲为张壮的姥姥、姥爷，张壮是第三代，其舅的孙女是第四代，按中国代数计算方法属第四代旁系血亲，他们结婚在血统上没有法律限制。因此，与其舅的孙女结婚，并不违反《婚姻法》。

项目七 夫妻关系

◎ **知识目标**
- 正确认识夫妻在家庭中的法律地位
- 正确认识夫妻之间人身关系的内容

◎ **能力目标**
- 准确区分夫妻共同共有财产和个人特有财产
- 准确判断夫妻财产约定的效力及效力范围

【引例】

王×于 1998 年购买了松下彩电、全自动洗衣机各一台,共价值 15000 元。王×与高×(女)于 2000 年相识。高×以手头紧,需用钱为由,向王×借款 2 万元,并出具了借条。2001 年年底,王×与高×登记结婚,结婚时双方没有财产所有权方面的约定,彩电与洗衣机双方一直共同使用。2002 年,高×的姑妈赠与高×价值 24000 元的钢琴一架。2002 年 5 月,高×怀孕。高×怀孕后因生理反应,脾气变得暴躁,一直认为王×对自己照顾不周,特别是王×的母亲对其照顾不周。终于,怀孕五个月的高×在未与王×商议的情况下,到医院进行了人工终止妊娠术。王×得到消息后非常气愤,当即表示高×侵犯了自己的生育权,要起诉离婚,请求赔偿,并要高×偿还 2 万元借款。高×不同意离婚,同时认为两人结婚后债务混同,借款不需要偿还。

【任务要求】

请结合案例回答婚前的借款是否需要偿还?法院能否判决离婚?两人的哪些财产属于共同财产,哪些属于个人特有财产?

【案例知识点提示】

夫妻在家庭中的法律地位;生育权;我国的法定夫妻财产制

结婚行为最直接的法律后果就是确立主体之间的夫妻关系,夫妻关系是普遍的社会关系。夫妻法律地位平等,其中的部分权利义务关系可以通过双方协商确定,但对于夫妻关系的主要内容,婚姻法均作出了明确的规定,凡是法律没有明确规定双方可以协商变更的，当事人要按照法律的规定履行义务。这就要求法律职业者对夫妻关系的立法宗旨和具体要求熟练掌握。

子项目一　夫妻关系的概说

一、夫妻关系的概念

夫妻关系是指我国《婚姻法》所确定的夫妻间的权利义务关系，夫妻关系是家庭中的核心关系。加强对夫妻关系的法律调整，不仅有利于保护夫妻双方的合法权益，也有利于建立民主和睦的家庭，同时有利于促进社会的稳定与发展。

从性质上看，夫妻关系包括人身和财产两个方面的内容。夫妻人身方面的关系是指夫妻双方在家庭中的身份及人格方面的权利义务关系，如夫妻有独立的姓名权，参加生产、工作学习和各项社会活动的自由，实行计划生育的义务等。夫妻财产方面的关系是指夫妻双方具有财产内容的权利义务关系，如夫妻互负扶养义务，夫妻互有继承遗产的权利及共同共有财产的权利等。夫妻人身方面的关系是夫妻财产方面的关系的前提，是夫妻关系的主要方面；夫妻财产方面的关系是夫妻人身方面的关系引起的法律后果，也是夫妻关系的重要内容。

婚姻效力，是婚姻成立所导致的法律后果或法律拘束力。它随婚姻关系的成立而发生，并随婚姻关系的消灭而终止。婚姻的效力有广义和狭义之分。广义的婚姻效力，指婚姻成立后在婚姻家庭法及其他相关部门法中产生的法律后果。民法、刑法、国籍法等部门法中都有关于婚姻效力的规定。狭义的婚姻效力，是指婚姻在婚姻家庭法上的效力，又可分为婚姻的直接效力和间接效力。直接效力是指因婚姻而产生的夫妻间的权利义务关系，即本节所称的夫妻关系；间接效力是指因婚姻的成立而产生的对夫妻之外其他亲属之间的权利义务关系。

二、夫妻在家庭中的法律地位

夫妻关系是夫妻在家庭中法律地位的直接体现，夫妻的法律地位是夫妻关系的高度概括，因此了解夫妻关系必须先了解夫妻的法律地位。夫妻的法律地位总是与男女两性的社会地位相适应。夫妻的法律地位的性质与特点，取决于一定的社会经济基础。在不同的历史时期，夫妻法律地位的性质、特点及内容不尽相同。随着社会经济基础及与之相适应的婚姻家庭制度的发展，夫妻在家庭中的地位也随之变化。

（一）夫妻地位立法主义的演进

在传统亲属法研究中，以立法主义来概括世界各国不同历史时期、不同社会制度中夫妻在家庭中的法律地位。历史上关于夫妻关系的立法理论主要有两种：

1. 夫妻一体主义

夫妻一体主义亦称夫妻同体主义，是指男女结婚后即合二为一，不承认双方各有独立的人格。该理论要求妻的人格为夫所吸收或夫的人格为妻所吸收。从表面上看，这种立法主义有利于家庭的存在和发展，夫妻的地位也是平等的，而实际上夫妻一体主义实为夫权主义的别称。在人身方面，女子婚后须随夫姓，自己没有独立的姓名权；在财产方面，财产交由丈夫所有和支配。这种夫妻一体主义源于古代男女两性的家庭地位和社会地位的不平等，是以家庭为本位的立法思想的体现，多为古代和中世纪的亲属法所采用，至今对一些资本主义国家的婚姻立法仍有不同程度的影响。

2. 夫妻别体主义

夫妻别体主义亦称夫妻异体主义，是指夫妻是一种独立对等的关系，各有独立的人格，相互之间有权利义务关系。这种主张比夫妻一体主义进步，最初源于罗马万民法无夫权的婚姻，为现代多数国家所采用。夫妻别体主义为实现夫妻地位平等创造了条件，但夫妻别体主义并非必然导致夫妻平等。西方一些国家的早期立法中仍保留一定的封建残余，夫妻的这种独立性是不完整的。随着社会的进步与发展，女权运动的深入，在夫妻关系上，以家庭为本位的立法思想逐渐被以个人为本位的立法思想所取代。20世纪下半叶，许多资本主义国家对有关夫妻地位的法律作了修订，夫妻双方的法律地位在形式上日渐平等。但在私有制社会中，以夫妻别体主义标榜的平等有其历史的局限性，它只是一种形式上的平等，而无法做到实质意义上的平等。

(二)不同制度下夫妻的法律地位

按照历史唯物主义的观点，夫妻法律地位立法主义的演进并不能真实地反映夫妻在家庭中是否享有平等的法律地位。在现实生活中，夫妻法律地位的性质与特点取决于一定的社会经济基础，并受上层建筑诸种因素的影响与制约。与不同的社会发展阶段相适应，夫妻法律地位的发展经历了下列三个时期：一是夫权统治时期。奴隶社会和封建社会，婚姻家庭制度服务于男尊女卑的社会制度，妇女在家庭和社会中都处于无权地位。二是形式上的平等时期。在资本主义社会，夫妻别体主义为实现夫妻地位平等创造了条件。但以生产资料私有制为基础的资本主义社会，在社会实践中无法实现夫妻法律地位的完全平等。三是从法律上的平等到实际生活中完全平等的过渡时期。社会主义国家实现了生产资料的社会主义公有制，为实现人与人之间的完全平等创造了条件，夫妻在家庭中的法律地位完全平等必将完全实现。

三、我国婚姻法对夫妻法律地位的规定

我国《婚姻法》(修正案)第13条规定："夫妻在家庭中地位平等。"这是对夫妻关系总的原则性的规定。这一规定是建立新型夫妻关系的前提，也是我国夫妻关系日趋文明的重要标志。

夫妻在家庭中地位平等，具体包括两层含义：一是夫妻婚后享有独立的人格。按照传统亲属法研究理论，我国夫妻法律地位的规定应归属于夫妻别体主义。与封建社会男尊女卑，妇女在家庭中只能处于从属地位不同，根据我国《婚姻法》(修正案)第13条的规定，男女双方结婚以后，共同组成了家庭，但人格上是彼此独立的，仍享有独立的权利能力和行为能力，不存在依附、从属关系。比如男女双方结婚以后，彼此之间赠与及赠与撤销问题适用《合同法》的一般性规定。根据《婚姻法司法解释(三)》第6条的规定，婚前或者婚姻关系存续期间，当事人约定将一方所有的房产赠与另一方，赠与方在赠与房产变更登记之前撤销赠与，另一方请求判令继续履行的，人民法院可以按照《合同法》第186条关于

自然人之间赠与合同能否撤销的规定处理。二是夫妻权利义务平等。具体而言，是指夫妻在人身财产方面享有平等的权利，承担平等的义务。

夫妻在家庭中地位平等，是确定夫妻权利义务关系的总的原则，是处理涉及权利义务纠纷的基本依据。在司法实践中，当夫妻间某些纠纷的处理缺乏具体的法律依据时，可根据夫妻地位平等的原则处理。

子项目二 夫妻人身关系

案例7-1 2004年1月，北京市房山区某村的黄某与在建筑公司工作的张某结婚。结婚时，张某便与黄某签订了一份婚姻忠诚协议：如果婚后任何一方有外遇，其婚后夫妻共同财产则归另一方所有。2006年年初，黄某与来京务工的一女子同居。2007年3月初，张某诉至法庭，要求与黄某离婚，黄某的婚后夫妻共同财产归其所有。黄某同意离婚，但不同意履行忠诚协议的内容。

任务：请结合案例回答夫妻协议的内容应否执行？

夫妻关系的内容包括人身方面的关系和财产方面的关系两个方面，财产方面的关系尽管很重要，但起主导作用的是人身方面的关系，财产方面的关系从属于人身方面的关系。夫妻人身关系与人身不可分离，不直接体现财产利益，主要包括以下五个方面的内容：

一、夫妻各有独立的姓名权

姓名是区别不同个人的符号，有无姓名权是有无独立人格的重要标志，因此姓名权是人格权的重要组成部分，是一项重要的人身权利。古代法奉行夫妻一体主义，体现在姓名权上即婚后妻从夫姓或入赘后夫从妻姓。在中国封建社会，女子未婚时只有小名，出嫁后被冠以夫姓，称为某门某氏，已婚男子从来都有权使用自己的姓名，只有入赘时例外。外国法中，从古代到中世纪以至资本主义社会，对已婚妇女的姓氏均作歧视性规定。随着女权运动的开展及男女平等呼声的日益高涨，许多国家在法律上对夫妻双方的姓名权才作出平等规定。

新中国成立后，1950年《婚姻法》彻底废除了歧视妇女的旧法，代之以夫妻在姓名权上完全平等的规定。我国《婚姻法》（修正案）第14条规定："夫妻双方都有各用自己姓名的权利。"这一规定的含义是在我国，无论丈夫或妻子，不因结婚而改变自己的姓名，双方都可以保持自己独立的姓名。这是夫妻人格独立的标志，也是夫妻家庭地位平等在姓名权上的具体体现。夫妻姓名权的规定对否定旧中国妻从夫姓的男尊女卑的旧传统，促进夫妻家庭地位平等有着十分积极的现实意义和历史意义。当然，夫妻都是成年人，婚姻法并不妨碍当事人在自愿基础上改变自己的姓氏，无论妻随夫姓或夫随妻姓都是合法的。

姓氏是标志家庭系统的称号，夫妻享有平等的姓名权还表现在子女姓氏的确定上。在中国历史上，子女一般都随父姓，不随母姓，以适应夫妻一体主义的要求。在当今社会，《婚姻法》（修正案）第22条规定："子女可以随父姓，可以随母姓。"这一规定应当理解为：只有在夫妻双方达成一致的基础上，才能决定子女的姓氏；子女的姓氏可以随父亲，也可以随母亲。这一规定更全面地体现了男女平等的精神。父母协商确定子女的姓名,并不妨碍子女成年后更改自己的姓名。

二、夫妻双方都有参加各项社会活动的自由

夫妻都有人身自由是夫妻家庭地位平等的重要标志,也是妇女从家务劳动的局限中解放出来,参加社会工作和社会活动,逐步提高收入,实现实质意义上男女平等的重要保障。执行这一规定,既是实行男女平等,促进妇女解放的需要,也是提高婚姻质量,巩固家庭关系的需要。我国《婚姻法》(修正案)第15条规定:"夫妻双方都有参加生产、工作、学习和社会活动的自由,一方不得对他方加以限制或干涉。"这一规定适用于夫妻双方。资本主义国家早期法律均限制已婚妇女的行为能力。第二次世界大战后,随着社会发展,妇女运动的深入及男女平等观念的渗透,妇女的法律地位有了很大提高,在法律上获得了相应的人身自由。在旧中国,封建社会家庭长期实行夫权统治,"男主外,女主内","女子无才便是德",女子只能从事家务,伺候丈夫和公婆。在当今社会,陈腐观念的残余影响依然存在,不仅影响妇女自身的发展,也影响社会的进步,我们仍要继续破除夫权和家长制思想。

三、夫妻双方都有平等的婚姻住所选定权

夫妻婚姻住所选定权是指选择确定夫妻婚后共同居住场所的权利。夫妻双方可以协商确定同居的地点,可以男到女家居住,也可以女到男家居住,或双方另择住所居住。双方有平等的权利,共同确定夫妻婚后居住的场所,其中任何一方不能强迫另一方接受自己的住所选择意愿。我国《婚姻法》(修正案)第9条规定:"登记结婚后,根据男女双方约定,女方可以成为男方家庭的成员,男方可以成为女方家庭的成员。"由于我国历史上长期实行以男子为中心的家长制,"男娶女嫁"是我国沿袭几千年的习俗。在旧中国,男到女家被称为"入赘",受到人们的歧视,法律地位十分低下。因此,本条立法一方面有利于改变旧的婚姻习俗,倡导男女平等。另一方面也有利于解决一些有女无儿户的实际困难,改变"养儿防老"的传统观念,树立新的生育观。男方或女方自愿成为对方家庭的成员后,仍保持自己的独立人格,与其配偶地位平等,与配偶的亲属形成姻亲关系,与自己的父母仍然保持法定的权利义务关系,承担对父母的赡养义务。

四、夫妻双方都有生育的权利与实行计划生育的义务

基于婚姻家庭的自然属性,人口再生产主要是在家庭内完成的,我国《婚姻法》既通过调整婚姻家庭关系间接作用于生育关系,也直接调整生育关系。

(一)夫妻双方都享有生育的权利

2005年8月28日修订的《妇女权益保障法》第51条规定:"妇女有按照国家有关规定生育子女的权利,也有不生育的自由。"2002年9月1日起施行的《人口与计划生育法》第17条规定,公民有生育的权利。生育权是公民的一项法定权利,不论是男性还是女性均享有这一权利。基于婚姻家庭的自然属性,夫妻双方的生育权表现并不相同。妇女生育权表现为依法生育的自由,妇女是否怀孕、生育,主要由妇女自己决定,属于其享有的一种

特殊的人身权利。这种人身权利是法律规定的，不因其与他人的协商行为或作出的许诺而受到限制。丈夫的生育权表现为依法请求怀孕妻子生育的权利，也即做父亲的权利，但没有请求妻子进行人工流产的权利。

当然，男女双方的生育权都不是绝对的，生育是夫妻双方的共同行为，一方权利的行使会受到另一方权利的限制。所以当夫妻双方的生育权发生冲突时，应当本着两利相衡取其重，两害相衡取其轻的原则协调处理。最高人民法院《婚姻法司法解释(三)》第9条规定，夫以妻擅自中止妊娠侵犯其生育权为由请求损害赔偿的，人民法院不予支持；夫妻双方因是否生育发生纠纷，致使感情确已破裂，一方请求离婚的，人民法院经调解无效，应认定为夫妻感情确已破裂。

(二)夫妻双方都有计划生育的义务

计划生育是我国的一项基本国策，这一规定对提高人民的生活质量，推进中国现代化建设的进程，具有重要的现实意义。育龄夫妇应根据国家的计划生育政策，结合对家庭未来的子女以及社会应负的责任，作出是否生育和何时生育的选择。计划生育是我国《婚姻法》规定的一项十分重要的原则，也是夫妻应当履行的重要义务。

《婚姻法》(修正案)第16条规定，夫妻双方都有实行计划生育的义务。这一规定具有两层含义：一是实行计划生育是夫妻的一项法律义务，具有法定的强制性。任何主体均无权违背该规定，否则应承担相应的法律责任。二是实行计划生育是夫妻双方的义务，而不是单方的义务，也不是其他主体的义务。根据婚姻法的规定，为了计划生育工作的顺利进行，要求夫妻双方互相配合，采取有效措施共同自觉履行这一义务，不得将计划生育仅视为女方的义务。为了实行计划生育，必须破除重男轻女和只有男子才能传宗接代的传统观念，不得将不生育或只生育女孩作为离婚的理由。

五、夫妻双方都有互相忠实的义务

夫妻忠实义务主要是指夫妻保持专一的夫妻性生活，不为婚外性行为的义务。其具体要求有：不重婚，不与配偶以外的第三人同居或保持性伴侣关系，不从事性交易等。我国《婚姻法》(修正案)第4条作出了夫妻应当互相忠实的规定。

由于夫妻互相忠实的义务具有强烈的人身性，内容过于宽泛，不同行为的性质、危害结果相差很大，其权利行使与义务履行应当以合理、正当为限，不宜被强制执行。所以最高人民法院《婚姻法司法解释(一)》第3条规定："当事人仅以婚姻法第四条为依据提起诉讼的，人民法院不予受理；已经受理的，裁定驳回起诉。"司法实务中，如果夫妻双方以履行忠实义务为宗旨订立切实可行的协议，此类协议只要是双方真实意思表示，同时不违背法律的禁止性规定，不损害他人和社会公共利益，就应具有法律效力。一方以对方违约为由，追究违约责任，一般可以得到法院的支持。

子项目三　夫妻财产关系

案例 7-2　黄某与郗某于2003年2月在北京自行相识并确定恋爱关系。2003年6月，黄某打算购买北京市某小区经济适用房，但该房购买资格仅限于北京市居民，而郗某是北京户口，于是由黄某出资一次性付款购买了该房，产权证办理在郗某名下。2005 年 9 月，双方办理了结婚手续。结婚后，双方感情十分融洽。黄某多次向郗某提出现住房为其婚前个人财产，想做一个财产公证，郗某表示同意。2006 年 7 月，双方在北京市某公证处办理了财产协议公证，约定双方的现住房登记在郗某名下，其实为黄某个人所有。

任务：请结合案例回答夫妻协议的内容是否合法有效？

夫妻财产关系主要指夫妻双方在财产所有权、扶养及遗产继承等方面的权利义务关系。夫妻财产关系平等是夫妻在家庭中法律地位平等的重要标志，也是夫妻在家庭中法律地位平等的重要保障。随着社会经济发展，家庭财产种类增多，夫妻财产关系复杂多样，法律也不断完善。

一、夫妻双方都有共同共有财产的权利

根据我国婚姻法的规定，在婚姻关系存续期间，夫妻双方或一方所得的财产，除法律有特别规定或当事人另有约定外，应当归双方共同共有。对于共同共有的财产，夫妻双方有平等的处理权。夫妻双方都有对共同共有财产的权利和义务，是基于法律的规定而产生的，不需要双方的约定即可获得。我国的夫妻财产制是随着司法实践的发展不断变化的，了解世界各国的夫妻财产制，对于深刻地理解我国的夫妻财产制有重要的现实意义。

（一）夫妻财产制的概念及立法形式

夫妻财产制，又称婚姻财产制，是指在婚姻关系存续期间有关夫妻财产所有权的制度，主要包括夫妻财产关系的设立、变更和废止，夫妻财产所有权的归属，夫妻财产的占有、使用、收益、处分，夫妻之间债务清偿的责任，婚姻终止时夫妻财产的清算和分割等方面的问题。其内容随着社会经济、制度的演变而发展变化。

在古代，各国立法对夫妻财产基于夫妻一体主义，多采用"吸收财产制"，即妻子因结婚其人格被丈夫的人格所吸收，从而在法律上没有财产权，不管婚前或婚后取得的财产都属于丈夫所有。我国古代就有"子妇无私货，无私畜，无私器"的规定。

到近现代，由于女性走出家庭参加社会劳动，经济地位提高，原来立法中的夫妻财产制已不能适应新的社会生活及家庭生活的需要，各国纷纷改革婚姻家庭法，夫妻财产制出现了多种立法形式。夫妻财产制的立法形式，根据不同标准可以分为以下几种情况：

1. 按夫妻财产关系的发生根据不同，夫妻财产制可分为法定财产制与约定财产制

（1）法定财产制，是指在夫妻婚前或婚后均未就夫妻财产关系作出约定，或所作约定无效时，依法律明确规定形成财产所有权关系的夫妻财产制。

（2）约定财产制，是法律允许双方以协议方式，对夫妻结婚以前及在婚姻关系存续期间所得财产所有权的归属，夫妻财产的占有、使用、收益和处分等事项作出约定，以排除法定财产制适用的制度。婚姻当事人可依法采用约定财产制，如无约定或约定不明的，则应适用法定财产制。

2. 按夫妻财产制的内容不同，夫妻财产制可归纳为：统一财产制、联合财产制、共同财产制、分别财产制等形式

在各国立法中，各种形式的夫妻财产制，有的被作为法定财产制直接适用，有的被作

为约定财产制供当事人选择适用。

(1)统一财产制。统一财产制，是指除特有财产外，将妻的原有财产估定价额，转归其夫所有，妻保有婚姻关系终止时对估价金额的返还请求权的财产制。统一财产制为早期资本主义国家所采用，因其将妻子对婚前财产的所有权转变为婚姻终止时对丈夫的债权，致使妻子处于不利地位。近现代资本主义国家已较少使用。

(2)联合财产制。联合财产制，亦称管理共同制，指除特有财产外，夫妻各保有其财产所有权，但财产联合在一起由夫管理的财产制。联合财产制源于中世纪日耳曼法，被近现代一些资本主义国家所沿用，夫妻在财产关系上仍处于不平等地位。

(3)共同财产制。共同财产制，指除特有财产外，夫妻的全部财产或部分财产归双方共同所有的财产制。依共同共有财产范围的不同，共同财产制又可归纳为一般共同制、动产及所得共同制、所得共同制、劳动所得共同制等形式。一般共同制，是指除特有财产外，夫妻婚前、婚后的一切财产均为夫妻共同共有的财产制。动产及所得共同制，是指除夫妻婚前的不动产及特有财产外，夫妻婚前的动产及婚后所得的财产为夫妻共同共有的财产制。所得共同制，是指除特有财产外，夫妻在婚姻关系存续期间所得的财产为夫妻共同共有的财产制。劳动所得共同制，是指夫妻婚后的劳动所得为夫妻共有，非劳动所得的财产，如继承、受赠所得财产，则归各自所有的财产制。剩余共同财产制，是指夫妻对于自己的婚前财产及婚后所得财产，各自保留其所有权、管理权、使用收益权及有限制的处分权，夫妻关系终止时，以夫妻双方的增值财产为剩余财产归夫妻双方分享的财产制。在实行共同财产制的国家，大多对财产共有的范围设有限制性规定，如法律有特别规定者除外，夫妻另有约定者除外。

(4)分别财产制。分别财产制，亦称夫妻独立财产制，指夫妻婚前婚后所得的财产均归各自所有，各自独立行使管理、使用、收益和处分权的财产制。分别财产制不排斥一方以契约形式将其个人财产的管理权交付另一方行使，也不排斥双方拥有一部分共同财产。

(二)我国现行的夫妻财产制

根据我国婚姻法的相关内容，我国夫妻财产制是法定财产制与约定财产制的结合。法定财产制实行婚后所得共同制，同时法律允许个人特有财产存在。对于当事人财产的约定，只要约定的内容不违反一般的法律原则，法律不加以限制。立法条款侧重对夫妻之间积极意义的财产——财产权利进行规定，对消极意义的财产——夫妻债务规定较少。本部分仅介绍夫妻财产权的归属，夫妻财产的占有、使用、收益、处分，家庭生活费用的负担。关于夫妻间债务的清偿及夫妻共有财产的分割等问题，在"离婚的效力"部分讲述。

1. 法定婚后所得共同财产

(1)法定夫妻共同财产的概念。我国的夫妻共同财产制是法定婚后所得共同制。我国《婚姻法》(修正案)只是列举了夫妻共同共有财产的种类，并没有对法定夫妻共同共有财产进行概括性规定。根据《婚姻法》(修正案)的立法精神，法定夫妻共同财产可以被概括为，夫妻一方或双方在婚姻关系存续期间所得的财产，法律另有规定或当事人另有约定的除外。这一概念说明夫妻共同财产所有权的主体，只能是具有婚姻关系的夫妻，无效婚姻、非婚同居或通奸的男女不能作为其主体。这一概念说明，在夫妻对其财产未作约定、约定违法或约定不明确的情况下，均应适用法定夫妻财产制，也即夫妻婚后所得共同财产制；夫妻共同财产所有权取得的时间是婚姻关系有效存续期间，即合法婚姻关系从结婚登记之日起到配偶一方死亡或双方离婚为止。夫妻分居或离婚判决未生效的期间仍为婚姻关系存续期间。这里的"所得"是指对财产所有权的取得，而非财产的实际占有或控制。婚前夫或妻的被继承人死亡，婚后夫或妻分得的遗产，应视为婚前获得所有权的个人财产，不是婚后所得的财产。婚前获得的财产婚后出售，以出售款购买的财产，一般不认为是婚后所得的财产。

（2）夫妻共同共有财产的范围。根据我国《婚姻法》（修正案）第17条，《婚姻法司法解释（二）》第11条、第12条、第22条，《婚姻法司法解释（三）》第5条、第7条、第10条、第13条的规定，夫妻在婚姻关系存续期间所得的下列财产归夫妻共同所有：①工资、奖金。这里的奖金主要指一般性的劳动收入，不包括具有人身专属性的奖励。②生产、经营的收益。③实际取得或者已经明确可以取得的知识产权的财产性收益。知识产权虽然是个人的权利，但知识产权的取得是夫妻双方共同努力的结果，知识产权的收益应当是夫妻共同共有的财产。④继承或赠与所得的财产，但遗嘱或赠与合同中确定只归夫或妻一方的财产除外。被继承人在遗嘱或赠与人在赠与合同中确定只归夫或妻一方的财产属于该继承人或受遗赠人个人所有。⑤一方以个人财产投资取得的收益为夫妻共同共有财产，但孳息和自然增值除外。《婚姻法司法解释（二）》第17条规定，一方以个人财产投资取得的收益为夫妻共有财产。但对于孳息和自然增值这两种情形如何认定未予以明确。《婚姻法司法解释（三）》第5条进一步明确规定，夫妻一方个人财产在婚后产生的收益，除孳息和自然增值外，应认定为夫妻共同财产。⑥男女双方实际取得或者应当取得的住房补贴、住房公积金。⑦男女双方实际取得或者应当取得的破产安置补偿费。⑧男女双方实际取得养老保险金或不符合领取养老保险金条件时养老金账户中在婚姻关系存续期间个人实际缴付部分。《婚姻法司法解释（二）》第11条第3项规定：男女双方实际取得或者应当取得的养老保险金是归共同所有的财产。《婚姻法司法解释（三）》第13条对此进行了修正和完善，规定离婚时夫妻一方尚未退休，不符合领取养老保险金条件，另一方请求按照夫妻共同财产分割养老保险金的，人民法院不予支持；婚后以夫妻共同财产缴付养老保险费，离婚时一方主张将养老金账户中婚姻关系存续期间个人实际缴付部分作为夫妻共同财产分割的，人民法院应予支持。⑨其他应当属于夫妻共同所有的财产。我国《婚姻法》对共同共有财产没有概括性规定，列举性的规定必然不能囊括社会生活中的全部情况，所以作出这一兜底性的规定。

关于发放到军人名下的一次性费用的定性问题。最高人民法院《婚姻法司法解释（二）》第14条规定，人民法院审理离婚案件，涉及分割发放到军人名下的复员费、自主择业费等一次性费用的，以夫妻婚姻关系存续年限乘以年平均值，所得数额为夫妻共同财产。年平均值，是指将发放到军人名下的上述费用总额按具体年限均分得出的数额。其具体年限为人均寿命70岁与军人入伍时实际年龄的差额。

关于夫妻共同财产的推定。一般情况下，婚姻关系会存续很长时间，对于家庭财产性质的划分会出现无法区分是夫妻共同财产还是个人特有财产的情况。《离婚案件财产分割意见》第7条规定："对个人财产还是夫妻共同财产难以确定的，主张权利的一方有责任举证。当事人举不出有力证据，人民法院又无法查实的，按夫妻共同财产处理。"

(3)夫妻对共同共有财产的权利与义务。

第一,对共同所有的财产,夫妻有平等的处理权。虽然夫妻双方对夫妻财产的形成所作的贡献并不相同,但夫妻在家庭中的法律地位平等,对共同财产的权利和义务也是平等的。夫妻对全部共有财产,平等地享受权利,平等地承担义务,也即对夫妻共同财产,不论是一方或双方的收入,也不论收入的多少,夫妻双方均有平等的占有、使用、收益和处分的权利。任何一方在处分共同共有财产时,原则上必须经过对方同意,在未经对方同意的情况下,不得擅自处理夫妻共同财产。夫或妻任何一方对共同共有财产的处理权均及于夫妻共同共有财产的全部,不能认为夫妻对共同共有的财产平均分为两份,各自处理一半。

当然,婚姻关系存续期间财产处分情况十分复杂,不能对夫妻对共同共有财产的平等处理权作机械的理解。根据最高人民法院《婚姻法司法解释(一)》第17条的规定:"夫或妻对夫妻共同所有的财产,有平等的处理权。"该条应理解为:一是因日常生活需要而处理夫妻共同财产的,任何一方均有权决定。二是夫或妻非因日常生活需要对夫妻共同财产作重要处理决定,夫妻双方应当平等协商,取得一致意见。他人有理由相信其为夫妻双方共同意思表示的,另一方不得以不同意或不知道为由对抗善意第三人。

针对现实生活中一方未经另一方同意出售夫妻共有房屋的情况,《婚姻法司法解释(三)》第11条明确规定:"一方未经另一方同意出售夫妻共同共有的房屋,第三人善意购买、支付合理对价并办理产权登记手续,另一方主张追回该房屋的,人民法院不予支持。夫妻一方擅自处分共同共有的房屋造成另一方损失,离婚时另一方请求赔偿损失的,人民法院应予支持。"这一规定明确了对于一方未经另一方同意出售夫妻共有的房屋,适用善意取得制度。

第二,在特殊情况下,夫妻有平等的不解除夫妻关系而分割共同共有财产的请求权。一般认为,夫妻共同财产这种共有关系是最典型的共同共有关系,共同共有人在共同共有关系存续期间,不得请求分割共同财产。也就是说,一般情况下,只有在离婚或者一方死亡时,夫妻关系不存在了,其共同财产才可以分割。但在特殊情况下,为了保护一方的利益,《婚姻法》作出了例外规定。《婚姻法司法解释(三)》第4条规定:"婚姻关系存续期间,夫妻一方请求分割共同财产的,人民法院不予支持,但有下列重大理由且不损害债权人利益的除外:(一)一方有隐藏、转移、变卖、毁损、挥霍夫妻共同财产或者伪造夫妻共同债务等严重损害夫妻共同财产利益行为的;(二)一方负有法定扶养义务的人患重大疾病需要医治,另一方不同意支付相关医疗费用的。"

2. 法定夫妻个人特有财产

法定夫妻个人特有财产,是指依据法律规定,夫妻各自保留一定范围的个人财产,这些财产由夫妻各自占有、使用、收益与处分,任何人无权干涉。根据我国《婚姻法》(修正案)第18条,《婚姻法司法解释(二)》第13条,《婚姻法司法解释(三)》第5条、第7条的规定,有下列情形之一的,为夫妻一方的财产:①一方的婚前财产及其产生的孳息和自然增值。②一方因身体受到伤害获得的医疗费、残疾人生活补助费等费用。③遗嘱或赠与合同中确定只归夫或妻一方的财产。当事人结婚后,由一方父母出资为子女购买的不动产,产权登记在出资人子女名下的,视为只对自己子女一方的赠与,该不动产应认定为夫妻一方的个人财产。④一方专用的生活用品。法律中虽然没有明确说明,但依现实生活的经验可知,价值较大的物品虽属个人专用,但不应当包括在专用的生活用品之内。⑤军人的伤亡保险金、伤残补助金、医药生活补助费。⑥其他应当归夫妻一方所有的财产。我国《婚姻法》对个人特有财产没有概括性规定,列举性的规定必然不能囊括社会生活中的全部情况,所以作出这一兜底性的规定。应当注意的是,这里的"其他"只能理解为与前述五种情况具有相同性质的财产。

对于个人财产,夫妻在离婚时,归一方个人所有,他方无权分割;当财产所有人死亡后,夫妻个人财产应划入遗产的范围,按《继承法》的有关规定处理。

关于个人特有财产能否转化为共同财产的问题,《婚姻法司法解释(一)》第19条特别强调:"婚姻法第十八条规定为夫妻一方的所有的财产,不因婚姻关系的延续而转化为夫妻共同财产。但当事人另有约定的除外。"这一解释与《婚姻法》(修正案)的立法本意是一致的。1993年的《离婚案件财产分割意见》关于一方婚前个人所有的财产,婚后双方共同使用、经营、管理达到一定期限的,可以视为夫妻共同财产的规定,显然与现行立法产生了矛盾,不再具有法律效力。

3. 我国的约定夫妻财产制

随着我国经济改革深入及社会发展,涉外婚姻和再婚现象增多,人民物质文化生活水平日益提高,公民财产日益丰富,夫妻要求用多种形式处理双方财产是很正常的。法律规定不断完善约定夫妻财产制的内容可以合理地保护当事人的财产权益。

(1)关于财产约定的法定条件。我国《婚姻法》没有对夫妻财产约定的条件作出特殊规定,夫妻财产约定应当符合一般民事行为的法定条件。因此,夫妻财产约定的法定条件为:第一,双方必须有相应的民事行为能力;第二,意思表示真实;第三,双方的约定不违反法律或者社会公共利益。夫妻财产约定不得规避法律或损害国家、集体和他人的利益,夫妻不得通过约定将其他家庭成员的财产据为己有。夫妻不得利用财产约定规避夫妻相互扶养、抚养子女和赡养老人的义务,更不得利用约定逃避应当向第三人履行的债务。

(2)关于财产约定的方式。根据《婚姻法》(修正案)第19条的规定,夫妻财产约定应当采用书面形式。我国现行司法实务中,夫妻双方就财产关系所作的书面约定及无争议的口头约定除规避法律规定之外,应认为是有效约定。一般而言应以书面形式为原则。

(3)关于财产约定的范围与内容。夫妻可以对婚前取得的财产约定所有权,也可以对婚姻关系存续期间所取得的财产约定所有权。夫妻采取何种财产制,法律没有约束性规定。当事人可以约定全部财产归各自所有或共同所有,也可以约定部分财产各自所有、部分财产共同所有。

(4)关于财产约定的时间。夫妻约定的时间可以是婚前,也可以是婚后,约定订立之后还可以予以变更或废止。

(5)夫妻财产约定的法律效力。

第一,优先适用的效力。我国法定财产制和约定财产制同时并用,其适用的原则是"有约定时从约定,无约定时从法定",即约定财产制可排除法定财产制优先适用,前者具有优先于后者适用的效力。夫妻对财产所有权关系没有约定或者约定不明确的,仍应适用《婚姻法》(修正案)第17条、第18条的法定财产制。

第二，对人的效力。夫妻就财产关系进行的约定对双方当事人及第三人发生法律的约束力。一是对夫妻双方发生法律约束力，这是对内效力。二是在第三人明知的情况下，对第三人发生的法律约束力，这是对外效力。夫妻的财产约定不只是约束夫妻，在第三人明知的情况下还会对第三人产生影响，此时夫妻一方对第三人所负的债务，第三人只能向夫妻中的债务人请求履行义务，而不能向配偶另一方请求履行义务。根据《婚姻法》（修正案）第19条第3款的规定，夫妻对婚姻关系存续期间所得的财产约定归各自所有的，夫或妻一方对外所负的债务，第三人知道该约定的，以夫或妻一方所有的财产清偿。《婚姻法司法解释（一）》第18条规定，《婚姻法》第19条所称"第三人知道该约定的"，夫妻一方对此负有举证责任。如果夫或妻想以夫妻之间的约定对抗第三人，举证责任在夫或妻一方，夫或妻必须能证明第三人十分明确地知道夫妻之间的约定。实践中，第三人很难清楚夫妻之间有何财产约定，因此要让第三人主动知道他人夫妻间的约定，显失公平。此规定对第三人的利益倾斜是完全符合立法精神的。

二、夫妻双方都有日常家事代理权

日常家事代理权，是指夫妻一方因日常家庭事务而与第三人为一定法律行为时的代理权，亦即夫妻于日常家事互为代理人。夫妻家事代理权有两个特征：一是夫妻家事代理权是基于夫妻身份关系当然享有的权利，代理权行使时不必以被代理人的名义，也不必有被代理人的授权。二是夫妻家事代理权的范围仅限于日常事务。日常家事夫妻必亲自进行，不仅不方便，也不利于社会经济生活的正常进行。因此多数国家婚姻家庭法都规定夫妻对日常家事有相互代理权。如《瑞士民法典》第166条规定："配偶双方中任何一方，于共同生活期间，代表婚姻共同生活处理家庭日常事务。"《日本民法典》第761条规定："夫妻一方就日常家事同第三人实施了法律行为时，他方对由此产生的债务负连带责任。"同时，各国法律一般还规定，如夫妻一方滥用家事代理权或对方认为其不宜行使时，他方可以加以限制，但法律规定该限制不得对抗善意第三人。

我国《婚姻法》（修正案）一直没有日常家事代理权的明确规定。随着我国市场经济的发展，夫妻参与社会经济活动的日益频繁，为维护交易安全及夫妻双方的利益，客观上要求规定日常家事代理权。最高人民法院《婚姻法司法解释（一）》第17条第1款"夫或妻在处理夫妻共同财产上的权利是平等的。因日常生活需要而处理夫妻共同财产的，任何一方均有权决定"的规定，一般认为，一方面是对夫妻共同共有财产平等处理权所作的适应现实生活的扩张性解释，另一方面此规定实际上间接承认了夫妻间的日常家事代理权，但其范围仅限于对夫妻共同共有财产的处分。

三、夫妻双方有互相扶养的义务

夫妻之间的扶养义务，是指夫妻之间根据法律明确规定而存在的经济上相互供养，生活上相互照顾，精神上相互慰藉的权利义务关系。夫妻之间的扶养义务有以下几个方面的特征：

（一）夫妻之间扶养义务产生的条件

在社会生活中，通常所说的扶养指各种社会关系中针对"弱者"所发生的经济供养和生活扶助。夫妻都是成年人，一般情况下夫妻之间劳动能力相似，不存在一方需要另一方扶养的情况，只有在一方确因年老、患病等客观原因没有劳动收入又没有经济来源需要扶养时，另一方才应履行扶养义务。实务中，一方有劳动能力只是因为不愿意参加社会工作，为寻找更好的工作而暂时失业或因其他主观原因失去经济来源的，不能请求对方提供经济供养或生活扶助。

(二)夫妻间互负扶养义务的关系是基于夫妻的婚姻效力派生出来的，具有法律强制性

夫妻身份关系的合法形成决定了其相互之间互负扶养义务关系的产生，至婚姻关系合法终止时扶养义务关系消灭。它是一种常态性的、持续性的法律关系，无论婚姻的实际情势如何，这种关系均持续存在。夫妻间互负扶养义务关系不因当事人之间的任何约定发生改变。当事人可以约定婚后财产分别所有，但不能约定夫妻互相不负扶养义务。

(三)夫妻之间扶养义务属于生活保持义务

所谓生活保持义务，通常是指发生于夫妻之间、父母与未成年子女之间的为维系家庭共同生活而由法律强制性规定的无条件扶养义务。夫妻间互负扶养义务的宗旨是保障夫妻的共同生活。义务人即使降低自己的生活水平，也应当使权利人保持与自己相当的生活水平。

(四)夫妻之间的扶养义务是对等的

依照法律规定，夫妻任何一方既是权利人，又是义务人。近代社会以前，男性在经济、社会和家庭生活中的主宰地位决定了丈夫既有经济供养的权利，同时又有经济供养的义务，这种扶养关系是一种分离的、非对等的单向运行形式。现代社会中，扶养关系在价值上讲求男女平等，在内容上追求供养与扶助整合同构，从而逐步实现统一、对等的双向运行形式。

四、夫妻有互相继承遗产的权利

夫妻间的继承权是基于婚姻效力产生的权利之一。它是基于夫妻的身份而依法享有的财产权利。我国《婚姻法》(修正案)第24条规定，夫妻有相互继承遗产的权利。配偶继承权必须以夫妻的人身关系作为前提。如果继承开始前双方已离婚，或其婚姻关系已被宣告无效、被撤销，那么他方无权继承死者的遗产。因此只有在婚姻关系存续期间一方死亡，对方才享有继承权。

在审判实践中涉及配偶继承权时应注意下列问题：①夫妻互为第一顺序的法定继承人。根据《继承法》第10条的规定，配偶互为第一顺序继承人。②继承遗产时应划清个人财产与共同财产的界限。夫妻相互继承遗产时，应先分割夫妻共同财产，然后再继承，防止共同财产作为遗产分割。③对寡妇带产改嫁的，要依法保护。④对未登记结婚但以夫妻名义共同生活的当事人是否享有继承权，应视具体情况确定。根据《婚姻法司法解释(一)》第6条的规定，未按《婚姻法》第8条规定办理结婚登记而以夫妻名义共同生活的男女，一方死亡，另一方以配偶身份主张享有继承权的，可分为两种不同的情况分别处理：①1994年2月1日民政部《婚姻登记管理条例》公布实施以前，男女双方已符合结婚实质要件的，按事实婚姻处理，可确认其婚姻效力，男女双方互享继承权；②1994年2月1

日民政部《婚姻登记管理条例》公布实施以后,男女双方已符合结婚实质要件的,因一方已经死亡不能补办结婚登记,只能视为同居关系,当事人之间不具有夫妻关系的法律效力,也不享有继承权。

此外,从世界各国亲属法的规定来看,关于夫妻之间的人身权利义务,除与我国相似的"姓名权"、"选择职业自由权"和"住所选定权"等内容之外,世界各国的亲属法还规定了配偶身份权、夫妻同居义务等。

[诉讼文书样本]

婚前财产协议

男方:×××(写明姓名、性别、年龄、民族、籍贯、职业或者工作单位和职务、住址、联系电话)

女方:×××(写明姓名、性别、年龄、民族、籍贯、职业或者工作单位和职务、住址、联系电话)

协议人双方经相识、相恋,决定于＿＿＿＿＿年踏入婚姻殿堂。双方本着互爱、互信的原则,自愿达成如下协议:

一、关于双方婚前财产权利的归属。双方婚前取得至本协议签订时在各自名下的房产、汽车、股权、存款、债券、投资基金及其他有价证券等财产,均为双方个人财产(财产清单略)。

二、双方各自婚前债务,由双方以其个人财产清偿(债务清单略)。

三、双方婚后自本协议生效之日起,实行夫妻财产＿＿＿＿所有制形式。主要内容如下:(略)

四、婚后双方应该互敬互爱,对配偶、子女及家庭应有道德责任感,尊敬双方的父母。

五、离婚时财产如何处理(可酌情填写)。

以上协议是双方完全真实的意思表示,经双方签字并办理结婚登记后生效。如有其他未尽事宜,可本着互相尊重、互敬互爱的原则协商解决。

协议人:＿＿＿＿＿＿＿＿　　　　　　协议人:＿＿＿＿＿＿＿＿
＿＿＿年＿＿＿月＿＿＿日　　　　　　＿＿＿年＿＿＿月＿＿＿日

思考与练习

思考

1. 什么是夫妻一体主义?
2. 什么是夫妻别体主义?

3. 我国夫妻人身关系包括哪些内容？
4. 我国夫妻财产关系包括哪些内容？
5. 什么是法定财产制？
6. 什么是约定财产制？

案例练习

1. 陈某与沈某于 1995 年登记结婚，婚后感情一般，经常为家庭琐事发生争执。1999 年，陈某向法院提起离婚诉讼。诉讼进行期间，陈某出海捕鱼，遇上台风。陈某在台风事故中获救，因不愿与沈某联系，一人去南方打工。沈某见陈某杳无音讯，遂依法起诉宣告其死亡。2003 年，陈某买彩票中奖，获得奖金 30 万元。不久，陈某因心脏病发作死亡。

任务：沈某对陈某的 30 万元奖金有无继承权？为什么？

2. 小玲系某单位的保管员，经人介绍认识了会计师小强。经过一段时间的了解，小玲与小强登记结婚，双方住在婚前小强父母给的房子里。小玲父亲去世后，分到 5 万元的存款。小玲工作单位离家很远，小强便为其购置一辆高档自行车，价值 2000 元。小强业余喜欢写小说，其中一部中篇小说发表后，小强获稿酬 2000 元，小强将其全部购买了专业书籍。小玲很生气，认为小强不与自己商量，便擅自处理这些稿费。看到小玲的情绪变化，早就对小玲有喜爱之意的小林让小玲与自己到咖啡厅散心。在咖啡厅里，小林握住小玲的手，小玲没有拒绝。而这一幕被在此为单位同事过生日的丈夫看到了。小强劝小玲要保持女人的自尊。小玲不仅未对自己的行为反思，还索性与小强分居。最近小强向小玲提出离婚，小玲同意。在财产分割上，双方对彩电、冰箱、家具等财产的分割无争议，但双方对其他财产的归属没有达成协议。小强认为房屋系父母婚前给自己的，应归自己所有；自己的专业书籍等应归自己所有。小玲继承的 5 万元存款应属于夫妻共同财产。而小玲认为自己继承的 5 万元存款及高档自行车系个人财产，小强的 2000 元稿费应属夫妻共同财产。

任务：如何界定本案夫妻共同财产与个人财产的范围？为什么？

案例分析手把手

【案情】 1998 年 10 月 8 日，冯某（女）与杨某办理了结婚登记手续，结婚时两人口头约定每人每月拿出 1000 元作为共同生活费。杨某系再婚，与冯某结婚前有房屋一套（价值 50 万元），现金 20 万元，另有彩电、冰箱、VCD 等家庭用具。婚后，双方对以上房屋及家庭用具共同使用。在婚姻关系存续期间，冯某的父母为体现对女儿的关爱，出资 30 万元为其两人购买住房一套，登记在冯某名下。冯某因为喜欢钢琴，经与杨某协商在 1999 年 5 月购买了日产"雅马哈"钢琴一架，价值 6 万元。冯某创作歌曲《昨天》，2002 年某唱片公司与其协商将其歌曲录制成集，支付费用 10 万元。杨某婚前所有的 20 万元现金，到 2001 年年底利息已累计达 9 万元。杨某婚后购买了一家公司的股权。2001 年年底冯某怀孕，冯某为工作需要主张进行人工中止妊娠术，杨某不同意，与杨某发生矛盾。冯某独自到医院进行了人工中止妊娠术。2002 年 2 月 9 日，杨某以冯某未经其同意擅自进行人工中止妊娠术为由向人民法院起诉离婚，离婚时唱片公司尚未向冯某支付 10 万元费用。

【任务】人民法院应如何对此案进行认定和处理？

【分析思路】首先应认定本案能否判决离婚。就本案的事实来看，法院能否认定夫妻感情破裂，如果夫妻感情没有破裂就不能判决离婚。其次，应认定本案中夫妻财产约定是否有效及效力范围。我国《婚姻法》兼有法定财产制和约定财产制，如果夫妻有合法的财产约定，那么约定范围内的财产应按约定处理。再次，应分清哪些财产是婚前财产。婚前财产一定是个人特有财产，不能分割。最后，应分清婚后所得的财产中哪些是夫妻共同财产，哪些是个人特有财产。

本案重要信息解读：1. 杨某起诉离婚的理由是冯某未经其同意擅自进行人工终止妊娠术。2. 结婚时夫妻对财产问题进行了口头约定。3. 杨某购买钢琴是经过与冯某协商的。

【答案要点提示】1. 法院可以判决离婚。根据《婚姻法司法解释(三)》第 9 条规定，夫以妻擅自中止妊娠侵犯其生育权为由请求离婚，调解无效的，法院应当认定为夫妻感情确已破裂，准予离婚。

2. 日产"雅马哈"钢琴是共同财产，理由在于钢琴是双方协商购买的，而且价值较大，不能认定为个人生活用品。

3. 其他财产均为个人特有财产。该案中夫妻财产约定合法有效，婚后所得的财产没有特别约定的均应视为个人特有财产。冯某创作歌曲的报酬和杨某婚后购买的股权，虽然属于法定共同共有财产，但应按夫妻财产约定处理。夫妻其他财产无论按法律规定还是按夫妻约定，均属于个人特有财产。

实训四　夫妻财产协议的处理

【案情】2004 年 5 月，刚到不惑之年的冯先生与 26 岁的王女士经人介绍相识，并确立恋爱关系。冯先生在北京市某外资公司工作，虽然工作辛苦，没有太多的精力照顾家庭，但收入较多。两人决定 2004 年 10 月 20 日办理结婚登记手续。两人打算拟定一份婚前财产协议，协议的主要内容为：冯先生收入较多，两人决定婚后实行分别财产制，但冯先生每月拿出 8000 元由王女士用于日常开销，如有剩余则由王女士自由支配；两人婚后如生育子女，子女的生活费用先从 8000 元生活费中支出，不足部分另行协商确定；双方婚前、婚后各自的债务由其各自财产清偿。另外，由于冯先生是再婚，王女士是初婚，双方商定：冯先生婚前有两套住房，分别为北京市朝阳区某路某号某花园小区 1-11-1901 室和北京市通州区某路某号某小区某室，如果冯先生婚后有外遇或对王女士不忠诚，冯先生可将第一套房产给王女士或现在直接将该房产赠与王女士。

2004 年 9 月底，王女士来到律师事务所想请律师帮助拟这份婚前财产协议的草稿。两人基本情况为：王某，女，1978 年 8 月出生，在北京某服装公司工作；冯某，男，1974 年 2 月出生，在北京市某外资公司工作。

【任务】1. 就北京市朝阳区某路某号某花园小区 1-11-1901 室的房产而言，赠与协议与忠诚协议哪一种对王女士更有利，简要说明理由。2. 请为王女士起草一份完整的婚前财产协议书。

【任务完成方式要求】分组讨论，记录讨论过程，整理得出结论，要求提供相关法律依据。

【任务完成评价标准要求】

正确地认定就北京市朝阳区某路某号某花园小区 1-11-1901 室的房产而言，哪一种协议对女方更有利；准确写明当事人的基本情况；协议书写有条理，法律文书格式正确。

项目八 亲 子 关 系

◎ **知识目标**

- 掌握父母子女间权利与义务的具体内容
- 正确认识非婚生子女的法律地位
- 掌握继子女与继父母关系的不同类型

◎ **能力目标**

- 能正确处理各种类型亲子关系纠纷案件

【引例】

甲（男）与乙（女）2001年10月结婚，甲经常出差驻外，夫妻俩关系一般。2003年9月，乙生下一子丙，甲非常高兴，也因此与乙商量想请求单位不再派他常驻外地，但遭到妻子乙的反对，理由是驻外收入多，甲就继续驻外。甲几次探家时发现乙与邻居高某关系密切，高某对儿子丙特别好，甲心里不痛快，追问并警告过乙。2004年6月，甲男意外收到妻子乙发给高某而错发给了他的一条短信，短信中乙跟高某说"咱们儿子丙"。甲仔细算了乙怀丙的时间，正好是自己在出国期间。甲判断丙是高某的儿子，要求立即做亲子鉴定。乙不同意做，称自己和高某没有男女关系，还说甲应该感谢高某对她和丙的照顾，而不是冤枉高某。乙咬定丙就是他们的亲生儿子，坚决不同意做亲子鉴定。

【任务要求】

1. 分析甲要求做亲子鉴定，而在妻子乙坚决不同意的情况下，该怎么处理此案，依据是什么？
2. 讨论如果丙与甲没有血缘关系，甲在与乙离婚的情况下要求乙返还其给丙所提供的抚养费能否得到支持？

【案例知识点提示】

亲子关系；婚生子女的否定

子项目一　亲子关系概说

一、亲子关系的概念

父母子女关系又称为亲子关系。所谓亲是指父母，子是指子女。父母子女关系是指基于子女出生的事实或法律拟制而形成的父母子女间的权利义务关系。亲子关系是血缘关系中最近的直系血亲，是家庭关系中重要的组成部分。父母子女关系并非简单的称谓，它具有深刻的法律含义。父母子女关系是确定父母子女间人身关系与财产关系的重要前提。

二、亲子关系的分类

根据我国《婚姻法》的规定，亲子关系可以分为两大类：

(一)自然血亲的父母子女关系

自然血亲的父母子女关系是基于子女出生的法律事实而发生的。其中根据父母是否有婚姻关系，区分为婚生的父母子女关系和非婚生的父母子女关系。其特点为：自然血亲的父母子女关系，因子女出生而产生，也只能因依法送养子女或者父母子女一方死亡原因而终止。

(二)法律拟制的父母子女关系

法律拟制的父母子女关系是基于收养或再婚的法律行为而产生，使原本无血缘关系的双方依法享有与自然血缘同等的权利义务。它包括养父母养子女关系和形成抚养关系的继父母继子女关系。其特点为：拟制血亲的父母子女关系依法产生，也只能依法终止。如因收养的解除或因继父(母)与生母(父)离婚而终止。

三、亲子关系概说

(一)亲权制度的概念及特征

所谓亲权是父母对其未成年子女特有的人身上的养育管教和财产上保护管理的权利和义务的总和。在现代各国的亲权立法中，亲权已由原来的父母对子女的控制、统治关系转而成为父母以照顾、监护子女为主的法律关系，亲权具有浓厚的义务色彩。

纵观近现代各国亲权制度，其有以下几个特征：

(1)亲权是基于其父母身份对未成年子女产生的特有权利和义务，它是身份权。亲权与未成年子女的人格权的客体均是未成年子女的部分人身和财产权利。二者的区别在于，亲权的主体是父母，权利的功能在于保护教养未成年子女；而未成年子女的人格权主体是未成年子女本人，权利的功能在于未成年人自主支配自己的生命、健康等人身要素。

(2)亲权是权利与义务的统一。父母针对同一客体(未成年子女的人身和财产)，就同一内容(管教和保护)既享有权利，又负有义务。作为权利，亲权人可以依法自愿履行，以实现其利益；作为义务，具有强制性，父母不得任意抛弃。

(3)亲权主要以教育和保护为目的，滥用此项权利，亲权得被剥夺。

(二)亲权的主体与客体

1. 亲权人

亲权人,即行使亲权的权利义务主体。对于婚生子女,父母均健在,且处于正常婚姻状态时,父母均为亲权人。父母一方死亡时,他方为单独亲权人。父母一方因受无行为能力或限制行为能力宣告,或有受停止亲权宣告等法律上的障碍,或因行踪不明、患重病、受到刑事处罚等事实上的障碍,而不能行使亲权时,他方为单独亲权人。当父母离婚时,亲权归属有不同的立法例:①单独亲权主义。主张父母离婚时,父母一方为单独亲权人,如《日本民法典》第819条的规定。②共同亲权兼采单独亲权主义。主张父母离婚时,在符合子女利益的前提下,由法官决定亲权归属于父母一方或双方,如《法国民法典》第287条的规定。

2. 受亲权保护的未成年子女

受亲权保护的子女,各国民法都仅指未成年子女,成年子女不受亲权保护。受亲权保护的子女具有服从的义务,享有受保护教养的权利。

3. 亲权的客体

亲权为身份权的一种,身份权分为纯粹身份权和身份财产权。前者是指基于人身而发生的人身方面的权利;后者是指基于身份而发生的财产权利。从纯粹身份权的角度考察,身份权的客体应表述为具有一定身份关系的特定人的人身。人身是指人格和身份。人格包括生命、健康、姓名、名誉、行动等作为民事主体不可或缺的内容。亲权中的法律行为代理权和同意权,便是以承认未成年人在民法上的主体地位为前提的对未成年人行为能力的补充。从身份财产权的角度考察,身份财产权一般指亲权人对未成年子女特有财产的管理权、使用权、收益权、处分权等。可以认为,其客体是财产。所以亲权客体分为两部分:亲权的人身照护权的客体为受亲权保护的未成年子女的人身;亲权的财产照护权的客体为未成年子女的财产。

(三)亲权的内容

亲权的内容十分广泛。参照德、日等国家亲权的立法和学说,亲权包括以下内容:

1. 人身方面包括对未成年子女的保护和教育

①管教和保护权。管教,是指父母管理、教导、养育子女,以谋求子女的身心健全成长。管教为积极作用。保护,是指预防和排除危害,以谋求子女身心的安全。保护为消极作用。②必要范围内的惩戒权。父母行使惩戒权应限制在管教保护的范围内。如《日本民法典》第822条,父母在行使惩戒权时,不得损害子女的人格,不得侵害其身心健康或危及其生命。另外,亲权还包括姓名设定权、居所指定权、职业许可权、法定代理权、同意权等。

2. 财产方面包括财产管理权、财产使用收益权和财产处分权等

值得注意的是,由于近代法律日趋维护未成年子女的独立人格和利益,故对父母的收益权转为否定态度(《德国民法典》第1649条、《瑞士民法典》第319条)。亲权人原则上不享有对未成年子女财产的处分权。只有为了子女的需要,经法院或监护机关的批准,父母才能处分子女的财产。另外,父母亲权可因法定原因或事实上的原因而停止或恢复,也可因法定事由而消灭。

亲子关系经历了一个漫长的发展和演变的过程。古代亲子法以家族为本位,亲子关系受家长制度的支配,子女须绝对服从家长。在日耳曼法中,保护权已具有家父对子女保护的意思。家父权逐渐集中于生父一人,此时的亲子法已演变为"为生父母利益的子女法"。近现代立法,亲权从单独由父方行使演变为由父母双亲共同行使,亲权人对子女有绝对的支配权。至20世纪六七十年代,亲子法过渡到个人本位主义,父母子女间的法律地位日趋平等。亲权是近现代各国民法亲子关系中最重要、最核心的部分。"亲权"一词为多数大陆法系国家所采用,与监护制度并行。英美法系国家没有亲权制度,相关内容纳入监护制度。一般来说,父母与未成年子女之间的关系同监护人与被监护人之间的关系相比,总有些细微的差别。

新中国成立以来,我国未仿效大陆法系国家的做法,颁布的婚姻法均未使用"亲权"的概念。我国《宪法》明确规定,父母有抚养教育未成年子女的义务,成年子女有赡养扶助父母的义务;我国《民法通则》规定,未成年人的父母是未成年人的监护人,应当保护被监护人的人身、财产及其他合法权利;《婚姻法》明确规定了父母子女间的权利义务,父母对子女的抚养教育、保护管教、相互继承遗产等已包含了亲权的基本内容。在立法、司法实践中也吸收了亲权制度的有益因素。近年来,有学者呼吁制定亲权制度以使父母子女关系更趋完善。

子项目二 父母子女间的权利与义务

在我国,父母子女关系有婚生、非婚生、养父母子女及形成抚养教育关系的继父母子女关系之区别。但这仅是从产生原因上予以区分,并不意味着他们在法律地位上有差异,这四种类型的父母子女关系有同等的权利义务。并且我国法律规定父母子女关系并不因父母的婚姻状况的改变而改变。父母子女间的权利义务包括:父母对未成年子女有抚养教育的权利义务,成年子女有赡养扶助父母的权利与义务,父母子女间有互相继承遗产的权利。

一、父母对子女有抚养、教育的权利与义务

案例 8-1 1990 年,吴某与妻子因感情破裂由法院判决离婚。7 岁的女儿小丽最终由法院判决随母亲生活,吴某每月给女儿 80 元生活费。起初吴某按时支付生活费,但自 1995 年后,小丽未收到过吴某的抚养费。于是吴某的前妻多次到吴某所在单位寻找吴某,但吴某所在单位说吴某已到西北的一个城市工作了。2001 年,18 岁的小丽高考落榜。小丽告诉母亲自己要与同学一起到外地打工。在打工第二年,小丽意外知道了父亲的消息并得知生父再婚。小丽找到父亲,希望父亲能够收留自己,并谎称母亲病故。吴某同意了,但小丽此时因单位调整,被辞退。小丽的继母后来发现小丽的母亲还在世,担心吴某与前妻重归于好。小丽的继母与吴某吵架,并将小丽赶出家门。小丽绝望之中投河自尽被人救起。在有关部门的帮助下,小丽向法院起诉。小丽要求吴某补偿其未成年期间的生活费,并要求被告在其未独立生活之前,每月承担 300 元抚养费。

任务:小丽的要求是否可以得到满足?为什么?

(一)抚养的义务

所谓抚养,是父母从经济上对子女的供养和从生活上对子女的照料。《婚姻法》(修正案)第21条明确规定,父母对子女有抚养教育的义务;子女对父母有赡养扶助的义务。父母不履行抚养义务时,未成年的或不能独立生活的子女,有要求父母付给抚养费的权利。《婚姻法司法解释(一)》第21条又扩大了原来司法解释关于抚养费的内涵,规定抚养费应包括子女的生活费、教育费、医疗费等费用。抚养费是子女健康成长的物质基础。子女从出生起就获得了受其父母抚养的权利。那些弃婴、溺婴和其他残害儿童的行为都是法律明文禁止的。《婚姻法司法解释(一)》采取了最大限度维护未成年人合法权益的做法,从而为更切实地保护未成年人的合法权益提供了法律保障。

父母对未成年子女的抚养是无条件的,父母不可随意推脱自己的责任;但父母对成年子女的抚养则是相对的,有条件的。即父母仅对不能独立生活的子女承担抚养责任。最高人民法院《婚姻法司法解释(一)》第20条明确规定:"婚姻法第二十一条规定的'不能独立生活的子女',是指尚在校接受高中及其以下学历教育,或者丧失或未完全丧失劳动能力等非因主观原因而无法维持正常生活的成年子女。"它在原则上吸纳了1993年最高人民法院司法解释的精神,同时又进行了立法上的改革。它借鉴国外强化子女独立意识的做法,纠正子女对父母过分的、畸形的依赖,父母省吃俭用而子女却挥霍无度的社会现象。它又不仅仅像许多国家那样把对子女的抚养简单地以年龄划分。这样规定既符合我国传统的伦理道德观念,又限制了子女对父母的过度依赖。将尚在学校就读的学历明确界定在高中及其以下,意味着父母承担子女上大学的费用不再是一项法定义务。子女独立生活后,父母在法律上不再具有抚养他们的义务。我国传统的抚养模式,使子女易形成一切以自我为中心的价值观,只贪图自己享受,忽略或无视父母的需求。有的子女只向父母索取,却不肯付出自己的一点关心,甚至一些已独立生活的子女仍有强烈的让父母抚养的意识。父母的抚养甚至于无期限地延伸到子女成家立业后的各个阶段。因此,现实生活中父母子女间的权利严重倾斜的现象比较普遍。科学地界定父母对子女的抚养期限,对保护老人的合法权益也是很有意义的。当然,父母自愿给予子女一定帮助的,法律也不干预。

(二)教育的义务

所谓教育,是指父母在思想品德、智力、体质上对子女的培养、关怀与帮助。根据《婚姻法》(修正案)、《未成年人保护法》、《义务教育法》,父母应该承担起家庭教育的义务和送适龄子女入学并完成学校义务教育的义务。一方面,家庭是子女认识社会的第一个场所,父母的一言一行对子女起着潜移默化的作用。父母应对子女的人生观、价值观进行正确的引导和示范。教育他们爱国、爱家、爱自然、尊老爱幼、爱思考、勤劳、善良、机智、助人为乐、积极乐观,远离赌博、吸毒,不沉迷网络等。作为父母不仅要对子女进行物质上的帮助,承担一定的经济责任,还要使子女健康成长,成为对社会有益的人。另一方面,父母应积极为子女提供上学的条件与机会,也即父母有义务将适龄子女送入学校接受义务教育,子女依法享有要求接受义务教育的权利。那些只顾眼前利益,让子女弃学的做法是错误的。只有将家庭教育、学校教育、社会教育三位一体,才会使子女接受高质量的教育。父母要让子女成为全面发展的人才,成为对国家有用的人才,应注意在教育方面依法保障子女的合法权益。父母对子女的教育是无期限的,即使子女成年,父母仍有责任教育子女。

(三)父母对子女的保护和教育的义务

《婚姻法》(修正案)第23条规定:"父母有保护和教育未成年子女的权利和义务。在未成年子女对国家、集体或他人造成损害时,父母有承担民事责任的义务。"父母对子女的保护是指为了未成年人的安全和利益,防止和排除各种侵害。因父母是未成年人的法定监护人,当未成年人的合法权益受到非法侵害时,父母有权请求排除妨害和要求赔偿经济损失。父母对非法侵犯未成年子女人身权利的行为,有权采取必要的措施予以制止,并依法追究侵权行为人的法律责任。如对未成年子女进行诽谤、伤害、拐骗等行为时,父母有权制止。对未成年子女因不法侵权行为,导致损害的,其父母有权代理受害子女通过诉讼程序追究侵权人的法律责任。父母不能代理子女放弃继承权、受遗赠权。根据民法规定,未成年人只能进行与其年龄、智力相适应的民事活动。而相对较重要的民事活动只能由其父母或其他监护人代理或者是经父母或监护人的同意,其行为才可发生法律效力。

此处的父母对子女的教育实际为管教,是指父母(或是监护人)依照法律和道德的要求,采取正确的方式对未成年子女进行管理和教育,对其行为加以必要的约束。根据我国民法的有关规定,不满18周岁的人为未成年人。未成年人在法律上系无行为能力人和限制行为能力人,他们缺乏对事物正确的理解与处理能力,因此我国民法设立了监护制度。通常情况下,父母是未成年子女的法定监护人和法定代理人,对未成年子女的管教与保护,既是父母的权利,也是父母的责任与义务。管教包括对子女的引导与培育,当然也包括对子女错误思想和行为的批评教育。如对未成年子女的不良行为(诸如吸毒、酗酒、打架等)进行必要的预防、制止,严重的送交有关部门处理。当今世界,许多国家犯罪心理学的研究专家都十分注意青少年的犯罪与父母对子女管教方式的关联。一些父母对子女进行体罚、虐待、威吓、苛求和强迫子女接受父母的请求,无视子女的能力、适应性和希望,容易使孩子产生欺骗、说谎、自卑、忧伤、怯弱、迟钝等心理。我国不提倡对孩子用惩戒方式进行教育,但在必要的情况下如子女不服从正确的教育甚至走向犯罪时,父母也有权适度惩戒;如果对孩子长期溺爱、放纵、包庇,就易使子女产生极端个人主义的病态心理;父母偷盗、酗酒、残暴、任性、招摇撞骗等,很容易被孩子效仿,并走上同样的道路。所以正确管教子女,首先父母要成为子女的楷模。父母不仅要从思想上高度重视,更要管教得法。

父母承担对未成年子女合法权益进行监督和保护的责任,承担未成年子女给他人造成损害时的赔偿责任。人民法院在审理损害赔偿案件时,在分清是非的基础上,对已造成损害的,应追究侵犯行为人的赔偿责任,以便保护国家、集体和个人的财产权益。我国《民法通则》第11条规定,18周岁以上的公民是成年人,具有完全民事行为能力,可以独立进行民事活动,是完全民事行为能力人。一般而言,18周岁就可以对自己的行为完全负责,对他人造成的损失也应由自己负责赔偿。所以我国《婚姻法》(修正案)第23条规定:"父母有保护和教育未成年子女的权利和义务。在未成年子女对国家、集体或他人造成损害时,父母有承担民事责任的义务。"我国《民法通则》第133条规定,无民事行为能力人、限制民事行为能力人造成他人损害的,由监护人承担民事责任。监护人尽了监护责任的,可以适当减轻他的民事责任。有财产的无民事行为能力人、限制民事行为能力人造成他人损害的,从本人财产中支付赔偿费用。不足部分,由监护人适当赔偿,但单位担任监护人的除外。法定代理人的侵权责任制度的设立，有利于及时保护受害方的合法权益，也有利于加强父母管教未成年子女的责任感。关于监护人责任适用的归责原则在学术界尚有歧义。当被监护人给他人造成损失时，无论监护人是否尽到责任，是否存在主观过错，都应承担赔偿责任。但监护人尽到监护责任，不是免除责任的依据，只是减轻民事责任的情节。这是因为，如果以尽到监护义务为由而免除监护人的法定义务，这对受害人而言是不利的。同时，在实践中很难认定法定代理人是否履行了自己的监护职责，所以我们认为法定代理人的责任适用原则应为无过错责任原则。此外还应注意以下两点：

1. 父母离婚后，不与子女共同生活的一方应当就子女的侵权行为承担补充责任

最高人民法院《民法通则意见》第158条规定："夫妻离婚后，未成年子女侵害他人权益的，同该子女共同生活的一方应当承担民事责任；如果独立承担民事责任确有困难的，可以责令未与该子女共同生活的一方共同承担民事责任。"

2. 成年子女给国家、集体、他人造成损害时，应根据具体情况来确定

我国《民法通则》规定，16周岁以上不满18周岁的公民，以自己的劳动收入为主要生活来源的，视为完全民事行为能力人。如这类子女给国家、集体、他人造成损失时，应由本人独立承担赔偿责任，父母没有赔偿的责任。但如果侵权人年满18周岁，但无经济能力的，应由子女承担责任，可由父母先垫付，垫付有困难的应延期支付。法律的这一规定，不仅真正有效地保护国家、集体、他人的财产，还对稳定社会、经济及婚姻家庭秩序有着积极的意义，也防止一些人规避法律，脱逃自己应当承担的法律责任，同时可以起到教育群众的作用，增强父母管教、保护未独立生活子女的责任心。

最高人民法院《民法通则意见》第161条规定："侵权行为发生时行为人不满十八周岁，在诉讼时已满十八周岁，并有经济能力的，应当承担民事责任；行为人没有经济能力的，应当由原监护人承担民事责任。"

(四) 父母不履行抚养义务应承担的法律责任

我国《婚姻法》(修正案)第21条第2款规定，父母不履行抚养义务时，未成年或不能独立生活的子女，有要求父母付给抚养费的权利；《婚姻法司法解释(三)》第3条进一步强调，婚姻关系存续期间，父母双方或者一方拒不履行抚养子女义务，未成年或不能独立生活的子女请求支付抚养费的，人民法院应予支持。追索抚养费的请求可以先经有关部门调解或者直接向人民法院提出索要抚养费的诉讼。人民法院受理此类诉讼后，应及时通过调解或判决，确定应支付的抚育费的数额、期限和方法。在必要时，可裁定义务人先行给付被抚养人一定数额的抚育费，以便及时保障子女的合法权益。对应承担抚养责任而拒不履行抚养义务，情节严重的义务人，可依照民事法律的规定强制执行；情节恶劣，构成犯罪的，应依法追究其刑事责任。我们认为《婚姻法司法解释(一)》对子女独立生活含义的界定，有助于促使那些已成年的、身体健康、有劳动能力并有就业机会的子女尽快踏上自食其力的道路。

二、子女对父母有赡养扶助义务

案例 8-2 家住沈阳的陈某，已经退休。三个子女均已成年，大儿子甲在外国攻读学位，二儿子乙在天津工作，女儿丙已经出嫁，住在沈阳。三子女近几年都没有看望陈某，

陈某向法院提起诉讼，请求法院判决三子女定期前来看望。

任务： 1. 陈某的诉讼依据是什么？

2. 陈某的诉讼请求能否得到支持？

我国《婚姻法》对父母子女关系的规定是双向规定。我国《婚姻法》在规定父母对子女抚养教育义务的同时，还规定了子女对父母有赡养扶助的义务。赡养扶助义务的主体是有独立生活能力的成年子女。

（一）子女对父母的赡养扶助义务

赡养是指子女对父母的供养，即在生活上为父母提供必要的生活条件，承担一定的经济责任。《婚姻法》（修正案）第21条规定：子女不履行赡养义务时，无劳动能力的或生活困难的父母，有要求子女付给赡养费的权利。《老年人权益保障法》进一步规定：老年人养老以居家为基础，家庭成员应当尊重、关心和照料老年人；禁止对老年人实施家庭暴力；禁止歧视、侮辱、虐待或者遗弃老人。注意，虽然立法中只规定有负担能力的子女对丧失劳动能力、年老体弱或生活困难的父母承担必要的赡养费用，实际上有独立生活能力的成年子女对父母都应当履行赡养义务，有劳动能力的或生活不困难的父母同样有要求子女赡养的权利。司法实践中，法院一般会根据公平原则让成年子女履行扶助老年人的义务或对子女分配其他的法律责任。成年且有独立生活能力的子女对需要赡养的父母赡养的期限直至父母去世为止。两个以上的子女可以合理地分担对老人的赡养费。所谓子女对父母的扶助是指子女对父母在精神上给予慰藉，生活上给予照顾。让老人幸福、愉快地安度晚年，是每个做子女的应尽的义务。对很多父母而言，扶助更为重要。那种认为只要每月给父母赡养费就算孝敬父母了，是认识上的一种误区。尊老、敬老是中华民族的优良传统美德。保护老人合法权益是我国婚姻立法的要求，也是我国宪法规定的具体实践。在我国现阶段，国家与集体的物质帮助还不能完全取代家庭成员对老人的赡养责任。因此，使老人在生活上得到精心的照料，精神上得到愉悦与慰藉，是我国目前家庭最重要的职能之一。《婚姻法》作出这一规定是符合我国国情的。根据《老年人权益保障法》的规定，赡养扶助义务包括以下内容：①老年人养老以居家为基础，家庭成员应当尊重、关心和照料老年人。②赡养人应当履行对老年人经济上供养、生活上照料和精神上慰藉的义务，照顾老年人的特殊需要。③赡养人应当使患病的老年人及时得到治疗和护理；对经济困难的老年人，应当提供医疗费用；对生活不能自理的老年人，赡养人应当承担照料责任；不能亲自照料的，可以按照老年人的意愿委托他人或者养老机构等照料。④赡养人应当妥善安排老年人的住房，不得强迫老年人居住或者迁居条件低劣的房屋；老年人自有的住房，赡养人有维修的义务。⑤赡养人有义务耕种或者委托他人耕种老年人承包的田地，照管或者委托他人照管老年人的林木和牲畜等，收益归老年人所有。⑥家庭成员应当关心老年人的精神需求，不得忽视、冷落老年人；与老年人分开居住的家庭成员，应当经常看望或者问候老年人。⑦赡养人不得以放弃继承权或者其他理由，拒绝履行赡养义务；赡养人不履行赡养义务，老年人有要求赡养人付给赡养费等权利。⑧经老年人同意，赡养人之间可以就履行赡养义务签订协议。赡养协议的内容不得违反法律的规定和老年人的意愿。⑨赡养人的赡养义务不因老年人婚姻关系的变化而消除。

(二)子女不履行赡养义务时应承担的法律责任

有负担能力的子女对丧失劳动能力、年老体弱或生活困难的父母,应承担必要的赡养费用。对不与父母一起生活的子女,应根据父母生活的实际需要,负担父母必要的赡养费。子女赡养父母是法定责任,拒不履行赡养义务的,权利人可以通过家庭成员所在组织、居委会、村委会等进行调解,也可向人民法院提起诉讼。通过调解或判决的方式确定赡养费的数额和给付方式。对追索赡养费的请求,可以依法裁定先予执行。赡养人拒不执行已生效的调解书或判决书的,受赡养人可以申请强制执行。义务人有能力而拒绝赡养,情节严重构成遗弃罪的,将依法追究刑事责任。

三、父母子女间有互相继承遗产的权利

《婚姻法》(修正案)第24条第2款规定:"父母和子女有相互继承遗产的权利。"父母子女是最近的直系血亲,有着密切的人身关系和财产关系。根据我国《继承法》的规定,子女和父母均为第一顺序的法定继承人。其继承权完全平等。父母与婚生子女、非婚生子女,养父母与养子女,继父母与形成抚养教育关系的继子女间互有平等的继承权。在实践中,还应注意保护:①母亲与出嫁女儿的合法继承权。②对被继承人死亡时尚未出生的胎儿,应依法保留其继承份额。胎儿出生时是死体的,保留的份额由被继承人的继承人继承;胎儿出生后死亡的,则由其继承人继承。③子女先于父母死亡的,其晚辈直系血亲依法享有代位继承权。④丧偶儿媳对公婆、丧偶女婿对岳父母尽了主要赡养义务的,作为第一顺序继承人继承遗产。

四、与抚养、赡养有关的几个问题

(一)因客观原因,父母未抚养的子女独立生活后是否有赡养父母的责任

子女不可将父母是否尽了抚养教育的义务,作为自己履行赡养父母义务的基础与前提。目前在审判实践中,意见较为统一。即只要父母在主观上无恶意遗弃子女的故意,子女独立生活后,对生活困难或无经济来源,没有完全尽到抚养责任的父母具有不可推卸的赡养义务。

(二)子女可否拒绝赡养有杀害、遗弃、虐待罪的父母

根据我国《婚姻法》的规定,父母有抚养教育子女的权利与义务。根据《继承法》的规定,故意杀害被继承人的,遗弃被继承人的,或者是虐待被继承人情节严重的,丧失继承权。那么,子女可否拒绝赡养有杀害、遗弃、虐待罪的父母?尽管我国《婚姻法》对此未作明确规定,但我们认为根据有关法律规定,推定凡有遗弃、虐待、杀害子女罪的父母,原则上不再享受子女赡养的权利。因为让身心受到严重摧残的受害者去赡养加害人,无论于法、于情、于理均不妥当。如果子女自愿去赡养伤害过自己的父母,法律不予干涉。但如果父母实施的是一般性的虐待行为,情节不严重,未构成犯罪,子女对父母仍应履行赡养义务。

(三)出嫁女儿是否有赡养父母之义务

子女对父母的赡养义务不因性别不同而有所差别。根据我国《婚姻法》的规定,子女包括有负担能力的儿子和女儿。因此出嫁的女儿同样有赡养父母的义务。在审判实践中,

很多赡养案，父母只追究儿子的责任，并不告女儿。这是受重男轻女传统观念的影响，当事人很难有效地维护自己的权益。一般而言，经说服教育，多数女儿能自觉地履行赡养父母的义务。没有收入的出嫁女儿也有赡养父母的义务，可从夫妻共同财产中支付赡养费。

(四) 多子女如何分担赡养扶助父母的义务

在多子女的家庭中，子女应共同承担赡养扶助父母的义务，应根据每个子女的生活、经济状况进行协调。赡养扶助父母的方式，可视具体情况确定。当父母生病、生活不能自理时，子女除应承担医药费、住院费等费用外，还应承担扶助、护理父母的义务。如子女达成赡养老人的协议，之后情况发生了变动，可以重新协调解决。有关赡养问题出现争议，调解不成的，也可以向法院起诉。

(五) 关于子女姓氏的问题

《婚姻法》(修正案)第22条规定："子女可以随父姓，可以随母姓。"子女是父母双方的子女，父母均享有子女随其姓的权利。子女出生后随谁的姓应由父母双方确定。《婚姻法》再次否定了子女从父姓的旧传统，重申了这一规定，体现了男女平等的原则。当然在现实生活中，子女从父姓在某种程度上已是一种文化习俗。父母协商确定子女姓名，并不妨碍子女成年后更改自己的姓名，子女有权选择父母任何一方的姓氏。

子女姓氏确定后，父母一方一般不得擅自更改子女的姓氏。随着离婚率的上升，离婚后子女姓氏方面的纠纷时有发生。抚养子女的一方未经对方同意便自行更改未成年子女姓氏的现象越来越多。最高人民法院《离婚案件子女抚养意见》第19条规定："父母不得因子女变更姓氏而拒付子女抚育费。父或母一方擅自将子女姓氏改为继母或继父姓氏而引起纠纷的，应责令恢复原姓氏。"抚养子女的一方未经对方同意就擅自改变子女的姓氏，侵害对方享有的子女随其姓的权利。同时这也会违反法律上的平等原则，抚养子女的一方应承担相应的民事责任，恢复子女的原姓氏。

子项目三　婚生子女与生父母

人类社会进入一夫一妻制的婚姻制度后，生育行为就开始由法律来调整。早期法律区分婚生子女和非婚生子女的目的，一是为了传宗接代，避免血缘上的混乱；二是为了家庭财产继承时确认继承人的需要。近现代以来，立法的意义更多的是保障婚姻当事人及其子女的权益。

各国立法一般都有关于婚生子女推定与否认及相关法律制度，旨在尊重婚姻制度与客观事实，维护未成年人的利益。

一、婚生子女的概念

婚生子女的概念，各国法律规定各不相同，但一般是指在婚姻关系存续期间受胎或出生的子女。我国1950年《婚姻法》和1980年《婚姻法》虽然使用婚生子女这个概念，却都未对婚生子女的概念的内涵作出明确的规定。立法需要完善并给予明确的规定。

在各国立法中对婚生子女的规定较为宽松，即凡是在婚姻关系存续期间受胎或出生的子女均为婚生子女。从大多数国家的婚姻立法来看，婚生子女应具备以下条件：①该子女的父母应为具有合法配偶身份的人；②该子女与有合法身份的配偶双方间有血缘关系；③该子女出生在合法的婚姻关系存续期间或婚姻关系消灭后的法定期限内。

二、婚生子女的推定

婚生子女推定是指妻子在婚姻关系存续期间受胎或所生的子女推定为夫的婚生子女的制度。它是对子女婚生性的法律推定，目的是保护子女的合法权益，维护家庭稳定。国外对婚生子女的推定主要有两种：一种是受胎论，即在婚姻关系存续期间受孕而出生的子女可以推定为婚生子女；另一种是出生论，即在婚姻关系存续期间出生的子女可以推定为婚生子女。

我国现行婚姻法还没有婚生子女推定制度。在司法实践中，一般夫妻在婚姻关系存续期间受胎或出生的子女，推定为婚生子女。

三、婚生子女的否认

婚生子女的否定是指当事人享有否认婚生子女为自己有血缘子女的诉讼请求的制度。它是对婚生子女推定的否定，也是对婚生子女推定的限制。由于婚生子女推定是对子女婚生性的法律推定，也就存在实际情况与推定结论存在事实上不符的可能性。婚生子女否定制度是对当事人及其子女合法权益的保护，也是对真正义务人应尽义务的追责，体现了法律的公正性。大多数国家否认婚生子女的事实依据主要是采取概括主义，一般是两种情况：①夫妻在妻子受胎期间没有同居的事实；②夫没有生育能力。在妻受孕期间，夫妻有一次同居事实，夫就丧失了否认权。此外，或者有明确的证据如通过血型或遗传生物学的检查获得证据，才可否认婚生性。

我国历次《婚姻法》中均未对婚生子女否认作出明确规定，但司法实务中涉及部分内容。司法实践中丈夫否认子女为婚生，可以向人民法院提起确认诉讼，丈夫负有举证责任，能证明其妻受孕期间，双方无同居事实，或证明自己没有生育能力。在可能的情况下可以通过亲子鉴定确定是否有血缘关系。如无血缘关系，丈夫可免除对该子女的抚养义务。各国立法均规定，对受欺诈一方在婚姻关系存续期间支出的抚养费享有返还请求权。我国《婚姻法》没有作出明确的规定。但最高人民法院1992年4月2日《关于夫妻关系存续期间男方受欺骗抚养非亲生子女离婚后可否向女方追索抚养费的复函》指出："在夫妻关系存续期间，一方与他人通奸生育了子女，隐瞒真情，另一方受欺骗而抚养了非亲生子女，其中离婚后给付的抚育费，受欺骗方要求返还的，可酌情返还；至于在夫妻关系存续期间受欺骗方支出的抚育费用应否返还，因涉及的问题比较复杂，尚需进一步研究，就你院请示所述具体案件而言，因双方在离婚时，其共同财产已由男方一人分得，故可不予返还。"我国立法应就这一问题进行立法规范。

《婚姻法司法解释(三)》第2条第1款规定："夫妻一方向人民法院起诉请求确认亲子关系不存在，并已提供必要证据予以证明，另一方没有相反证据又拒绝做亲子鉴定的，人民法院可以推定请求确认亲子关系不存在一方的主张成立。"我国司法解释在拒绝进行亲子鉴定的推定事实上，确定了婚生子女的否认制度。我国现行法对婚生子女的否认权没有时效的限制。

子项目四 非婚生子女与生父母

在我国，尽管法律上规定非婚生子女与婚生子女的法律地位是平等的，但是由于传统观念的影响及各方面的压力，非婚生子女仍面临着受歧视的现实。非婚生子女的父母也常因各种原因逃避自己的法律责任。实践中，生母一般无法避免怀孕、分娩、抚养与教育子女的辛苦。而生父常常否认自己与非婚生子女间的身份。一些生母也基于各方面的原因，放弃自己对孩子应尽的抚育义务。因此从法律上强调生父母双方的责任，对更好地保护妇女、儿童的合法权益是有益的。非婚生子女的生父母有抚养教育非婚生子女的义务，如不履行抚养义务，非婚生子女有要求生父母给付抚养费的权利。与过去单纯强调生父抚养责任的条文相比，这一条文更加充分地体现了男女平等的原则，也从法律视角更充分地强调了父母双方对非婚生子女应承担的法律责任。这样规定可以更有效地保护子女的合法权益。

一、非婚生子女的概念

非婚生子女是婚生子女的对称。婚生子女是指有合法婚姻关系的男女所生育的子女。非婚生子女则是指男女没有缔结合法婚姻关系时所生子女，包括男女双方未婚所生的子女，已有婚姻关系的男或女与婚姻关系之外的第三人所生育的子女，以及婚姻被宣告无效或被撤销的情况下，该男女所生育的子女。

二、非婚生子女的准正与认领

为了保护非婚生子女的合法权益，确立婚生子女的合法地位，世界上很多国家建立了确认非婚生子女的法律地位的认领制度。准正制度源于罗马法，后为寺院法和日耳曼法所继承。准正和认领制度有很长的历史，一些国家从 20 世纪 60 年代开始对有关非婚生子女的法律地位进行了改革。如丹麦于 1960 年，英国于 1969 年的法律改革，使非婚生子女取得了与婚生子女平等或接近平等的权利；拉丁美洲一些国家在宪法中普遍确定了非婚生子女与婚生子女的平等权利。现代世界各国，普遍采用认领和准正的法律制度，使非婚生子女婚生化，这对保障非婚生子女的合法权益，改变其受歧视的地位，保障婚姻家庭的稳定，减少犯罪现象，具有重要的现实意义。

1. 非婚生子女的准正

所谓非婚生子女的准正，是指父母结婚或法院宣告使非婚生子女取得婚生子女的资格。大陆法系国家，诸如法国、瑞士、日本等，皆继受罗马法的原则，设立了非婚生子女的准正制度。因父母结婚，非婚生子女准正分为两种情况：①以结婚为准正要件，不另设其他条件。如比利时民法典、秘鲁家庭法等均采用此制；②以结婚和认领为准正之双要件，仅结婚未办认领手续者不发生准正效力。如日本民法典、瑞士民法典。经法官宣告而准正，是指父母订婚但一方死亡或有婚姻障碍存在使婚姻准正不能，依婚约之一方或双方之请求，由法院宣告子女为婚生。准正可使非婚生子女取得婚生子女的资格。两种准正可发生同等法律效力。

2. 非婚生子女认领

非婚生子女认领是指通过法定程序使非婚生子女婚生化的行为。认领有两种形式，即自愿认领与强制认领。

自愿认领即生父承认该非婚生子女为自己的子女，自愿承担抚养义务的法律行为，不得代理。这种认领为要式行为，须向户籍部门申报，或经公证，或向监护法院申请，或向有关身份官员申请。有的国家还要求须经生母同意，才发生法律效力。

强制认领是指非婚生子女的生父不自动认领时，有关当事人可诉请法院予以强制认领的制度。这样有利于制裁企图或已经逃避法律义务的当事人，保障非婚生子女的利益。强制认领要求原告负举证责任，即能提供确认被告为生父的种种证据。按照许多国家的规定，认领人仅限于生父，但也有一些国家规定，生父和生母均为认领人。一些国家还作了时效方面的规定。

三、我国非婚生子女的法律地位及其身份确认

非婚生子女在旧中国俗称私生子女。他们不仅受到世人及社会的歧视，在法律上，他们也不能与婚生子女一样处于平等的法律地位。新中国成立后，非婚生子女的法律地位有了很大的改观。非婚生子女的出生是父母的过错所致，不应把对父母的谴责延伸到子女身上。根据我国《婚姻法》（修正案）第 25 条规定："非婚生子女享有与婚生子女同等的权利，任何人不得加以危害和歧视。不直接抚养非婚生子女的生父或生母，应当负担子女的生活费和教育费，直至子女能独立生活为止。"这就确定了非婚生子女的法律地位。有关父母子女间权利和义务的规定，同样适用于父母与非婚生子女间的关系。父母有抚养教育非婚生子女的权利与义务；非婚生子女对抚养教育过自己的生父母有赡养扶助的义务；非婚生子女与生父母之间享有法定遗产继承权。因此，在我国，非婚生子女与婚生子女的法律地位是完全相同的。

非婚生子女的法律地位已明确规定，非婚生子女生父母的确认是保障非婚生子女权利实现的关键问题，否则非婚生子女与婚生子女具有同等法律地位的法律规定就无法贯彻落实，非婚生子女的合法权利往往难以得到切实的保障。我国目前还没有完善的非婚生子女认领制度。一般而言，非婚生子女与生母之间的关系，因子女的出生而形成。当然也有少数生母遗弃子女，或子女被拐卖而引起的非婚生子女与生母之间关系的确认问题。但实践中更多的是非婚生子女的生父确认问题。根据我国法律政策之规定和司法实践，对非婚生子女生父母的确认，主要有以下几种情况：

（1）非婚生子女生父母主动承认，自己是非婚生子女的生父母，并自愿承担子女生活费与教育费的一部或全部。

（2）女方指认，生父不承认孩子与其有血缘关系。生母往往需要有较充分的证据来证明谁是孩子的生父，在此情况下，法院应通过生母提供的有关证据和其他证人、物证等综合分析，不能仅依靠生母单方指认加以确定。

实践中，最为充分的证据就是亲子鉴定。但是很多时候，亲子关系当事人拒绝做亲子鉴定或有从严掌握的其他情况存在。

2011 年《婚姻法司法解释（三）》第 2 条第 2 款规定："当事人一方起诉请求确认亲子

关系，并提供必要证据予以证明，另一方没有相反证据又拒绝做亲子鉴定的，人民法院可以推定请求确认亲子关系一方的主张成立。"

我国的诉讼法没有确认非婚生子女与生父母的特别诉讼程序。在实践中，《婚姻法司法解释（三）》的规定在事实上确认了非婚生子女的认领制度。对非婚生子女的生父母确认有利于保护子女的合法权益，从而使生父母更好地承担自己的义务，保障非婚生子女健康成长。

子项目五　人工生育子女与父母

一、人工生育子女的概念

人工生育子女是指利用人工生育技术受胎而出生的子女，是根据生物遗传理论采用人工方法取出卵子或精子，再经人工将精子或受精卵注入妇女子宫，使其受孕的一种新的生育技术。

二、人工生育子女的种类

（1）人工体内授精子女，是指以人工方法将精子注入妇女体内授精，也称母体内受孕（人工授精）。人工授精又分为同质人工授精和异质人工授精两种。同质人工授精是指将夫妻双方的精子和卵子细胞用人工方法授精生育子女，夫妻与所生子女间具有天然血缘联系，与自然血亲的父母子女关系完全等同。异质人工授精是指由第三方提供的精子对妻子进行人工授精的方法。由于异质人工授精的子女，与生母之夫无任何血缘关系，因此，须依法确认双方是否具有法律上的亲子关系。

（2）人工体外授精即母体外授精（试管婴儿），是指用人工方法将精子与卵子在培养皿中授精，再将受精卵分裂的胚胎植入子宫妊娠的生殖技术。因精子或卵子的供体不同，可分为：①采用夫妻的精子和卵子在体外授精，再植入妻子的子宫内妊娠。子女均与父母双方有着自然的血亲关系。②采用妻子的卵子与第三人提供的精子在体外授精，再植入妻子的体内妊娠。子女有生物学上即供精者和法律上即养育者两个父亲。③采用第三人的卵子与丈夫的精子在体外授精，再植入妻子的体内妊娠。子女则有一个生物学上的母亲和一个孕育自己的生身母亲。④采用第三人提供的精子和卵子在体外授精，在试管内形成胚胎后，植入子宫提供者的子宫内妊娠生育。这时子女则会有一个生物学上的父亲和一个法律上养育自己的父亲，以及一个生物学上的母亲即卵子提供者、一个代孕母亲即子宫提供者或者还有一个法律上的养育母亲。

三、人工生育子女的法律地位

目前世界上绝大多数国家对人工生育子女尚无法律规定，少数已立法国家的规定也不尽相同。但是，对于婚姻关系存续期间，因夫妻双方同意而经人工授精生育的子女，与该夫妻形成亲子关系，由接受人工生育的夫妇承担法律责任的规定已基本形成共识。1991年7月6日《最高人民法院关于夫妻关系存续期间以人工授精所生子女的法律地位的函》

指出:"在夫妻关系存续期间,双方一致同意进行人工授精,所生子女应视为夫妻双方的婚生子女,父母子女之间权利义务关系适用《婚姻法》的有关规定。"因此只要夫妻双方协商一致同意进行人工授精的,所生子女都应视为夫妻双方的婚生子女,无论是否有血缘关系。我国有关部门 2001 年 2 月颁布的《人类辅助生殖技术管理办法》规定:人类辅助生育技术应当在医疗机构中进行,以医疗为目的,并符合国家计划生育政策、伦理原则和有关法律规定。明确禁止任何形式的代孕技术,这意味着目前在我国,任何代孕行为都是违法行为。

子项目六 继子女与继父母

案例 8-3 在小梅 6 岁那年,父母协议离婚。双方协议小梅随母亲周某生活。两年后,小梅的母亲与同单位的一位未婚男职工田某结婚。为了全心照顾小梅,田某表示自己不再要子女。后来周某开始承包一家企业。家庭的重担便落在田某身上。田某一方面照顾小梅,一方面还要料理家务。此时生意越做越火的周某,感情上发生了变化,以各种借口为由不回家。小梅的学习也因此受到影响。后来小梅考了一所大专学校。大专毕业后,小梅在母亲的身边找了一份工作。最初小梅还探望田某,之后便不再来往。后来周某提出离婚,田某表示同意。后来田某遭遇车祸,希望小梅照顾自己,但遭到小梅的拒绝。

任务:本案由继父抚养长大的小梅,在继父与生母解除了婚姻关系的情况下,对继父是否还有赡养义务?

一、继父母与继子女的概念

所谓继子女是指夫对其妻与前夫所生的子女,或妻对其夫与前妻所生的子女。子女对母或父的后婚配偶,称继父或继母。继父母与继子女间的关系,是因父母一方死亡,他方再婚,或因父母离婚,一方或双方再婚而形成的。

二、继父母与继子女关系的类型及法律地位

在家庭关系中,除婚生的父母子女关系外,还存在着继父母和继子女的关系。继父母和继子女间是否发生父母子女间的权利与义务关系还应根据具体情况来定。一般可以分为三种情况。

(一)未形成法律抚育关系的名义型

生父或生母再婚时,继子女已成年,或继子女随生父母中的另一方共同生活,该继父母与该继子女间未形成事实上的抚养教育的关系。因此,继父母与继子女间仅是名义上的父母子女关系,彼此之间不发生法律上的权利义务关系。

(二)继父或继母收养继子女的收养型

继父或继母经继子女的生父母同意,依法收养继子女,与继子女形成拟制血亲关系,该子女同未与之共同生活的生父(母)权利义务关系消灭。我国《收养法》第 14 条规定:"继父或者继母经继子女的生父母同意,可以收养继子女,并可以不受本法第四条第三

项、第五条第三项、第六条和被收养人不满十四周岁以及收养一名的限制。"《收养法》第4条第3项是关于要求被收养人是"生父母有特殊困难无力抚养的子女"的规定。第5条第3项是关于要求送养人是"有特殊困难无力抚养子女的生父母"。第6条规定："收养人应当同时具备下列条件：（一）无子女；（二）有抚养教育被收养人的能力；（三）未患有在医学上认为不应当收养子女的疾病；（四）年满三十周岁。"《收养法》对继父母收养继子女放宽了条件。经收养后，继父（母）子女关系变为养父（母）子女关系，双重的权利义务关系变为单一的权利义务关系。这种变化有利于家庭稳定。

（三）形成法律抚育关系的共同生活类型

生父或生母再婚后，继子女是由继父或继母抚养、教育，那么继父母与继子女的关系便适用《婚姻法》的有关规定。我国《婚姻法》（修正案）第27条："继父母与继子女间，不得虐待或歧视。继父或继母和受其抚养教育的继子女间的权利和义务，适用本法对父母子女关系的有关规定。"这种继父母与继子女的关系等同于父母子女关系，属于拟制血亲。

实践中生父或生母再婚后，继子女有可能既受生父母的抚养教育，同时也受继父母的抚养教育。在这种情况下，继子女的权利义务是双重的，继子女既和生父母发生法律上的权利义务关系，也与继父母发生法律上的父母子女之间权利和义务关系。

根据《婚姻法》（修正案）第27条之规定，继父或继母和受其抚养、教育的继子女间的权利和义务，适用《婚姻法》关于父母子女关系的有关规定。即继子女既要承担赡养其生父或生母之义务，同时，还应负担对继父或继母的赡养义务。在现实生活中，以母亲改嫁，继父非自己的生父为由拒绝赡养父母的做法不仅违背了《婚姻法》的规定，也有悖于社会主义道德风尚。

三、继父母继子女关系的解除

目前我国《婚姻法》（修正案）未对形成抚育关系的继父母与继子女关系的解除作出明确的规定。实践中，继父母子女关系可基于一定的原因解除，在法律规定尚不完善的情况下，解除时应注意遵循以下原则：

（1）对于无抚养关系的名义上的继父母子女，在生父母与继父母离婚时，继父母子女间的关系也随之解除。

（2）对于有抚养教育关系的继子女，继父母不同意继续抚养的，仍应由生父（母）抚养。双方已经形成的拟制血亲关系随之解除。

（3）继子女的生父（母）死亡，与之形成拟制血亲关系的继母（父）仍应继续抚养该子女，但继子女的生父（母）要求领回的除外。

（4）继父（母）与生母（父）婚姻关系存续期间，在不改变生母（父）与该子女直接抚养关系的前提下，仅请求解除继父母与继子女的关系，法院一般不予支持。

（5）通常情况下，由继父母抚养成人并已独立生活的继子女应当承担赡养继父母的义务，双方的拟制血亲关系继续存在。如果双方关系恶化，可以通过协议解除其拟制血亲关系，或经当事人请求，由人民法院解除其拟制血亲关系。对于继子女成年后虐待、遗弃继父母而解除拟制血亲关系的，继父母有权要求继子女补偿共同生活期间为其支出的生活费和教育费。

子项目七　养父母与养子女

养父母与养子女是依据法律规定的条件和程序形成的拟制血亲关系，关系一经形成，养父母与养子女间在权利义务上等同于父母子女关系；与生父母的权利义务关系同时解除。更详尽的内容在收养部分阐述，此处从略。

思考与练习

思考

1. 简述父母子女间的权利和义务关系。
2. 我国《婚姻法》如何保护非婚生子女的合法权益？
3. 如何正确认识继子女的法律地位？

案例练习

孙某夫妻有一儿一女。儿子孙亮婚后每月给生活困难的父母生活费用200元。女儿孙玉结婚后，父母依当地习惯，未收女儿赡养费。但父母也告诉女儿，以后家里的房子是孙亮的，与女儿无关。然而自1999年起，孙亮突然得了重病，生活极困难。孙玉认为自己尽管出嫁，将来也不要父母的财产，但自己应给父母赡养费。以后父母的生活费均由孙玉承担。2002年，孙玉的父母因病先后去世。孙亮认为父母的住房应由自己继承，出嫁的妹妹无继承父母遗产的权利。孙玉认为父母口头上曾说过房子归自己所有。

任务：出嫁的女儿有无继承父母遗产的权利？

案例分析手把手

【案情】甲（男）和乙（女）经人介绍认识，不久后同居生活，同居近一年时间。由于甲又移情，双方解除同居关系。一年后乙带着一对双胞胎子女找到甲，称自己没和除他以外的人同居过，也没有再婚，该双胞胎是甲的孩子，要求甲支付抚养费。甲否认孩子是他的，拒绝支付抚养费，并称自己已成家，让乙不要影响他现在的婚姻。乙以孩子法定代理人的身份向人民法院起诉，请求确认甲和该双胞胎的亲子关系。法院根据乙的申请，进行了亲子鉴定，确认甲为双胞胎子女的生父。判定甲承担双胞胎子女每月生活费1600元。

【任务】分析人民法院判决是否正确？

【分析思路】首先，本案是关于亲子关系确认的案件。乙指认甲为该双胞胎子女的生父，而甲否认自己是双胞胎的生父。本案的焦点是甲是否为双胞胎的生父。一旦亲子鉴定确认甲是该双胞胎的生父，甲就必须承担该双胞胎抚育费的一部或全部。甲与该双胞胎具有父母子女间的权利义务。

本案重要信息解读：1. 甲与乙曾有同居事实；2. 乙称自己没有和除甲以外的人同居或结婚；3. 乙怀孕的时间和其同甲同居时间有交集。

【答案要点提示】人民法院判决甲承担该双胞胎子女的抚育费是正确的。非婚生子女亲生父亲的确认，有自愿认领和强制认领。本案中甲不承认自己是孩子的亲生父亲，所以在乙的申请下做了亲子鉴定。在亲子鉴定确认甲是该双胞胎生父的情况下，甲就必须承担对该双胞胎子女的抚养教育义务，双方产生父母子女间的权利义务关系。符合《婚姻法》（修正案）第25条规定："非婚生子女享有与婚生子女同等的权利，任何人不得加以危害和歧视。不直接抚养非婚生子女的生父或生母，应当负担子女的生活费和教育费，直至子女能独立生活为止。"《婚姻法》（修正案）第21条规定，父母对子女有抚养教育的义务。父母不履行抚养义务时，未成年的或不能独立生活的子女，有要求父母付给抚养费的权利。本案进行强制认领，支付子女必要的抚育费的判决是正确的。

实训五　亲子关系认定

　　【案情】甲(男)与乙(女)婚后无子女,经检查是因男方不育所导致,女方正常。双方商量或是领养或是通过人工生殖技术受孕,最后双方商定做试管婴儿,因男方原因只能做异质人工授精。一年后成功生下一子丙,甲起初很高兴,而随着丙逐渐长大,相貌与其不同,自己看着别扭,别人也风言风语,开始在家找茬,打骂老婆孩子直至双方无法生活。双方同意离婚,孩子由乙抚养,乙要求甲一个月给丙600元抚养费,但甲不同意,说孩子跟自己没关系,自己收入又低。由于乙想早离开甲,免得自己和孩子受折磨,当时乙收入较高,也就同意甲不出抚养费。2009年离婚两年后,乙患重病无法照顾丙,经济陷入困境。乙向甲索要丙的抚养费并要求照顾6岁的丙无果,遂向人民法院起诉要求甲提供丙抚养费一个月2000元。

　　【任务】甲在离婚后有没有抚养丙的义务?

　　【任务完成方式要求】分组讨论,记录讨论过程,整理得出结论,要求提供相关法律依据。

　　【任务完成评价标准要求】能抓住婚生子女认定的知识点;有分析推理过程;适用法律准确;结论正确;能够正确处理一般婚生子女认定的纠纷。

项目九 祖孙关系与兄弟姐妹关系

◎ 知识目标
- 掌握我国《婚姻法》(修正案)规定的祖孙之间及兄弟姐妹之间的权利义务关系

◎ 能力目标
- 能够处理祖孙之间及兄弟姐妹间承担扶养义务的一般案件

【引例】

甲(女)的丈夫因病去世后,甲与18岁的女儿乙一起生活,后女儿外出打工。2002年1月,女儿在外打工一年后回来,甲发现乙怀孕,追问孩子的父亲是谁,乙始终没说,但执意将孩子丙生下。2003年7月,乙意外死亡,乙的孩子丙不满一岁。女儿去世后甲情绪低落,因不知孩子父亲是谁,一直不喜欢丙,不想抚养。甲虽说一个月有2800元的工资,但认为自己没有义务抚养女儿留下的孩子丙。

【任务要求】

分析甲有没有抚养丙的义务?

【案例知识点提示】

祖孙关系;祖孙间的抚养条件

在许多家庭中,家庭关系往往是多层次的。在一个家庭中,除夫妻关系、父母子女关系外,特定情况下还会产生祖父母、外祖父母与孙子女、外孙子女的关系以及兄弟姐妹间的关系。1950年《婚姻法》关于扶养问题的规定,仅限于夫妻关系、父母子女间的关系;祖父母、外祖父母与孙子女、外孙子女的关系则属于道德规范调整的范围。1980年《婚姻法》扩大了家庭关系的法律调整,将家庭成员间的扶养关系扩大至祖孙及兄弟姐妹之间。这一规定符合我国的实际情况,也有利于养老育幼原则的贯彻与执行。但该法只规定了长辈对晚辈,成年兄姐对未成年弟妹的单向义务,最高人民法院对此进行了补充解释。我国2001年《婚姻法》(修正案)进一步强化了祖孙之间及兄弟姐妹之间法律上的权利与义务关系,将最高人民法院的司法解释吸收到《婚姻法》中,从而使祖孙之间及兄弟姐妹间的权利义务关系,更为明确、完善与科学。

子项目一　祖孙之间的权利义务关系

一、祖孙之间权利义务关系

世界各国对祖孙之间是否互负扶养义务，规定不尽一致。有些国家不仅将祖孙列为扶养之列，而且还划定了具体的扶养顺序。如瑞士、日本、苏联等都规定了祖孙间的法律关系。一般情况下，以未成年的孙子女、外孙子女作为权利人，祖父母、外祖父母作为义务人；以成年的孙子女、外孙子女为义务人，祖父母、外祖父母为权利人。但是祖孙之间的扶养不是无条件的，在许多国家规定了享受权利一方一般是未成年人或者是丧失劳动能力、生活贫困有扶养之必须的老年人，而承担义务方须有足够的物质条件。

在家庭中，除父母子女关系外，祖父母、外祖父母与孙子女、外孙子女是最亲近的直系血亲关系。通常情况下，父母抚养子女、子女赡养父母。但在特定情况下，祖父母、外祖父母抚养父母双亡或父母无力抚养的孙子女、外孙子女或孙子女、外孙子女赡养子女双亡或子女无力赡养的祖父母、外祖父母的情况十分普通。

1980年《婚姻法》没有明文规定有负担能力的孙子女、外孙子女对子女并未死亡但确无赡养能力的祖父母、外祖父母有赡养义务，对此类问题的处理主要依据1984年最高人民法院《关于贯彻执行民事政策法律若干问题的意见》第24条的规定："有负担能力的祖父母，外祖父母，对于父母一方死亡、另一方确无能力抚养或父母均丧失抚养能力的未成年的孙子女、外孙子女有抚养的义务。"该意见第25条规定："有负担能力的孙子女、外孙子女，对子女已经死亡或子女确无力赡养的祖父母、外祖父母，有赡养的义务。"因此缺乏法律上的强制性。正因为法律上的弹性过大，加之法律的宣传力度不足，侵犯老人与儿童利益的现象时有发生。也正因为如此，一些人对抚养、赡养的理解仅局限于习惯，所以出现了一些认识上的误区。有人认为抚养、赡养是父母子女间的事情，祖孙之间不应设立此义务。这种认识既不利于家庭成员间的团结，也不利于社会道德环境的净化。2001年《婚姻法》（修正案）扩大对原条文的规定，不仅是立法上的进步，也有利于养老育幼原则的贯彻，同时对推进社会主义精神文明建设具有重要的现实意义。《婚姻法》（修正案）第28条规定的补充与修改是确有必要的。

二、祖孙之间承担抚养、赡养义务的条件及有关实务

(一)祖孙之间承担抚养、赡养义务的条件

我国《婚姻法》（修正案）第28条规定："有负担能力的祖父母、外祖父母，对于父母已经死亡或父母无力抚养的未成年的孙子女、外孙子女，有抚养的义务。有负担能力的孙子女、外孙子女，对于子女已经死亡或子女无力赡养的祖父母、外祖父母，有赡养的义务。"一方面充分体现了国家对老年人的关怀，另一方面也说明祖父母、外祖父母与孙子女、外孙子女间履行抚养、赡养义务不是无条件的，而是有条件的。

1. 被抚养人的父母或被赡养人的子女已经死亡或无力抚养或赡养

这里的死亡包括自然死亡和宣告死亡。被抚养人的"父母已经死亡"指父母双方死亡，

父母一方死亡的不符合法定情形；"子女已经死亡"是指所有子女均死亡的情形，否则就不符合子女已经死亡的法定条件。对于父母一方死亡，另一方无力抚养子女的，应归属"父母无力抚养"这一情形。"父母无力抚养"应作严格意义上的解释，因父母是子女的法定抚养义务人，故不能因失去工作或收入微薄而免除其抚养子女的义务。它主要是指父母丧失抚养能力，一方面因病、残而丧失劳动能力；另一方面又无维持基本生活的经济来源，此情况下才涉及由祖父母、外祖父母抚养孙子女、外孙子女。"子女无力赡养"也应作严格意义上的解释，子女是父母的法定赡养义务人，不能因为子女没有工作、下岗或收入微薄而免除其赡养父母的义务。"子女无力赡养"主要指子女丧失或不具备赡养能力，一般是指由于无经济来源或受身体原因的限制，没有赡养父母的能力或条件。在祖父母、外祖父母的子女能够履行赡养义务的情况下，即使孙子女、外孙子女是该权利人抚养长大的，也不能将其列为赡养人。只有子女均无力赡养时，才涉及孙子女、外孙子女对祖父母、外祖父母的赡养。

2. 被抚养人或被赡养人须是未成年人或是需要赡养的老年人

被抚养人必须是未成年人，如不是未成年人不符合法定条件。根据《民法通则》及相关司法解释规定，未成年人是指18周岁以下的人。已满16周岁不满18周岁的未成年人，以自己的劳动收入为主要生活来源，其收入能维持当地基本生活水平的视为完全民事行为能力人，可以免除祖父母、外祖父母的抚养义务；被赡养人需要赡养是必要条件，如不需要赡养，就没有强调此义务的必要。

3. 抚养人或赡养人须有负担能力

这里的"有负担能力"是指以自己的劳动收入和其他合法收入满足第一顺序扶养权人（需要扶养的配偶、子女、父母）的合理生活、教育费用、医疗费用后仍有余力，即满足基本家庭生活以外，还具有的经济负担能力。

(二)祖孙之间承担抚养、赡养义务的有关实务

(1)孙子女、外孙子女对祖父母、外祖父母的赡养义务，在法律上是没有先后顺序的，有负担能力的都应承担赡养责任。如果孙子女、外孙子女多人有负担能力，可协商由一方或几方共同承担。协议不成，法院可依据维护老人利益的原则进行裁决。祖父母、外祖父母对孙子女、外孙子女的抚养也是没有先后顺序的，双方应协商共同抚养。

(2)孙子女、外孙子女和祖父母、外祖父母间的赡养、抚养义务无对价条件。孙子女、外孙子女与祖父母、外祖父母间的赡养抚养，并不是以是否对对方尽过抚养、赡养义务为先决条件的。

(3)有负担能力的孙子女、外孙子女均拒绝承担赡养义务时，应受赡养的祖父母、外祖父母可依法请求法院强制义务人履行义务。在履行上要以赡养人的实际能力为限，由赡养人与被赡养人协商解决，如果不能协商解决的，则由人民法院判定。

(4)赡养费的判定应根据被赡养人的实际需求、赡养人的经济能力和当地的经济水平确定。对于城市的老年人，赡养费一般按家庭总收入减去家庭成员城市居民平均生活标准，剩余部分按其赡养人数的平均数额计算。对于农村的老年人，一般以当地统计部门发布的上年度当地农民年人均生活费数据为基准。随着时间的推移，被赡养人根据需要可以要求增加赡养费，但必须具备一定的条件：一方面，法院原先判决的赡养费不能保障被赡

养人的基本生活；另一方面，赡养义务人有能力负担。只有同时具备这两个条件，才可以要求增加赡养费。

(5) 父母子女间的抚养或赡养与隔代抚养或赡养的程度是不同的。父母与子女的抚养或赡养，必须保持他们之间的同一生活质量、同一生活水平。父母与子女间的抚养或赡养，应尽其所能。但隔代抚养或隔代赡养，是一种偶然的、相对的扶养，是在保持与义务人地位相当的生活水准下，使其保持最低生活水平。注意，在没有一定范围的亲属或一定范围内的亲属均没有能力履行抚养或赡养义务时，根据《宪法》第45条规定，中华人民共和国公民在年老、疾病或者丧失劳动能力的情况下，有从国家和社会获得物质帮助的权利。国家实行的养老保险、医疗保险等社会保险，以及一些地区实行的最低生活保障制度等，都是国家和社会提供物质帮助的体现。所以说，为了保障这一特定人群的基本生活，国家和社会有责任提供物质帮助，而不是由法院以判决的方式强行要求无扶养条件一方对另一方履行隔代抚养或赡养义务。

三、祖孙之间继承的权利

祖父母、外祖父母有依法继承孙子女、外孙子女遗产的权利。根据我国《继承法》第10条的规定，祖父母、外祖父母为第二顺序的继承人。没有第一顺序的法定继承人或第一顺序的法定继承人均放弃或丧失继承权，祖父母、外祖父母有继承孙子女、外孙子女遗产的权利。

孙子女、外孙子女对祖父母、外祖父母的遗产有代位继承的权利。根据我国《继承法》之规定，孙子女、外孙子女不是法定继承人，不能直接继承祖父母、外祖父母的遗产，但是在其父母先于祖父母、外祖父母死亡时，可以代位继承祖父母、外祖父母的遗产。在有第一顺序继承人的情况下，祖父母、外祖父母对孙子女、外孙子女尽了主要扶养义务，可依照《继承法》第14条之规定，有权分得被继承人适当的遗产。

子项目二　兄弟姐妹之间的法律关系

案例9-1　甲11岁时其父母在一次车祸中丧生。除他父亲和前妻所生的现担任一家公司经理的哥哥乙外，已无其他亲人可以抚养他。但之前由于哥哥乙由其生母抚养，和他父亲再婚家庭无任何来往。甲要求乙抚养，遭乙拒绝。甲向人民法院提起诉讼，要求抚养。

任务：甲的请求能否得到人民法院的支持？理由是什么？

一、兄弟姐妹之间权利义务关系

从世界各国的立法看，多数国家未规定兄弟姐妹间具有法律上的权利和义务。但也有一些国家规定了兄弟姐妹间的扶养义务。

兄弟姐妹系旁系血亲关系，包括自然血亲和拟制血亲的兄弟姐妹。我国1980年《婚姻法》第23条规定："有负担能力的兄、姊，对于父母已经死亡或父母无力抚养的未成年的弟、妹，有抚养的义务。"这一规定使那些失去了父母或父母无力抚养的未成年子女的生活有了生活保障。但该条只规定了兄、姐对弟、妹的扶养义务，未规定弟、妹对兄、姐的扶养义务。1981年9月1日最高人民法院《关于对年老、无子女的人能否按婚姻法第二十三条类推判决有负担能力的兄弟姐妹承担抚养义务的复函》，该复函认为，兄、姐曾给予弟、妹扶养的，当兄、姐年老，丧失劳动能力，又无子女赡养时，根据权利义务相一致的原则，弟、妹对兄、姐有扶养的义务。1984年最高人民法院《关于贯彻执行民事政策法律若干问题的意见》第26条规定："由兄、姐抚养长大的有负担能力的弟、妹，对丧失劳动能力、孤独无依的兄、姐，有抚养的义务。"该意见扩大了该条文的内涵，无疑是对这一制度的补充与发展。2001年修订《婚姻法》时，进一步完善形成《婚姻法》（修正案）的第29条。

二、兄弟姐妹间承担扶养义务的条件

我国《婚姻法》（修正案）第29条规定："有负担能力的兄、姐，对于父母已经死亡或父母无力抚养的未成年的弟、妹，有扶养的义务。由兄、姐扶养长大的有负担能力的弟、妹，对于缺乏劳动能力又缺乏生活来源的兄、姐，有扶养的义务。"本条所称的兄弟姐妹包括同胞兄弟姐妹、同父异母兄弟姐妹、同母异父兄弟姐妹、养兄弟姐妹和形成抚养关系的继兄弟姐妹。因弟、妹需要兄、姐扶养或已将弟、妹扶养长大的兄、姐需要弟、妹扶养而引发的纠纷，适用本条的规定。

兄弟姐妹间承担抚养或扶养义务，须具备下列条件：

（一）被抚养人或被扶养人必须是未成年人或需要扶养的人

被抚养人必须是未成年人，如不是未成年人不符合法定条件。根据《民法通则》及相关司法解释的规定，未成年人是指18周岁以下的人，已满16周岁不满18周岁的未成年人，以自己的劳动收入为主要生活来源，其收入能维持当地基本生活水平的，视为完全民事行为能力人，可以免除兄、姐的抚养义务。被扶养人兄、姐需要扶养是必要条件，如不需要扶养，就没有强调此义务的必要。

（二）被抚养人的父母已经死亡或无力抚养或者被扶养人缺乏劳动能力又缺乏生活来源

这里的死亡包括自然死亡和宣告死亡。被抚养人的"父母已经死亡"指父母双方死亡，父母一方死亡的不符合法定情形；"父母无力抚养"主要是指父母丧失抚养能力，一方面因病、残而丧失劳动能力；另一方面又无维持基本生活的经济来源，无法满足未成年子女基本生活、教育费、医疗费。"父母无力抚养"应作严格意义上的解释，因父母是子女的法定抚养义务人，故不能因失去工作或收入微薄而免除其抚养子女的义务。被扶养权人缺乏劳动能力又缺乏生活来源，在此用的是"缺乏"而不是"丧失"，是指兄、姐年老体弱难以从事劳动或因疾病等原因丧失或缺乏劳动能力；缺乏生活来源是指没有或缺乏经济收入，孤独无依或第一顺序扶养义务人丧失抚养能力。它既不同于兄、姐对弟、妹扶养的严格条件，也不同于父母对子女抚养的无条件。

（三）抚养人或扶养人必须有负担能力

本条中的"有负担能力"与隔代抚养或隔代赡养中的"有负担能力"的含义是相同的，是指以自己的劳动收入和其他合法收入满足第一顺序扶养权人（需要扶养的配偶、子女、父母）的合理生活费、教育费用、医疗费用后仍有余力，即满足基本家庭生活以外，还具有的经济负担能力。

(四)兄、姐主张扶养权的,还须该弟、妹未成年时是由其扶养长大的

兄、姐主张扶养权的,兄、姐应具备曾在父母死亡或无力抚养的情况下,将未成年弟(妹)抚养长大的事实条件。此外,实践中有负担能力的兄弟姐妹,对于父母已经死亡或父母无力扶养的,因病、残不能独立生活的单身成年兄弟姐妹,是否负有扶养的义务,1985年2月16日《最高人民法院关于兄妹间扶养问题的批复》肯定了有负担能力的兄弟姐妹对有病、残的成年兄弟姐妹有一定的扶养义务。而2001年修订《婚姻法》时未将这一批复精神吸纳进来,我们认为并不是因为不认可这一精神,而是因为这种情况在现实生活中不普遍,而未予明确规定。因此,在兄弟姐妹已经成年的情况下,即便出现了父母死亡或父母无力扶养的情况,兄弟姐妹也没有扶养病、残成年兄弟姐妹的法定义务。但现实中基于亲情给予扶养的情况较多,这是应该给予肯定和提倡的。

三、兄弟姐妹间的继承权

我国《婚姻法》并未规定兄弟姐妹间的继承问题,关于这方面的问题,应按我国《继承法》的有关规定处理。根据我国《继承法》第10条的规定,兄弟姐妹为第二顺序的继承人,也即没有第一顺序的法定继承人或第一顺序的法定继承人全部放弃或丧失继承权时,被继承人的兄弟姐妹有继承遗产的权利。

我国《婚姻法》(修正案)第29条正是基于民法中的公平原则及权利与义务相一致的原则,吸收了最高人民法院司法解释的精粹,从而使这一规定更具操作性、公正性与科学性。

思考与练习

思考

1. 简述祖孙间承担抚养、赡养义务的法定条件。
2. 简述兄弟姐妹间承担抚养、扶养义务的法定条件。

案例练习

袁某是一家企业的职工,在一个偶然的机会发现丈夫涉嫌犯罪,于是劝丈夫投案自首,但丈夫不肯。袁某便向公安部门检举了丈夫。由于袁某的丈夫多案在身,在公安人员逮捕时,袁某的丈夫抵抗。最后被公安人员当场击毙。此时袁某有两个未成年的孩子,袁某父母早年去世,亦无兄弟姐妹相助。但袁某的公婆均为退休人员,有较高的退休金。袁某向公婆提出让公婆帮助抚养未成年的孙子与孙女,遭到拒绝。

任务:本案中袁某的公婆有抚养未成年孙子女的法律责任吗?为什么?

案例分析手把手

【案情】甲(71岁)有儿子乙、孙子乙小小和女儿丙。甲无劳动能力也无经济来源,儿子乙已因病去世。女儿丙在企业工作,收入一般,无子女。老甲的孙子乙小小月收入

6000元，老甲认为女儿已出嫁，收入又不高，不该向女儿要生活费。而孙子收入高，在他小时候自己经常照看，他父亲不在了就该乙小小替他父亲乙赡养自己，于是向乙小小要求每个月支付赡养费1000元。而孙子乙小小认为，有姑姑丙在且又有赡养能力，不该自己出赡养费，平时给点零花钱还可以，不同意按月支付赡养费。甲向人民法院起诉要求孙子乙小小按月支付赡养费1000元。

【任务】分析人民法院是否会支持甲的诉讼请求？

【分析思路】首先，本案是关于祖孙之间扶养的案件。分析孙子乙小小在什么情况下应该赡养其祖父甲；甲要求孙子乙小小提供赡养费是否符合法定条件；甲的女儿丙有无赡养义务。

本案重要信息解读：甲无劳动能力也无经济来源；甲的儿子死亡；女儿有负担能力，收入一般；孙子收入高，有负担能力且甲曾经照看过乙小小。

【答案要点提示】人民法院不应当支持甲对乙小小的诉讼请求。本案涉及孙子女(外孙子女)赡养祖父母(外祖父母)的条件。孙子女(外孙子女)赡养祖父母(外祖父母)，除了赡养人有赡养能力和被赡养人需要赡养外，还必须具备被赡养人子女死亡或无力赡养的条件。本案中甲的儿子死亡，但女儿丙还在，且有赡养能力，不能因其出嫁或收入少而免除赡养义务；也不能因孙子乙小小收入高而替父承担赡养义务，即使甲在孙子小时候照看过。但家庭成员相互爱护照料，互相体谅也是应该提倡的。

项目十 收 养

◎ 知识目标

- 了解收养的概念和特征
- 领会收养原则的精神实质
- 掌握收养成立的条件,解除的条件及其效力

◎ 能力目标

- 认定收养的有效与无效
- 预防违法收养的发生
- 解决由收养产生的当事人之间的人身和财产纠纷

【引例】

马某因炒股失败,债台高筑,遂于2003年离家出走,下落不明。2006年妻子夏某向当地人民法院申请宣告马某失踪,经法院公告查找仍无马某下落后,法院判决宣告马某失踪。因为夏某身有残疾,家中经济困难,女儿患有先天性疾病无钱医治。2009年夏某将7岁的女儿送给本市结婚多年却无生育能力的杨某夫妇收养,并办理了收养登记手续。2013年,多年杳无音信的马某突然返回家中。当马某得知女儿被他人收养之后,提出未征得他的同意将女儿送养,违反我国《收养法》的规定,是无效收养,杨某夫妇必须将女儿送回。该主张遭到杨某夫妇的拒绝。

【任务要求】

请思考案例中的收养是否成立?依据是什么?

【案例知识点提示】

收养条件;无效收养

收养制度是亲属制度的重要组成部分,也是生育制度的重要补充。我国《婚姻法》(修正案)第26条规定:"国家保护合法的收养关系。养父母和养子女间的权利和义务,适用本法对父母子女关系的有关规定。"为了更好地保护合法的收养关系,维护收养关系当事人的合法权利,1991年12月29日颁布我国第一部《收养法》。1998年11月4日第九届全

国人大常委会第五次会议通过了《收养法》修改决定，自1999年4月1日起实行。

子项目一　收养概说

一、收养的概念

(一)收养的概念

收养是指公民依照法律规定领养他人子女为自己子女的法律行为。收养人为养父母；被收养人为养子或养女；将子女或儿童送给他人收养的生父母、监护人、社会福利机构等为送养人。

(二)收养的特征

1. 收养是一种法律行为

收养涉及当事人(收养人、送养人和被收养人)和社会的利益，所以在现代社会都由法律加以调整，以保护当事人的利益，维护社会秩序的稳定。因此，成立收养关系必须符合法定条件，履行法定手续。

2. 收养是身份法上的行为

收养行为是用以设定某种身份关系，即养父母子女关系的，收养是身份法上的行为。收养关系只能发生在公民个人之间，同国家对孤儿、遗弃儿的收容和养育有着本质的区别。第一，前者是一种设定养父母子女关系的身份法上的行为，后者是一种行政法上的行为，是国家实行的社会福利措施。第二，前者须经有关当事人协议，并经过登记，后者由收容和养育机构自行决定。第三，前者能够依法设定父母子女间的权利义务，后者虽然也行使抚养、教育、监护等职能，但与被收容养育人之间并不产生也不可能产生父母子女间的权利义务关系。

3. 收养是变更亲属身份和权利义务关系的行为

通过收养，收养人与被收养人之间发生了亲子的身份和权利义务关系，被收养人与其生父母之间的身份和权利义务关系随之消除。这是一种亲属身份和权利义务关系的变更，在变更后，养父母代替了生父母的法律地位。

4. 收养不能发生在直系血亲之间

收养是设定父母子女关系的行为，不能发生在直系血亲之间。收养人和被收养人可能原来没有亲属关系，也可能原来就有一定的亲属关系，但直系血亲是除外的。直系血亲之间的收养是毫无意义的。

5. 收养关系是一种拟制血亲关系

收养所产生的血亲关系是拟制血亲，与自然血亲不同，拟制血亲可以依法产生，也可以依法解除。它不是自然的，而是人为形成的。

收养的拟制血亲性质，是它与寄养关系的根本区别。寄养，是指父母因某种客观原因不能直接履行对子女的抚养义务时，将子女委托他人代为抚养。寄养关系只发生抚养形式的变化，不发生权利义务关系的转移。我国《收养法》第17条特别强调规定："孤儿或者生父母无力抚养的子女，可以由生父母的亲属、朋友抚养。抚养人与被抚养人的关系不适用收养关系。"

(三)收养的形式

从世界各国过去和现在的立法体例来看,收养有以下不同的形式:

1. 完全收养与不完全收养

完全收养,指收养关系成立后,养子女与生父母之间的权利与义务关系完全消除。日本、苏联、中国等均采用此制。不完全收养指收养关系成立后,养子女与生父母之间仍保留着一定的权利和义务关系。法国、前南斯拉夫等设有此制。

2. 生前收养与遗嘱收养

生前收养,指收养人在生前与被收养人成立收养关系,形成拟制血亲。目前世界各国普遍采用此种收养形式。遗嘱收养,又称死后收养,指收养人通过立遗嘱的方式确定其养子女,于收养人死亡时收养关系始告成立。遗嘱收养起源很早,在古埃及收养子女,就必须采用遗嘱的方式。近代立法允许死后收养的,有法国民法旧条款和日本旧民法。此种收养方式在现代各国法律中已被取消。

二、收养制度的历史沿革

在历史上,收养制度经历了长期的演变过程。

原始社会,收养相当盛行,被当时的社会习惯所承认。其他氏族的成员包括未被杀死的俘虏,都可以被吸收为本氏族的成员。为了确认收养关系,必须举行入族典礼。这个时期的收养,完全是为了本氏族的利益,称之为"为族的收养"。

奴隶社会和封建社会,实行的是宗法制度,收养往往是为了维系血统,继承宗祧。在这个时期,只有家长才有收养权。罗马法的养子制度就是这个时期的典型代表。这个时期的收养为的是家长制家庭的利益,故称之为"为家的收养"。

资本主义社会,宗法家族制度逐渐衰弱并宣告解体,血统维系的观念变得淡薄,于是满足养父母晚年慰藉或者增加劳动力的要求,成为收养的主要目的,故称之为"为亲(养亲)的收养"。拿破仑法典制定以来到第一次世界大战末期,法国民法规定的收养是这个时期的典型代表。

第四个时期的形成以第一次世界大战和第二次世界大战为契机。英国改变向来法律上不承认收养的立场,自1927年1月1日实行养子女法;苏俄1918年的亲属法典废止了养子制度,但于1926年再次恢复为子女利益的收养。其主要原因是因为世界大战后,社会上产生了很多孤儿和非婚生子女,为给这些无依无靠的子女以家庭和父母成为收养法的根本思想。强调为儿童的利益而收养,逐渐提高养子女的法律地位,这是亲属立法发展的共同趋势,这种收养称之为"为子(养子女)的收养"。

收养制度在我国有悠久的历史,它随着社会物质生活条件的变化而变化,受经济、政治等许多因素的影响和制约。在我国古代宗法制度下,实行以男性为中心的宗祧制度,为使祖先的血食不断,男子无子者可以立嗣。嗣子既经确立之后,就取得嫡子的法律地位,可以继承宗祧,也可以继承财产,它是收养的一种特殊形式,民间俗称"过继"。立嗣仅限于同宗同姓的男子,不得立异姓子乱宗。除立嗣外,我国古代也有一般的收养关系,称之为乞养。如《唐律·户婚》规定,"其遗弃小儿,年三岁以下,虽异姓,听收养,即从其姓",目的是为了救济婴儿和孤儿。乞养与立嗣不同,不论同姓异姓,不分男女,均可收养,而立嗣仅限定为同宗同姓的男子。乞养的对象,法律限定为三岁以下的弃儿,实际则不受此限。收养人为义父母,被收养人为义子女,义子与义父间不发生宗祧继承关系,也不得以无子为由把义子立为嗣子。可见,立嗣的效力高于乞养,嗣子的地位是高于义子女的。

在中华民国时期,国民政府虽然实现了收养法的近代化,但民法中只有关于收养的规定,而无关于宗祧继承的规定。无论异姓同姓,养子女只有一种,"为家的收养"已不存在,但是实际生活中,收养制度与立嗣制度是同时并存的,并且在国民党的民法中,保留了某些歧视养子女的内容。养子女的继承顺序虽然与婚生子女相同,但继承份额仅为婚生子女的二分之一。直到1985年6月才删除了上述歧视性的规定。

新中国成立后,彻底废除了立嗣制度,在法律上明确规定:"国家保护合法的收养关系。"养父母、养子女的法律地位等同于自然血亲的父母子女的法律地位。

三、我国《收养法》的基本原则

根据《收养法》第2条和第3条的规定,《收养法》有以下四个基本原则:

(一)保障被收养人和收养人合法权益的原则

实行收养制度的主要目的是为了被收养儿童的利益。保护儿童的合法权益是我国《婚姻法》的一项基本原则,同样适用于我国的收养制度。为此,我国《收养法》第2条规定:"收养应当有利于被收养的未成年人的抚养、成长。"由于未成年人身心发育尚未成熟,是无民事行为能力人或限制民事行为能力人,因此需要家庭和社会的关怀与照顾。对于因种种原因不能生活在父母身边的特殊儿童来说,收养关系的发生使被收养儿童的生活发生重要变化,直接关系到儿童的健康成长,因此更应该注重维护其合法权益。这一基本原则贯穿《收养法》规定的各个方面。例如《收养法》第11条规定,"收养年满十周岁以上未成年人的,应当征得被收养人的同意",从而使其有权表达自己的意志;第26条规定:"收养人在被收养人成年以前,不得解除收养关系。""收养人不履行抚养义务,有虐待、遗弃等侵害未成年养子女合法权益行为的,送养人有权要求解除养父母与养子女间的收养关系。"同时,第31条还规定:"借收养名义拐卖儿童的,依法追究刑事责任。"所有这些规定,都是未成年人被收养后,法律对其合法权益的保护。

收养的另一个目的就是使无子女的收养人通过收养子女得到精神上的安慰,还可以使收养人在年老体弱时,得到养子女的照料。因此,收养也应考虑符合收养人的利益,尤其是年老的收养人的合法权益。为此,《收养法》第30条规定:"收养关系解除后,经养父母抚养的成年养子女,对缺乏劳动能力又缺乏生活来源的养父母,应当付给生活费。""因养子女成年后虐待、遗弃养父母而解除收养关系的,养父母可以要求养子女补偿收养期间支出的生活费和教育费。"

(二)遵循平等自愿的原则

收养是一种变更或创设亲属关系的民事法律行为,民事法律关系强调当事人在民事活动中自愿、平等、意思表示真实,因此《收养法》第2条规定,收养必须"遵循平等自愿的原则"。按照这一原则,收养关系当事人在成立或解除收养关系时,他们的法律地位是平等的。如果在不平等基础上确立收养关系，不利于收养关系的稳定。同时，收养往往带有浓厚的感情因素。只有生父母愿意将子女送养他人，收养人有收养子女的愿望，收养关系才能成立。

因此，成立收养关系，必须实行当事人在平等基础上的自愿原则。

（三）不得违反社会公德的原则

收养既关系当事人的利益，也涉及社会的利益。因此，成立收养关系必须尊重社会公德，不损害社会公共利益。这一原则对推进社会主义精神文明建设有着积极的作用。

（四）不得违背计划生育的法律、法规的原则

推行计划生育是我国《宪法》规定的基本国策之一，也是《婚姻法》规定的一项重要的基本原则。为使计划生育政策得到切实的贯彻和执行，防止借收养名义破坏计划生育工作的现象发生，《收养法》第3条规定了"收养不得违背计划生育的法律、法规"，并对收养人和送养人进行了限制。如要求收养人"无子女"，"年满三十周岁"，"收养人只能收养一名子女"和"送养人不得以送养子女为理由违反计划生育的规定再生育子女"。这些规定不仅可以保障计划生育政策落到实处，同时也有利于被收养人的健康成长。

子项目二　收养的成立及效力

案例10-1　王某与妻子在其婚姻存续期间收养了一个女儿。2006年1月23日，王某与妻子在民政局协议离婚。协议约定养女由王某抚养，前妻每月付给养女生活费100元，直到养女年满18周岁止。后前妻将养女带走，并于2006年9月安排其到某高校就读，学制四年，并为其缴纳了第一学年的学费2500元、住宿费500元、第一学年的教材费300元。后养女要求王某支付学费及生活费，王某拒付。养女作为原告提起诉讼，要求王某支付抚养费。由于原告尚未成年，养母作为法定代理人参加诉讼。

任务：分析法院是否支持原告的诉讼请求？

一、收养成立的条件

我国《婚姻法》规定，国家保护合法的收养关系。所谓合法的收养关系，是指符合我国《收养法》规定的收养关系。我国《收养法》第4条至第22条对收养成立的条件作了明确规定。收养的成立应具备以下条件：

（一）收养人应具备的条件

根据《收养法》第6条的规定，收养人应是年满三十周岁。收养的目的之一是为了养子女的利益，给被收养人创造良好的抚养教育环境，因此收养人必须是成年人。此外，根据《收养法》的规定，收养人还应具备下列一些条件：

1. 无子女

在我国，有子女的人一般不允许收养，这是同我国计划生育的要求相适应的。这里所说的无子女，非指不能生育者。如有生育能力而不想生育，要求收养子女，只要其他条件具备，也可收养子女。

【特殊收养的例外规定】有三种例外情况不受该规定的限制：①收养孤儿、残疾儿童或者社会福利机构抚养的查找不到生父母的弃婴和儿童；②华侨收养三代以内同辈旁系血亲的子女；③继父母收养继子女。

2. 有抚养教育被收养人的能力

这是从子女利益出发所规定的要求。收养人应具备一定的经济能力和良好的品质，并可为子女接受良好的教育提供一定的物质条件。好逸恶劳，自身不能维持生活的人，不得为收养人。当然，对经济条件也不能苛求，确认有无抚育条件时，应从实际出发。

【特殊收养的例外规定】继父母收养继子女不受此条的限制。

3. 未患有在医学上不应当收养子女的疾病

这是从子女利益出发对收养人的限制。这一款规定在1991年通过的《收养法》中并没有，1998年在修正的基础上增加了这一条款，但国家对不应当收养子女的疾病并无明确规定。通常理解是患有精神病的人或者是患有严重传染病的人，不能作为收养人。

【特殊收养的例外规定】继父母收养继子女不受此条的限制。

4. 年满30周岁

若夫妻双方共同收养，夫妻双方均应年满30周岁。

【特殊收养的例外规定】继父母收养继子女不受此条的限制。

5. 收养人只能收养一名子女

这是出于对收养人抚养能力和被收养人健康成长的考虑。

【特殊收养的例外规定】有两种例外情况不受该规定的限制：①收养孤儿、残疾儿童或者社会福利机构抚养的查找不到生父母的弃婴和儿童，可以不受收养一名的限制；②继父母收养继子女不受收养一名的限制。

6. 无配偶的男性收养女性的，收养人与被收养人的年龄应当相差40周岁以上

无配偶的男性收养女性的，要求收养人与被收养人的年龄应当相差40周岁以上，这是基于伦理的考虑。

【特殊收养的例外规定】收养三代以内同辈旁系血亲的子女的，可以不受收养人与被收养人的年龄应当相差40周岁以上的限制。

7. 有配偶者收养子女，须夫妻共同收养

夫妻双方同意是已婚当事人收养子女的重要条件。它有利于夫妻和睦，有利于对养子女的抚养教育，有利于收养关系的稳定。一方要求收养，另一方不同意时，不准予收养。

(二) 被收养人应具备的条件

1. 被收养人一般应是不满14周岁的未成年人

法律之所以这样规定，取决于收养关系的特点。收养成年人不利于建立起养父母和养子女间的感情，不利于收养关系的稳定。

【特殊收养的例外规定】收养三代以内同辈旁系血亲的子女或继父母收养继子女的，被收养人不受不满14周岁的限制。

2. 根据《收养法》第4条的规定，被收养人通常还要符合下列条件之一

①丧失父母的孤儿；②查找不到生父母的弃婴和儿童；③生父母有特殊困难无力抚养的子女。

【特殊收养的例外规定】收养三代以内同辈旁系血亲的子女或继父母收养继子女的，可以不受被收养人为生父母有特殊困难无力抚养的限制。

按照我国民政部《关于在办理收养登记中严格区分孤儿与查找不到生父母的弃婴的通知》中所作的解释，我国《收养法》中所称的"孤儿"是指其父母死亡或人民法院宣告其父母死亡的不满14周岁的未成年人。"查找不到生父母的弃婴和儿童"，是指被父母或其他监护人丢弃而脱离家庭或监护人的不满14周岁的未成年人。

生父母是否有特殊困难，只能根据当事人的具体情况来认定。比如：父母无经济负担能力，患有严重疾病，丧失民事行为能力等原因，以致无法或不宜抚养子女，均可视为有特殊困难，无力抚养。

(三) 送养人应具备的条件

根据《收养法》的规定，下列公民、组织可以作为送养人：①父母之外的监护人；②社会福利机构；③有特殊困难无力抚养子女的生父母。

【特殊收养的例外规定】收养三代以内同辈旁系血亲的子女或继父母收养继子女的，可以不受生父母有特殊困难条件的限制。

为保护被送养人的合法权益，《收养法》特别规定：①生父母送养子女，须双方共同送养。有配偶者将子女送他人收养，必须经夫妻双方同意，单方送养是无效的。因为它侵犯了对方的亲权。离婚后，不论子女随哪一方生活，仍是双方的子女，送养子女时亦须经双方同意。生父母一方不明或查找不到的，可以单方送养。②父母之外的监护人，送养子女时应具备的条件：在未成年子女的父母均不具备完全民事行为能力时，该未成年人的监护人不得将其送养，但父母对该未成年子女有严重危害可能的除外；监护人送养未成年孤儿的，须征得有抚养义务的人同意。有抚养义务的人不同意送养，监护人不愿意继续履行监护职责的，应当依照《民法通则》的规定变更监护人。

(四) 收养必须有关当事人同意

这里所说的"有关当事人"，是指包括收养人、送养人和有识别能力的被收养人。有关当事人的同意是收养成立的重要条件。

根据《收养法》第11条的规定，具体包括三个方面的内容：

1. 收养人同意

一般要求处于婚姻状态的夫妻双方同意。收养人如无配偶，本人同意即可；收养人如有配偶，应取得配偶的同意。

2. 送养人同意

送养人如果是被收养人的生父母，有配偶者须取得双方的同意。如果生父母中有一方不同意，收养不能成立。被收养人由生父母以外的个人或单位监护时，须征得监护人(包括单位)的同意。

3. 有识别能力的被收养人同意

如果被收养人是年满10周岁以上的未成年人的，应当征得被收养人的同意。

二、收养的程序

收养的成立不仅要满足一定的条件，而且还要符合一定的程序。国家对收养行为进行干预和监督，从而确保公民的合法权益，保护收养关系的稳定，预防和减少收养纠纷。

《收养法》第15条规定："收养应当向县级以上人民政府民政部门登记。收养关系自登记之日起成立。

收养查找不到生父母的弃婴和儿童的，办理登记的民政部门应当在登记前予以公告。

收养关系当事人愿意订立收养协议的，可以订立收养协议。

收养关系当事人各方或者一方要求办理收养公证的，应当办理收养公证。"

收养规定的程序有以下几种：

（一）登记程序

《收养法》第15条第1款明确规定："收养应当向县级以上人民政府民政部门登记。收养关系自登记之日起成立。"登记制度是我国收养的必经程序。这一规定的宗旨，在于使这类收养关系处于政府职能部门的直接监督之下，并且便于更好地维护收养人的合法权益。

办理收养登记的机关是县级人民政府民政部门。收养查找不到生父母的弃婴和儿童，在弃婴和儿童发现地的收养登记机关办理登记；收养社会福利机构抚养的弃婴和儿童的，在社会福利机构所在地的收养登记机关办理登记。收养生父母有特殊困难无力抚养的子女或者由监护人监护的孤儿时，在被收养人生父母或监护人常住户口所在地的收养登记机关办理登记。收养三代以内同辈旁系血亲的子女以及继父或者继母收养继子女的，在被收养人的生父或生母常住户口所在地的收养登记机关办理登记。

办理收养登记包括以下三个步骤：

1. 申请

申请成立收养关系的当事人应当亲自到收养登记机关办理成立收养关系的手续。收养人应向收养登记机关提交收养申请书和下列证件、证明材料，包括收养人的户口簿和居民身份证；收养人所在单位或村民委员会、居民委员会出具的本人婚姻状况、有无子女和抚养教育被收养人的能力等情况的证明；县级以上医疗机构出具的未患有医学上认为不应当收养子女的疾病的身体健康检查证明。收养查找不到生父母的弃婴、儿童的，并应提交收养人经常居住地计划生育部门出具的收养人生育情况证明；收养继子女的，可以只提交居民户口簿、居民身份证和收养人与被收养人生父或生母结婚的证明。

送养人应向收养登记机关提交下列证件和证明材料：送养人居民户口簿、居民身份证；社会福利机构为送养人的，应提交弃婴、儿童进入社会福利机构的原始记录，公安机关出具的捡拾弃婴、儿童报案的证明，或孤儿的生父母死亡或宣告死亡的证明；监护人为送养人的，应提交实际承担监护责任的证明，孤儿的父母死亡或者宣告死亡的证明或者被收养人生父母无完全民事行为能力并对被收养人有严重危害的证明；生父母为送养人的，应提交与当地计划生育部门签订的不违反计划生育规定的协议；有特殊困难无力抚养子女的，还应当提交其所在单位或者村委会、居委会出具的送养人有特殊困难的证明等。其中，因丧偶或一方下落不明由单方送养的，还应当提交配偶死亡或者下落不明的证明；子女由三代以内同辈旁系血亲收养的，还应当提交公安机关出具的或经过公证的与收养人有亲属关系的证明。

2. 审查

收养登记机关收到收养登记申请书及有关材料后，应当自次日起30日内进行审查。收养查找不到生父母的弃婴、儿童的，收养登记机关应在登记前公告查找其生父母；自公告之日起满60日，弃婴、儿童的生父母或其他监护人未认领的，视为查找不到生父母的弃婴、儿童。公告期间不计算在登记办理期限内。

3. 登记

对符合《收养法》规定条件的，为当事人办理收养登记，发给收养登记证，收养关系自登记之日起成立；对不符合《收养法》规定条件的，则不予登记，并对当事人说明理由。

（二）协议程序

根据《收养法》第15条第3款的规定，收养关系当事人可以就成立收养关系订立收养协议。签订协议属于当事人的自愿选择，而不是必经程序。签订协议后，仍必须到民政部门办理收养登记，收养关系自登记之日起成立。收养协议通常采用书面形式。

订立收养协议时，收养人和送养人应具备民事法律行为必备的以下三个条件：一是行为人具有相应的民事行为能力；二是意思表示真实；三是不违反法律或者社会公共利益。订立协议的行为是重要的民事行为，要符合《民法通则》关于民事行为生效的条件才能产生法律效力。

（三）公证程序

根据我国《收养法》第15条第4款的规定，收养人和送养人在达成书面的收养协议后，是否还要到公证机关办理收养公证，由当事人各方自行协商。如果收养当事人一方或双方要求办理收养公证的，应当办理收养公证。

三、收养成立的效力

收养关系成立后，确立了养父母子女的身份关系，收养人为养父母，被收养人为养子女，相互间产生了法定的权利和义务关系。根据《收养法》第23条、第24条的规定，收养关系自成立之日起，便发生以下的法律效力：

（一）收养的拟制效力

收养的拟制效力是指收养关系的成立导致新的权利义务关系发生。具体体现在以下两个方面：

（1）自收养关系成立之日起，收养人和被收养人之间确立父母子女的关系，其权利义务关系适用法律关于父母子女关系的规定。

第一，养父母对养子女有抚养教育的义务，养子女对养父母有赡养扶助的义务，双方都不得虐待和遗弃。养父母子女间的上述义务，不因父母离婚而解除。养子女随一方生活，另一方不得拒绝承担抚养义务。同理，养子女独立生活后，对丧失劳动能力无生活来源的养父母应履行赡养义务。养父母不履行抚养义务时，未成年的或不能独立生活的子女，有要求父母给付抚养费的权利；子女不履行赡养义务时，无劳动能力的或生活困难的父母，有要求子女付给赡养费的权利。

第二，养父母与养子女有相互继承遗产的权利。养子女与婚生子女同属第一顺序法定继承人，任何人都不得侵犯和剥夺养子女的继承权，也不得减少养子女的继承份额。

第三，在姓氏问题上，养子女可以随养父姓，也可以随养母姓，由养父母双方商定。

收养成立后，改变养子女的姓氏是养父母的一项权利，生父母无权干涉和阻挠。当然，经当事人协商一致，也可以保留原姓。

（2）收养成立后，养子女与养父母的近亲属之间产生拟制近亲属关系，其权利义务关系，适用法律关于子女与父母的近亲属关系的规定。

（二）收养的解消效力

收养的解消效力是指因收养关系的成立导致原有的权利义务关系的终止。根据《婚姻法》（修正案）第26条和《收养法》第23条的规定，养子女与生父母及其他近亲属的权利义务关系，因收养关系的成立而消除。因为我国的收养属于完全收养。具体体现在：一是自收养关系成立之日起，养子女与生父母之间在法律上不再享有父母子女的身份了，彼此间原有的权利义务关系随之消除。二是养子女与生父母的其他近亲属之间的法律身份和原有的权利义务关系也因收养关系的成立而消除。三是收养作为一种法律拟制行为，并不能消除养子女与生父母及其他近亲属间的自然血缘关系，因此，《婚姻法》关于直系血亲和三代以内旁系血亲间禁止结婚的规定，对养子女及其他近亲属仍然适用。

四、收养行为的无效

我国《收养法》第25条明确规定："违反《中华人民共和国民法通则》第五十五条和本法规定的收养行为无法律效力。收养行为被人民法院确认无效的，从行为开始时起就没有法律效力。"

（一）收养行为无效的原因

1. 违反《民法通则》第55条的收养行为

（1）收养人或送养人不具备相应民事行为能力的收养行为，如正处于发病期的精神病、痴呆症患者。无民事行为能力人或限制民事行为能力人不能或不能完全辨认自己的行为，依法不得为收养或送养行为。

（2）收养人同意收养或送养人同意送养的意思表示不真实的收养行为，即一方以欺诈、胁迫的手段或者乘人之危，使对方在违背真实意思的情况下所为的收养行为无效。

（3）收养行为违反了法律或者社会公共利益，如当事人弄虚作假欺骗收养登记机关。

2. 违反《收养法》规定的收养行为

违反《收养法》规定的收养行为，包括实施收养行为时不具备收养关系成立的实质要件和形式要件的收养行为。如：收养人未满30周岁而收养的；非近亲收养时被收养人超过14周岁等情况。

（二）收养行为无效的处理程序

1. 诉讼程序

诉讼程序是指由人民法院确认某一收养行为无效。我国《收养法》第25条第2款规定："收养行为被人民法院确认无效的，从行为开始时起就没有法律效力。"

2. 行政程序

行政程序是指由办理收养登记的机关确认某一收养行为无效。民政部1999年《中国公民收养子女登记办法》第12条规定："收养关系当事人弄虚作假骗取收养登记的，收养关系无效，由收养登记机关撤销登记，收缴收养登记证。"

子项目三 收养的解除及后果

案例 10-2 原告王某某的前妻身有残疾，不能生育，夫妻想收养一子女。经人介绍，王某某和前妻于 1971 年 10 月 19 日收养了刚出生的被告王某。收养后，王某某和前妻共同抚养养子王某，养父母子女关系一直融洽。1988 年 6 月，王某某前妻病故。原告王某某打算再婚，遭到被告王某的反对。经亲友劝说，被告王某勉强同意。1989 年 3 月，原告王某某再婚。此后，养父子之间产生隔阂，双方在新的家庭生活中，常为琐事发生矛盾。特别是被告王某与继母相处不睦，时常争吵，并借故辱骂养父、继母，伤害了养父子之间的感情。原告王某某遂于 1991 年 5 月起诉至人民法院，要求解除与被告的收养关系。经法院调解，原告撤回了起诉，并希望通过此举及今后的努力来改善养父子关系。但在这以后，双方关系不但没有改善，反而进一步恶化，以致原告夫妇从 1992 年 2 月起租房另过。为此，原告于 1992 年 3 月再次向人民法院起诉，以被告对他不尊不孝，用污言秽语污辱他的人格，并打骂其继母，扰乱和破坏了他的晚年生活为理由，要求解除与被告的养父子关系。

被告辩称：我由养父收养并抚养成人，但自养母去世，养父再婚后，家庭关系发生了变化，养父对我的生活不过问，不关心，我在这个家里得不到温暖。养父现在是想抛弃我。我现在没有工作，生活上没有经济来源，如解除了养父子关系，我连住的地方都没有，故不同意解除养父子关系。

任务：分析法院该如何处理此案。

一、收养解除的概念

收养的解除是指养父母、养子女生存期间终止收养关系的法律行为。收养关系成立后，除因收养人或被收养人死亡（包括宣告死亡）而自然终止外，只能因依法解除而终止。因为解除收养关系也是一种变更权利义务的民事法律行为，故解除收养也必须符合法律规定的条件并履行一定的法律程序。

二、收养解除的条件

根据《收养法》第 26 条、第 27 条的规定，收养关系的解除条件因被收养人是否成年而有所区别：

(一)被收养人未成年时解除收养关系的条件

收养人在被收养人成年以前，一般不得解除收养关系；但收养人和送养人双方协议解除的除外。养子女年满 10 周岁以上的，应当征得本人同意。该规定一方面要求保证稳定的收养关系，另一方面本着平等自愿的原则，原则上只要当事人同意就可以解除收养关系。

收养人不履行抚养义务，有虐待、遗弃等侵害未成年养子女合法权益行为的，送养人有权要求解除养父母和养子女间的收养关系。这种情况下，被收养人的权利受到严重侵犯，收养的目的也难以实现，因此法律规定送养人在此情况下有权解除养父母与养子女间的收养关系。

(二)被收养人成年时解除收养关系的条件

养父母和成年养子女关系恶化，无法共同生活的，可以协议解除收养关系。不能达成协议时，养父母和成年养子女任何一方均可以向人民法院起诉，请求解除收养关系。因为如果养父母与养子女关系恶化，根本无法继续共同生活的，收养关系便无法实现补充养老制度的目的，此时任何一方都可以要求解除收养关系。

三、收养解除的程序

根据《收养法》第26条、第27条、第28条的规定，解除收养关系的程序有两种：

(一)登记程序

登记程序指通过民政部门办理登记，从而解除收养关系的程序。适用于收养关系的当事人自愿达成解除收养关系的协议的情形。当事人协议解除收养关系的，必须到民政部门办理解除收养关系的登记。

(二)诉讼程序

收养关系的当事人一方或双方要求解除收养关系，经协商不能达成协议的，可以向人民法院起诉，通过诉讼程序解除收养关系。诉讼程序适用于以下情况：①养子女未成年时，送养人和收养人不能达成解除收养关系的协议时，可以向人民法院起诉。②养父母与成年养子女关系恶化，无法共同生活，双方不能达成解除收养协议的，可以向人民法院起诉。

四、收养解除的效力

(1)收养关系解除后，养子女和养父母及其他近亲属间的权利义务关系即行消除。

收养关系解除后，养子女与养父母之间不再存在父母与子女的关系，养子女与养父母的近亲属也不再有法律拟制的直系血亲或者旁系血亲关系。

(2)解除收养关系后，未成年养子女和生父母及其近亲属间的权利义务关系自行恢复；但成年养子女和生父母及其近亲属间的权利义务关系是否恢复，可以协商确定。

一般情况下，养子女与养父母解除收养关系后，其与生父母及其他近亲属的权利义务关系自行恢复，但由于成年养子女在特定情况下对已解除收养关系的养父母仍有一定的赡养义务，所以在收养关系解除后，如果直接规定其与生父母及其近亲属的权利义务关系自行恢复，则有可能使其有双重负担，因此，在收养关系解除后，其与生父母及其近亲属之间是否恢复权利义务关系，由当事人根据自己的意愿决定。

(3)关于对养父母在收养期间所支出的生活费和教育费的补偿。

根据我国《收养法》第30条的规定，收养关系解除后，经养父母抚养的成年养子女，对缺乏劳动能力又缺乏生活来源的养父母，应当给付生活费。因养子女成年后虐待、遗弃养父母而解除收养关系的，养父母可以要求养子女补偿收养期间支出的生活费和教育费。生父母要求解除收养关系的，养父母可以要求生父母适当补偿收养期间支出的生活费和教育费，但因养父母虐待、遗弃养子女而解除收养关系的除外。只有这样，才能更公正合理地保护各方当事人的合法权益。

子项目四　涉外收养

一、涉外收养的条件

　　涉外收养是指外国人或无国籍人在中华人民共和国境内领养中国儿童为其养子女的法律行为。《收养法》第 21 条第 1 款规定："外国人依照本法可以在中华人民共和国收养子女。"按照该规定，外国人在中国境内收养中国儿童，应适用中国法律，并应具备中国《收养法》规定的成立收养关系的条件。涉外收养的条件是：①收养人应是无子女，有抚养教育能力，身体健康和年满 30 周岁的成年人。无配偶的男性收养女性的，年龄应当相差 40 周岁以上。夫妻双方收养的，须双方均是外国人或夫妻一方为外国人。②被收养人应是不满 14 周岁的未成年人。③送养人应是符合《收养法》关于送养人规定条件的公民或组织。④收养须经收养关系当事人同意。收养年满 10 周岁以上未成年人的，应征得被收养人的同意。

　　外国人在华收养子女，还应当符合收养人所在国有关收养法律的规定。因两国法律的规定不一致而产生的问题，由两国政府有关部门协商处理。

二、涉外收养的程序

　　根据《收养法》第 21 条第 2 款和《外国人在中华人民共和国收养子女登记办法》的规定，涉外收养应履行下列法律手续：

　　(一) 收养人应当提交的材料

　　收养人应通过外国收养组织向中国收养组织转交跨国收养申请书以及下列报告和证明：①出生证明；②婚姻状况证明；③职业、经济收入和财产状况证明；④身体健康检查证明；⑤有无受过刑事处罚的证明；⑥收养人所在国主管机关同意其跨国收养子女的证明；⑦家庭情况报告，包括收养人的身份、收养的合格性和适当性、家庭状况和病史、收养动机以及适合于照顾儿童的特点等。

　　该报告和证明应由其所在国有权机构出具，经其所在国外交机关或者外交机关授权的机构认证，并经中华人民共和国驻该国使馆和领馆认证。

　　(二) 送养人应当提交的材料

　　送养人应向省级人民政府民政部门提交本人的居民户口簿、居民身份证(社会福利机构作为送养人的，应当提交其负责人的身份证件)、被收养人的户籍证明等情况证明，并根据不同情况提交下列有关证明材料：

　　(1) 被收养人的生父母(包括已经离婚的)为送养人的，应当提交生父母有特殊困难无力抚养的证明和生父母双方同意送养的书面意见；单方送养的，应提交配偶死亡或下落不明的证明以及死亡的或者下落不明的配偶的父母不行使优先抚养权的书面证明。

　　(2) 被收养人的父母均不具备完全民事行为能力，由被收养人的其他监护人作为送养人的，应当提交被收养人的父母不具备完全民事行为能力且对被收养人有严重危害的证明

单元三 家庭关系

以及监护人有监护权的证明。

（3）被收养人的父母均已死亡，由被收养人的监护人作为送养人的，应当提交其生父母的死亡证明、监护人实际承担责任的证明以及其他有抚养义务的人同意送养的书面意见。

（4）由社会福利机构作为送养人的，应当提交弃婴、儿童被遗弃和发现的情况证明以及查找其父母或者其他监护人的情况证明；被收养人是孤儿的，应当提交孤儿父母的死亡或者宣告死亡的证明，以及有抚养义务的其他人同意送养的书面意见。

送养残疾儿童的，还应提交县级以上医疗机构出具的该儿童的残疾证明。

（三）收养登记机关对送养人提交的相关证明材料进行审查，对符合《收养法》规定条件的，将被收养人和送养人名单通知中国收养组织

对查找不到生父母的弃婴和儿童，应当在报纸上刊登查找公告。自公告刊登之日起满60日，弃婴和儿童的生父母或者其他监护人未认领的，视为查找不到生父母的弃婴和儿童。

（四）中国收养组织对外国人提交的有关材料进行审查后，将符合《收养法》规定条件的被收养人和送养人的有关情况转交外国收养人

外国人同意收养的，中国收养组织向其发出来华收养子女通知书，同时通知登记部门向送养人发出被收养人已被同意收养的通知。

（五）收养人与送养人签订书面收养协议，共同到被收养人常住户口所在地的省级人民政府民政部门办理收养登记

在办理登记时，收养人应当提供中国收养组织发出的来华收养子女通知书和收养人的身份证件和照片。送养人应提供省级人民政府民政部门发出的被收养人已被同意收养的通知和送养人的居民户口簿和居民身份证（社会福利机构作为送养人的，为其负责人的身份证件）、被收养人的照片。

（六）登记

收养登记机关对当事人的材料进行审查，审查应在自次日起7日内进行，对符合规定的，办理收养登记，发给收养登记证书。收养关系自登记之日起成立。

此外，对于是否办理公证程序，由当事人自愿选择。但如果收养关系当事人各方或者一方要求办理收养公证的，应当到收养登记地的具有办理涉外公证资格的公证机构办理收养公证。

思考与练习

思考

1. 什么是收养？
2. 收养有哪些基本原则？
3. 收养成立的条件、程序和效力有哪些？
4. 解除收养的条件、程序和效力有哪些？
5. 什么是涉外收养？涉外收养成立的条件和程序有哪些？

案例练习

1998年5月,王某(男)与孙某(女)结婚。1999年10月孙某生育一女,王某认为"女儿不是传后人",想再生育一个男孩,遂与妻子协商将女儿送给他人收养,但遭到反对。2000年3月,王某趁孙某到外地出差的机会,将女儿送给远房表姐高某收养,王某与高某签订了收养协议,双方各一份,但未进行收养登记。孙某出差回来,发现女儿不见了,经查得知真相,向高某索要女儿未果。孙某便向法院起诉,要求确认收养协议无效。

任务:本案中的收养协议是否有效?为什么?

案例分析手把手

【**案情**】孟某(男)与张某夫妇原来在陕西省工作,结婚多年,双方仍未生育,经多次商定领养了朋友刘强的一名6岁女儿,取名为孟青。孟某夫妻对孟青疼爱有加,小家庭很和睦。后来孟某夫妇调到北京工作。在孟青12岁那年,养父孟某因车祸去世。养母张某两年后与一丧偶男性林某结为夫妻,从此家中矛盾不断。继父经常寻找各种借口挑剔孟青,想让孟青离开这个家。怕女儿受到伤害,1996年,张某将养女的生父母邀至北京共商解决办法。双方商定,刘强夫妇暂时将孟青带回,等一年后做好林某的工作,再将孟青接回家。孟青最初不愿回生父母那里,但想到养母的难处只好同意,且要求养母尽快接自己回家。孟青走后,张某常给女儿去信,信中仍以母女相称,但张某与后夫的关系并未缓和。1998年,张某患病住院,医院诊断为肝癌晚期。住院期间,张某一再请求刘强夫妻将女儿送回,但当孟青赶到北京时,张某已经病故。林某以孟青已回到生父母身边为由,拒绝孟青参加丧事,并提出不允许孟青继承养母张某的遗产。

【**任务**】本案中孟青与张某的收养关系是否已经解除?

【**分析思路**】收养关系作为一种法律拟制的民事法律关系,既可以通过法律行为依法设立,也可以采取相应的法律行为依法解除。《婚姻法》(修正案)第26条规定:"国家保护合法的收养关系。养父母和养子女间的权利和义务,适用本法对父母子女关系的有关规定。养子女和生父母间的权利和义务,因收养关系的成立而消除。"第24条第2款指出:"父母和子女有相互继承遗产的权利。"因此,孟青是否有权继承张某的遗产就取决于双方的收养关系是否已经解除。依据《收养法》的规定,解除收养关系可以依据不同的情况,采取协议解除和诉讼解除的方式。本案涉及的问题是协议解除。

协议解除要求当事人之间同意解除收养关系,有解除收养关系的协议。《收养法》第26条规定:"收养人在被收养人成年以前,不得解除收养关系,但收养人、送养人双方协议解除的除外,养子女年满十周岁以上的,应当征得本人同意。"另外,《收养法》第28条规定:"当事人协议解除收养关系的,应当到民政部门办理解除收养关系的登记。"

【**答案要点提示**】从本案看,孟青从未解除与养母张某的收养关系,因此她有权继承养母张某的遗产。其理由是:第一,对于孟青回到生父母身边的这一事实,应联系张某再婚后家庭不和的全过程来考虑。孟青回到生父母身边是张某为缓和家庭矛盾,迫不得已采取的权宜之计,无论孟青还是张某均无解除收养关系的意思表示。第二,养母与孟青的生父母之间达成的协议,不是解除收养关系的协议,而是暂住协议。张某明确表示,刘强夫妇暂时将孟青带回，等一年后做好林某的工作，再将孟青接回家。孟青则要求养母尽快接自己回家。第三，孟青走后，与张某之间书信不断，信中仍以母女相称。第四，当事人之间如果当初办理了收养登记手续，协议解除收养关系的，还应当到民政部门办理解除收养关系的登记。

因此，孟青与张某之间的养父母子女关系并未解除，孟青有权继承养母张某的遗产。

单元四　附　论

项目十一 特殊婚姻制度

◎ 知识目标

- 了解民族婚姻的概念以及特点与政策
- 熟悉涉外婚姻的概念
- 了解涉港、澳、台地区婚姻的政策与法律规定

◎ 能力目标

- 掌握民族自治地方变通或补充法律规定的主要内容
- 具备运用涉外婚姻的法律规定解决涉外婚姻的结婚、离婚问题的能力

【引例】

高鸿(男，27岁)为吉林省吉林市某中学教师，在工作中与同事金顺爱(女，25岁)产生了深厚的感情，双方在筹备结婚时，却遭到女友母亲的坚决反对，说是朝鲜族的姑娘不能与汉族人结婚。

【任务要求】

不同民族的男女可以结婚吗？

【案例知识点提示】

《婚姻法》对不同民族男女之间结婚的有关规定

一、民族婚姻

(一)民族婚姻的概念和特征

民族婚姻，是指在少数民族内、各少数民族之间、少数民族与汉族之间组成的婚姻关系。民族婚姻具有以下特征：

(1)民族婚姻主体的一方或双方为少数民族。

(2)民族婚姻在内容和形式上民族特色鲜明。各少数民族受不同的传统文化和宗教信仰的影响，其自然环境、生产条件、生活方式与婚姻家庭模式差异很大。

(3)民族婚姻具有强烈的地方特色。因少数民族主要聚居边疆地区，地理区域和社会

生活环境不同，民族婚姻的地方特色浓郁；即使在同一民族的不同支系之间，居住于不同区域的同一民族之间，婚姻家庭的组成也各具特色。

(4)民族婚姻受风俗习惯的影响深远。各少数民族都有自己世代流传的婚姻习俗，保持或改革这些民族婚姻的习俗是各少数民族的自由。

(二)民族自治地方制定变通或补充规定的原则和程序

我国是一个统一的多民族国家，有55个少数民族，占全国总人口不到10%。长期以来，由于各民族之间经济、文化发展的水平不同；生产条件、生活方式、传统文化、宗教和风俗习惯的特点不同，在婚姻家庭领域里的风俗习惯、伦理道德也各有差异。为尊重少数民族传统的宗教、道德和婚姻习俗，维护民族团结，各少数民族自治地方在执行《婚姻法》时，可以在《宪法》规定的权限内，依据《婚姻法》的原则，结合当地少数民族婚姻家庭的具体情况，制定某些变通或补充《婚姻法》的规定。

1. 制定变通或补充规定的原则和依据

民族自治地方对《婚姻法》的变通或补充规定，必须遵循《宪法》和《婚姻法》的基本原则和精神。

(1)总的原则和依据。《宪法》第116条规定："民族自治地方的人民代表大会有权依照当地民族的政治、经济和文化的特点，制定自治条例和单行条例。"

(2)直接的原则和依据。《婚姻法》第50条规定："民族自治地方的人民代表大会有权结合当地民族婚姻家庭的具体情况，制定变通规定。"

2. 制定变通或补充规定的程序

《婚姻法》第50条规定："自治州、自治县制定的变通规定，报省、自治区、直辖市人民代表大会常务委员会批准后生效。自治区制定的变通规定，报全国人民代表大会常务委员会批准后生效。"

(三)民族自治地方对《婚姻法》变通或补充规定的内容

1980年《婚姻法》公布以来，各民族自治地方根据《宪法》和《婚姻法》的基本原则，先后制定了一些适合本民族地区具体情况的补充规定或变通条例。如新疆维吾尔自治区1980年12月14日制定的执行《婚姻法》的补充规定；西藏自治区1981年4月18日制定的施行《婚姻法》的变通条例；宁夏回族自治区1981年6月15日制定的执行《婚姻法》的补充规定；内蒙古自治区1981年9月21日制定的执行《婚姻法》的补充规定。此外，一些自治州，如甘孜、阿坝、凉山、黔南等；自治县，如循化、门源、化隆等也制定了一些变通规定。这些既符合我国《婚姻法》的基本原则，又适合各民族自治地方婚姻家庭具体情况的规定，对加强民族团结，促进民族婚姻家庭关系，改革婚姻家庭制度产生了良好的影响。

1. 对于法定婚龄的变通

我国各少数民族普遍存在早恋、早婚现象，青年男女一般在16至18岁左右就结婚。《婚姻法》规定的法定婚龄，男不得早于22周岁，女不得早于20周岁的结婚年龄，在少数民族地区若不适当降低就难以执行。因此，许多民族自治地方都将《婚姻法》规定的最低结婚年龄分别降低2周岁，即制定了"男不得早于20周岁，女不得早于18周岁"的变通规定。

各少数民族对法定婚龄的变通规定，一般只适用于少数民族，而不适用于汉族；如：宁夏、内蒙古、西藏自治区都规定，与少数民族结婚的汉族男女结婚年龄仍执行法定婚龄。有的规定只适用于少数民族农村人口，而不适用于少数民族的国家职工；如：云南澜沧拉祜族自治县的变通规定，男女双方都是国家职工的仍执行法定婚龄。少数民族男女自愿晚婚晚育的，应予鼓励。

2. 对于禁止近亲结婚的变通

由于少数民族大多长年聚居在交通不便、人口稀少的边疆、山区，通婚范围比较狭小，不少民族盛行只在本民族内通婚的习俗，近亲结婚较为普遍，表兄弟姐妹结婚更是许多民族的习惯。对于《婚姻法》禁止三代以内旁系血亲结婚的规定，在法律执行过程中仍需有一个观念转变的过程。因此，有些少数民族自治地方作了变通规定。如，黔南布依族苗族自治州变通规定为："推行三代以内旁系血亲不结婚。"内蒙古自治区变通规定为："大力提倡三代以内旁系血亲不结婚。"宁夏回族自治区变通规定为，回族推迟到1983年1月1日起执行禁止三代以内旁系血亲结婚的规定。

3. 对于施行计划生育原则的变通

由于各少数民族地区自然生活条件、经济、文化发展水平以及人口密度状况不同，国家对少数民族的计划生育政策最初是自愿、不提倡。2001年的《人口与计划生育法》第18条第2款则规定："少数民族也要实行计划生育，具体办法由省、自治区、直辖市人民代表大会或者其常务委员会规定。"因此，目前在少数民族中也施行计划生育，但依法可作一些变通规定。

各民族自治地方应根据本地区少数民族人口的特点，具体制定符合本民族人口状况的计划生育变通规定。一般规定一对夫妇可以生育两个孩子，特殊情况的可生三个孩子。个别地区，如西藏自治区则对生育数量不作任何规定或限制。随着近年来一些民族自治地区人口增长速度的加快，出现了与当地经济发展和资源环境不相协调的情况，为了本民族人民生活水平和民族素质的进一步提高，各民族自治地方已开始推行计划生育。

4. 对于民族通婚问题的补充规定

不同民族之间的通婚问题，我国《婚姻法》并无限制性规定。从我国民族婚姻发展史来看，有的允许各民族之间通婚，有的民族宗教教规不允许与外族通婚，有的是因民族间的隔膜而不许与某些民族通婚。为保证婚姻自由，《宪法》和《婚姻法》对不同民族间通婚问题，采取尊重少数民族风俗习惯的原则。许多民族自治地方的补充规定都明确规定，不同民族的男女之间可以通婚，任何人不得干涉。如宁夏回族自治区针对回族的传统习俗，特别规定："回族和其他民族的男女自愿结婚的，他人不得干涉。"而有的民族由于当地的宗教信仰和风俗习惯，限制本民族与外族通婚，对此禁婚规定应当予以尊重。男女双方仍坚持结婚的，应当依法向有关人员宣传《婚姻法》的精神，并依有关民族、宗教政策妥善处理。

对于不同民族的男女结婚后所生的子女应归属于哪一民族的问题，可按当地群众的习惯处理，或由夫妻双方协商规定，在子女长大后，应尊重其本人的意愿。

5. 对于婚姻家庭传统习俗的补充规定

（1）禁止宗教干涉婚姻家庭。许多少数民族都信仰宗教，如藏族信仰喇嘛教，回族信仰伊斯兰教，傣族信仰佛教等。《宪法》规定保护我国公民有宗教信仰自由，保护正常的宗教活动，但不得利用宗教力量对婚姻家庭进行非法干涉。因此，一些民族自治地方规定禁止宗教干涉婚姻家庭。如：新疆维吾尔自治区的补充规定"禁止宗教干涉婚姻家庭"，"禁止以宗教仪式代替法定结婚登记"。宁夏回族自治区规定："禁止用宗教仪式代替法定的婚姻登记。信奉伊斯兰教的男女结婚，自愿举行宗教仪式的，只能在领取结婚证后进行。"

（2）关于少数民族的婚嫁仪式。少数民族的婚嫁仪式多种多样，各具特色，反映了各民族文化和历史的发展。如景颇族结婚时男方先将姑娘"偷"回家中，然后再提亲，宴请宾客；傣族男女结婚要请寨中有威望的老人在新郎、新娘手上拴线；有的民族男女双方自愿举行"抢婚"等。这些传统的仪式，大多数并不违背《婚姻法》的基本原则，应当予以尊重和保护。但有的少数民族结婚，只重视按照本民族或本地区的风俗，举行婚礼仪式，即确立并承认夫妻关系。对于是否进行了法定结婚登记，一般不予重视。可见，民族习惯法向现代法制观念的转变仍需一定的过程。

（3）关于实行一夫一妻制。我国的少数民族一般实行一夫一妻制的婚俗。但有一些少数民族地区，如：青海、西藏、四川等一些地方还保留着一妻多夫、一夫多妻婚姻的残迹。由于我国法律不具有溯及力，之前形成的多夫、多妻家庭，仍予以承认或维系，可继续共同生活。如西藏自治区规定："废除一夫多妻，一妻多夫等封建婚姻，对执行本条例之前（即1982年2月1日）形成的上述婚姻关系，凡不主动提出解除婚姻关系者，准予维系。"对于落后的陈规陋俗，由各民族自治地区采取妥善的步骤和办法，逐步改革。

（4）关于婚姻家庭习俗的改革。少数民族婚姻家庭习俗的改革涉及婚姻家庭的许多方面，由于各民族自治地方的情况不同，许多补充规定各有其针对性。如新疆维吾尔自治区规定："禁止买卖婚姻和借婚姻索取财物。寡妇有再婚的自由，任何人不得以任何借口干涉。""禁止一方用口头或文字通知对方的方法离婚。"四川省阿坝藏族自治州规定："实行男女婚姻自由。禁止强迫、包办、买卖、转房婚姻。禁止借婚姻索取财物。禁止利用宗教、家族、部落或者其他形式干涉婚姻自由。"青海省海南藏族自治州等民族自治地方规定："禁止一方用口头或者文字通知对方的方法离婚。"许多民族自治地方都强调结婚、离婚必须办理法律手续。

这些变通或补充规定的适用范围，根据各民族自治地方的实际情况，具体规定各异。如新疆、西藏、宁夏、内蒙古自治区规定只适用于居住在本自治区的各少数民族。化隆、循化等自治县规定只适用于少数民族中的一般群众。甘孜、阿坝等自治州规定既适用于本州的少数民族，也适用于同少数民族结婚的汉族。民族自治地方制定的变通或补充规定，只是对《婚姻法》的局部变通或补充，这些规定与《婚姻法》同时施行。未作变通规定的，仍应按照《婚姻法》执行，以维护国家法律的统一和尊严。

二、涉外婚姻

案例11-1 原告：张某，女，中国公民；被告：游某，男，美国公民。游某于1999年8月到中国海南旅游期间与原告张某相识并建立了恋爱关系。三天后游某便返回了美国。2000年7月17日，游某再次来到中国海南，与张某相处一个星期后，便于同月25日在海口市民政局办理了结婚登记手续。由于双方婚前相处时间短，彼此了解不够，且婚后张某拒绝与游某同居，双方无法建立起夫妻感情。2000年8月2日，张某以双方婚前了解不够，婚后无法建立起感情，夫妻关系无法维持为理由，向海南省海口市振东区人民法院起诉，要求与游某离婚。游某在答辩中也认为双方夫妻关系确难以维持，表示同意离婚。

任务：人民法院能否受理张某的离婚诉讼？理由是什么？

（一）涉外婚姻的概念和适用原则

1. 涉外婚姻的概念

广义的涉外婚姻，是指在中国境内，中国公民同外国人，或者外国人同外国人；在外国境内，中国公民同外国人，或者中国公民同中国公民之间的婚姻。狭义的涉外婚姻专指在中国境内，中国公民同外国人，或者外国人同外国人之间依照中国的法律处理结婚、离婚或复婚事宜。婚姻法学中的涉外婚姻，通常指狭义的涉外婚姻。

可见，所谓涉外，是指婚姻关系的主体涉外或者缔结地涉外或者法律后果涉外。我国现行《婚姻法》对涉外婚姻并无明确规定；《民法通则》第八章规定了涉外婚姻家庭关系的法律适用原则和准据法，《民法通则》第147条、第148条中，对涉外结婚、离婚及扶养的准据法作了具体的规定；《婚姻登记条例》等法律和法规，成为我国调整涉外婚姻家庭关系的法律依据。

2. 涉外婚姻的法律适用原则

（1）必须严格遵守国际条约、我国法律和国际惯例。除我国声明保留的条款外，应遵守我国缔结或参加的国际条约的规定；国际条约和我国法律均未规定的，适用国际惯例。

（2）中国公民同外国人结婚以婚姻缔结地所在国法律为准据法。不论是结婚的实质要件，还是形式要件，均采用行为地法。

（3）中国公民同外国人离婚以受理案件的法院所在地法律为准据法。不论是离婚的实质要件，还是形式要件，均适用受理离婚案件的法院所在地国法律。

（4）适用外国法律或者国际惯例的，不得违背我国的社会公共利益。婚姻当事人规避我国强制性或者禁止性法律规范的行为，不发生适用外国法律的效力。

（二）涉外结婚问题

1. 涉外结婚的条件

（1）涉外结婚的法律适用。《中华人民共和国涉外民事关系法律适用法》第21条规定："结婚条件，适用当事人共同经常居所地法律；没有共同经常居所地的，适用共同国籍国法律；没有共同国籍，在一方当事人经常居所地或者国籍国缔结婚姻的，适用婚姻缔结地法律。"

第22条规定："结婚手续，符合婚姻缔结地法律、一方当事人经常居所地法律或者国籍国法律的，均为有效。"

（2）涉外结婚的主体限制。限制具有特殊身份的本国公民同外国人结婚是各国立法的通例。出于维护国家的安全和国家利益的考虑，我国法律规定下列两类中国公民不准同外国人结婚：

①特定的公职人员，指现役军人、外交人员、公安人员、机要人员和其他掌握重大机密的人员；②正在受到法律制裁的人员，指正在接受劳动教养的人和正在服刑的人。

2. 涉外结婚的程序

（1）涉外结婚的登记机关。中国公民同外国人在中国内地自愿结婚的，男女双方当事人必须共同到中国公民一方常住户口所在地的省、自治区、直辖市人民政府的民政部门或者省、自治区、直辖市人民政府民政部门确定的婚姻登记机关办理结婚登记。

（2）涉外结婚登记的证件。办理结婚登记的内地居民应当出具下列证件和证明材料：①本人的户口簿、身份证；②本人无配偶以及与对方当事人没有直系血亲和三代以内旁系血亲关系的签字声明。办理结婚登记的外国人应当出具下列证件和证明材料：①本人的有效护照或者其他有效的国际旅行证件；②所在国公证机构或者有权机关出具的、经我国驻该国使（领）馆认证或该国驻华使（领）馆认证的本人无配偶的证明，或者所在国驻华使（领）馆出具的本人无配偶的证明。申请结婚的中国公民同外国人还须提交我国指定医院出具的婚前健康检查证明。

（3）涉外结婚登记的程序。①申请，符合上述规定且证件齐全要求结婚的双方当事人，可持证件和照片，共同到指定的婚姻登记机关提出结婚申请；②审查，婚姻登记人员应对结婚登记当事人出具的证件、证明材料认真地进行审查和验证，并询问相关情况；③登记，经审查了解，认为符合我国法定结婚条件的，应准予登记，发给结婚证；双方当事人自取得结婚证时起，确立夫妻关系。对当事人不符合结婚条件不予登记的，应当向当事人说明理由。

3. 涉外复婚问题

中国公民同外国人离婚后或者外国人同外国人离婚后，双方自愿在我国境内复婚的，按涉外结婚的有关规定办理。

（三）涉外离婚问题

1. 涉外离婚的法律适用

《中华人民共和国涉外民事关系法律适用法》第26条规定："协议离婚，当事人可以协议选择适用一方当事人经常居所地法律或者国籍国法律。当事人没有选择的，适用共同经常居所地法律；没有共同经常居所地的，适用共同国籍国法律；没有共同国籍的，适用办理离婚手续机构所在地法律。"第27条规定："诉讼离婚，适用法院地法律。"按此规定，涉外诉讼离婚的法律适用，我国采用法院地法原则，即凡是由我国人民法院受理的涉外离婚案件，不论是离婚的条件，还是离婚的程序，均适用我国的法律。

2. 涉外离婚的程序

中国公民同外国人在中国境内要求离婚的，婚姻法规定有两种方式：

（1）登记离婚程序

只有在中国境内登记的涉外婚姻，才能在中国境内通过行政登记程序离婚。

①离婚的登记机关。男女双方自愿离婚且有共同签署的离婚协议书的，应当共同到中国居民常住户口所在地的婚姻登记机关办理离婚登记。

②离婚登记的证件材料。《婚姻登记条例》第11条规定："办理离婚登记的内地居民应当出具下列证件和证明材料：（一）本人的户口簿、身份证；（二）本人的结婚证；（三）

双方当事人共同签署的离婚协议。办理离婚登记的香港居民、澳门居民、台湾居民、华侨、外国人除应当出具前款第（二）项、第（三）项规定的证件、证明材料外，香港居民、澳门居民、台湾居民还应当出具本人的有效通行证、身份证，华侨、外国人还应当出具本人的有效护照或者其他有效国际旅行证件。离婚协议书应当载明双方当事人自愿离婚的意思表示以及对子女抚养、财产及债务处理等事项协商一致的意见。"

③离婚登记的生效。婚姻登记机关应对当事人出具的证件和证明材料进行审查，对确属自愿离婚，并对子女抚养及抚养费、财产分割、债务清偿等问题意见一致的，应准予登记，当场发给离婚证。

（2）诉讼离婚程序

涉外婚姻的当事人只有一方要求离婚的，应依据我国民事诉讼法的相关规定，向有管辖权的人民法院提起离婚诉讼。

①管辖。中国公民同外国人在我国境内要求离婚的，只要被告在我国有住所或居所的，人民法院就有权受理此案；对于被告不在我国境内居住的离婚案件，如果原告在我国境内有住所，那么原告住所地或最后居住地的人民法院亦有管辖权。

②代理。涉外离婚诉讼的当事人一方不在国内居住，无法亲自起诉、出庭应诉的，可以委托我国公民、律师或居住在我国境内的外国人担任诉讼代理人进行诉讼活动。但其本人应向人民法院提交关于离婚、子女抚养归属、财产分割等问题的书面意见。

外国人一方从国外寄交或者托交的授权委托书应经过其所在国公证机关证明，并经我国驻该国使、领馆认证，或者履行我国与该所在国订立的有关条约中规定的证明手续后，才具有效力。

③审判。人民法院依法审理涉外离婚案件并作出判决。国外一方当事人如不服一审判决，可以在收到判决书之日起30日内提出上诉。当事人不能在法定期间提起上诉，申请延期的，是否准许，由人民法院决定。

3. 涉外离婚问题处理界限

（1）人民法院审理涉外离婚案件，应依《婚姻法》（修正案）第32条"人民法院审理离婚案件，应当进行调解；如感情确已破裂，调解无效，应准予离婚"的规定处理。凡夫妻感情确已破裂，调解无效的，应准予离婚；凡夫妻感情尚未破裂，调解或判决不准离婚。

（2）我国公民结婚后，一方移居国外并加入外国国籍，或在外重婚、纳妾、改嫁，或常年对国内配偶生活不闻不问的，应属夫妻感情破裂，国内一方提出离婚的，经查证属实，应准予离婚。

（3）对于居住在外国的外国人与居住在中国境内的中国籍配偶长期杳无音讯，中国籍配偶要求离婚的，一般应准予离婚。

三、涉及华侨、港澳台同胞的婚姻

涉及华侨、港澳台同胞的婚姻，主要是侨居在国外的中国同胞同国内公民之间；定居在港澳台地区的中国同胞同内地公民之间；华侨之间，港、澳、台同胞之间，依法在我国境内处理的婚姻关系。

涉及华侨、港澳台同胞婚姻的主体双方都具有中国国籍，没有涉外因素，不属于涉外婚姻。在结婚条件、结婚程序、离婚等问题上，完全适用我国婚姻法的规定。但是，由于历史和政治的原因，这类婚姻的当事人一方的定居地具有一定的涉外或区际因素，在婚姻问题的处理上存在一定的法律、法规冲突。所以，处理此类婚姻问题，仍有一些特殊规定。

（一）涉及华侨、港澳台同胞的结婚

1. 华侨在中国境外的结婚

我国政府和法律鼓励华侨按照居住国的法律在当地办理结婚登记，只要其适用的法律不违背我国婚姻法的基本原则，我国就承认其法律效力。如果申请结婚的当事人双方都是居住在国外的华侨，驻在国法律又允许外国使、领馆办理婚姻登记的，双方也可到我国驻该国使、领馆依据我国法律办理结婚登记。

2. 华侨、港澳台同胞与中国公民在中国境内结婚

由于当事人双方都具有中国国籍，一般应同内地居民之间结婚一样处理。但由于特殊因素，我国的法律、法规仍作了特殊的规定：

（1）结婚登记机关。男女双方当事人应共同到内地居民常住户口所在地的，省、自治区、直辖市人民政府的民政部门或者省、自治区、直辖市人民政府民政部门确定的婚姻登记机关办理结婚登记。

（2）结婚登记程序。办理结婚登记的华侨应当出具下列证件和证明材料：①本人的有效护照；②居住国公证机构或者有权机关出具的经我国驻该国使（领）馆认证的本人无配偶及与对方当事人没有直系血亲和三代以内旁系血亲关系的证明，或我国驻该国使（领）馆出具的本人无配偶及与对方当事人没有直系血亲和三代以内旁系血亲关系的证明。办理结婚登记的香港、澳门、台湾地区居民应当出具下列证件和证明材料：①本人的有效通行证、身份证；②经居住地公证机构公证的本人无配偶及与对方当事人没有直系血亲和三代以内旁系血亲关系的声明。办理结婚登记的国内居民应当出具下列证件和证明材料：①本人的居民身份证或户籍证明；②本人无配偶及与对方没有直系血亲和三代以内旁系血亲关系的签字声明。申请结婚的中国公民同外国人还须提交我国指定医院出具的婚前健康检查证明。

（二）涉及华侨、港澳台同胞的离婚

1. 法律适用

内地居民与华侨、港、澳、台同胞在华侨居住国或港澳台地区离婚的，均可适用离婚实施地法律，在不违反我国婚姻法基本原则和国家利益的前提下，我国承认其法律效力。如果在中国境内提出离婚，不论是登记离婚，还是判决离婚，都应适用我国的法律。

2. 离婚程序

涉及华侨、港、澳、台同胞同内地居民在中国境内的离婚有两种方式：

（1）登记离婚程序

男女双方自愿且已达成离婚协议的，应当共同到内地居民常住户口所在地的婚姻登记机关办理离婚登记。离婚登记的程序为：

① 申请。《婚姻登记条例》第11条规定："办理离婚登记的内地居民应当出具下列证件和证明材料：（一）本人的户口簿、身份证；（二）本人的结婚证；（三）双方当事人共同

签署的离婚协议书。办理离婚登记的香港居民、澳门居民、台湾居民、华侨、外国人除应当出具前款第(二)项、第(三)项规定的证件、证明材料外，香港居民、澳门居民、台湾居民还应当出具本人的有效通行证、身份证，华侨、外国人还应当出具本人的有效护照或者其他有效国际旅行证件。离婚协议书应当载明双方当事人自愿离婚的意思表示以及对子女抚养、财产及债务处理等事项协商一致的意见。"

②审查。婚姻登记机关应当对当事人的离婚申请，出具的证件、证明材料进行严格审查，必要时可询问相关情况。

③批准。对当事人确属自愿离婚，并已对子女抚养、财产、债务等问题达成一致处理意见的，应当当场予以登记，发给离婚证。对于不符合离婚登记条件的，不予登记并向当事人说明法律规定的内容。

应当注意的是，结婚登记不是在中国内地办理的，当事人的离婚登记婚姻登记机关不予受理。

《婚姻登记条例》第12条规定："办理离婚登记的当事人有下列情形之一的，婚姻登记机关不予受理：(一)未达成离婚协议的；(二)属于无民事行为能力人或者限制民事行为能力人的；(三)其结婚登记不是在中国内地办理的。"

(2)诉讼离婚程序

华侨，港、澳、台同内地居民要求离婚，如果双方对离婚尚有争议事项的，或境外一方不能与国内一方共同到婚姻登记机关申请离婚登记的，可由有关部门进行诉讼外调解，也可直接向内地一方居民户口所在地的人民法院起诉离婚。

① 涉侨离婚诉讼

对于华侨与在内地居住的配偶不论哪一方提出离婚诉讼，均由内地居民常住户口所在地的人民法院行使管辖权。处理华侨与内地居民的离婚诉讼界限应把握：第一，内地配偶提出离婚，有证据证实华侨一方已在国外重婚的，应判决准予离婚。第二，内地配偶提出离婚，华侨一方久无音讯，不尽夫妻义务的，经查证属实，可在公告送达后，判决准予离婚。第三，内地配偶提出离婚，但华侨一方与内地配偶有通信联系，有汇款供养关系，且华侨一方不同意离婚的，应尽量调解；如内地一方坚持离婚的，应根据具体情况，判决是否准予离婚。第四，国外华侨一方提出离婚，有充足理由证实内地配偶行为不端的，应根据具体情况判决是否准予离婚。

对于夫妻双方都是定居在国外华侨的离婚诉讼管辖，原则上应向居住地国有关机关申请办理离婚手续；如果现居住国不予受理，双方又自愿离婚的，可以到国内原婚姻登记机关申请办理离婚登记。如果一方要求离婚或双方有争议的，对在国内结婚定居在国外的华侨，定居国法院以应由婚姻缔结地法院管辖为由拒不受理的，当事人应向国内原婚姻登记机关所在地或一方在国内最后居住地的人民法院起诉；对在国外结婚定居在国外的华侨，而定居国法院应由以国籍所属国法院管辖为由，拒不受理离婚诉讼的，当事人应向国内一方原居住地或在国内最后居住地的人民法院起诉。

② 涉港澳离婚诉讼

对于港澳同胞与在内地居住配偶的离婚诉讼，由内地居民常住户口所在地的人民法院管辖。处理界限应把握：第一，内地配偶提出离婚，有证据证实港澳一方重婚(包括纳妾或改嫁)的，应依我国婚姻法的规定，判决准予离婚。第二，配偶一方多年不尽夫妻义务，致另一方生活困难的，判决准予离婚。第三，经查实，因一方行为不端，致对方提出离婚的，应当调解或判决离婚。第四，内地配偶提出离婚，但港澳一方与内地家属有书信联系，有汇款接济生活的，应尽量说服内地一方，以不离为原则。

对于夫妻双方都是定居在港澳地区的离婚诉讼管辖，原在内地登记结婚的，现因特殊原因要求在内地离婚的，应由原婚姻登记地或被告原居住地的人民法院管辖。

③ 涉台离婚诉讼

对于台湾同胞与在内地居住配偶的离婚诉讼，由内地居民常住户口所在地或其住所地的人民法院管辖。从台湾地区返回内地定居的内地居民要求与在台配偶离婚的，可由返回内地定居后住所地的人民法院管辖。处理界限可参考涉港澳离婚诉讼的处理原则。

3. 涉及华侨、港澳台同胞的复婚

离婚后，男女双方自愿恢复夫妻关系的，按申请结婚登记程序办理。男女双方须持有离婚后未再婚的证件，在外一方必须提供无配偶的证明，并经当地公证部门公证，或我国驻外使、领馆认证；共同到婚姻登记机关申请复婚登记，并退回离婚证。

思考与练习

思考

1. 我国民族自治地方有关《婚姻法》的变通或补充规定的主要内容有哪些？
2. 华侨与国内公民、港澳同胞同内地公民结婚的条件和程序。
3. 制作一展牌，标明涉外婚姻中结婚、离婚的条件和程序。

案例练习

2000年年初，中国公民郝某自费到美国留学。留学期间与英国留学生克鲁克·杰尔相识相恋，两人在美国举行了婚礼。但是婚后不久，郝某发现由于观念和生活习惯不同，两人很难相处，克鲁克·杰尔还有酗酒的恶习，两人多次争吵后分居。2000年年底，郝某返回其中国居住地上海，并准备起诉与克鲁克·杰尔离婚。

任务：(1) 郝某应向中国、美国还是英国法院提起离婚诉讼？
(2) 离婚应适用哪国法律？

项目十二　救助措施与法律责任

◎ **知识目标**

- 理解救助措施的职能与内容
- 掌握对违反《婚姻法》规定并触犯《刑法》行为的处理

◎ **能力目标**

- 能把握离婚过错损害赔偿制度的处理原则

【引例】

妻子杨某与丈夫马某于 2010 年 2 月登记结婚。两人常为家庭琐事争吵，甚至动手打架，为此分别多次向人民法院起诉离婚，但都已撤诉或者法院判决不予离婚而告终。为尽早结束这段不幸福的婚姻，2013 年 2 月，双方自愿达成了离婚协议：一是双方自愿离婚；二是无财产分割，无债权债务纠纷；三是无子女抚养；四是离婚后男方一次性补偿女方 27000 元整；五是无其他财产分割。当日，双方领取了离婚证，丈夫王某支付给了妻子杨某 27000 元补偿款。离婚后，2013 年 10 月底，妻子杨某以离婚协议非真实意愿且马某对其实施家庭暴力为由，向人民法院提起诉讼，要求丈夫马某给付医疗费、精神抚慰金、残疾赔偿金 6 万元。

【任务要求】

人民法院能否受理杨某的人身损害赔偿诉讼？理由是什么？

【案例知识点提示】

离婚过错损害赔偿

子项目一　救助措施

一、救助措施的概念和特征

我国《婚姻法》为制止和制裁婚姻家庭领域内的违法行为，专门增设第五章"救助措施与法律责任"，以防范在婚姻家庭内部发生家庭暴力、虐待、遗弃等违法行为，处罚实施家庭暴力及虐待、遗弃的行为人，有效地保护婚姻家庭受害人的合法权益，维护婚姻家庭法的严肃性和权威性，加强法律的可操作性，更好地贯彻执行婚姻家庭法，充分发挥婚姻家庭制度在社会生活中的积极作用。

这里的救助措施是狭义的，专指救助机关（有关组织、单位或部门）依据遭受违反《婚姻法》行为的受害人的申请而为其提供救援和帮助的各种措施的总称。从广义上讲，《婚姻法》设置的救助措施与法律责任都属于法律上的救济措施。

救助措施的特征：

(1) 救助措施的实施主体，是依法拥有救助权的有关机关和组织。实施主体包括公、检、法等司法机关，婚姻登记机关等行政机关，受害人、不法行为人所在的居民委员会、村民委员会，当事人所在单位以及有关的国家机关。

(2) 救助措施的实施条件，除严重违法犯罪行为依法主动干预外，一般是在受害人提出请求时才能采取。因为婚姻家庭属于私人领域，涉及对家庭成员私权利的尊重，有关组织自行介入的救济效果可能会适得其反，甚至还可能激化矛盾。而且，由于受害人与违法犯罪人之间存在着亲属关系，通过自治方式解决，也利于婚姻家庭关系的和睦稳定。

(3) 救助措施的实施对象，是为妨害婚姻家庭违法行为的受害人。实施对象包括遭受家庭暴力、虐待、遗弃、重婚、姘居、包办买卖婚姻、干涉婚姻自由等不法行为侵害的家庭成员。

(4) 救助措施的实施方法，依救助主体的不同而有所不同。公安机关实施的救助措施有对违法犯罪行为的制止、给予行政处罚及侦查；检察机关实施的救助措施为对犯罪行为依法提起公诉；法院实施的救助措施为对违法犯罪行为作出判决，让其承担相应的民事、行政或刑事责任；居民委员会、村民委员会及所在单位实施的救助措施有调解和劝阻。

二、救助措施的适用范围

理论上，婚姻家庭成员的合法权益受到侵害都应获得法律救助。但家庭成员的婚姻家庭权益中有不少带有私权利的特征。且有的婚姻家庭领域的权益，要国家公权力去排除妨害是难以实现的。所以，《婚姻法》在法律救助的范围上主要是规范司法救助和社会救助。

(一) 对家庭暴力、家庭虐待行为的救助措施

家庭暴力是指行为人以殴打、捆绑、残害、强行限制人身自由或者其他手段，给其家庭成员的身体、精神等方面造成一定伤害后果的行为。家庭虐待是指以作为或不作为的形式，对家庭成员故意歧视、折磨、摧残，使其在精神上、身体上遭受损害。持续性、经常性的家庭暴力，构成虐待。

家庭暴力与家庭虐待在表现形式上有一定的类似。如其实施者往往是青壮年男性家庭成员，受害者则多是家庭成员中的妇女、老人、儿童；都对受害者的生命健康权造成损害，如辱骂、殴打、捆绑、饿饭等都会直接或间接造成受害人肉体或精神上的伤害，严重的甚至会危及生命；实施者在施暴过程中都存在侵犯对方精神或肉体的故意，包括积极的作为和消极的不作为。家庭暴力和家庭虐待主要区别在于构成家庭虐待的情节、性质都较家庭暴力严重。一次或短期的殴打、捆绑等行为，构成家庭暴力，而虐待行为往往是经常甚至一贯地连续地实施侵害行为。

《婚姻法》(修正案)第43条明确规定了对家庭暴力、家庭虐待行为的救助手段，"实施家庭暴力或虐待家庭成员，受害人有权提出请求，居民委员会、村民委员会以及所在单位应当予以劝阻、调解。对正在实施的家庭暴力，受害人有权提出请求的，居民委员会、村民委员会应当予以劝阻；公安机关应当予以制止。实施家庭暴力或虐待家庭成员，受害人提出请求，公安机关应当依照治安管理处罚的法律规定予以行政处罚"。这一规定，在法律上对日益增多的家庭暴力现象给予了规范、惩处，将《总则》中反对家庭暴力的精神予以具体化，使得对家庭暴力的法律制裁更具操作性和可行性。这是保护家庭成员中弱势一方合法权益的重要条款，为受害人在遭受家庭暴力、家庭虐待时，提供了三种救济方式：

1. 对家庭暴力、家庭虐待行为受害人的救助——劝阻、调解

《婚姻法》"总则"规定：家庭成员之间应当敬老爱幼，维护平等、和睦、文明的婚姻家庭关系。当家庭中出现实施家庭暴力、虐待家庭成员的行为时，在不构成犯罪的情况下，或虽构成犯罪，但受害人不愿意追究其刑事责任的情况下，受害人可以向居民委员会、村民委员会或所在单位寻求劝阻或调解。

由于受害人和加害人同居一家共同生活，双方之间有着密切的人身与财产关系。受害人基于各种考虑，也许更愿意在家庭内部解决矛盾。因此，居委会、村委会及双方所在单位的劝阻或调解，应以受害人提出请求为前提，一般不主动干预。

劝阻，是通过规劝来阻止加害人对受害人的侵害；调解，是通过引导化解受害人和加害人之间的矛盾，防止违法行为的继续发生。劝阻或调解必须在双方当事人自愿的前提下进行，采用较缓和的劝阻、调解手段，充分发挥亲情、友情的感召力，这样可以有效地消除当事人双方的矛盾，制止暴力行为，彻底解决纠纷。

2. 对正在实施的家庭暴力的救助制止——依法制止

对于正在实施的、具有现实侵害性的家庭暴力，受害人可向公安机关寻求救助。公安机关应当对受害人提供保护，对加害行为进行制止；受害人也可以请求居民委员会、村民委员会进行劝说阻止，居委会、村委会应尽力阻止正在发生的暴力行为，避免受害人继续遭受加害行为的侵害。

对于正在实施的家庭暴力，由于通常采用武力手段，如不及时制止，对受害人可能造成更大的伤害或损害，甚至导致受害人重伤、死亡，因此就更应加大劝阻的力度。而居委会、村委会是离家庭暴力行为发生地最近的基层组织，能在最短的时间满足当事人劝阻家庭暴力的请求，可以及时制止正在发生的家庭暴力。

对于正在实施的家庭暴力，居委会、村委会劝阻无效或认为不足以阻止家庭暴力行为的，受害人可以请求公安机关依法制止施暴者的违法行为。公安机关应当对受害人提供保护，对加害人行为进行阻止。必要时，可以对加害人采取强制措施。

3. 对家庭暴力、家庭虐待行为的行政处罚——警告、拘留

对尚不构成犯罪的家庭暴力、家庭虐待行为，受害人提出请求的，公安机关应当按照《治安管理处罚法》予以行政处罚。《治安管理处罚法》第45条规定："有下列行为之一的，处五日以下拘留或者警告：(一)虐待家庭成员，被虐待人要求处理的……"

受害人通过公安机关对加害人的家庭暴力、家庭虐待行为进行行政制裁，是对受害人

合法权益的有力保护。这种法律救助的前提是必须先有受害人的请求，然后再由公安机关对实施家庭暴力、家庭虐待的行为人按行政程序来追究违法者法律责任，公安机关不能主动处罚当事人。

（二）对遗弃行为的救助措施

遗弃是指家庭成员中负有赡养、抚养、扶养义务的家庭成员，对于年老、年幼、患病或者其他没有独立生活能力，需要受赡养、抚养、扶养的家庭成员，拒绝履行法定义务的行为。这里的受害人是不具备或者丧失劳动能力，无任何生活来源而需要家人予以赡养、抚养、扶养的人；或者虽有一定的经济收入，但生活不能自理而需要家人照顾的人。

家庭成员间负有的赡养、抚养、扶养义务主要有三种表现形式：一是权利人因年老、伤残、疾病等原因丧失劳动能力，没有生活来源，需义务人给付一定的费用；二是权利人虽有生活来源，但生活不能自理，需义务人在生活上尽供养义务；三是因年幼或智力低下等原因，没有独立生活能力，既需要给付一定的费用，又需尽抚养义务。如果义务人既不尽供养之义务，又不给付一定费用的，就可以认定为遗弃行为。

《婚姻法》第4条确立了"家庭成员间应当敬老爱幼，互相帮助，维护平等、和睦、文明的婚姻家庭关系"的基本原则，在第3条规定了"禁止家庭成员间的虐待和遗弃"的禁止性条款；第44条更是具体规定："对遗弃家庭成员，受害人有权提出请求，居民委员会、村民委员会以及所在单位应当予以劝阻、调解。对遗弃家庭成员，受害人提出请求的，人民法院应当依法作出支付扶养费、抚养费、赡养费的判决。"这一规定，对遭受遗弃的家庭成员提供了两种救助手段：

1. 请求有关部门进行民间劝阻、调解

（1）遗弃行为的受害人，有权向当事人住所地的居民委员会、村民委员会以及当事人所在单位请求救助。

遗弃行为一般是负有赡养、扶养、抚养义务人的不作为。由于居民委员会、村民委员会以及当事人所在单位，对当事人家庭的情况比较了解，对家庭遗弃的原因和现状也比较清楚。对有遗弃行为的义务人由他们进行劝阻，可促使其认识错误，依法履行义务，有利于及时化解矛盾，解决纠纷。

由于家庭遗弃是发生在家庭成员之间的内部纠纷，居委会、村委会或者当事人所在单位的调解应当尊重当事人的意愿，以受害人的请求作为调解的前提。原则上，当事人不请求的，有关部门或群众组织不主动干涉或处理，避免矛盾的扩大化。这种民间调解是在居委会、村委会或者当事人所在单位负责人的主持下，对双方当事人的权利义务进行协商，促成双方达成履行赡养、扶养、抚养义务或给付费用的协议；促使义务人停止遗弃行为，使权利人的生活得到应有的保障，使婚姻家庭生活恢复正常状态。

（2）必要时，其他人员可代替受害人向居民委员会、村民委员会、当事人所在单位请求救助。

一般情况下，是否请求有关部门对遗弃行为进行劝阻、调解是受害人的权利。但当受害人不能行使请求权时，如病重卧床或盲、聋、哑、有精神病等情况，受害人的亲属、朋友、邻居，经受害人授权或经受害人同意后，可以代替受害人向居委会、村委会以及所在单位请求劝阻、调解；受害人的亲属、朋友、邻居，自己决定向居委会、村委会以及所在单位请求劝阻、调解的，这些部门的相关人员应及时赶到受害人住处，征得受害人同意后，方可进行调解。

2. 请求人民法院依法判决、裁定

对于遗弃家庭成员的行为，受害人可以向人民法院依法提出追索扶养费、抚养费、赡养费的请求，这是对受害人合法权益最有力的保护手段。对于受害人的这种诉讼请求，人民法院应当依法予以受理，并通过判决，强制义务人履行义务。但是，有关费用的数额、给付的方法和期限等，可以由当事人进行协商，通过调解解决；双方协议不成的，由人民法院依法作出判决。

对于遗弃行为的受害人生活上急需的费用，受害人可以依据《民事诉讼法》第106条，"人民法院对下列案件，根据当事人的申请，可以裁定先予执行：（一）追索赡养费、扶养费、抚育费、抚恤金、医疗费用的……"规定，申请人民法院裁定义务人先予执行给付义务；如果受遗弃的家庭成员生活上并不急需赡养费、扶养费、抚养费来维持生活的，应当按照民事诉讼的一般程序，对义务人作出支付赡养费、扶养费、抚养费的判决。

受害人可以根据具体情况，选择救助措施，对于情节恶劣，造成较为严重后果的家庭遗弃行为，受害人可以直接向有管辖权的人民法院提起诉讼。

（三）离婚过错赔偿制度

离婚过错赔偿，又称为离婚过错损害赔偿，是指因夫妻一方重婚或有配偶者与他人同居，实施家庭暴力或虐待、遗弃家庭成员等重大过错而导致离婚的，无过错方有权要求过错方赔偿自己因离婚而遭受损失的一种法律制度。

1. 设立离婚过错赔偿制度的意义

在当今社会，当一方受到他方侵害时，要求民事赔偿是很自然的事。而婚姻作为一种民事法律行为，由于一方的重大过错导致婚姻关系破裂时，因1980年《婚姻法》中没有离婚过错责任的规定，对无过错方造成的财产或精神上的损害也就得不到应有的补偿。夫妻双方同样有相互尊重和不受侵害的权利，如果受到一方的侵害，同样应该获得法律的保护。基于此，《婚姻法》（修正案）中增加了离婚过错赔偿制度。

（1）离婚过错赔偿制度的建立是我国婚姻法律制度的一次历史性的突破和进步。通过离婚损害赔偿制度，可以补偿无过错方的损失，使无过错方得到救济和慰藉，保护婚姻家庭中无过错方的利益，维护婚姻家庭的平等、稳定。

（2）有助于督促婚姻关系双方履行婚姻义务。婚姻使男女双方形成人身和财产方面的权利义务关系，双方都应自觉履行相互忠诚、相互扶助等义务。当一方故意违反婚姻义务，实施虐待、遗弃、重婚、通奸、侮辱等行为，造成另一方财产或人身方面的损害时，这种损害不可能通过离婚本身得到消释。只有通过损害赔偿，才能使过错方承担必要的民事责任，使无过错方得到精神上的抚慰和经济上的补偿。

（3）司法实践的需要。依据有关司法解释的规定，离婚中共同财产的分割应照顾无过错方。而由于夫妻一方的过错行为，导致婚姻关系破裂的，无过错方在身心和财产方面受到的损害理应得到赔偿，这才能体现法律的公平。离婚过错损害赔偿制度，就是要解决离婚过错方使无过错方受到身心和财产方面双重损害的问题，以体现法律的公正。

2. 离婚过错损害赔偿责任的构成要件

根据《民法通则》和《婚姻法》(修正案)第46条"有下列情形之一,导致离婚的,无过错方有权请求损害赔偿:(一)重婚的;(二)有配偶者与他人同居的;(三)实施家庭暴力的;(四)虐待、遗弃家庭成员的"规定,离婚损害赔偿民事责任的构成,必须同时具备以下四个要件:

(1)存在法律规定的违法行为。根据《婚姻法》的规定,过错方实施了以下四种违法行为导致离婚的,无过错方可以提出赔偿要求:一是重婚的;二是有配偶者与他人同居的;三是实施家庭暴力的;四是虐待、遗弃家庭成员的。《婚姻法》这一列举式的规定,将过错行为法定化,即提出离婚过错损害赔偿的诉求,只能针对法律明确规定的这四种离婚过错违法行为。

(2)违法行为与离婚的法律后果之间存在因果关系。离婚过错损害赔偿,必须具备离婚这一结果要件,否则就不构成离婚损害赔偿责任。而且离婚必须是由于过错方的违法行为导致的,并直接造成无过错方配偶遭受了物质和精神的损害。

(3)无过错方因离婚造成了损害。损害,是指因过错方的违法行为给无过错方造成的财产性利益的减少、丧失和非财产性的精神痛苦、压抑等伤害。离婚财产损害的范围,包括过错方给无过错方造成的财产损害方面已经发生的直接的现实损害和可期待利益的间接损害,但配偶继承权等期待权除外;非财产损害方面,包括对无过错方造成的身体健康权、自由权的损害和对名誉权、荣誉权、尊严权、姓名权等造成的情感创伤、精神损害。没有财产损害或者人身损害的发生,就失去了承担损害赔偿责任的前提。物质损害必须有充足的证据证明违法行为是发生损害结果的直接原因,才能认定有因果关系;精神损害只要确认过错方有违法行为而直接导致离婚即可。

(4)过错方主观上有过错。过错方主观上明知合法的婚姻关系受法律保护,合法的配偶身份利益不受侵犯,却故意违反婚姻家庭法的规定,实施违法行为。过错是指违法行为人对自己的行为及其后果的心理状态。只要不是《婚姻法》第46条导致离婚的违法行为,就可认为是无过错方;只有实施了列举行为的当事人,才是离婚诉讼中的过错方。

3. 离婚损害赔偿的主体

(1)权利主体。配偶中受违法行为侵害的无过错方,为离婚损害赔偿的请求权人。依据《婚姻法》第46条的规定,离婚损害赔偿请求权的主体只能是婚姻关系中无法定过错的一方当事人,有过错的配偶一方无权提出离婚损害赔偿。最高人民法院《婚姻法司法解释(三)》第17条规定:"夫妻双方均有婚姻法第四十六条规定的过错情形,一方或者双方向对方提出离婚损害赔偿请求的,人民法院不予支持。"

离婚损害赔偿是法律赋予无过错方配偶的一项诉讼权利,是否行使赔偿请求权,由受损害的无过错方自行决定。即赔偿请求权实行"告诉乃论"的原则,如果无过错方在离婚诉讼中没有提出损害赔偿的问题,人民法院不能主动判决离婚损害赔偿问题。但是,人民法院受理此类案件时,有义务以书面形式告知当事人享有提出离婚损害赔偿请求的权利。

(2)义务主体。实施了违法行为的过错配偶方,为离婚损害赔偿的义务人,即赔偿主体。最高人民法院《婚姻法司法解释(一)》第29条第1款规定:"承担婚姻法第四十六条规定的损害赔偿责任的主体,为离婚诉讼当事人中无过错方的配偶。"造成婚姻关系破裂的第三者,不是婚姻损害赔偿的责任主体,无过错方不能向"第三者"索赔,离婚损害赔偿请求只能由无过错方向自己的合法配偶提出，不得向婚姻关系以外的人提出。

4. 请求离婚损害赔偿的时限

根据最高人民法院《婚姻法司法解释(一)》第29条和第30条的规定：①人民法院判决不准离婚的案件，当事人提出离婚损害赔偿的，不予支持；②在婚姻关系存续期间，当事人不起诉离婚而单独请求离婚损害赔偿的，不予支持；③无过错方作为离婚案件的原告提出离婚损害赔偿的，必须在离婚诉讼的同时提出，否则视为放弃；④无过错方作为离婚诉讼的被告，如果不同意离婚，也没有提出离婚损害赔偿的，可以在离婚后一年内单独就此起诉；⑤无过错方作为离婚诉讼的被告，在一审期间未提出离婚损害请求的，在二审期间提出的，人民法院经过调解不成时，无过错方可以在离婚后一年内另行起诉。

依据最高人民法院《婚姻法司法解释(二)》第27条的规定："当事人在婚姻登记机关办理离婚登记手续后，以婚姻法第四十六条规定为由向人民法院提出损害赔偿请求的，人民法院应当受理。但当事人在协议离婚时已经明确表示放弃该项请求，或者在办理离婚登记手续一年后提出的，不予支持。"

5. 离婚损害赔偿的数额

《婚姻法》没有明确规定，当事人可根据家庭和自身的情况，酌情提出赔偿要求。

(1)物质损害赔偿数额。对于离婚损害赔偿中的物质损害赔偿，应遵循全部赔偿原则。即义务主体的离婚过错方，承担赔偿责任的大小，应当以其违法行为所造成的实际财产损失的大小，全部赔偿给无过错方。赔偿范围以造成的实际损害为限，损失多少，赔偿多少，包括直接损失和间接损失。对于人身伤害也应以实际损害作为确定损害赔偿的基本依据。

(2)精神损害的赔偿。对于精神损害赔偿金的计算，根据最高人民法院《关于确定民事侵权精神损害赔偿责任若干问题的解释》第10条的规定："精神损害的赔偿数额根据以下因素确定：(一)侵权人的过错程度，法律另有规定的除外；(二)侵害的手段、场合、行为方式等具体情节；(三)侵权行为所造成的后果；(四)侵权人的获利情况；(五)侵权人承担责任的经济能力；(六)受诉法院所在地平均生活水平。"法官在裁量精神损害赔偿金额时，应公正地行使自由裁量权，确定公平、合理的精神损害赔偿金额，安抚受害人，惩戒过错方。

子项目二 法律责任

案例12-1 原告朱某与被告褚某自1999年结婚以来，丈夫沉迷于赌博，夫妻双方常因家庭琐事争吵。在2013年3月中旬的一次争吵中，褚某拿起装有开水的电热水壶砸向妻子朱某，致使朱某的头、颈、大腿部位多处被开水烫伤。后经鉴定，人体损伤程度为轻伤一级。朱某向人民法院起诉离婚，并要求精神损害赔偿10万元。

任务：人民法院能否受理朱某的离婚诉讼？其精神损害赔偿诉求能否得到支持？褚某的家暴行为是否构成犯罪？理由是什么？

一、法律责任的概念与特征

（一）法律责任的概念

广义上的法律责任是指任何组织和个人都有义务遵守法律，自觉维护法律的尊严。狭义法律责任，是指行为人对其实施的违法行为所应承担的带有强制性的法律上的后果。对于不同的违法行为，法律规定了不同的法律责任，主要有刑事法律责任、民事法律责任和行政法律责任等。

（二）法律责任的特征

（1）法律责任以违反法定义务为前提。法律责任是违法行为所带来的法律后果。没有违法行为就不存在法律责任。法律是通过规定权利义务来规范人们的行为，法定义务是人们必须遵守的，不得违反。所以，法定义务是认定法律责任的基础。

（2）法律责任具有强制性。法律责任与一般社会责任的不同，在于它的强制性。调整婚姻家庭关系的规范有道德，也有法律。违反道德要承担道德责任，违反法律也要承担法律责任。道德责任不具有强制力，法律责任则对违法行为规定了追究的条款和对违法者规定了制裁措施。

二、法律责任的种类

《婚姻法》第五章对法律责任作了较为具体的规定。对于违反《婚姻法》的行为，根据违法行为的性质、情节、后果的不同，分为刑事责任、民事责任和行政责任三种。

（一）刑事责任

《婚姻法》(修正案)第45条规定："对重婚的，对实施家庭暴力或虐待、遗弃家庭成员构成犯罪的，依法追究刑事责任。受害人可以依照刑事诉讼法的有关规定，向人民法院自诉；公安机关应当依法侦查，人民检察院应当依法提起公诉。"

当破坏婚姻家庭的行为已经超过《婚姻法》这一民事法律调整的范畴，加害行为达到情节恶劣，后果严重，触犯刑法，构成犯罪的程度时，就可以运用刑事法律来保护受害人的合法权益，制裁加害人实施的破坏婚姻家庭的犯罪行为。我国《刑法》规定，破坏婚姻家庭领域的犯罪行为主要有：故意伤害家庭成员、暴力干涉婚姻自由、重婚、破坏军婚、虐待家庭成员、遗弃家庭成员、拐卖家庭成员等。

一般情况下，当事人实施家庭暴力或虐待、遗弃家庭成员的行为，不一定构成犯罪。只有加害行为达到《刑法》分则犯罪构成要件的规定时，才承担法定的刑事责任。发生在婚姻家庭内的典型犯罪及应承担的刑事责任有：

（1）故意伤害罪，是指故意伤害家庭成员身体的行为。行为人实施家庭暴力的行为，如果其主观上有伤害被害人的故意，客观上也致家庭成员轻伤以上的伤害，就构成了故意伤害罪。《刑法》第234条规定："故意伤害他人身体的，处三年以下有期徒刑、拘役或者管制。犯前款罪，致人重伤的，处三年以上十年以下有期徒刑；致人死亡或者以特别残忍手段致人重伤造成严重残疾的，处十年以上有期徒刑、无期徒刑或者死刑。"

（2）暴力干涉婚姻自由罪，是指以暴力方法干涉他人婚姻自由的行为。《刑法》第257条规定，以暴力干涉他人婚姻自由的，处二年以下有期徒刑或者拘役。犯前款罪，致使被害人死亡的，处二年以上七年以下有期徒刑。

（3）重婚罪，是指有配偶又与他人结婚或明知他人有配偶又与之结婚的行为。重婚包括事实上的重婚和法律上的重婚，两者都构成重婚罪。《刑法》第258条规定，有配偶而重婚的，处二年以下有期徒刑或者拘役。

（4）虐待罪，是指对共同生活的家庭成员，经常进行肉体上和精神上的摧残、折磨，情节恶劣的行为。构成虐待罪的客观方面，表现为经常用打骂、冻饿、有病不给治疗、强迫从事过度体力劳动、凌辱人格、咒骂等方法，摧残折磨家庭成员，情节恶劣的行为。《刑法》第260条规定："虐待家庭成员，情节恶劣的，处二年以下有期徒刑、拘役或者管制。犯前款罪，致使被害人重伤、死亡的，处二年以上七年以下有期徒刑。"

（5）遗弃罪，是指对于年老、年幼、患病或者其他没有独立生活能力的人，负有扶养义务而拒绝扶养，情节恶劣的行为。《刑法》第261条规定，犯遗弃罪的，处五年以下有期徒刑、拘役或者管制。

当事人的行为是否构成犯罪，是否要追究其刑事责任，必须由人民法院依法审理，最后作出判决才能确定。人民法院启动审理程序的方式有两种：一是受害人的自诉；二是人民检察院的公诉。

（二）民事责任

婚姻法属于民事法律范畴，违反婚姻法的行为，对当事人应追究民事责任。民事责任是指违反了《婚姻法》和《民法通则》等民事法律的行为，所承担的对其不利的民事法律后果。民事责任的目的主要是恢复受害人的权利和补偿权利人的损失。

民事责任的方式主要有财产责任与非财产责任。财产责任主要表现为：排除妨碍、消除危险、返还财产、恢复原状、赔偿损失、交付违约金及修理、更换、重做等可以用金钱来衡量的责任。非财产责任主要表现为：停止侵害、公开赔礼道歉、消除影响、恢复名誉等以恢复人身权为目的的民事责任。实施婚姻家庭方面的民事违法行为及应承担的民事责任有：

1. 离婚过错赔偿责任

《婚姻法》（修正案）第46条规定："有下列情形之一，导致离婚的，无过错方有权请求损害赔偿：（一）重婚的；（二）有配偶者与他人同居的；（三）实施家庭暴力的……"可见，有法律规定的过错行为导致离婚的，无过错方有权请求损害赔偿。婚姻是一种民事法律行为，因一方的过错导致婚姻破裂，对给无过错方造成包括物质上和精神上的损害，受害方有权提出损害赔偿之诉，过错方理应承担民事赔偿责任，这样才能体现当代婚姻家庭法的公平原则和保护弱者原则。赔偿是补偿性的，而非惩罚性的。

为此，最高人民法院《关于确定民事侵权精神损害赔偿责任若干问题的解释》第1条规定："自然人因下列人格权利遭受非法侵害，向人民法院起诉请求赔偿精神损害的，人民法院应当依法予以受理：（一）生命权、健康权、身体权……"

2. 离婚妨碍分割夫妻共同财产的责任

《婚姻法》（修正案）第47条规定："离婚时，一方隐藏、转移、变卖、毁损夫妻共同财产，或伪造债务企图侵占另一方财产的，分割夫妻共同财产时，对隐藏、转移、变卖、毁损夫妻共同财产或伪造债务的一方，可以少分或不分。离婚后，另一方发现有上述行为的，可以向人民法院提起诉讼，请求再次分割夫妻共同财产。人民法院对前款规定的妨害民事诉讼的行为，依照民事诉讼法的规定予以制裁。"当事人依据《婚姻法》第47条的规定向人民法院提起诉讼，请求再次分割夫妻共同财产的诉讼时效为两年，从当事人发现之次日起计算。

实施隐藏、转移、变卖、毁损夫妻共同财产的违法行为，破坏了民事诉讼的正常程序，既侵犯了夫妻共同财产的合法性，也破坏了离婚程序的合法性。根据《民事诉讼法》第115条的规定，人民法院可依据情节轻重，对当事人处以人民币十万元以下罚款或十五日以下拘留。

(三)行政责任

婚姻家庭关系虽属民事法律关系，但也与公安机关、婚姻登记管理机关等国家行政机关有密切的联系。婚姻家庭关系的当事人违反了行政法律的有关规定，实施了婚姻家庭方面违法行为的，要承担相应的行政责任。

国家行政机关对违反婚姻家庭法律、法规，应当追究行政责任的主要违法行为有：

1. 对虐待、遗弃家庭成员的行为

《婚姻法》第43条第3款规定："实施家庭暴力或虐待家庭成员，受害人提出请求的，公安机关应当依照治安管理处罚的法律规定予以行政处罚。"《治安管理处罚法》第45条规定："有下列行为之一的，处五日以下拘留或者警告：(一)虐待家庭成员，被虐待人要求处理的；(二)遗弃没有独立生活能力的被扶养人的。"

2. 对实施家庭暴力的行为

《妇女权益保障法》第46条规定："禁止对妇女实施家庭暴力。国家采取措施，预防和制止家庭暴力。公安、民政、司法行政等部门以及城乡基层群众性自治组织、社会团体，应当在各自的职责范围内预防和制止家庭暴力，依法为受害妇女提供救助。"第58条又规定，对妇女实施家庭暴力，构成违反治安管理行为的，受害人可以提请公安机关对违法行为人依法给予行政处罚。《未成年人保护法》第10条也规定，禁止对未成年人实施家庭暴力。

3. 对子女辍学的行为

《义务教育法》第11条规定："凡年满六周岁的儿童，其父母或者其他法定监护人应当送其入学接受并完成义务教育；条件不具备的地区的儿童，可以推迟到七周岁。"第58条对"适龄儿童、少年的父母或者其他法定监护人无正当理由未依照本法规定送适龄儿童、少年入学接受义务教育的"规定"由当地乡镇人民政府或者县级人民政府教育行政部门给予批评教育，责令限期改正"。《未成年人保护法》第13条规定："父母或者其他监护人应当尊重未成年人受教育的权利，必须使适龄未成年人依法入学接受并完成义务教育，不得使接受义务教育的未成年人辍学。"第62条对"父母或者其他监护人不依法履行监护职责，或者侵害未成年人合法权益的"规定了"由其所在单位或者居民委员会、村民委员会予以劝诫、制止；构成违反治安管理行为的，由公安机关依法给予行政处罚"。

(四)执行责任

执行是人民法院依照法定程序，采取强制措施，迫使义务人履行法律文书确定义务的行为。人民法院对婚姻家庭案件已经发生法律效力的判决或裁定，义务人拒绝执行的，人民法院可以采取强制措施执行。婚姻家庭案件的义务人拒不执行人民法院的判决或裁定时，相关责任的承担为：

1. 对婚姻家庭案件判决、裁定拒不执行的责任

《婚姻法》(修正案)第48条规定："对拒不执行有关扶养费、抚养费、赡养费、财产分割、遗产继承、探望子女等判决或裁定的，由人民法院依法强制执行。有关个人和单位应负协助执行的责任。"

2. 强制执行程序

强制执行措施，是指人民法院依法定程序，强制执行生效的法律文书的方法和手段。根据《民事诉讼法》的规定，强制执行程序有两种：①申请强制执行，在义务人的法定履行期限届满后，仍未履行法定义务的；权利人可在两年的法定期限内，向人民法院提出强制执行的申请。②移送强制执行，是指人民法院的审判组织根据案件的性质，基于国家干预原则，对生效裁判的义务人拒绝履行时，不经当事人申请，依职权主动移送给执行人员的执行。

3. 强制执行措施

《民事诉讼法》根据不同的执行对象规定了不同的强制执行措施。

(1) 对动产的强制执行措施，是指以动产为执行标的的执行措施。主要针对婚姻家庭案件中，对拒不执行人民法院判决给付扶养费、抚养费、赡养费或对共同财产进行分割的义务时，人民法院对义务人的家庭存款、收入、生活用品等采取强制执行方法。

第一种强制执行措施：查询、冻结、划拨存款、债券、股票、基金份额等财产情况。《民事诉讼法》第242条规定，被执行人未按执行通知履行法律文书确定的义务，人民法院有权向有关单位查询被执行人的存款、债券、股票、基金份额等财产情况。人民法院有权根据不同情形扣押、冻结、划拨、变价被执行人的财产。人民法院查询、扣押、冻结、划拨、变价的财产不得超出被执行人应当履行义务的范围。人民法院决定扣押、冻结、划拨、变价财产，应当作出裁定，并发出协助执行通知书，有关单位必须办理。

第二种强制执行措施：扣留、提取收入。《民事诉讼法》第243条第1款规定，被执行人未按执行通知履行法律文书确定的义务，人民法院有权扣留、提取被执行人应当履行义务部分的收入。但应当保留被执行人及其所扶养家属的生活必需费用。

第三种强制执行措施：查封、扣押、冻结、拍卖、变卖财产。《民事诉讼法》第244条规定，被执行人未按执行通知履行法律文书确定的义务，人民法院有权查封、扣押、冻结、拍卖、变卖被执行人应当履行义务部分的财产。但应当保留被执行人及其所扶养家属的生活必需品。

《民事诉讼法》第245条规定，人民法院查封、扣押财产时，被执行人是公民的，应当通知被执行人或者他的成年家属到场；被执行人是法人或者其他组织的，应当通知其法定代表人或者主要负责人到场。拒不到场的，不影响执行。被执行人是公民的，其工作单位或者财产所在地的基层组织应当派人参加。对被查封、扣押的财产，执行员必须造具清单，由在场人签名或者盖章后，交被执行人一份。被执行人是公民的，也可以交给他的成年家属一份。

(2) 对不动产的强制执行措施。对不动产的执行，即对有关土地和房屋权益的法律文

书的执行，主要涉及婚姻家庭案件中房屋、土地的分割。

《民事诉讼法》第 250 条规定："强制迁出房屋或者强制退出土地，由院长签发公告，责令被执行人在指定期间履行。被执行人逾期不履行的，由执行员强制执行。强制执行时，被执行人是公民的，应当通知被执行人或者他的成年家属到场；被执行人是法人或者其他组织的，应当通知其法定代表人或者主要负责人到场。拒不到场的，不影响执行。被执行人是公民的，其工作单位或者房屋、土地所在地的基层组织应当派人参加。执行员应当将强制执行情况记入笔录，由在场人签名或者盖章。强制迁出房屋被搬出的财物，由人民法院派人运至指定处所，交给被执行人。被执行人是公民的，也可以交给他的成年家属。因拒绝接收而造成的损失，由被执行人承担。"对于房屋归一方所有的，需要办理相关证照转移手续的，《民事诉讼法》第 251 条指出，在执行中，需要办理有关财产权证照转移手续的，人民法院可以向有关单位发出协助执行通知书，有关单位必须办理。

(3) 对拒不执行探望子女的判决或裁定。最高人民法院《婚姻法司法解释（一）》第 32 条规定，由人民法院对不履行法律文书确定义务的被执行人采取拘留、罚款等强制执行措施，不能对子女的人身、探望行为进行强制执行。

思考与练习

思考

1. 家庭暴力与家庭虐待的界定和区别。
2. 设立离婚过错损害赔偿制度有何意义？

案例练习

倪×（男，28 岁）于 2011 年 11 月 11 日经人介绍认识了丘××。2011 年 12 月 13 日按农村习俗举行了结婚仪式，于 2011 年 12 月 26 日在民政局补领结婚证；2012 年 6 月 28 日，丘××生一子辛辛。婚后，倪×多次发现丘××外出数日不归，心生怀疑，遂委托某医科大学司法鉴定中心进行亲子鉴定，该中心遗传咨询意见书认为：倪×不是辛辛生物学父亲。倪×向人民法院起诉，请求判令与丘××离婚，并要求丘××赔偿精神损害抚慰金 5 万元。

任务：倪×能否向人民法院起诉丘××？法院能否支持倪×的精神损害赔偿请求？

案例分析手把手

【案情】任某，男，50 岁，大学教授，事业有成，妻子朱某温柔体贴，儿子聪明健康，家庭幸福美满。一位任教授的女学生苟某对其非常倾心，并以身相许，在突如其来的感情面前，任教授迷失了方向，认为找到了人生的第二春。苟某毕业后，任教授决定与妻子分居，并秘密买了一处房产与苟某同居。对外，任教授称与苟某只是普通的师生关系，但有人在无意中发现了他们的事情。长期的分居使朱某的压力很大，人们对他们之间的关系议论纷纷，其子也在学校遭到同学的猜测。于是，朱某向人民法院提出离婚诉求，但任教授不同意离婚，也不承认与他人有同居关系。

【任务】1. 人民法院能否判决朱某和任教授离婚？2. 如果人民法院判决离婚，朱某能否获得损害赔偿？3. 离婚后儿子应由谁抚养？

【分析思路】本案例主要考查《婚姻法》的第 32 条、第 37 条、第 39 条、第 46 条。

【答案要点提示】1. 因任教授的婚外同居关系存在，根据《婚姻法》的第 32 条"人民法院审理离婚案件，应当进行调解；如感情确已破裂，调解无效，应准予离婚。有下列情形之一，调解无效的，应准予离婚：（一）重婚或有配偶者与他人同居的……"朱某不同意调解，应判决离婚。任教授的行为实际上是一种没有以夫妻名义形成的婚外同居关系。由于这种关系的存在，导致了家庭的破裂和婚姻的失败。其妻子提出离婚的理由正是基于这种实际存在的同居关系。

2. 本着照顾无过错方的原则，根据《婚姻法》第 39 条的"离婚时，夫妻的共同财产由双方协议处理；协议不成时，由人民法院根据财产的具体情况，照顾子女和女方权益的原则判决"。《婚姻法》第 46 条"有下列情形之一，导致离婚的，无过错方有权请求损害赔偿：（一）重婚的；（二）有配偶者与他人同居的……"在财产的分割上对女方应适当多分一些，并应给予女方一定的损害赔偿。对离婚的结果，任教授负有过错责任，按照民法的公平原则，应承担对其不利的裁决。朱某在婚姻关系中处于受害人的地位，其原来的家庭关系由于丈夫的原因而发生不可逆转的改变，她和孩子都受到周围舆论的压力，遂决定离婚，其在离婚过程中没有过错。双方经过调解后，不能达成谅解，离婚条件成立，故判决离婚。关键在财产分割问题上，应主要考虑当事人的过错程度。男方应承担主要责任，应少分财产；女方没有过错，可多分财产，并可要求损害赔偿。因为其遭受的精神上和身体上的损害应得到经济形式的补偿，这样才能体现公平原则和保护弱者原则。法院在判决时就应多考虑无过错的朱某的利益。

3. 考虑到儿子的意愿和切身利益，根据《婚姻法》第 37 条的"离婚后，一方抚养的子女，另一方应负担必要的生活费和教育费的一部或全部……"规定，儿子归女方监护，男方承担必要的抚养费。

参考文献

参考文献

1. 史尚宽．亲属法论．北京：中国政法大学出版社，2000.
2. 李志敏．比较家庭法．北京：北京大学出版社，1988.
3. 张贤钰．婚姻家庭继承法．北京：法律出版社，1999.
4. 巫昌祯．婚姻法教程．北京：中央广播电视大学出版社，1990.
5. 巫昌祯．婚姻与继承法学（修订本）．北京：中国政法大学出版社，2001.
6. 巫昌祯，杨大文，王得义．中华人民共和国婚姻法释义与实证研究．北京：中国法制出版社，2001.
7. 杨大文．婚姻家庭法（第三版）．北京：中国人民大学出版社，2006.
8. 杨大文，龙翼飞，夏吟兰．婚姻家庭法学（第三版）．北京：中国人民大学出版社，2012.
9. 杨遂全．亲属与继承法论．成都：四川大学出版社，2005.
10. 李明舜．婚姻家庭继承法学．武汉：武汉大学出版社，2011.
11. 吴国平，张影．婚姻家庭法原理与实务（第三版）．北京：中国政法大学出版社，2010.
12. 朱萍萍，袁志丽．婚姻家庭法原理与实务．广州：暨南大学出版社，2013.
13. 赵秉志．刑法教程．北京：中国人民大学出版社，1997.
14. 李秀华，王玮．中国婚姻家庭法概论．石家庄：河北人民出版社，2005.
15. 杨立新，秦秀敏．中华人民共和国婚姻法释义与适用．长春：吉林人民出版社，2001.
16. 赵文宗，李秀华，林满馨．中国内地、香港婚姻法实务．香港：三联书店，2000.
17. 李瑛，张洪波．婚姻家庭继承法案例教程（第二版）．北京：北京大学出版社，2010.
18. 奚晓明．最高人民法院婚姻法司法解释（三）理解与适用．北京：人民法院出版社，2011.
19. 杨晓林，贾明军．离婚有方：专业律师帮您打离婚官司．北京：法律出版社，2011.
20. 贾明军．婚姻家庭纠纷案件律师业务．北京：法律出版社，2008.
21. 扈纪华，裘敬梅．中华人民共和国婚姻法实务全书．北京：中国人民公安大学出版社，2001.
22. 马钰凤．2012年中国法学会婚姻法学研究会年会综述．西北民商法律网．http://xbmsf.nwupl.cn/Article/ShowArticle.asp?ArticleID=727.

附录　法律法规与司法解释

中华人民共和国婚姻法

(1980年9月10日第五届全国人民代表大会第三次会议通过
根据2001年4月28日第九届全国人民代表大会常务委员会第二十一次会议
《关于修改〈中华人民共和国婚姻法〉的决定》修正)

目　　录

第一章　总则
第二章　结婚
第三章　家庭关系
第四章　离婚
第五章　救助措施与法律责任
第六章　附则

第一章　总　　则

第一条　【立法目的】本法是婚姻家庭关系的基本准则。
第二条　【婚姻制度】实行婚姻自由、一夫一妻、男女平等的婚姻制度。
保护妇女、儿童和老人的合法权益。
实行计划生育。
第三条　【禁止的婚姻行为】禁止包办、买卖婚姻和其他干涉婚姻自由的行为。禁止借婚姻索取财物。
禁止重婚。禁止有配偶者与他人同居。禁止家庭暴力。禁止家庭成员间的虐待和遗弃。
第四条　【家庭关系】夫妻应当互相忠实，互相尊重；家庭成员间应当敬老爱幼，互相帮助，维护平等、和睦、文明的婚姻家庭关系。

第二章　结　　婚

第五条　【结婚自愿】结婚必须男女双方完全自愿，不许任何一方对他方加以强迫或任何第三者加以干涉。
第六条　【法定婚龄】结婚年龄，男不得早于二十二周岁，女不得早于二十周岁。晚婚晚育应予鼓励。

第七条 【禁止结婚】有下列情形之一的，禁止结婚：

(一)直系血亲和三代以内的旁系血亲；

(二)患有医学上认为不应当结婚的疾病。

第八条 【结婚登记】要求结婚的男女双方必须亲自到婚姻登记机关进行结婚登记。符合本法规定的，予以登记，发给结婚证。取得结婚证，即确立夫妻关系。未办理结婚登记的，应当补办登记。

第九条 【互为家庭成员】登记结婚后，根据男女双方约定，女方可以成为男方家庭的成员，男方可以成为女方家庭的成员。

第十条 【婚姻无效】有下列情形之一的，婚姻无效：

(一)重婚的；

(二)有禁止结婚的亲属关系的；

(三)婚前患有医学上认为不应当结婚的疾病，婚后尚未治愈的；

(四)未到法定婚龄的。

第十一条 【胁迫结婚】因胁迫结婚的，受胁迫的一方可以向婚姻登记机关或人民法院请求撤销该婚姻。受胁迫的一方撤销婚姻的请求，应当自结婚登记之日起一年内提出。被非法限制人身自由的当事人请求撤销婚姻的，应当自恢复人身自由之日起一年内提出。

第十二条 【婚姻的无效】无效或被撤销的婚姻，自始无效。当事人不具有夫妻的权利和义务。同居期间所得的财产，由当事人协议处理；协议不成时，由人民法院根据照顾无过错方的原则判决。对重婚导致的婚姻无效的财产处理，不得侵害合法婚姻当事人的财产权益。当事人所生的子女，适用本法有关父母子女的规定。

第三章 家庭关系

第十三条 【夫妻平等】夫妻在家庭中地位平等。

第十四条 【夫妻姓名权】夫妻双方都有各用自己姓名的权利。

第十五条 【夫妻的自由】夫妻双方都有参加生产、工作、学习和社会活动的自由，一方不得对他方加以限制或干涉。

第十六条 【计划生育义务】夫妻双方都有实行计划生育的义务。

第十七条 【夫妻共有财产】夫妻在婚姻关系存续期间所得的下列财产，归夫妻共同所有：

(一)工资、奖金；

(二)生产、经营的收益；

(三)知识产权的收益；

(四)继承或赠与所得的财产，但本法第十八条第三项规定的除外；

(五)其他应当归共同所有的财产。

夫妻对共同所有的财产，有平等的处理权。

第十八条 【夫妻一方的财产】有下列情形之一的，为夫妻一方的财产：

（一）一方的婚前财产；
（二）一方因身体受到伤害获得的医疗费、残疾人生活补助费等费用；
（三）遗嘱或赠与合同中确定只归夫或妻一方的财产；
（四）一方专用的生活用品；
（五）其他应当归一方的财产。

第十九条　【夫妻财产约定】夫妻可以约定婚姻关系存续期间所得的财产以及婚前财产归各自所有、共同所有或部分各自所有、部分共同所有。约定应当采用书面形式。没有约定或约定不明确的，适用本法第十七条、第十八条的规定。

夫妻对婚姻关系存续期间所得的财产以及婚前财产的约定，对双方具有约束力。

夫妻对婚姻关系存续期间所得的财产约定归各自所有的，夫或妻一方对外所负的债务，第三人知道该约定的，以夫或妻一方所有的财产清偿。

第二十条　【夫妻扶养义务】夫妻有互相扶养的义务。

一方不履行扶养义务时，需要扶养的一方，有要求对方付给扶养费的权利。

第二十一条　【父母与子女】父母对子女有抚养教育的义务；子女对父母有赡养扶助的义务。

父母不履行抚养义务时，未成年的或不能独立生活的子女，有要求父母付给抚养费的权利。

子女不履行赡养义务时，无劳动能力的或生活困难的父母，有要求子女付给赡养费的权利。

禁止溺婴、弃婴和其他残害婴儿的行为。

第二十二条　【子女的姓】子女可以随父姓，可以随母姓。

第二十三条　【父母对子女的保护和教育】父母有保护和教育未成年子女的权利和义务。在未成年子女对国家、集体或他人造成损害时，父母有承担民事责任的义务。

第二十四条　【继承遗产】夫妻有相互继承遗产的权利。

父母和子女有相互继承遗产的权利。

第二十五条　【非婚生子女】非婚生子女享有与婚生子女同等的权利，任何人不得加以危害和歧视。

不直接抚养非婚生子女的生父或生母，应当负担子女的生活费和教育费，直至子女能独立生活为止。

第二十六条　【收养关系】国家保护合法的收养关系。养父母和养子女间的权利和义务，适用本法对父母子女关系的有关规定。

养子女和生父母间的权利和义务，因收养关系的成立而消除。

第二十七条　【继父母与继子女】继父母与继子女间，不得虐待或歧视。

继父或继母和受其抚养教育的继子女间的权利和义务，适用本法对父母子女关系的有关规定。

第二十八条　【祖与孙】有负担能力的祖父母、外祖父母，对于父母已经死亡或父母无力抚养的未成年的孙子女、外孙子女，有抚养的义务。有负担能力的孙子女、外孙子女，对于子女已经死亡或子女无力赡养的祖父母、外祖父母，有赡养的义务。

第二十九条 【兄姐与弟妹】有负担能力的兄、姐,对于父母已经死亡或父母无力抚养的未成年的弟、妹,有扶养的义务。由兄、姐扶养长大的有负担能力的弟、妹,对于缺乏劳动能力又缺乏生活来源的兄、姐,有扶养的义务。

第三十条 【尊重父母婚姻】子女应当尊重父母的婚姻权利,不得干涉父母再婚以及婚后的生活。子女对父母的赡养义务,不因父母的婚姻关系变化而终止。

第四章 离 婚

第三十一条 【自愿离婚】男女双方自愿离婚的,准予离婚。双方必须到婚姻登记机关申请离婚。婚姻登记机关查明双方确实是自愿并对子女和财产问题已有适当处理时,发给离婚证。

第三十二条 【离婚诉讼】男女一方要求离婚的,可由有关部门进行调解或直接向人民法院提出离婚诉讼。

人民法院审理离婚案件,应当进行调解;如感情确已破裂,调解无效,应准予离婚。

有下列情形之一,调解无效的,应准予离婚:

(一)重婚或有配偶者与他人同居的;
(二)实施家庭暴力或虐待、遗弃家庭成员的;
(三)有赌博、吸毒等恶习屡教不改的;
(四)因感情不和分居满二年的;
(五)其他导致夫妻感情破裂的情形。

一方被宣告失踪,另一方提出离婚诉讼的,应准予离婚。

第三十三条 【军人配偶要求离婚】现役军人的配偶要求离婚,须得军人同意,但军人一方有重大过错的除外。

第三十四条 【不得提出离婚】女方在怀孕期间、分娩后一年内或中止妊娠后六个月内,男方不得提出离婚。女方提出离婚的,或人民法院认为确有必要受理男方离婚请求的,不在此限。

第三十五条 【复婚】离婚后,男女双方自愿恢复夫妻关系的,必须到婚姻登记机关进行复婚登记。

第三十六条 【离婚与子女】父母与子女间的关系,不因父母离婚而消除。离婚后,子女无论由父或母直接抚养,仍是父母双方的子女。

离婚后,父母对于子女仍有抚养和教育的权利和义务。

离婚后,哺乳期内的子女,以随哺乳的母亲抚养为原则。哺乳期后的子女,如双方因抚养问题发生争执不能达成协议时,由人民法院根据子女的权益和双方的具体情况判决。

第三十七条 【离婚后的子女抚养】离婚后,一方抚养的子女,另一方应负担必要的生活费和教育费的一部或全部,负担费用的多少和期限的长短,由双方协议;协议不成时,由人民法院判决。

关于子女生活费和教育费的协议或判决,不妨碍子女在必要时向父母任何一方提出超过协议或判决原定数额的合理要求。

第三十八条 【离婚后的子女探望】离婚后，不直接抚养子女的父或母，有探望子女的权利，另一方有协助的义务。

行使探望权利的方式、时间由当事人协议；协议不成时，由人民法院判决。

父或母探望子女，不利于子女身心健康的，由人民法院依法中止探望的权利；中止的事由消失后，应当恢复探望的权利。

第三十九条 【夫妻共同财产的离婚处理】离婚时，夫妻的共同财产由双方协议处理；协议不成时，由人民法院根据财产的具体情况，照顾子女和女方权益的原则判决。

夫或妻在家庭土地承包经营中享有的权益等，应当依法予以保护。

第四十条 【补偿】夫妻书面约定婚姻关系存续期间所得的财产归各自所有，一方因抚育子女、照料老人、协助另一方工作等付出较多义务的，离婚时有权向另一方请求补偿，另一方应当予以补偿。

第四十一条 【共同债务】离婚时，原为夫妻共同生活所负的债务，应当共同偿还。共同财产不足清偿的，或财产归各自所有的，由双方协议清偿；协议不成时，由人民法院判决。

第四十二条 【适当帮助】离婚时，如一方生活困难，另一方应从其住房等个人财产中给予适当帮助。具体办法由双方协议；协议不成时，由人民法院判决。

第五章 救助措施与法律责任

第四十三条 【家庭暴力与虐待】实施家庭暴力或虐待家庭成员，受害人有权提出请求，居民委员会、村民委员会以及所在单位应当予以劝阻、调解。

对正在实施的家庭暴力，受害人有权提出请求，居民委员会、村民委员会应当予以劝阻；公安机关应当予以制止。

实施家庭暴力或虐待家庭成员，受害人提出请求的，公安机关应当依照治安管理处罚的法律规定予以行政处罚。

第四十四条 【遗弃】对遗弃家庭成员，受害人有权提出请求，居民委员会、村民委员会以及所在单位应当予以劝阻、调解。

对遗弃家庭成员，受害人提出请求的，人民法院应当依法作出支付扶养费、抚养费、赡养费的判决。

第四十五条 【家庭暴力、虐待、遗弃犯罪】对重婚的，对实施家庭暴力或虐待、遗弃家庭成员构成犯罪的，依法追究刑事责任。受害人可以依照刑事诉讼法的有关规定，向人民法院自诉；公安机关应当依法侦查，人民检察院应当依法提起公诉。

第四十六条 【损害赔偿】有下列情形之一，导致离婚的，无过错方有权请求损害赔偿：

(一)重婚的；
(二)有配偶者与他人同居的；
(三)实施家庭暴力的；
(四)虐待、遗弃家庭成员的。

第四十七条　【隐藏、转移共同财产等】离婚时,一方隐藏、转移、变卖、毁损夫妻共同财产,或伪造债务企图侵占另一方财产的,分割夫妻共同财产时,对隐藏、转移、变卖、毁损夫妻共同财产或伪造债务的一方,可以少分或不分。离婚后,另一方发现有上述行为的,可以向人民法院提起诉讼,请求再次分割夫妻共同财产。

人民法院对前款规定的妨害民事诉讼的行为,依照民事诉讼法的规定予以制裁。

第四十八条　【强制执行】对拒不执行有关扶养费、抚养费、赡养费、财产分割、遗产继承、探望子女等判决或裁定的,由人民法院依法强制执行。有关个人和单位应负协助执行的责任。

第四十九条　【婚姻家庭的其他违法】其他法律对有关婚姻家庭的违法行为和法律责任另有规定的,依照其规定。

第六章　附　则

第五十条　【变通规定】民族自治地方的人民代表大会有权结合当地民族婚姻家庭的具体情况,制定变通规定。自治州、自治县制定的变通规定,报省、自治区、直辖市人民代表大会常务委员会批准后生效。自治区制定的变通规定,报全国人民代表大会常务委员会批准后生效。

第五十一条　【施行日期与旧法废止】本法自1981年1月1日起施行。

1950年5月1日颁行的《中华人民共和国婚姻法》,自本法施行之日起废止。

最高人民法院关于适用
《中华人民共和国婚姻法》若干问题的解释(一)

(2001年12月24日最高人民法院审判委员会
第1202次会议通过 法释〔2001〕30号)

为了正确审理婚姻家庭纠纷案件,根据《中华人民共和国婚姻法》(以下简称婚姻法)、《中华人民共和国民事诉讼法》等法律的规定,对人民法院适用婚姻法的有关问题作出如下解释:

第一条 婚姻法第三条、第三十二条、第四十三条、第四十五条、第四十六条所称的"家庭暴力",是指行为人以殴打、捆绑、残害、强行限制人身自由或者其他手段,给其家庭成员的身体、精神等方面造成一定伤害后果的行为。持续性、经常性的家庭暴力,构成虐待。

第二条 婚姻法第三条、第三十二条、第四十六条规定的"有配偶者与他人同居"的情形,是指有配偶者与婚外异性,不以夫妻名义,持续、稳定地共同居住。

第三条 当事人仅以婚姻法第四条为依据提起诉讼的,人民法院不予受理;已经受理的,裁定驳回起诉。

第四条 男女双方根据婚姻法第八条规定补办结婚登记的,婚姻关系的效力从双方均符合婚姻法所规定的结婚的实质要件时起算。

第五条 未按婚姻法第八条规定办理结婚登记而以夫妻名义共同生活的男女,起诉到人民法院要求离婚的,应当区别对待:

(一)1994年2月1日民政部《婚姻登记管理条例》公布实施以前,男女双方已经符合结婚实质要件的,按事实婚姻处理。

(二)1994年2月1日民政部《婚姻登记管理条例》公布实施以后,男女双方符合结婚实质要件的,人民法院应当告知其在案件受理前补办结婚登记;未补办结婚登记的,按解除同居关系处理。

第六条 未按婚姻法第八条规定办理结婚登记而以夫妻名义共同生活的男女,一方死亡,另一方以配偶身份主张享有继承权的,按照本解释第五条的原则处理。

第七条 有权依据婚姻法第十条规定向人民法院就已办理结婚登记的婚姻申请宣告婚姻无效的主体,包括婚姻当事人及利害关系人。利害关系人包括:

(一)以重婚为由申请宣告婚姻无效的,为当事人的近亲属及基层组织。

(二)以未到法定婚龄为由申请宣告婚姻无效的,为未达法定婚龄者的近亲属。

(三)以有禁止结婚的亲属关系为由申请宣告婚姻无效的,为当事人的近亲属。

(四)以婚前患有医学上认为不应当结婚的疾病,婚后尚未治愈为由申请宣告婚姻无效的，为与患病者共同生活的近亲属。

第八条 当事人依据婚姻法第十条规定向人民法院申请宣告婚姻无效的，申请时，法定的无效婚姻情形已经消失的，人民法院不予支持。

第九条 人民法院审理宣告婚姻无效案件，对婚姻效力的审理不适用调解，应当依法作出判决；有关婚姻效力的判决一经作出，即发生法律效力。

涉及财产分割和子女抚养的，可以调解。调解达成协议的，另行制作调解书。对财产分割和子女抚养问题的判决不服的，当事人可以上诉。

第十条 婚姻法第十一条所称的"胁迫"，是指行为人以给另一方当事人或者其近亲属的生命、身体健康、名誉、财产等方面造成损害为要挟，迫使另一方当事人违背真实意愿结婚的情况。

因受胁迫而请求撤销婚姻的，只能是受胁迫一方的婚姻关系当事人本人。

第十一条 人民法院审理婚姻当事人因受胁迫而请求撤销婚姻的案件，应当适用简易程序或者普通程序。

第十二条 婚姻法第十一条规定的"一年"，不适用诉讼时效中止、中断或者延长的规定。

第十三条 婚姻法第十二条所规定的自始无效，是指无效或者可撤销婚姻在依法被宣告无效或被撤销时，才确定该婚姻自始不受法律保护。

第十四条 人民法院根据当事人的申请，依法宣告婚姻无效或者撤销婚姻的，应当收缴双方的结婚证书并将生效的判决书寄送当地婚姻登记管理机关。

第十五条 被宣告无效或被撤销的婚姻，当事人同居期间所得的财产，按共同共有处理。但有证据证明为当事人一方所有的除外。

第十六条 人民法院审理重婚导致的无效婚姻案件时，涉及财产处理的，应当准许合法婚姻当事人作为有独立请求权的第三人参加诉讼。

第十七条 婚姻法第十七条关于"夫或妻对夫妻共同所有的财产，有平等的处理权"的规定，应当理解为：

（一）夫或妻在处理夫妻共同财产上的权利是平等的。因日常生活需要而处理夫妻共同财产的，任何一方均有权决定。

（二）夫或妻非因日常生活需要对夫妻共同财产做重要处理决定，夫妻双方应当平等协商，取得一致意见。他人有理由相信其为夫妻双方共同意思表示的，另一方不得以不同意或不知道为由对抗善意第三人。

第十八条 婚姻法第十九条所称"第三人知道该约定的"，夫妻一方对此负有举证责任。

第十九条 婚姻法第十八条规定为夫妻一方的所有的财产，不因婚姻关系的延续而转化为夫妻共同财产。但当事人另有约定的除外。

第二十条 婚姻法第二十一条规定的"不能独立生活的子女"，是指尚在校接受高中及其以下学历教育，或者丧失或未完全丧失劳动能力等非因主观原因而无法维持正常生活的成年子女。

第二十一条 婚姻法第二十一条所称"抚养费"，包括子女生活费、教育费、医疗费等费用。

第二十二条 人民法院审理离婚案件，符合第三十二条第二款规定"应准予离婚"情形的，不应当因当事人有过错而判决不准离婚。

第二十三条 婚姻法第三十三条所称的"军人一方有重大过错"，可以依据婚姻法第三十二条第二款前三项规定及军人有其他重大过错导致夫妻感情破裂的情形予以判断。

第二十四条 人民法院作出的生效的离婚判决中未涉及探望权，当事人就探望权问题单独提起诉讼的，人民法院应予受理。

第二十五条 当事人在履行生效判决、裁定或者调解书的过程中，请求中止行使探望权的，人民法院在征询双方当事人意见后，认为需要中止行使探望权的，依法作出裁定。中止探望的情形消失后，人民法院应当根据当事人的申请通知其恢复探望权的行使。

第二十六条 未成年子女、直接抚养子女的父或母及其他对未成年子女负担抚养、教育义务的法定监护人，有权向人民法院提出中止探望权的请求。

第二十七条 婚姻法第四十二条所称"一方生活困难"，是指依靠个人财产和离婚时分得的财产无法维持当地基本生活水平。

一方离婚后没有住处的，属于生活困难。

离婚时，一方以个人财产中的住房对生活困难者进行帮助的形式，可以是房屋的居住权或者房屋的所有权。

第二十八条 婚姻法第四十六条规定的"损害赔偿"，包括物质损害赔偿和精神损害赔偿。涉及精神损害赔偿的，适用最高人民法院《关于确定民事侵权精神损害赔偿责任若干问题的解释》的有关规定。

第二十九条 承担婚姻法第四十六条规定的损害赔偿责任的主体，为离婚诉讼当事人中无过错方的配偶。

人民法院判决不准离婚的案件，对于当事人基于婚姻法第四十六条提出的损害赔偿请求，不予支持。

在婚姻关系存续期间，当事人不起诉离婚而单独依据该条规定提起损害赔偿请求的，人民法院不予受理。

第三十条 人民法院受理离婚案件时，应当将婚姻法第四十六条等规定中当事人的有关权利义务，书面告知当事人。在适用婚姻法第四十六条时，应当区分以下不同情况：

（一）符合婚姻法第四十六条规定的无过错方作为原告基于该条规定向人民法院提起损害赔偿请求的，必须在离婚诉讼的同时提出。

（二）符合婚姻法第四十六条规定的无过错方作为被告的离婚诉讼案件，如果被告不同意离婚也不基于该条规定提起损害赔偿请求的，可以在离婚后一年内就此单独提起诉讼。

（三）无过错方作为被告的离婚诉讼案件，一审时被告未基于婚姻法第四十六条规定提出损害赔偿请求，二审期间提出的，人民法院应当进行调解，调解不成的，告知当事人在离婚后一年内另行起诉。

第三十一条 当事人依据婚姻法第四十七条的规定向人民法院提起诉讼，请求再次分割夫妻共同财产的诉讼时效为两年，从当事人发现之次日起计算。

第三十二条 婚姻法第四十八条关于对拒不执行有关探望子女等判决和裁定的,由人民法院依法强制执行的规定,是指对拒不履行协助另一方行使探望权的有关个人和单位采取拘留、罚款等强制措施,不能对子女的人身、探望行为进行强制执行。

第三十三条 婚姻法修改后正在审理的一、二审婚姻家庭纠纷案件,一律适用修改后的婚姻法。此前最高人民法院作出的相关司法解释如与本解释相抵触,以本解释为准。

第三十四条 本解释自公布之日起施行。

最高人民法院关于适用
《中华人民共和国婚姻法》若干问题的解释（二）

(2003年12月4日最高人民法院审判委员会
第1299次会议通过　法释〔2003〕19号)

为正确审理婚姻家庭纠纷案件，根据《中华人民共和国婚姻法》（以下简称婚姻法）、《中华人民共和国民事诉讼法》等相关法律规定，对人民法院适用婚姻法的有关问题作出如下解释：

第一条　当事人起诉请求解除同居关系的，人民法院不予受理。但当事人请求解除的同居关系，属于婚姻法第三条、第三十二条、第四十六条规定的"有配偶者与他人同居"的，人民法院应当受理并依法予以解除。

当事人因同居期间财产分割或者子女抚养纠纷提起诉讼的，人民法院应当受理。

第二条　人民法院受理申请宣告婚姻无效案件后，经审查确属无效婚姻的，应当依法作出宣告婚姻无效的判决。原告申请撤诉的，不予准许。

第三条　人民法院受理离婚案件后，经审查确属无效婚姻的，应当将婚姻无效的情形告知当事人，并依法作出宣告婚姻无效的判决。

第四条　人民法院审理无效婚姻案件，涉及财产分割和子女抚养的，应当对婚姻效力的认定和其他纠纷的处理分别制作裁判文书。

第五条　夫妻一方或者双方死亡后一年内，生存一方或者利害关系人依据婚姻法第十条的规定申请宣告婚姻无效的，人民法院应当受理。

第六条　利害关系人依据婚姻法第十条的规定，申请人民法院宣告婚姻无效的，利害关系人为申请人，婚姻关系当事人双方为被申请人。

夫妻一方死亡的，生存一方为被申请人。

夫妻双方均已死亡的，不列被申请人。

第七条　人民法院就同一婚姻关系分别受理了离婚和申请宣告婚姻无效案件的，对于离婚案件的审理，应当待申请宣告婚姻无效案件作出判决后进行。

前款所指的婚姻关系被宣告无效后，涉及财产分割和子女抚养的，应当继续审理。

第八条　离婚协议中关于财产分割的条款或者当事人因离婚就财产分割达成的协议，对男女双方具有法律约束力。

当事人因履行上述财产分割协议发生纠纷提起诉讼的，人民法院应当受理。

第九条　男女双方协议离婚后一年内就财产分割问题反悔，请求变更或者撤销财产分割协议的，人民法院应当受理。

人民法院审理后，未发现订立财产分割协议时存在欺诈、胁迫等情形的，应当依法驳回当事人的诉讼请求。

第十条　当事人请求返还按照习俗给付的彩礼的，如果查明属于以下情形，人民法院应当予以支持：

（一）双方未办理结婚登记手续的；

（二）双方办理结婚登记手续但确未共同生活的；

（三）婚前给付并导致给付人生活困难的。

适用前款第(二)、(三)项的规定，应当以双方离婚为条件。

第十一条　婚姻关系存续期间，下列财产属于婚姻法第十七条规定的"其他应当归共同所有的财产"：

（一）一方以个人财产投资取得的收益；

（二）男女双方实际取得或者应当取得的住房补贴、住房公积金；

（三）男女双方实际取得或者应当取得的养老保险金、破产安置补偿费。

第十二条　婚姻法第十七条第三项规定的"知识产权的收益"，是指婚姻关系存续期间，实际取得或者已经明确可以取得的财产性收益。

第十三条　军人的伤亡保险金、伤残补助金、医药生活补助费属于个人财产。

第十四条　人民法院审理离婚案件，涉及分割发放到军人名下的复员费、自主择业费等一次性费用的，以夫妻婚姻关系存续年限乘以年平均值，所得数额为夫妻共同财产。

前款所称年平均值，是指将发放到军人名下的上述费用总额按具体年限均分得出的数额。其具体年限为人均寿命七十岁与军人入伍时实际年龄的差额。

第十五条　夫妻双方分割共同财产中的股票、债券、投资基金份额等有价证券以及未上市股份有限公司股份时，协商不成或者按市价分配有困难的，人民法院可以根据数量按比例分配。

第十六条　人民法院审理离婚案件，涉及分割夫妻共同财产中以一方名义在有限责任公司的出资额，另一方不是该公司股东的，按以下情形分别处理：

（一）夫妻双方协商一致将出资额部分或者全部转让给该股东的配偶，过半数股东同意、其他股东明确表示放弃优先购买权的，该股东的配偶可以成为该公司股东；

（二）夫妻双方就出资额转让份额和转让价格等事项协商一致后，过半数股东不同意转让，但愿意以同等价格购买该出资额的，人民法院可以对转让出资所得财产进行分割。过半数股东不同意转让，也不愿意以同等价格购买该出资额的，视为其同意转让，该股东的配偶可以成为该公司股东。

用于证明前款规定的过半数股东同意的证据，可以是股东会决议，也可以是当事人通过其他合法途径取得的股东的书面声明材料。

第十七条　人民法院审理离婚案件，涉及分割夫妻共同财产中以一方名义在合伙企业中的出资，另一方不是该企业合伙人的，当夫妻双方协商一致，将其合伙企业中的财产份额全部或者部分转让给对方时，按以下情形分别处理：

（一）其他合伙人一致同意的，该配偶依法取得合伙人地位；

（二）其他合伙人不同意转让，在同等条件下行使优先受让权的，可以对转让所得的财产进行分割；

（三）其他合伙人不同意转让，也不行使优先受让权，但同意该合伙人退伙或者退还部分财产份额的，可以对退还的财产进行分割；

（四）其他合伙人既不同意转让，也不行使优先受让权，又不同意该合伙人退伙或者退还部分财产份额的，视为全体合伙人同意转让，该配偶依法取得合伙人地位。

第十八条　夫妻以一方名义投资设立独资企业的，人民法院分割夫妻在该独资企业中的共同财产时，应当按照以下情形分别处理：

（一）一方主张经营该企业的，对企业资产进行评估后，由取得企业一方给予另一方相应的补偿；

（二）双方均主张经营该企业的，在双方竞价基础上，由取得企业的一方给予另一方相应的补偿；

（三）双方均不愿意经营该企业的，按照《中华人民共和国个人独资企业法》等有关规定办理。

第十九条　由一方婚前承租、婚后用共同财产购买的房屋，房屋权属证书登记在一方名下的，应当认定为夫妻共同财产。

第二十条　双方对夫妻共同财产中的房屋价值及归属无法达成协议时，人民法院按以下情形分别处理：

（一）双方均主张房屋所有权并且同意竞价取得的，应当准许；

（二）一方主张房屋所有权的，由评估机构按市场价格对房屋作出评估，取得房屋所有权的一方应当给予另一方相应的补偿；

（三）双方均不主张房屋所有权的，根据当事人的申请拍卖房屋，就所得价款进行分割。

第二十一条　离婚时双方对尚未取得所有权或者尚未取得完全所有权的房屋有争议且协商不成的，人民法院不宜判决房屋所有权的归属，应当根据实际情况判决由当事人使用。

当事人就前款规定的房屋取得完全所有权后，有争议的，可以另行向人民法院提起诉讼。

第二十二条　当事人结婚前，父母为双方购置房屋出资的，该出资应当认定为对自己子女的个人赠与，但父母明确表示赠与双方的除外。

当事人结婚后，父母为双方购置房屋出资的，该出资应当认定为对夫妻双方的赠与，但父母明确表示赠与一方的除外。

第二十三条　债权人就一方婚前所负个人债务向债务人的配偶主张权利的，人民法院不予支持。但债权人能够证明所负债务用于婚后家庭共同生活的除外。

第二十四条　债权人就婚姻关系存续期间夫妻一方以个人名义所负债务主张权利的，应当按夫妻共同债务处理。但夫妻一方能够证明债权人与债务人明确约定为个人债务，或者能够证明属于婚姻法第十九条第三款规定情形的除外。

第二十五条　当事人的离婚协议或者人民法院的判决书、裁定书、调解书已经对夫妻财产分割问题作出处理的，债权人仍有权就夫妻共同债务向男女双方主张权利。

一方就共同债务承担连带清偿责任后，基于离婚协议或者人民法院的法律文书向另一方主张追偿的，人民法院应当支持。

第二十六条 夫或妻一方死亡的，生存一方应当对婚姻关系存续期间的共同债务承担连带清偿责任。

第二十七条 当事人在婚姻登记机关办理离婚登记手续后，以婚姻法第四十六条规定为由向人民法院提出损害赔偿请求的，人民法院应当受理。但当事人在协议离婚时已经明确表示放弃该项请求，或者在办理离婚登记手续一年后提出的，不予支持。

第二十八条 夫妻一方申请对配偶的个人财产或者夫妻共同财产采取保全措施的，人民法院可以在采取保全措施可能造成损失的范围内，根据实际情况，确定合理的财产担保数额。

第二十九条 本解释自 2004 年 4 月 1 日起施行。

本解释施行后，人民法院新受理的一审婚姻家庭纠纷案件，适用本解释。

本解释施行后，此前最高人民法院作出的相关司法解释与本解释相抵触的，以本解释为准。

最高人民法院关于适用
《中华人民共和国婚姻法》若干问题的解释(三)

(2011年7月4日由最高人民法院审判委员会
第1525次会议通过 法释〔2011〕18号)

为正确审理婚姻家庭纠纷案件,根据《中华人民共和国婚姻法》、《中华人民共和国民事诉讼法》等相关法律规定,对人民法院适用婚姻法的有关问题作出如下解释:

第一条 当事人以婚姻法第十条规定以外的情形申请宣告婚姻无效的,人民法院应当判决驳回当事人的申请。

当事人以结婚登记程序存在瑕疵为由提起民事诉讼,主张撤销结婚登记的,告知其可以依法申请行政复议或者提起行政诉讼。

第二条 夫妻一方向人民法院起诉请求确认亲子关系不存在,并已提供必要证据予以证明,另一方没有相反证据又拒绝做亲子鉴定的,人民法院可以推定请求确认亲子关系不存在一方的主张成立。

当事人一方起诉请求确认亲子关系,并提供必要证据予以证明,另一方没有相反证据又拒绝做亲子鉴定的,人民法院可以推定请求确认亲子关系一方的主张成立。

第三条 婚姻关系存续期间,父母双方或者一方拒不履行抚养子女义务,未成年或者不能独立生活的子女请求支付抚养费的,人民法院应予支持。

第四条 婚姻关系存续期间,夫妻一方请求分割共同财产的,人民法院不予支持,但有下列重大理由且不损害债权人利益的除外:

(一)一方有隐藏、转移、变卖、毁损、挥霍夫妻共同财产或者伪造夫妻共同债务等严重损害夫妻共同财产利益行为的;

(二)一方负有法定扶养义务的人患重大疾病需要医治,另一方不同意支付相关医疗费用的。

第五条 夫妻一方个人财产在婚后产生的收益,除孳息和自然增值外,应认定为夫妻共同财产。

第六条 婚前或者婚姻关系存续期间,当事人约定将一方所有的房产赠与另一方,赠与方在赠与房产变更登记之前撤销赠与,另一方请求判令继续履行的,人民法院可以按照合同法第一百八十六条的规定处理。

第七条 婚后由一方父母出资为子女购买的不动产,产权登记在出资人子女名下的,可按照婚姻法第十八条第(三)项的规定,视为只对自己子女一方的赠与,该不动产应认定为夫妻一方的个人财产。

由双方父母出资购买的不动产,产权登记在一方子女名下的,该不动产可认定为双方按照各自父母的出资份额按份共有，但当事人另有约定的除外。

第八条 无民事行为能力人的配偶有虐待、遗弃等严重损害无民事行为能力一方的人身权利或者财产权益行为，其他有监护资格的人可以依照特别程序要求变更监护关系；变更后的监护人代理无民事行为能力一方提起离婚诉讼的，人民法院应予受理。

第九条 夫以妻擅自中止妊娠侵犯其生育权为由请求损害赔偿的，人民法院不予支持；夫妻双方因是否生育发生纠纷，致使感情确已破裂，一方请求离婚的，人民法院经调解无效，应依照婚姻法第三十二条第三款第(五)项的规定处理。

第十条 夫妻一方婚前签订不动产买卖合同，以个人财产支付首付款并在银行贷款，婚后用夫妻共同财产还贷，不动产登记于首付款支付方名下的，离婚时该不动产由双方协议处理。

依前款规定不能达成协议的，人民法院可以判决该不动产归产权登记一方，尚未归还的贷款为产权登记一方的个人债务。双方婚后共同还贷支付的款项及其相对应财产增值部分，离婚时应根据婚姻法第三十九条第一款规定的原则，由产权登记一方对另一方进行补偿。

第十一条 一方未经另一方同意出售夫妻共同共有的房屋，第三人善意购买、支付合理对价并办理产权登记手续，另一方主张追回该房屋的，人民法院不予支持。

夫妻一方擅自处分共同共有的房屋造成另一方损失，离婚时另一方请求赔偿损失的，人民法院应予支持。

第十二条 婚姻关系存续期间，双方用夫妻共同财产出资购买以一方父母名义参加房改的房屋，产权登记在一方父母名下，离婚时另一方主张按照夫妻共同财产对该房屋进行分割的，人民法院不予支持。购买该房屋时的出资，可以作为债权处理。

第十三条 离婚时夫妻一方尚未退休、不符合领取养老保险金条件，另一方请求按照夫妻共同财产分割养老保险金的，人民法院不予支持；婚后以夫妻共同财产缴付养老保险费，离婚时一方主张将养老金账户中婚姻关系存续期间个人实际缴付部分作为夫妻共同财产分割的，人民法院应予支持。

第十四条 当事人达成的以登记离婚或者到人民法院协议离婚为条件的财产分割协议，如果双方协议离婚未成，一方在离婚诉讼中反悔的，人民法院应当认定该财产分割协议没有生效，并根据实际情况依法对夫妻共同财产进行分割。

第十五条 婚姻关系存续期间，夫妻一方作为继承人依法可以继承的遗产，在继承人之间尚未实际分割，起诉离婚时另一方请求分割的，人民法院应当告知当事人在继承人之间实际分割遗产后另行起诉。

第十六条 夫妻之间订立借款协议，以夫妻共同财产出借给一方从事个人经营活动或用于其他个人事务的，应视为双方约定处分夫妻共同财产的行为，离婚时可按照借款协议的约定处理。

第十七条 夫妻双方均有婚姻法第四十六条规定的过错情形，一方或者双方向对方提出离婚损害赔偿请求的，人民法院不予支持。

第十八条 离婚后，一方以尚有夫妻共同财产未处理为由向人民法院起诉请求分割的，经审查该财产确属离婚时未涉及的夫妻共同财产，人民法院应当依法予以分割。

第十九条 本解释施行后,最高人民法院此前作出的相关司法解释与本解释相抵触的,以本解释为准。

婚姻登记条例

(2003年8月8日中华人民共和国国务院第387号令公布
2003年7月30日国务院第16次常务会议通过)

第一章 总 则

第一条 为了规范婚姻登记工作,保障婚姻自由、一夫一妻、男女平等的婚姻制度的实施,保护婚姻当事人的合法权益,根据《中华人民共和国婚姻法》(以下简称婚姻法),制定本条例。

第二条 内地居民办理婚姻登记的机关是县级人民政府民政部门或者乡(镇)人民政府,省、自治区、直辖市人民政府可以按照便民原则确定农村居民办理婚姻登记的具体机关。

中国公民同外国人,内地居民同香港特别行政区居民(以下简称香港居民)、澳门特别行政区居民(以下简称澳门居民)、台湾地区居民(以下简称台湾居民)、华侨办理婚姻登记的机关是省、自治区、直辖市人民政府民政部门或者省、自治区、直辖市人民政府民政部门确定的机关。

第三条 婚姻登记机关的婚姻登记员应当接受婚姻登记业务培训,经考核合格,方可从事婚姻登记工作。

婚姻登记机关办理婚姻登记,除按收费标准向当事人收取工本费外,不得收取其他费用或者附加其他义务。

第二章 结婚登记

第四条 内地居民结婚,男女双方应当共同到一方当事人常住户口所在地的婚姻登记机关办理结婚登记。

中国公民同外国人在中国内地结婚的,内地居民同香港居民、澳门居民、台湾居民、华侨在中国内地结婚的,男女双方应当共同到内地居民常住户口所在地的婚姻登记机关办理结婚登记。

第五条 办理结婚登记的内地居民应当出具下列证件和证明材料:

(一)本人的户口簿、身份证;

(二)本人无配偶以及与对方当事人没有直系血亲和三代以内旁系血亲关系的签字声明。

办理结婚登记的香港居民、澳门居民、台湾居民应当出具下列证件和证明材料：

（一）本人的有效通行证、身份证；

（二）经居住地公证机构公证的本人无配偶以及与对方当事人没有直系血亲和三代以内旁系血亲关系的声明。

办理结婚登记的华侨应当出具下列证件和证明材料：

（一）本人的有效护照；

（二）居住国公证机构或者有权机关出具的、经中华人民共和国驻该国使（领）馆认证的本人无配偶以及与对方当事人没有直系血亲和三代以内旁系血亲关系的证明，或者中华人民共和国驻该国使（领）馆出具的本人无配偶以及与对方当事人没有直系血亲和三代以内旁系血亲关系的证明。

办理结婚登记的外国人应当出具下列证件和证明材料：

（一）本人的有效护照或者其他有效的国际旅行证件；

（二）所在国公证机构或者有权机关出具的、经中华人民共和国驻该国使（领）馆认证或者该国驻华使（领）馆认证的本人无配偶的证明，或者所在国驻华使（领）馆出具的本人无配偶的证明。

第六条 办理结婚登记的当事人有下列情形之一的，婚姻登记机关不予登记：

（一）未到法定结婚年龄的；

（二）非双方自愿的；

（三）一方或者双方已有配偶的；

（四）属于直系血亲或者三代以内旁系血亲的；

（五）患有医学上认为不应当结婚的疾病的。

第七条 婚姻登记机关应当对结婚登记当事人出具的证件、证明材料进行审查并询问相关情况。对当事人符合结婚条件的，应当当场予以登记，发给结婚证；对当事人不符合结婚条件不予登记的，应当向当事人说明理由。

第八条 男女双方补办结婚登记的，适用本条例结婚登记的规定。

第九条 因胁迫结婚的，受胁迫的当事人依据婚姻法第十一条的规定向婚姻登记机关请求撤销其婚姻的，应当出具下列证明材料：

（一）本人的身份证、结婚证；

（二）能够证明受胁迫结婚的证明材料。

婚姻登记机关经审查认为受胁迫结婚的情况属实且不涉及子女抚养、财产及债务问题的，应当撤销该婚姻，宣告结婚证作废。

第三章 离婚登记

第十条 内地居民自愿离婚的，男女双方应当共同到一方当事人常住户口所在地的婚姻登记机关办理离婚登记。

中国公民同外国人在中国内地自愿离婚的，内地居民同香港居民、澳门居民、台湾居民、华侨在中国内地自愿离婚的，男女双方应当共同到内地居民常住户口所在地的婚姻登记机关办理离婚登记。

第十一条 办理离婚登记的内地居民应当出具下列证件和证明材料：
（一）本人的户口簿、身份证；
（二）本人的结婚证；
（三）双方当事人共同签署的离婚协议书。

办理离婚登记的香港居民、澳门居民、台湾居民、华侨、外国人除应当出具前款第（二）项、第（三）项规定的证件、证明材料外，香港居民、澳门居民、台湾居民还应当出具本人的有效通行证、身份证，华侨、外国人还应当出具本人的有效护照或者其他有效国际旅行证件。

离婚协议书应当载明双方当事人自愿离婚的意思表示以及对子女抚养、财产及债务处理等事项协商一致的意见。

第十二条 办理离婚登记的当事人有下列情形之一的，婚姻登记机关不予受理：
（一）未达成离婚协议的；
（二）属于无民事行为能力人或者限制民事行为能力人的；
（三）其结婚登记不是在中国内地办理的。

第十三条 婚姻登记机关应当对离婚登记当事人出具的证件、证明材料进行审查并询问相关情况。对当事人确属自愿离婚，并已对子女抚养、财产、债务等问题达成一致处理意见的，应当当场予以登记，发给离婚证。

第十四条 离婚的男女双方自愿恢复夫妻关系的，应当到婚姻登记机关办理复婚登记。复婚登记适用本条例结婚登记的规定。

第四章　婚姻登记档案和婚姻登记证

第十五条 婚姻登记机关应当建立婚姻登记档案。婚姻登记档案应当长期保管。具体管理办法由国务院民政部门会同国家档案管理部门规定。

第十六条 婚姻登记机关收到人民法院宣告婚姻无效或者撤销婚姻的判决书副本后，应当将该判决书副本收入当事人的婚姻登记档案。

第十七条 结婚证、离婚证遗失或者损毁的，当事人可以持户口簿、身份证向原办理婚姻登记的机关或者一方当事人常住户口所在地的婚姻登记机关申请补领。婚姻登记机关对当事人的婚姻登记档案进行查证，确认属实的，应当为当事人补发结婚证、离婚证。

第五章　罚　则

第十八条 婚姻登记机关及其婚姻登记员有下列行为之一的，对直接负责的主管人员和其他直接责任人员依法给予行政处分：
（一）为不符合婚姻登记条件的当事人办理婚姻登记的；
（二）玩忽职守造成婚姻登记档案损失的；
（三）办理婚姻登记或者补发结婚证、离婚证超过收费标准收取费用的。

违反前款第(三)项规定收取的费用,应当退还当事人。

第六章 附 则

第十九条 中华人民共和国驻外使(领)馆可以依照本条例的有关规定,为男女双方均居住于驻在国的中国公民办理婚姻登记。

第二十条 本条例规定的婚姻登记证由国务院民政部门规定式样并监制。

第二十一条 当事人办理婚姻登记或者补领结婚证、离婚证应当交纳工本费。工本费的收费标准由国务院价格主管部门会同国务院财政部门规定并公布。

第二十二条 本条例自2003年10月1日起施行。1994年1月12日国务院批准、1994年2月1日民政部发布的《婚姻登记管理条例》同时废止。

中华人民共和国收养法

(1991年12月29日第七届全国人民代表大会常务委员会第二十三次会议通过
根据1998年11月4日第九届全国人民代表大会常务委员会第五次会议
《关于修改〈中华人民共和国收养法〉的决定》修正
同日中华人民共和国主席令第10号公布)

目 录

第一章 总则
第二章 收养关系的成立
第三章 收养的效力
第四章 收养关系的解除
第五章 法律责任
第六章 附则

第一章 总 则

第一条 为保护合法的收养关系,维护收养关系当事人的权利,制定本法。
第二条 收养应当有利于被收养的未成年人的抚养、成长,保障被收养人和收养人的合法权益,遵循平等自愿的原则,并不得违背社会公德。
第三条 收养不得违背计划生育的法律、法规。

第二章 收养关系的成立

第四条 下列不满十四周岁的未成年人可以被收养:
(一)丧失父母的孤儿;
(二)查找不到生父母的弃婴和儿童;
(三)生父母有特殊困难无力抚养的子女。
第五条 下列公民、组织可以作送养人:
(一)孤儿的监护人;
(二)社会福利机构;
(三)有特殊困难无力抚养子女的生父母。
第六条 收养人应当同时具备下列条件:

(一)无子女；
(二)有抚养教育被收养人的能力；
(三)未患有在医学上认为不应当收养子女的疾病；
(四)年满三十周岁。

第七条 收养三代以内同辈旁系血亲的子女，可以不受本法第四条第三项、第五条第三项、第九条和被收养人不满十四周岁的限制。

华侨收养三代以内同辈旁系血亲的子女，还可以不受收养人无子女的限制。

第八条 收养人只能收养一名子女。

收养孤儿、残疾儿童或者社会福利机构抚养的查找不到生父母的弃婴和儿童，可以不受收养人无子女和收养一名的限制。

第九条 无配偶的男性收养女性的，收养人与被收养人的年龄应当相差四十周岁以上。

第十条 生父母送养子女，须双方共同送养。生父母一方不明或者查找不到的可以单方送养。

有配偶者收养子女，须夫妻共同收养。

第十一条 收养人收养与送养人送养，须双方自愿。收养年满十周岁以上未成年人的，应当征得被收养人的同意。

第十二条 未成年人的父母均不具备完全民事行为能力的，该未成年人的监护人不得将其送养，但父母对该未成年人有严重危害可能的除外。

第十三条 监护人送养未成年孤儿的，须征得有抚养义务的人同意。有抚养义务的人不同意送养、监护人不愿意继续履行监护职责的，应当依照《中华人民共和国民法通则》的规定变更监护人。

第十四条 继父或者继母经继子女的生父母同意，可以收养继子女，并可以不受本法第四条第三项、第五条第三项、第六条和被收养人不满十四周岁以及收养一名的限制。

第十五条 收养应当向县级以上人民政府民政部门登记。收养关系自登记之日起成立。

收养查找不到生父母的弃婴和儿童的，办理登记的民政部门应当在登记前予以公告。

收养关系当事人愿意订立收养协议的，可以订立收养协议。

收养关系当事人各方或者一方要求办理收养公证的，应当办理收养公证。

第十六条 收养关系成立后，公安部门应当依照国家有关规定为被收养人办理户口登记。

第十七条 孤儿或者生父母无力抚养的子女，可以由生父母的亲属、朋友抚养。

抚养人与被抚养人的关系不适用收养关系。

第十八条 配偶一方死亡，另一方送养未成年子女的，死亡一方的父母有优先抚养的权利。

第十九条 送养人不得以送养子女为理由违反计划生育的规定再生育子女。

第二十条 严禁买卖儿童或者借收养名义买卖儿童。

第二十一条 外国人依照本法可以在中华人民共和国收养子女。

外国人在中华人民共和国收养子女，应当经其所在国主管机关依照该国法律审查同意。收养人应当提供由其所在国有权机构出具的有关收养人的年龄、婚姻、职业、财产、健康、有无受过刑事处罚等状况的证明材料，该证明材料应当经其所在国外交机关或者外交机关授权的机构认证，并经中华人民共和国驻该国使领馆认证。该收养人应当与送养人订立书面协议，亲自向省级人民政府民政部门登记。

收养关系当事人各方或者一方要求办理收养公证的，应当到国务院司法行政部门认定的具有办理涉外公证资格的公证机构办理收养公证。

第二十二条 收养人、送养人要求保守收养秘密的，其他人应当尊重其意愿，不得泄露。

第三章 收养的效力

第二十三条 自收养关系成立之日起，养父母与养子女间的权利义务关系，适用法律关于父母子女关系的规定；养子女与养父母的近亲属间的权利义务关系，适用法律关于子女与父母的近亲属关系的规定。

养子女与生父母及其他近亲属间的权利义务关系，因收养关系的成立而消除。

第二十四条 养子女可以随养父或者养母的姓，经当事人协商一致，也可以保留原姓。

第二十五条 违反《中华人民共和国民法通则》第五十五条和本法规定的收养行为无法律效力。

收养行为被人民法院确认无效的，从行为开始时起就没有法律效力。

第四章 收养关系的解除

第二十六条 收养人在被收养人成年以前，不得解除收养关系，但收养人、送养人双方协议解除的除外，养子女年满十周岁以上的，应当征得本人同意。

收养人不履行抚养义务，有虐待、遗弃等侵害未成年养子女合法权益行为的，送养人有权要求解除养父母与养子女间的收养关系。送养人、收养人不能达成解除收养关系协议的，可以向人民法院起诉。

第二十七条 养父母与成年养子女关系恶化、无法共同生活的，可以协议解除收养关系。不能达成协议的，可以向人民法院起诉。

第二十八条 当事人协议解除收养关系的，应当到民政部门办理解除收养关系的登记。

第二十九条 收养关系解除后，养子女与养父母及其他近亲属间的权利义务关系即行消除，与生父母及其他近亲属间的权利义务关系自行恢复，但成年养子女与生父母及其他近亲属间的权利义务关系是否恢复，可以协商确定。

第三十条 收养关系解除后，经养父母抚养的成年养子女，对缺乏劳动能力又缺乏生活来源的养父母，应当给付生活费。因养子女成年后虐待、遗弃养父母而解除收养关系的，养父母可以要求养子女补偿收养期间支出的生活费和教育费。

生父母要求解除收养关系的，养父母可以要求生父母适当补偿收养期间支出的生活费和教育费，但因养父母虐待、遗弃养子女而解除收养关系的除外。

第五章 法律责任

第三十一条 借收养名义拐卖儿童的，依法追究刑事责任。

遗弃婴儿的，由公安部门处以罚款；构成犯罪的，依法追究刑事责任。

出卖亲生子女的，由公安部门没收非法所得，并处以罚款；构成犯罪的，依法追究刑事责任。

第六章 附 则

第三十二条 民族自治地方的人民代表大会及其常务委员会可以根据本法的原则，结合当地情况，制定变通的或者补充的规定。自治区的规定，报全国人民代表大会常务委员会备案。自治州、自治县的规定，报省或者自治区的人民代表大会常务委员会批准后生效，并报全国人民代表大会常务委员会备案。

第三十三条 国务院可以根据本法制定实施办法。

第三十四条 本法自 1999 年 4 月 1 日起施行。

最高人民法院关于人民法院审理离婚案件如何认定夫妻感情确已破裂的若干具体意见

(法[民]法[1989]38号 1989年12月13日)

人民法院审理离婚案件，准予或不准离婚应以夫妻感情是否破裂作为区分的界限。判断夫妻感情是否确已破裂，应当从婚姻基础、婚后感情、离婚原因、夫妻关系的现状和有无和好的可能等方面综合分析。根据婚姻法的有关规定和审判实践经验，凡属下列情形之一的，视为夫妻感情确已破裂。一方坚决要求离婚，经调解无效，可依法判决准予离婚。

1. 一方患有法定禁止结婚疾病的，或一方有生理缺陷，或其他原因不能发生性行为，且难以治愈的。
2. 婚前缺乏了解，草率结婚，婚后未建立起夫妻感情，难以共同生活的。
3. 婚前隐瞒了精神病，婚后经治不愈，或者婚前知道对方患有精神病而与其结婚，或一方在夫妻共同生活期间患精神病，久治不愈的。
4. 一方欺骗对方，或者在结婚登记时弄虚作假，骗取结婚证的。
5. 双方办理结婚登记后，未同居生活，无和好可能的。
6. 包办、买卖婚姻、婚后一方随即提出离婚，或者虽共同生活多年，但确未建立起夫妻感情的。
7. 因感情不和分居已满3年，确无和好可能的，或者经人民法院判决不准离婚后又分居满1年，互不履行夫妻义务的。
8. 一方与他人通奸、非法同居，经教育仍无悔改表现，无过错一方起诉离婚，或者过错方起诉离婚，对方不同意离婚，经批评教育，处分，或在人民法院判决不准离婚后，过错方又起诉离婚，确无和好可能的。
9. 一方重婚，对方提出离婚的。
10. 一方好逸恶劳、有赌博等恶习，不履行家庭义务、屡教不改，夫妻难以共同生活的。
11. 一方被依法判处长期徒刑，或其违法、犯罪行为严重伤害夫妻感情的。
12. 一方下落不明满二年，对方起诉离婚，经公告查找确无下落的。
13. 受对方的虐待、遗弃，或者受对方亲属虐待，或虐待对方亲属，经教育不改，另一方不谅解的。
14. 因其他原因导致夫妻感情确已破裂的。

最高人民法院关于人民法院审理未办结婚登记而以夫妻名义同居生活案件的若干意见

(法[民]法[1989]38号 1989年12月13日)

人民法院审理未办结婚登记而以夫妻名义同居生活的案件，应首先向双方当事人严肃指出其行为的违法性和危害性，并视其违法情节给予批评教育或民事制裁。但基于这类"婚姻"关系形成的原因和案件的具体情况复杂，为保护妇女和儿童的合法权益，有利于婚姻家庭关系的稳定，维护安定团结，在一定时期内，有条件的承认其事实婚姻关系，是符合实际的。为此，我们根据法律规定和审判实践经验，对此类案件的审理提出以下意见：

1. 1986年3月15日《婚姻登记办法》施行之前，未办结婚登记手续即以夫妻名义同居生活，群众也认为是夫妻关系的，一方向人民法院起诉"离婚"，如起诉时双方均符合结婚的法院条件，可认定为事实婚姻关系；如起诉时一方或双方不符合结婚的法定条件，应认定非法同居关系。

2. 1986年3月15日《婚姻登记办法》施行之后，未办结婚登记手续即以夫妻名义同居生活，群众也认为是夫妻关系的，一方向人民法院起诉"离婚"，如同居时双方均符合结婚的法定条件，可认定为事实婚姻关系；如同居时一方或双方不符合结婚的法定条件，应认定为非法同居关系。

3. 自民政部新的婚姻登记管理条例施行之日起，未办结婚登记即以夫妻名义同居生活，按非法同居关系对待。

4. 离婚后双方未再婚，未履行复婚登记手续，又以夫妻名义共同生活，一方起诉"离婚"的，一般应解除其非法同居关系。

5. 已登记结婚的一方又与第三人形成事实婚姻关系，或事实婚姻关系的一方又与第三人登记结婚，或事实婚姻关系的一方又与第三人形成新的事实婚姻关系，凡前一个婚姻关系的一方要求追究重婚罪的，无论其行为是否构成重婚罪，均应解除后一个婚姻关系。前一个婚姻关系的一方如要求处理离婚问题，应根据其婚姻关系的具体情况进行调解或者作出判决。

6. 审理事实婚姻关系的离婚案件，应当先进行调解，经调解和好或撤诉的，确认婚姻关系有效，发给调解书或裁定书，经调解不能和好的，应调解或判决准予离婚。

7. 未办结婚登记而以夫妻名义同居生活的男女，一方要求"离婚"或解除同居关系，经查确属非法同居关系的，应一律判决予以解除。

8. 人民法院审理非法同居关系的案件，如涉及非婚生子女抚养和财产分割问题，应一并予以解决。具体分割财产时，应照顾妇女、儿童的利益，考虑财产的实际情况和双方的过错程度,妥善分割。

9. 解除非法同居关系时,双方所生的非婚生子女,由哪一方抚养,双方协商,协商不成时,应根据子女的利益和双方的具体情况判决,哺乳期内的子女,原则上应由母方抚养,如父方条件好,母方同意,也可由父方抚养,子女为限制民事行为能力人的,应征求子女本人的意见,一方将未成年的子女送他人收养,须征得另一方的同意。

10. 解除非法同居关系时,同居生活期间双方共同所得的收入和购置的财产,按一般共有财产处理,同居生活前,一方自愿赠送给对方的财物可比照赠与关系处理;一方向另一方索取的财物,可参照最高人民法院(84)法办字第112号《关于贯彻执行民事政策法律若干问题的意见》第(18)条规定的精神处理。

11. 解除非示同居关系时,同居期间为共同生产、生活而形成的债权、债务,可按共同债权、债务处理。

12. 解除非法同居关系时,一方在共同生活期间患有严重疾病未治愈的,分割财产时,应予适当照顾,或者由另一方给予一次性的经济帮助。

13. 同居生活期间一方死亡,另一方要求继承死者遗产,如认定事实婚姻关系的,可以配偶身份按继承法的有关规定处理;如认定非法同居关系,而又符合继承法第十四条规定的,可根据相互扶助的具体情况处理。

14. 人民法院在审理未办结婚登记而以夫妻名义同居生活的案件时,对违法情节严重,应按照婚姻法、民法通则、《关于贯彻执行〈民法通则〉若干问题的意见》和其他法律、法规的有关规定,给予适当的民事制裁。

15. 本意见自颁布之日起施行。凡最高人民法院过去的规定与本意见相抵触的,均按本意见执行。

最高人民法院关于人民法院审理离婚案件处理子女抚养问题的若干具体意见

(1993年11月3日　法发〔1993〕30号)

人民法院审理离婚案件,对子女抚养问题,应当依照《中华人民共和国婚姻法》第二十九条、第三十条及有关法律规定,从有利于子女身心健康,保障子女的合法权益出发,结合父母双方的抚养能力和抚养条件等具体情况妥善解决。根据上述原则,结合审判实践,提出如下具体意见:

1. 两周岁以下的子女,一般随母方生活。母方有下列情形之一的,可随父方生活:
(1)患有久治不愈的传染性疾病或其他严重疾病,子女不宜与其共同生活的;
(2)有抚养条件不尽抚养义务,而父方要求子女随其生活的;
(3)因其他原因,子女确无法随母方生活的。

2. 父母双方协议两周岁以下子女随父方生活,并对子女健康成长无不利影响的,可予准许。

3. 对两周岁以上未成年的子女,父方和母方均要求随其生活,一方有下列情形之一的,可予优先考虑:
(1)已做绝育手术或因其他原因丧失生育能力的;
(2)子女随其生活时间较长,改变生活环境对子女健康成长明显不利的;
(3)无其他子女,而另一方有其他子女的;
(4)子女随其生活,对子女成长有利,而另一方患有久治不愈的传染性疾病或其他严重疾病,或者有其他不利于子女身心健康的情形,不宜与子女共同生活的。

4. 父方与母方抚养子女的条件基本相同,双方均要求子女与其共同生活,但子女单独随祖父母或外祖父母共同生活多年,且祖父母或外祖父母要求并且有能力帮助子女照顾孙子女或外孙子女的,可作为子女随父或母生活的优先条件予以考虑。

5. 父母双方对十周岁以上的未成年子女随父或随母生活发生争执的,应考虑该子女的意见。

6. 在有利于保护子女利益的前提下,父母双方协议轮流抚养子女的,可予准许。

7. 子女抚育费的数额,可根据子女的实际需要、父母双方的负担能力和当地的实际生活水平确定。

有固定收入的,抚育费一般可按其月总收入的百分之二十至三十的比例给付。负担两个以上子女抚育费的,比例可适当提高,但一般不得超过月总收入的百分之五十。

无固定收入的,抚育费的数额可依据当年总收入或同行业平均收入,参照上述比例确定。

有特殊情况的，可适当提高或降低上述比例。

8. 抚育费应定期给付，有条件的可一次性给付。

9. 对一方无经济收入或者下落不明的，可用其财物折抵子女抚育费。

10. 父母双方可以协议子女随一方生活并由抚养方负担子女全部抚育费。但经查实，抚养方的抚养能力明显不能保障子女所需费用，影响子女健康成长的，不予准许。

11. 抚育费的给付期限，一般至子女十八周岁为止。

十六周岁以上不满十八周岁，以其劳动收入为主要生活来源，并能维持当地一般生活水平的，父母可停止给付抚育费。

12. 尚未独立生活的成年子女有下列情形之一，父母又有给付能力的，仍应负担必要的抚育费：

（1）丧失劳动能力或虽未完全丧失劳动能力，但其收入不足以维持生活的；

（2）尚在校就读的；

（3）确无独立生活能力和条件的。

13. 生父与继母或生母与继父离婚时，对曾受其抚养教育的继子女，继父或继母不同意继续抚养的，仍应由生父母抚养。

14. 《中华人民共和国收养法》施行前，夫或妻一方收养的子女，对方未表示反对，并与该子女形成事实收养关系的，离婚后，应由双方负担子女的抚育费；夫或妻一方收养的子女，对方始终反对的，离婚后，应由收养方抚养该子女。

15. 离婚后，一方要求变更子女抚养关系的，或者子女要求增加抚育费的，应另行起诉。

16. 一方要求变更子女抚养关系有下列情形之一，应予支持。

（1）与子女共同生活的一方因患严重疾病或因伤残无力继续抚养子女的；

（2）与子女共同生活的一方不尽抚养义务或有虐待子女行为，或其与子女共同生活对子女身心健康确有不利影响的；

（3）十周岁以上未成年子女，愿随另一方生活，该方又有抚养能力的；

（4）有其他正当理由需要变更的。

17. 父母双方协议变更子女抚养关系的，应予准许。

18. 子女要求增加抚育费有下列情形之一，父或母有给付能力的，应予支持。

（1）原定抚育费数额不足以维持当地实际生活水平的；

（2）因子女患病、上学，实际需要已超过原定数额的；

（3）有其他正当理由应当增加的。

19. 父母不得因子女变更姓氏而拒付子女抚育费。父或母一方擅自将子女姓氏改为继母或继父姓氏而引起纠纷的，应责令恢复原姓氏。

20. 在离婚诉讼期间，双方均拒绝抚养子女的，可先行裁定暂由一方抚养。

21. 对拒不履行或妨害他人履行生效判决、裁定、调解中有关子女抚养义务的当事人或者其他人，人民法院可依照《中华人民共和国民事诉讼法》第一百零二条的规定采取强制措施。

最高人民法院关于人民法院审理离婚案件处理财产分割问题的若干具体意见

(1993年11月3日 法发〔1993〕32号)

人民法院审理离婚案件对夫妻共同财产的处理，应当依照《中华人民共和国婚姻法》、《中华人民共和国妇女权益保障法》及有关法律规定，分清个人财产、夫妻共同财产和家庭共同财产，坚持男女平等，保护妇女、儿童的合法权益，照顾无过错方，尊重当事人意愿，有利生产、方便生活的原则，合情合理地予以解决。根据上述原则，结合审判实践，提出如下具体意见：

1. 夫妻双方对财产归谁所有以书面形式约定的，或以口头形式约定，双方无争议的，离婚时应按约定处理。但规避法律的约定无效。

2. 夫妻双方在婚姻关系存续期间所得的财产，为夫妻共同财产，包括：

（1）一方或双方劳动所得的收入和购置的财产；

（2）一方或双方继承、受赠的财产；

（3）一方或双方由知识产权取得的经济利益；

（4）一方或双方从事承包、租赁等生产、经营活动的收益；

（5）一方或双方取得的债权；

（6）一方或双方的其他合法所得。

3. 在婚姻关系存续期间，复员、转业军人所得的复员费、转业费，结婚时间10年以上的，应按夫妻共同财产进行分割。复员军人从部队带回的医药补助费和回乡生产补助费，应归本人所有。

4. 夫妻分居两地分别管理、使用的婚后所得财产，应认定为夫妻共同财产。在分割财产时，各自分别管理、使用的财产归各自所有。双方所分财产相差悬殊的，差额部分，由多得财产的一方以与差额相当的财产抵偿另一方。

5. 已登记结婚，尚未共同生活，一方或双方受赠的礼金、礼物应认定为夫妻共同财产，具体处理时应考虑财产来源、数量等情况合理分割。各自出资购置、各自使用的财物，原则上归各自所有。

6. 一方婚前个人所有的财产，婚后由双方共同使用、经营、管理的，房屋和其他价值较大的生产资料经过8年，贵重的生活资料经过4年，可视为夫妻共同财产。

7. 对个人财产还是夫妻共同财产难以确定的，主张权利的一方有责任举证。当事人举不出有力证据，人民法院又无法查实的，按夫妻共同财产处理。

8. 夫妻共同财产，原则上均等分割。根据生产、生活的实际需要和财产的来源等情况，具体处理时也可以有所差别。属于个人专用的物品，一般归个人所有。

9. 一方以夫妻共同财产与他人合伙经营的，入伙的财产可分给一方所有，分得入伙财产的一方对另一方应给予相当于入伙财产一半价值的补偿。

10. 属于夫妻共同财产的生产资料，可分给有经营条件和能力的一方。分得该生产资料的一方对另一方应给予相当于该财产一半价值的补偿。

11. 对夫妻共同经营的当年无收益的养殖、种植业等，离婚时应从有利于发展生产、有利于经营管理考虑，予以合理分割或折价处理。

12. 婚后8年内双方对婚前一方所有的房屋进行过修缮、装修、原拆原建，离婚时未变更产权的，房屋仍归产权人所有，增值部分中属于另一方应得的份额，由房屋所有权人折价补偿另一方；进行过扩建的，扩建部分的房屋应按夫妻共同财产处理。

13. 对不宜分割使用的夫妻共有的房屋，应根据双方住房情况和照顾抚养子女方或无过错方等原则分给一方所有。分得房屋的一方对另一方应给予相当于该房屋一半价值的补偿。在双方条件等同的情况下，应照顾女方。

14. 婚姻存续期间居住的房屋属于一方所有，另一方以离婚后无房居住为由，要求暂住的，经查实可据情予以支持，但一般不超过两年。

无房一方租房居住经济上确有困难的，享有房屋产权的一方可给予一次性经济帮助。

15. 离婚时一方尚未取得经济利益的知识产权，归一方所有。在分割夫妻共同财产时，可根据具体情况，对另一方予以适当的照顾。

16. 婚前个人财产在婚后共同生活中自然毁损、消耗、灭失，离婚时一方要求以夫妻共同财产抵偿的，不予支持。

17. 夫妻为共同生活或为履行抚养、赡养义务等所负债务，应认定为夫妻共同债务，离婚时应当以夫妻共同财产清偿。

下列债务不能认定为夫妻共同债务，应由一方以个人财产清偿：

（1）夫妻双方约定由个人负担的债务，但以逃避债务为目的的除外。

（2）一方未经对方同意，擅自资助与其没有抚养义务的亲朋所负的债务。

（3）一方未经对方同意，独自筹资从事经营活动，其收入确未用于共同生活所负的债务。

（4）其他应由个人承担的债务。

18. 婚前一方借款购置的房屋等财物已转化为夫妻共同财产的，为购置财物借款所负债务，视为夫妻共同债务。

19. 借婚姻关系索取的财物，离婚时，如结婚时间不长，或者因索要财物造成对方生活困难的，可酌情返还。

对取得财物的性质是索取还是赠与难以认定的，可按赠与处理。

20. 离婚时夫妻共同财产未从家庭共同财产中析出，一方要求析产的，可先就离婚和已查清的财产问题进行处理，对一时确实难以查清的财产的分割问题可告知当事人另案处理；或者中止离婚诉讼，待析产案件审结后再恢复离婚诉讼。

21. 一方将夫妻共同财产非法隐藏、转移拒不交出的，或非法变卖、毁损的，分割财产时，对隐藏、转移、变卖、毁损财产的一方，应予以少分或不分。具体处理时，应把隐藏、转移、变卖、毁损的财产作为隐藏、转移、变卖、毁损财产的一方分得的财产份额，对另一方的应得的份额应以其他夫妻共同财产折抵,不足折抵的,差额部分由隐藏、转移、变卖、毁损财产的一方折价补偿对方。对非法隐藏、转移、变卖、毁损夫妻共同财产的一方,人民法院可依照《中华人民共和国民事诉讼法》第一百零二条的规定进行处理。

22. 属于事实婚姻的,其财产分割适用本意见。属于非法同居的,其财产分割按最高人民法院《关于人民法院审理未办结婚登记而以夫妻名义同居生活案件的若干意见》的有关规定处理。

最高人民法院关于审理离婚案件中公房使用、承租若干问题的解答

(最高人民法院审判委员会第791次会议讨论通过 法发〔1996〕4号)

人民法院审理离婚案件对公房使用、承租问题应当依照《中华人民共和国民法通则》、《中华人民共和国婚姻法》、《中华人民共和国妇女权益保障法》和其他有关法律规定，坚持男女平等和保护妇女、儿童合法权益等原则，考虑双方的经济收入，实事求是，合情合理地予以解决。现将审判实践中提出的一些问题，根据有关法律的规定，解答如下：

一、问：在离婚案件中，当事人对公房的使用、承租问题发生争议，人民法院可否予以处理？

答：在离婚案件中，当事人对公房的使用、承租问题发生争议，自行协商不成，或者经当事人双方单位或有关部门调解不成的，人民法院应根据案件的具体情况，依法予以妥善处理。

二、问：夫妻共同居住的公房，在什么情况下，离婚后双方均可承租？

答：夫妻共同居住的公房，具有下列情形之一的，离婚后，双方均可承租：

(一)婚前由一方承租的公房，婚姻关系存续5年以上的；

(二)婚前一方承租的本单位的房屋，离婚时，双方均为本单位职工的；

(三)一方婚前借款投资建房取得的公房承租权，婚后夫妻共同偿还借款的；

(四)婚后一方或双方申请取得公房承租权的；

(五)婚前一方承租的公房，婚后因该承租房屋拆迁而取得房屋承租权的；

(六)夫妻双方单位投资联建或联合购置的共有房屋的；

(七)一方将其承租的本单位的房屋，交回本单位或交给另一方单位后，另一方单位另给调换房屋的；

(八)婚前双方均租有公房，婚后合并调换房屋的；

(九)其他应当认定为夫妻双方均可承租的情形。

三、问：对夫妻双方均可承租的公房，应依照什么原则处理？

答：对夫妻双方均可承租的公房，应依照下列原则予以处理：

(一)照顾抚养子女的一方；

(二)男女双方在同等条件下，照顾女方；

(三)照顾残疾或生活困难的一方；

(四)照顾无过错一方。

四、问：对夫妻双方均可承租的公房而由一方承租的，承租方对另一方是否给予经济补偿？

答：对夫妻双方均可承租的公房而由一方承租的，承租方对另一方可给予适当的经济补偿。

五、问：夫妻双方均可承租的公房能够隔开分室居住使用的，可否由双方分别租住？

答：夫妻双方均可承租的公房，如其面积较大能够隔开分室居住使用的，可由双方分别租住；对可以另调房屋分别租住或承租方给另一方解决住房的，可予准许。

六、问：离婚时，一方对另一方婚前承租的公房无权承租的，可否暂时居住？

答：离婚时，一方对另一方婚前承租的公房无权承租而解决住房确有困难的，人民法院可调解或判决其暂时居住，暂住期限一般不超过两年。暂住期间，暂住方应交纳与房屋租金等额的使用费及其他必要的费用。

七、问：离婚时，一方对另一方婚前承租的公房无权承租而另行租房经济上确有困难的，如何处理？

答：离婚时，一方对另一方婚前承租的公房无权承租，另行租房经济上确有困难的，如承租公房一方有负担能力，应给予一次性经济帮助。

八、问：在调整和变更单位自管房屋租赁关系时，是否需征得自管房单位的同意？

答：人民法院在调整和变更单位自管房屋（包括单位委托房地产管理部门代管的房屋）的租赁关系时，一般应征求自管房单位的意见。经调解或判决变更房屋租赁关系的，承租人应依照有关规定办理房屋变更登记手续。

九、问：对夫妻双方共同出资而取得"部分产权"的房屋，应如何处理？

答：对夫妻共同出资而取得"部分产权"的房屋，人民法院可参照上述有关解答，予以妥善处理。但分得房屋"部分产权"的一方，一般应按所得房屋产权的比例，依照离婚时当地政府有关部门公布的同类住房标准价，给予对方一半价值的补偿。

十、问：对夫妻双方均争房屋"部分产权"的，可否采取竞价方式解决？

答：对夫妻双方均争房屋"部分产权"的，如双方同意或者双方经济、住房条件基本相同，可采取竞价方式解决。